Hella Brock

EDVARD GRIEG

1990

Reclam-Verlag Leipzig

Mit Notenbeispielen und 80 Abbildungen
Reproduktionsvorlagen der Notenbeispiele:
Sieglinde Hellmundt

ISBN 3-379-00609-2

© Reclam-Verlag Leipzig 1990

Reclam-Bibliothek Band 1362
1. Auflage
Umschlaggestaltung: Friederike Pondelik unter Verwendung
eines Fotos aus Griegs letzten Lebensjahren
Printed in the German Democratic Republic
Dresdner Druck- und Verlagshaus GmbH
Gesetzt aus Garamond-Antiqua
LSV 8384
Bestellnummer: 6615289
10,–

Für Friedemann

Zur Einführung

Die weltweite Anziehungskraft der Musik Edvard Griegs ist niemals gänzlich erloschen, wenngleich sie zeitweiligen Schwankungen ausgesetzt war. Seit einem Jahrzehnt deutet sich im internationalen Maßstab eine Neubelebung von Rezeption und Interpretation der Musik des großen Norwegers sowohl im Schallplattenkonsum wie im Konzertrepertoire an. Ihr möchte die vorliegende Biographie entsprechen, indem sie dazu beiträgt, noch bestehende Einseitigkeiten und Begrenztheiten in der Auswahl von Werken wie im Persönlichkeitsbild Edvard Griegs zu überwinden und das Verständnis für seine internationale Popularität zu vertiefen.

Um den Lesern das Erleben, Denken und Schaffen des Komponisten so nahe wie möglich zu bringen und sie zum aktiven Umgang mit Griegs Musik anzuregen, war ich bestrebt, die Darstellung seiner Entwicklung mit einer repräsentativen Auswahl von musikalischen und verbalen Selbstzeugnissen zu verbinden. Eine Bereicherung boten hierfür die erst in jüngster Zeit zugänglichen, jedoch noch nicht publizierten Briefe Griegs an die Leiter des Verlages C. F. Peters, Max Abraham und dessen Nachfolger Henri Hinrichsen, sowie sämtliche Briefe Abrahams an Grieg. Diese heute der Griegsammlung in der Öffentlichen Bibliothek Bergen in Norwegen gehörenden Materialien wurden mir dankenswerterweise durch die Edition Peters, Leipzig, in Form von Kopien zur Verfügung gestellt.

Dem genannten Hauptanliegen der Biographie ordnet sich die Aufgabe unter, die engen Beziehungen, die Leben, Werk und Wirkung des Komponisten mit dem Musikleben in Deutschland, insbesondere mit der Musikstadt Leipzig als einem Kristallisationspunkt internationaler Begegnungen von Musikschaffenden, verbinden, gebührend zu berücksichtigen. Außer der Auswertung der erwähnten Korrespondenz sowie zahlreicher weiterer Briefe Griegs an seine Freunde wurden zur vertieften Darstellung dieser Beziehungen auch Ergebnisse der 1987 von Joachim Reisaus vorgelegten Dissertation über Griegs Leipziger Studienjahre hinzugezogen. Diese Arbeit gibt zugleich wertvolle Aufschlüsse über psychische Entwicklungsvorgänge des angehenden Komponisten während des für seine Ausbildung und Persönlichkeitsentfaltung wesentlichen Lebensabschnittes.

Nach der letzten deutschsprachigen Griegbiographie des Schweizers Antoine-Elysée Cherbuliez von 1947 hat die Griegforschung das Wissen um Werk und Persönlichkeit des größten norwegischen Komponisten um wesentliche Züge bereichert. Besondere Bedeutung haben hierbei die Ergebnisse des norwegischen Musikwissenschaftlers Dag Schjelderup-Ebbe, die er in seinen grundlegenden Studien „Grieg's Harmony" von 1953 und „Edvard Grieg 1858–1867" von 1964 veröffentlichte.

Bereits 1962 legte Olga Lewaschowa in Moskau mit ihrem Werk „Edvard Grieg" (russisch) die bisher umfangreichste außerhalb Norwegens verfaßte Griegbiographie vor. Das in der Darstellung von Leben und Werk zum Ausdruck kommende starke persönliche Engagement der Verfasserin entspricht der hohen Wertschätzung, die dem norwegischen Komponisten in Rußland und in der Sowjetunion in ungebrochener Kontinuität – im Gegensatz zu einigen westeuropäischen Ländern – seit den Tagen Tschaikowskis und seiner Freundschaft zu Grieg bis in unsere Zeit entgegengebracht wird.

Unter den neueren englischen Griegdarstellungen nimmt die 1974 von John Horton vorgelegte konzentrierte Biographie den ersten Platz ein. Dem Verfasser gelingt hier unter Auswertung neuerer norwegischer Forschungsergebnisse eine den Musikinteressierten wie den Wissenschaftler gleichermaßen ansprechende Darstellung des Lebens und Schaffens von Edvard Grieg einschließlich treffsicherer stilistischer Einordnungen der einzelnen Werkgruppen, denen eigene Kapitel gewidmet sind.

Ein Standardwerk der Griegbiographik schufen die norwegischen Griegforscher Finn Benestad und Dag Schjelderup-Ebbe mit ihrem umfassenden Buch „Edvard Grieg, Mensch und Künstler" von 1980 (norwegisch). Jahrzehntelange einschlägige Studien der Verfasser und reiches Quellenmaterial an Tagebuchaufzeichnungen, der Korrespondenz des Komponisten sowie weiterer zeitgenössischer Dokumenten bilden die Grundlage für eine differenzierte Darstel-

8

lung des Lebensweges, der Einflußsphären, des Schaffens und der Persönlichkeit Griegs.

Die vorliegende Biographie knüpft an das von Benestad und Schjelderup-Ebbe zusammengetragene biographische Faktenmaterial an und verwendet einige der in ihrem Werk zitierten Dokumente als Quellen. Diese sowie alle anderen einbezogenen norwegischen Quellen, unter denen die Briefe Griegs an seinen engsten Freund Frants Beyer den ersten Platz einnehmen, ferner einige Aussagen von Zeitgenossen Griegs in englischer und niederländischer Sprache wurden von mir ins Deutsche übersetzt. Bei Zitaten aus den von Grieg in deutscher Sprache verfaßten Briefen habe ich eindeutige grammatische und orthographische Fehler stillschweigend berichtigt, gewisse Eigenheiten der Ausdrucks- und Schreibweise Griegs in der für ihn fremden, aber treffsicher gehandhabten deutschen Sprache jedoch absichtlich belassen. Hervorhebungen stammen, wenn nicht anders angegeben, vom Briefautor selbst. In eckigen Klammern stehende Punkte in Zitaten bedeuten Auslassungen von Passagen, die für den Zusammenhang nicht wichtig sind. Musiktitel und Liedtexte wurden aus Gründen der Verständlichkeit in der Regel in deutschen Übertragungen angeführt, obwohl diese mitunter unzulänglich sind. Im Werkverzeichnis findet der Leser auch die originalen norwegischen Titel.

Mein besonderer Dank gilt den Wissenschaftlern Finn Benestad, Nils Grinde und Dag Schjelderup-Ebbe sowie der Öffentlichen Bibliothek Bergen und ihrer Mitarbeiterin Lise McKinnon für zusätzliche Materialien und wertvolle Hinweise. Diese Persönlichkeiten haben entscheidend dazu beigetragen, daß ich bei meinem Aufenthalt in Oslo und Bergen die für eine solche Arbeit unerläßliche Anschauung vom kulturellen Leben Norwegens, von seiner reichen Volksmusik und seiner von Grieg so geliebten herrlichen Landschaft erhielt.

Leipzig, im Mai 1989   *Hella Brock*

1. Griegs Popularität

Mit Selbstironie berichtet Felix Weingartner in seinen Lebenserinnerungen von dem Mißerfolg seiner 1. Sinfonie bei ihrer Aufführung in Buenos Aires im Jahre 1911. Bei der im folgenden Konzert vorgesehenen Wiederholung habe der argentinische Dirigent zu einer List gegriffen: „Er setzte statt meiner Symphonie die erste Peer-Gynt-Suite von Grieg aufs Programm, spielte aber trotzdem meine Symphonie, deren Sätze nunmehr ‚Morgenstimmung‘, ‚Åses Tod‘, ‚Anitras Tanz‘ und ‚In der Halle des Bergkönigs‘ hießen. Dasselbe Publikum, das zwei Tage vorher keine Hand gerührt hatte, applaudierte jetzt aus Leibeskräften […].“[1]

Diese Begebenheit – selbst wenn sie erfunden sein sollte – wirft ein Schlaglicht auf die weltweite Popularität, die die Musik des größten norwegischen Komponisten seit den achtziger Jahren des 19. Jahrhunderts genoß. Das Ausmaß ihrer Breitenwirkung und ihres vielfältigen Gebrauchs als Konzert-, Haus- und Unterhaltungsmusik dürfte von keinem anderen Komponisten jener Zeit erreicht worden sein. Noch zu Lebzeiten Edvard Griegs (1843–1907) erscheint in England ein Aufsatz „The popularity of Grieg“, in dem der Verfasser – unter Hinweis auf die Begeisterungsstürme, die zwei Konzerte im Frühjahr 1906 in der Londoner Queen’s Hall auslösten – zu dem Ergebnis kommt, „daß Grieg in bezug auf die Zuneigung der Musikliebhaber unter allen zeitgenössischen Komponisten den ersten Platz einnimmt“[2]. Wenngleich diese Popularität in den zwanziger Jahren des 20. Jahrhunderts mit dem Vordringen neoklassizistischer, später auch serieller Kompositionsstile zurückging, so blieb sie in begrenztem Umfang zumindest in der häuslichen Klaviermusik und in der Unterhaltungsmusik auch außerhalb Norwegens bestehen, gewann im medienvermittelten Musikkonsum einen festen Wirkungsbereich und ist auch an der Resonanz der in jüngster Zeit wieder häufiger im Konzertsaal erklingenden Musik des norwegischen Komponisten nachweisbar.

Auf jeden Fall ist Griegs eigene bescheidene Prognose nicht in Erfüllung gegangen: *Meine Musik wird zweifellos in hundert Jahren in Vergessenheit geraten sein; und doch meine ich,*

ich habe meine Zeit nicht für eine Musik verschwendet, die Millionen von Menschen in allen aufgeklärten Ländern erfreut hat [...] Ich erhebe keinen Anspruch, zur Klasse eines Bach, Mozart und Beethoven zu gehören. Ihre Werke sind ewig, während ich für meine Zeit und meine Generation schrieb.[3]

Griegs Popularität in ihrer historischen Kontinuität und Wandlung, ihrer sich auch im wiederholt auftretenden Widerspruch zu professionellen Urteilen durchsetzenden Stärke, ihren gesellschaftlichen und personellen Ursächlichkeiten, ihrer Werkbegrenztheit und Breitenwirkung, ihrer Nationalität und Internationalität ist ein faszinierendes Kapitel der Musikrezeption in Geschichte und Gegenwart.

Bereits im Jahre 1877 kann Max Abraham, der Inhaber des Leipziger Musikverlages C. F. Peters, der fast sämtliche Werke Griegs veröffentlichte, dem Komponisten schreiben: „Ihr Name ist jetzt in Deutschland und zum Teil auch im Auslande schon so bekannt, daß jeder Verleger sich glücklich schätzen wird, Ihre Werke zu publizieren und sie angemessen zu honorieren."[4] Einundzwanzig Jahre später teilt er ihm mit: „Sie mögen schreiben, was Sie wollen, ich drücke alles mit Liebe an mein väterliches Herz."[5] Und im Jahre 1900, drei Tage vor seinem Tode, sendet Max Abraham Grieg folgendes Dankeswort: „Ihnen verdankt der Verlag unendlich viel. Vor fast vierzig Jahren erhielt ich von Ihnen Ihr op. 1, und seitdem war ich so glücklich, alle Ihre herrlichen Werke mit ganz geringen Ausnahmen zu veröffentlichen. Mein Dank dafür wird nie erlöschen."[6]

Griegs Popularität zeigte sich zu seinen Lebzeiten bereits in den überaus zahlreichen Konzerteinladungen aus aller Welt, mit denen er überschüttet wurde, denen er aus zeitlichen oder gesundheitlichen Gründen oft gar nicht entsprechen konnte. Er selbst dirigierte die berühmtesten Klangkörper der Welt, so das Concertgebouw-Orchester Amsterdam, das Philharmonische Orchester London, das Colonne-Orchester Paris, die Wiener und Berliner Philharmoniker und das Leipziger Gewandhausorchester. Sein *Klavierkonzert*, das nach seiner triumphalen Uraufführung in Kopenhagen 1869 durch den Norweger Edmund Neupert als erstes von Griegs Werken den internationalen Ruhm des norwegischen Komponisten begründete und noch heute zum Repertoire der meisten Klaviervirtuosen gehört, wurde außer von Grieg selbst von den bedeutendsten Pianisten seiner Zeit gespielt. Unter Griegs Leitung interpretierten es u. a. Agathe Backer Grøndahl und Erika Lie-Nissen aus Norwegen, Hans von Bülow aus Deutschland, Ferruccio Busoni aus Italien, Teresa Carreño aus Venezuela, Arthur de Greef aus Belgien, Charles Hallé aus England, Raoul Pugno aus Frankreich und Alexander Siloti aus Rußland. Grieg musizierte seine drei *Violinsonaten* mit dem russischen Violinisten Adolf Brodsky, mit dem Deutschen Joseph Joachim, der aus Böhmen gebürtigen, später in London wirkenden Wilma Norman-Neruda und dem Polen Henri Wieniawski und spielte seine *Violoncellosonate* u. a. mit dem Spanier Pablo Casals, dem Kammervirtuosen des Dresdner Hoforchesters Friedrich Grützmacher und dem ersten Cellisten des Leipziger Gewandhausorchesters Julius Klengel. Zu den bedeutendsten Interpreten seiner Lieder gehörten neben seiner Frau Nina die schwedisch-norwegische Sopranistin Ellen Gulbrandson, der norwegische Baßbariton Thorwald Lammers und der holländische Bariton Johannes Messchaert.

Bei Griegs Auslandsgastspielen waren meist mehrere kurz aufeinanderfolgende Konzerte, in denen er selbst als Dirigent und Pianist auftrat, ausschließlich seinen Werken vorbehalten. So gab er gleich bei seinem ersten Londoner Aufenthalt am 3. und 16. Mai 1888 ein Orchester- und ein Kammerkonzert, die beide stürmische Da-capo-Rufe und jubelnde, minutenlange Ovationen auslösten. Bereits im folgenden Jahr trat er in England innerhalb von nur fünf Wochen in acht ebenso erfolgreichen Konzerten (sieben in London, einem in Manchester) auf, wobei die begeisterten Sympathiekundgebungen des Publikums nicht nachließen, sondern im Gegenteil nach Aussagen von Zeitgenossen ein regelrechtes „Griegfieber" herrschte. Griegs Briefe an seine Freunde sowie die Rezensionen seiner Konzerte vermitteln einen lebendigen Eindruck von der ungewöhnlich starken Publikumsresonanz seiner Musik, von den Beifallsstürmen, die sich mitunter noch auf den Straßen fortsetzten, von den Ansprachen, zu denen er anschließend aufgefordert wurde. Nach zwei Konzerten mit dem Concertgebouw-Orchester in Amsterdam zu Beginn des Jahres 1897, von denen Grieg das erste, der sechsundzwanzigjährige Willem Mengelberg das zweite zu Ehren des Komponisten leitete, schreibt Grieg an Max Abraham: *Sonntag machte man ein Orchesterkonzert mit meinen Werken. Ich war unter den Zuhörern und wurde so oft gerufen, daß ich zuletzt auf einen Stuhl steigen mußte, um eine Rede zu halten. Großer Jubel. Ich bin populär hier, daß man mich auf der Straße fragt: Wünscht Herr G. vielleicht den Weg zu wissen? Und in den Läden empfängt man mich: Es ist doch wohl Herr G., mit dem ich die Ehre habe, etc. etc. [...] Sonnabend war großartig. Orchestertusche, Kränze und Blumenregen. Sie hätten Olav (Trygvason) hier hören sollen. Da, wo Sie einen Abschluß wünschten, brach mitten in der Musik der Jubel los. Und dann hätten Sie die Männerchöre op. 30 mit Messchaert als Solist hören sollen. Das Publikum war vollständig elektrisiert. Wiederholung und Jubel.*[7]

Von ähnlichen internationalen Erfolgen in anderen europäischen Musikzentren kann Grieg noch in seinen letzten Lebensjahren berichten, so von Konzerten in Warschau 1902, in Prag und Paris 1903.[8] Wie erklärt sich die überaus starke Resonanz und Breitenwirkung von Griegs Musik?

Sie gründet sich vor allem auf den eigenständigen nationalen Charakter seiner Kompositionen, in denen auf originelle Weise – besonders im harmonischen und klangfarblichen Bereich – wesentliche Elemente des norwegischen Volksliedes und Volkstanzes aufgehoben und norwegisches Volksleben in seiner farbigen Vielfalt, norwegische Natur in ihrem Kontrastreichtum und die norwegische Märchen- und Sagenwelt in ihrer Phantastik eingefangen sind.

In engem Zusammenhang damit steht die relativ einfache dramaturgische Gestaltung der meisten seiner Werke. Bei ihr überwiegen deutliche Kontraste und Wiederholungen gegenüber kunstvoller Verarbeitung von Themen und Motiven, und sie kann somit vom Musikhörer ohne Schwierigkeiten nachvollzogen werden. Dies betrifft auch Griegs Kompositionen für Orchester, darunter die acht Sätze seiner beiden *Peer-Gynt-Suiten* op. 46 und op. 55.

Ein weiterer wesentlicher Grund für Griegs Popularität besteht darin, daß jugendliche und erwachsene Musikliebhaber sowie angehende Musiker aus aller Welt die Musik des großen norwegischen Komponisten nicht nur als Hörer, sondern auch beim eigenen häuslichen Musizieren seiner zahlreichen Klavierstücke leichten und mittleren Schwierigkeitsgrades erleben können. In dieser Funktion waren es die zehn Hefte *Lyrische Stücke,* vor allem op. 12, 43, 47, 54 und 65, die – neben dem *Klavierkonzert* und den beiden *Peer-Gynt-Suiten* – Griegs Weltgeltung begründeten.[9] Auch das Musizieren seiner Orchestermusik und einiger seiner Lieder durch den klavierspielenden Musikliebhaber hat Grieg mit eigenen Klavierbearbeitungen bewußt gefördert – wie er andererseits auch einer Reihe von Klavierstücken und Liedern durch Instrumentierung neue Funktionen zuwies. Nicht in jedem Fall ergaben die Bearbeitungen eigenständige Werke, wohl aber dienten sie vielfältigem Gebrauch, auch im Rahmen der Unterhaltungsmusik.

Alle diese die Popularität der Musik Edvard Griegs bestimmenden Faktoren erwuchsen aus der demokratisch-humanistischen Haltung eines Komponisten, dessen Streben darauf gerichtet war, mit seiner Musik für seine norwegische Heimat zu wirken und sich in den Kampf um die Unabhängigkeit seines Vaterlandes und die Entwicklung eines eigenständigen, das gesamte Volk erfassenden kulturellen Lebens einzureihen.

Das Heimatland Griegs befand sich zu seinen Lebzeiten in einer Epoche, die in der norwegischen Literatur als ein Kampfjahrhundert bezeichnet wird. Auf ökonomischem, politischem und kulturellem Gebiet vollzogen sich entscheidende Veränderungen. Grundlegende Voraussetzung dafür war die Befreiung Norwegens vom dänischen Feudalabsolutismus im Jahre 1814. Seit dem 14. Jahrhundert war Norwegen von Dänemark beherrscht worden. Im Kampf um die Wiedergewinnung seiner Selbständigkeit hatte sich in Norwegen schon früh bürgerlich-revolutionäres Denken herausgebildet, das gegen Ende des 18. Jahrhunderts von der Französischen Revolution starken Auftrieb erhielt. Die Befreiung von dänischer Fremdherrschaft bedeutete für die Bauern und Bürger und alle ausgebeuteten Schichten zugleich die Lösung von den feudalen Fesseln. Am 17. Mai 1814[10] gab die erste freigewählte Nationalversammlung in Eidsvoll (nördlich des heutigen Oslo) dem norwegischen Volk eine Verfassung, die, wie Friedrich Engels ausführt, wesentlich demokratischer war als jede andere in Europa zu dieser Zeit. Das erklärt sich daraus, daß sich das Bürgertum Norwegens auf eine Bauernschaft stützen konnte, die die freiheitlichen Traditionen des norwegischen Volkes seit jeher verkörperte. Norwegen kannte nie die Leibeigenschaft, und schon im 16. Jahrhundert verschmolz der Kampf des norwegischen Bauern um soziale Freiheit mit dem Kampf um nationale Unabhängigkeit.[11]

Die Verfassung von Eidsvoll legalisierte die Übernahme der politischen Macht durch das norwegische Bürgertum, womit der erste entscheidende Schritt der bürgerlichen Revolution vollzogen worden war. Zwar wurde Norwegen wenige Wochen danach gezwungen, die Union mit Schweden unter einem gemeinsamen König und mit einer gemeinsamen außenpolitischen Vertretung anzuerkennen, aber innenpolitisch blieb das Land weitgehend selbständig und konnte seine freiheitliche Verfassung erfolgreich verteidigen. Im Namen dieser Verfassung setzte das fortschrittliche Bürgertum nach 1814 seinen Kampf um volle Selbständigkeit und Demokratisierung seines gesellschaftlichen Lebens fort.

Als sich um die Mitte des 19. Jahrhunderts der Industriekapitalismus in Norwegen herausbildete und Schiffahrt und Verkehrswesen sich nach Aufhebung der britischen Navigationsakte mit Riesenschritten entwickelten, drängte die nationale Frage mehr und mehr zu einer Lösung, bis es im Jahre 1905 gelang, die Union mit Schweden aufzulösen und einen unabhängigen norwegischen Staat zu bilden.

Die Blütezeit norwegischer Kunst in der zweiten Hälfte des 19. Jahrhunderts, in der Persönlichkeiten wie Henrik Ibsen, Bjørnstjerne Bjørnson, Edvard Grieg und Edvard Munch mit ihren schöpferischen, bis in unsere Zeit hinein wirkenden Leistungen unter den skandinavischen Künstlern das höchste internationale Ansehen erwarben, ist nur aus diesem Kampf des norwegischen Volkes um volle nationale Unabhängigkeit zu begreifen, der sich mit einer demokratischen Grundhaltung verband.

Ausgangspunkt für das Schaffen der bedeutendsten norwegischen Künstler dieser Zeit bzw. wesentlicher Bestandteil ihrer Kunst ist all das, was den spezifischen Nationalcharakter Norwegens prägt: die Besonderheiten seiner Natur, seines Volkslebens, seiner Geschichte, seine Sagen und Märchen, seine instrumentale und vokale Volksmusik. Auf dem Gebiet der Malerei waren es u. a. schon Johann Christian Claussen Dahl, der mit Bildern, wie „Ansicht der Stadt Ber-

Ansicht der Stadt Bergen. Gemälde von Johann Christian Claussen Dahl, 1841

gen" von 1841, oder Hans Gude und Adolph Tidemand, die mit „Brautfahrt in Hardanger" (1848) von der Schönheit und Vielgestaltigkeit der norwegischen Landschaft künde-

Brautfahrt in Hardanger. Gemälde von Adolph Tidemand und Hans Gude, 1848

ten. Später gestaltete Erik Werenskiold Szenen aus dem Leben norwegischer Bauern und Waldarbeiter, illustrierte norwegische Märchen und Sagen und schuf beeindruckende realistische Porträts seiner großen Landsleute Grieg, Ibsen und Bjørnson. Auch für die expressive Kunst Edvard Munchs, der Zentralgestalt norwegischer Malerei, ist die starke Bindung an die Landschaft seiner norwegischen Heimat charakteristisch, so in dem Gemälde „Zugrauch", aber auch in seinem für die Pariser Aufführung von *Peer Gynt* 1896 geschaffenen Plakat.

An der Wirkung und Verbreitung einer Reihe herausragender Werke der norwegischen Literatur hat Griegs Musik entscheidenden Anteil. Von denjenigen Dichtern, deren Leben und Werk – in unterschiedlicher Ausprägung – im Zeichen des Kampfes für Demokratie und nationale Unabhängigkeit stand und die für die Entrechteten und Ausgebeuteten eintraten, ließ er sich zu einigen seiner wertvollsten wortgebundenen Kompositionen anregen. Zu diesen Dichtern gehörten Henrik Ibsen und Bjørnstjerne Bjørnson, die der norwegischen Literatur Weltgeltung verschafften, ferner die Lyriker Aasmund Vinje und Arne Garborg.

Mit Griegs Musik gewannen die beiden gegensätzlichen, dem norwegischen Volksleben entnommenen Hauptgestal-

Norwegische Landschaft im Werk Edvard Munchs: Zugrauch (Togrœk, 1900)

Ausschnitt aus einem Plakat von Edvard Munch zu einer Pariser Aufführung von „Peer Gynt", 1896

ten aus Ibsens sozialkritischem Drama, der Bauernbursche Peer Gynt und das Bauernmädchen Solveig, weltweite Popularität, wurden norwegische Natur und Landschaft in ihrer wilden Phantastik und herben Schönheit in der Vorstellung der Menschen lebendig.

Die größeren Werke Griegs auf Texte Bjørnsons gehören thematisch zu den altnorwegischen Heldensagen der Skaldendichtung. Sie haben vor allem in jenen Kampfjahren des 19. Jahrhunderts zur Stärkung des nationalen Selbstbewußtseins in Norwegen beigetragen. Als populäre Festmusiken werden heute noch vor allem der glanzvolle *Huldigungsmarsch* aus der Musik zu Bjørnsons Schauspiel „Sigurd Jorsalfar" („Sigurd der Kreuzfahrer") op. 22 sowie die bei den zahlreichen Amateur-Männerchören Norwegens beliebte Kantate *Landerkennung (Landkjenning)* op. 31 aufgeführt. Erklärt sich die auf den skandinavischen Raum begrenzte Popularität dieses Chorwerkes aus der Dominanz des nationalhistorischen Stoffes gegenüber künstlerisch-musikalischer Eigenständigkeit, so ist das bedeutendste Ergebnis der

19

künstlerischen Zusammenarbeit Griegs mit Bjørnson, das Melodram *Bergliot,* außerhalb Norwegens zu Unrecht fast unbekannt geblieben. Es gehört in seiner ergreifenden, harmonisch bereits auf den Impressionismus weisenden Gestaltung der Titelfigur, der Frau des norwegischen Bauernführers Einar, die ihren Gatten und Sohn betrauert, zu den bedeutenden Werken der Gattung Melodram.

Die strahlend-kraftvolle, von kämpferischem Optimismus und tiefer Liebe zu seinem Volk erfüllte Persönlichkeit Bjørnsons hatte über sein literarisches Werk hinaus vor allem nachhaltigen Einfluß auf die progressive weltanschauliche und künstlerische Gesamtentwicklung des jungen Grieg, auf sein Bestreben, mit seiner Musik für seine norwegische Heimat zu wirken und von allen Menschen verstanden zu werden. In einem Brief des Jahres 1897 schreibt Grieg rückblickend über Bjørnsons Einfluß: *Er machte mich zum Demokraten, künstlerisch und politisch. Er gab mir Mut, meiner Natur zu folgen. Diese Zeit (die siebziger Jahre) waren eine wunderbare Zeit mit ihrem Überschuß an Mut und Glauben.*[12]

Grieg hielt seine Vertonungen von Gedichten des mit den ärmsten Volksschichten eng verbundenen Volksschullehrers Aasmund Olafsson Vinje, sein op. 33, sowie die Komposition seines einzigen Liedzyklus *Das Kind der Berge (Haugtussa)* op. 67 auf Texte des sozialkritischen Dichters Arne Garborg für seine besten Liedschöpfungen.[13] In beiden Sammlungen beeindruckt die künstlerische Gestaltung einer breiten Skala der Gefühls- und Gedankenwelt einfacher Menschen aus dem Volke, verbunden mit farbigen Natureindrücken. In der kunstvollen Schlichtheit von Griegs Vertonungen haben diese Dichtungen vertiefenden Ausdruck gefunden, entsprechend den eigenen Forderungen, die er selbst stets an seine Liedkompositionen stellte: *Für mich handelt es sich beim Liedkomponieren nicht darum, Musik zu machen, sondern in erster Linie darum, den geheimsten Intentionen des Dichters gerecht zu werden. Das Gedicht hervortreten zu lassen, und zwar potenziert, das war meine Aufgabe. Ist diese Aufgabe gelöst, dann ist auch die Musik gelungen. Sonst nicht, und wäre sie auch himmlisch schön.*[14] Einige Lieder dieser Sammlungen wurden in Norwegen so populär, daß sie in Volksliedersammlungen und Schulmusikbücher ohne Klavierbegleitung aufgenommen wurden, so die volksliedhaft schlichten

Melodien von *Die alte Mutter (Du gamle mor)* und *Auf dem Wege zur Heimat (Ved Rondane)* aus op. 33 und *In den Heidelbeeren (Blabærli)* aus op. 67. Das Lied *Der Frühling (Våren)* aus op. 33 singen Schulchöre auch in mehrstimmigem Satz a cappella. Mehrere Lieder aus op. 67 werden in Norwegen schon den Zehnjährigen im Musikunterricht als Hörbeispiele vorgetragen, denen sie die in ihrem Musiklehrbuch enthaltenen bildlichen Darstellungen zuordnen sollen.[15]

Wie auch eine Reihe anderer wertvoller Lieder Griegs sind diese Kompositionen außerhalb Skandinaviens nicht populär geworden, obwohl sich der Komponist selbst immer wieder um gute Übersetzungen bemüht hat; im Falle von Übersetzungen ins Deutsche, das er sehr gut beherrschte (an ausländische Adressaten schrieb er seine Briefe stets in deutscher Sprache), machte er auch zahlreiche eigene konkrete Verbesserungsvorschläge. In einem Brief an seinen amerikanischen Biographen Henry Finck äußert sich Grieg zum Problem der Übersetzungen: *Leider habe ich in meinen Anstrengungen, gute Übersetzungen zu erhalten, oft großes Pech gehabt. Es ist wahr, daß die Aufgabe eine selten zu findende Vielseitigkeit voraussetzt, da der Übersetzer Poet, Sprachkenner und Musikverständiger zugleich sein muß […] Ich bin ein Freund von guter Deklamation. In meiner Muttersprache diese zu berücksichtigen, habe ich mir immer angelegen sein lassen. Das ist vielleicht der Hauptgrund, weshalb meine Lieder im Norden überall gesungen werden. Wenn aber eine rhythmisch schlechte Übersetzung noch dazu unpoetisch und banal ist, ja den Sinn des Dichters geradezu entstellt, wie das bei den deutschen, englischen und französischen Übersetzungen meiner Lieder nur zu oft der Fall ist, dann ist es allerdings kein Wunder, wenn niemand davon Freude hat, sich mit denselben zu beschäftigen.*[16] Und an seinen Verleger Max Abraham schreibt Grieg: *Ich glaube, daß selbst meine besten Lieder niemals in Deutschland „populair" werden können. Wenn die nordische Sprache eine Kultursprache wäre, dann vielleicht – so wie wir immer die deutschen Liederkomponisten, selbst Schumann und Schubert, deutsch singen, trotz der vielen Übersetzungen.*[17]

Hinzu tritt bei op. 33 und 67 die Schwierigkeit für den Übersetzer, daß Vinje und Garborg diese Gedichte in Nynorsk (Neunorwegisch) schrieben, das der norwegische Sprachforscher Ivar Aasen Mitte des 19. Jahrhunderts auf der Grundlage von norwegischen Bauerndialekten unter

Ludvig Mathias
Lindeman

dem Namen Landsmål („Landessprache") geschaffen hatte. Diese Sprache besitzt einen speziellen norwegischen Wortschatz und ist an grammatischen Formen reicher als das seit etwa 1400 aus der dänischen Sprache entwickelte Bokmål („Buchsprache"), das als Umgangs- und Literatursprache dominiert. Zwei der Vinje-Lieder, *Der Verwundete (Den særde)* und *Der Frühling (Våren),* gewannen jedoch in Griegs eigener differenzierter Instrumentierung für Streichorchester als *Zwei elegische Melodien* op. 34 überaus große Popularität. Grieg gab ihnen in dieser Fassung die ihrem musikalischen Gehalt besser entsprechenden Titel *Herzwunden (Hjertesår)* und *Letzter Frühling (Siste vår).* Seit ihrer Drucklegung 1881 erklangen sie bei vielen Grieg-Konzerten in aller Welt und waren vor dem Erscheinen der beiden *Peer-Gynt-Suiten* (1888 und 1893) seine beliebtesten Orchesterwerke.

Wenngleich die Schaffensimpulse, die Grieg von der progressiven literarischen Bewegung seiner Zeit erhielt, hoch einzuschätzen sind, so hätten sie doch ohne die entscheidenden *musikalischen* Einflüsse nicht wirksam werden können, hätte Grieg ohne diese nicht seine Originalität als Norwegens größter Komponist entfalten und seine weltweite Popularität gewinnen können.

Schon in seiner Jugend konnte Grieg bei seinen Wanderungen über die Berge und entlang den Fjorden in der Umgebung seiner Heimatstadt Bergen reiche und vielfältige volksmusikalische Erfahrungen sammeln. Seine kompositorische Hinwendung zur Volksmusik wurde nach Abschluß seines Leipziger Studiums von zwei starken Musikerpersönlichkeiten gefördert, die sich leidenschaftlich für den Aufbau einer aus den Quellen der Volksmusik schöpfenden norwegischen Musikkultur einsetzten: von Ole Bull, dem weltberühmten Geiger, der selbst mit Bearbeitungen norwegischer Volksmusik auftrat, und von seinem frühverstorbenen Freund Rikard Nordraak, dem Schöpfer der norwegischen Nationalhymne, unter dessen Einfluß sich Grieg seiner nationalen Mission voll bewußt wurde. Die große Bedeutung Ole Bulls für die Entwicklung seines nationalen Stils kennzeichnet Grieg noch in seinem letzten Lebensjahr: *Ole Bull war mein guter Engel. Er öffnete mir die Augen für die Schönheit und Ursprünglichkeit der norwegischen Musik. Durch ihn lernte ich viele vergessene Volksweisen und vor allen Dingen meine eigene Natur kennen. Ohne seinen wohltätigen Einfluß hätte ich farblose Musik im Stile eines Nils Gade komponiert.* [18]

Griegs Kenntnis norwegischer Volkslieder und Volkstänze sollte vor allem durch ein Werk gefördert werden, das innerhalb der norwegischen Musikkultur eine Pioniertat von grundlegender Bedeutung darstellte. Der norwegische Organist Ludvig Mathias Lindeman hatte im Jahre 1840 mit Sammlungen vokaler und instrumentaler norwegischer Volksmelodien begonnen. Für die Entwicklung der norwegischen Musik sollten sie eine ähnliche Rolle spielen wie die zur gleichen Zeit begonnene Sammlung norwegischer Volksmärchen durch Jørgen Moe und Peter Christian Asbjørnsen für die norwegische Sprache und Literatur. Lindemans bedeutendste Sammlung „Ældre og nyere Norske Fjeldmelodier, samlede og bearbeidede for Pianoforte"[19], die im Zeitraum von 1853 bis 1907 herausgegeben wurde, umfaßt 636 Nummern, teils vokalen, teils instrumentalen Ursprungs; die vierte, von Øystein Gaukstad 1983 vorgelegte Ausgabe enthält mit der Hinzufügung von weiteren, bei Lindeman im Manuskript vorgefundenen Melodien ins-

Titelblatt der Erstausgabe der Volksmusiksammlung von Lindeman

gesamt 669 Nummern. Norwegische Volksmusik, deren Bewahrung und Eigenständigkeit durch die in einem langen und zähen Freiheitskampf herausgebildete Individualität des norwegischen Bauern sowie durch die geographische Abgeschiedenheit des Landes begünstigt wurde, begegnet uns in dieser Sammlung in Fülle und Mannigfaltigkeit. Einige ihrer wesentlichen Erscheinungsformen seien an dieser Stelle angeführt, da sich auf die vielfältige und überaus

24

originelle Assimilation dieser Volksmusik Griegs Popularität vor allem gründet.

Im vokalen Bereich finden wir: Lockrufe und Hirtengesänge (lokke, setermelodier); Wiegenlieder (bånsuller/vuggesanger) und Kinderlieder (badnlåte/bårnlige sanger); sehr kurze Liedweisen, genannt Stevtoner (stev = Strophe), entstanden zu einstrophigen Volksdichtungen, auf die, meist in geselliger Runde, Texte unterschiedlichen Inhalts (Natur, Liebe, Scherz u. a.) gesungen wurden; Balladen aus dem Mittelalter, vor allem Heldenlieder (kjempeviser), Ritterballaden (ridderviser) und Zauberlieder (trollviser).

Die in Lindemans Sammlung enthaltenen instrumentalen Stücke sind Bauerntänze, genannt Slåtter[20]. Ihre Haupttypen sind: der Halling, ein männlicher Einzeltanz im zweiteiligen Takt (meist $^2/_4$), bei dem der Tänzer seine Behendigkeit und Kraft beweisen soll, vor allem beim meist abschließenden Sprung; der Springar oder Springdans (Springtanz), ein Paartanz im $^3/_4$-Takt; der Gangar (gå = gehen), ein relativ ruhiger Paartanz, meist im $^6/_8$-Takt.

Die rhythmische Binnenstruktur des einzelnen Taktes ist bei den Bauerntänzen, vor allem beim Springar, durch Wechsel von Achteln und Sechzehnteln mit Triolen und Einbeziehung reicher Ornamentik oft sehr differenziert.

Lindeman, der als erster Musiker für seine zahlreichen Forschungsreisen durch sein Heimatland vom norwegischen Storting eine staatliche Unterstützung bekam, lauschte die Slåtter dem Spiel von Volksmusikanten auf der Hardingfele (Hardanger Fiedel), der Flatfele (Violine) und in wenigen Fällen auch der Langeleik ab.

Führendes Volksinstrument ist in Norwegen auch heute noch die Hardingfele (genannt nach der Landschaft Hardanger in Westnorwegen, einem der Zentren des Spiels auf dem Instrument). Ihre Hauptunterschiede zur Violine sind: die beim Spielen der vier Hauptsaiten mitschwingenden vier Resonanzsaiten; flacher Steg und flaches Griffbrett, wodurch das meist bordunartige zweistimmige Spiel und die Einbeziehung großer Sprünge ohne Positionswechsel des Bogens erleichtert werden; dünne und kurze Spielsaiten, die die meist hohe Stimmung sowie eine leichte Ansprache des Bogens ermöglichen; Verwendung unterschied-

Norwegischer Hardingfelespieler

licher Stimmungen, die immer darauf zielen, dem Spieler brauchbare Bordun- und Begleittöne beim steten Spiel in der ersten Lage zur Verfügung zu stellen.

Auch die Flatfele, die übliche Violine (flat = flach; Boden und Decke sind flacher als bei der Hardingfele), hat in Norwegen als Volksinstrument eine lange Tradition und ist in den Teilen Norwegens verbreitet, wo die Hardingfele nicht gespielt wird. In manchen Gegenden hat sie jedoch zum Teil die Spielweise der Hardingfele übernommen.

Die Langeleik, wahrscheinlich das älteste heute noch gespielte norwegische Saiteninstrument, ist eine mit dem Plektron geschlagene Griffbrettzither. Von ihren acht Saiten, die über einen langen Resonanzkasten aus Holz gespannt sind, ist eine die Melodiesaite, die übrigen bilden den Begleitakkord (Bordun). Ihr Klang ist spröde und intim und nicht zur Tanzmusik für größere Gruppen geeignet. Gegenwärtig ist das Instrument nur noch in den Gebieten Valdres und Hallingdal im mittleren Norwegen zu hören.

Typisch für die vokale und instrumentale Volksmusik Norwegens ist die häufige Verwendung modaler Tonarten oder Skalenausschnitte sowie auch von Vierteltönen, deren Herkunft noch nicht völlig geklärt ist. Bei der Notierung des „niedrigen Leittones" mußte sich Lindeman für die große oder kleine Septime, bei der „schwebenden Terz" für die große oder kleine Terz entscheiden. Beide Intervalle erklingen oft kurz nacheinander, was Grieg für die Farbigkeit insbesondere seiner Harmonik nutzte.

Immer wieder hat sich Grieg von norwegischer Volksmusik, besonders häufig aus Lindemans Sammlung, anregen und befruchten lassen, sei es bei der Übernahme ganzer Melodien in Bearbeitungen für Klavier (op. 17, 35, 63, 66 und 72), Chor (op. 30 und 74) oder Orchester (op. 64), sei es bei der bewußten oder unbewußten Einschmelzung und Verarbeitung einzelner ihrer melodischen, rhythmischen oder harmonischen Komponenten in fast allen anderen seiner Kompositionen.

Dabei fällt auf, daß selbst diejenigen seiner Kompositionen, deren Melodien eine notengetreue Übertragung von Volksweisen sind, die Originalität des großen Norwegers in den meisten Fällen eindrucksvoll ausweisen; sie nehmen im Schaffen Griegs nicht nur zahlenmäßig, sondern auch qualitativ einen gewichtigen Platz ein. Grieg konnte an ihnen einen ihn von Jugend an besonders faszinierenden Bereich des kompositorischen Schaffens voll entfalten: die Harmonik. Über seine Beziehung zu den in der norwegischen Volksmusik enthaltenen latenten Harmonien äußert er sich gegenüber Henry Finck: *Das Reich der Harmonien war immer meine Traumwelt [...] Ich habe gefunden, daß die dunkle Tiefe unserer Weisen in deren Reichtum an ungeahnten harmonischen Möglichkeiten ihren Grund hat. In meiner Bearbeitung der Volkslieder op. 66 und auch sonst habe ich versucht, meiner Ahnung von den verborgenen Harmonien unseres Volkstones einen Ausdruck zu geben.*[21]

Griegs origineller harmonischer Stil, der sich aus einer Verbindung der fortgeschrittensten Harmonik in der Kunstmusik seines Jahrhunderts mit den *verborgenen Harmonien* norwegischer Volksmusik entwickelte, bildet zu den verwendeten schlichten Volksweisen ein ideales Gegengewicht. Er ermöglicht es, daß sogar die in Griegs Musik häufige Wiederholung einfachster Melodien oder ihrer Teile beim Hörer meist keine Redundanz auslöst. Der durch Borduntechnik, Mediantik, Alteration und Chromatik sowie mitunter freitonale Zusammenklänge bereicherte harmonische Satz, der überdies bei Melodiewiederholungen oft eine weitere Steigerung erfährt, erweckt im Gegenteil stets erneut Hörerwartungen. Auf dieses Zusammenwirken höchster Kunstfertigkeit im harmonischen und Schlichtheit im melodischen Bereich gründet sich die Popularität vieler Kompositionen Griegs.

Schon vor Grieg hatte Halfdan Kjerulf, der einige Jahre vor Grieg ebenfalls in Leipzig studiert hatte, in Griegs Jugend als Norwegens führender Komponist galt und dessen Werke sicherlich in Griegs Elternhaus musiziert worden sind, Lindemans Werk als wichtige Quelle für sein kompositorisches Schaffen verwendet. Kjerulf war der erste norwegische Komponist, der auf der Grundlage norwegischer Volksmusik Werke nationaler Kunstmusik schuf. Im allgemeinen blieb er der deutschen romantischen Schule jedoch stärker als Grieg verhaftet, der nationale Eigenton brach bei ihm nicht in gleicher Kraft, Leidenschaft und Originalität wie in Griegs reifen Werken durch, und er beschränkte sich noch auf die Gattungen des Sololiedes, des Männerchores und des Klavierstückes. Grieg lernte ihn persönlich während seiner Kopenhagener Jahre (1863–1866) kennen, schätzte vor allem sein Liedschaffen und ließ sich von seinen Kompositionen anregen.

Die folgenden Äußerungen Griegs über Kjerulf sind vor allem deshalb interessant, weil sie Kjerulfs Werk in seiner engen Verflochtenheit mit den nationalen Bestrebungen Norwegens darstellen – eine Sicht, die Rückschlüsse auf Griegs eigenes nationales und demokratisches Engagement als Komponist ermöglicht: *Zum Glück für Kjerulf fiel sein Schaffen in eine Zeit, wo die nationalen Regungen des seit 1814 von der dänischen Abhängigkeit frei gewordenen norwegischen Volks fast in allen Künsten und Wissenschaften den ersten kräftigen Ausdruck fanden. Auf dem Gebiete der Malerei zeigten sich Gude und Tidemand, in der Dichtung erhoben sich Wergeland und Welhaven, in der Geschichte der geniale Forscher P. A. Munch, alle, jeder in seiner Weise, mit scharf akzentuierten nationalen Tendenzen. Auf der Geige Ole Bulls drängten sich nationale Gestalten bunt durcheinander, bald waren es schwermütige Volksweisen, bald ausgelassene Hallings und Springtänze. Kein Wunder, daß alle diese Erscheinungen auf die Persönlichkeit Kjerulfs einen tiefen Eindruck machen mußten* [...] *Diese glückliche Begegnung verwandter Geister war für Kjerulf entscheidend.*[22]

Griegs Verbundenheit mit seiner Heimat und der progressiven Entwicklung seines Vaterlandes in politischer und kultureller Hinsicht wirkte stets als mächtige Triebkraft seines Schaffens. Entsprechend erlebte er auch den breiten Widerhall seiner Werke und seine Konzerttriumphe im Ausland, vor allem seit den achtziger Jahren, als Erfolge seiner Nation. Über sein erstes Londoner Konzert am 3. Mai 1888 schreibt er seinem Freund Beyer die begeisterten Worte: *Als ich stand und dirigierte „Våren"* [Letzter Frühling, op. 34 Nr. 2]*, klang das, als ob mich die ganze Natur der Heimat umarmen wollte, ja, da war ich wohl stolz und froh, daß ich ein Norweger*

Halfdan Kjerulf
um 1860

bin. Ich glaube wirklich, daß die englische Sympathie für meine Kunst von deren Sympathie für Norwegen kommen muß, denn anders kann ich mir die gestrigen Ovationen nicht erklären. Es erinnerte mich an jene alten Tage, da Ole Bull sich mit der Fiedel vor den Bergenern zeigte.[23]

Über den Erfolg von Konzerten in München und Genf heißt es einige Jahre später in einem Brief an denselben Adressaten: *München und Genf waren beide Triumphe für Norwegen! In München, als die ganze Jugend dablieb und mich unter Rufen „Wiederkommen!" 5 bis 6mal herausrief, da kam mich, Gott helfe mir, die Lust an – à la Ole Bull – zum Volk zu sprechen und alle einzuladen, das herrliche Land zu sehen, dessen schwaches Spiegelbild meine Kunst ist. Aber – glücklicherweise siegte die Vernunft.*[24]

Daß Griegs Patriotismus jedem Chauvinismus fernstand, lassen die folgenden Worte an seinen holländischen Freund Julius Röntgen erkennen. Er schrieb sie 1896 nach vier ausverkauften Chor- und Orchesterkonzerten in Stockholm, zu einer Zeit, als sich das Verhältnis zwischen Norwegen und Schweden mehr und mehr zuzuspitzen begann: *Könnte ich meine Kunst noch mehr lieben, als ich es tue, dann müßte ich es jetzt tun. Denn ich habe – unglaublich wie es klingt – in Stockholm eine nationale Mission erfüllt, indem ich wirklich – die Zeitungen bestätigen es – dazu beigetragen habe, das schwedische und norwegische Volk einander näher zu bringen. Wie man mir – als Norweger – entgegenkam, hat mich sehr gerührt.*[25] Und im Bericht an Beyer über die Stockholmer Erfolge verallgemeinert er diese Erfahrungen mit den Worten: *Aber das sage ich: Daß mich nichts mehr dazu bringen wird, an Völkerhaß zu glauben, der Wunsch der Völker ist auf gute Verständigung gerichtet [...].*[26]

So leidenschaftlich Grieg die Erfolge seiner internationalen Popularität als Komponist seiner Nation erlebte, so leidenschaftlich weigerte er sich als Humanist und Demokrat, im Jahre 1899 in Frankreich aufzutreten. Der Grund war die ungerechtfertigte Verurteilung eines französischen Offiziers, des Juden Dreyfus, wegen angeblichen Hochverrats, die den Protest vieler progressiver Persönlichkeiten, unter ihnen auch die Schriftsteller Bjørnson und Zola, hervorgerufen hatte. Grieg ließ seinen Brief an den französischen Dirigenten Edouard Colonne, der ihn eingeladen hatte, auch in der Presse veröffentlichen. Bezug nehmend auf den

Dreyfus-Prozeß, heißt es darin: *Wie alle Nichtfranzosen bin ich empört über die Ungerechtigkeit in Ihrem Lande und daher nicht imstande, in irgendwelche Beziehungen zu dem französischen Publikum zu treten.*[27]

Aus der gleichen humanistisch-demokratischen Gesinnung hielt er es für seine Person auch für unmöglich, während des Russisch-Japanischen Krieges in Rußland aufzutreten, und lehnte Einladungen nach Moskau und Petersburg ab. In einem Brief an den russischen Pianisten Alexander Siloti vom 29. Oktober 1904 gibt er als Hauptgrund dafür an: *[...] weil ich unter den jetzigen politischen Verhältnissen unter keinen Umständen nach Rußland zu gehen wünsche. Es ist mir rätselhaft, wie man in einem Lande, wo man fast in jeder Familie um die im Kriege Gefallenen trauert, daran denken kann, fremde Künstler einzuladen [...] Ich weiß wohl, daß viele Künstler eine robustere Lebensanschauung haben. Ich gehöre nicht zu diesen. Ich halte es deshalb für meine Pflicht, gerade jetzt, wo ich durch eine zweite Einladung eine doppelte Veranlassung dazu habe, Ihnen meinen Standpunkt offen auszusprechen. Es ist Pech, daß es so kommen mußte. Erst muß man aber Mensch sein. Alle wahre Kunst wächst nur aus den Menschen heraus.*[28]

Diese Haltung Griegs, mit der er dem Künstler und seinem Wirken eine von den ethischen Normen menschlichen Verhaltens und Zusammenlebens bestimmte Funktion zuwies, äußerte sich auch in einer Verneinung jeglicher Exklusivität der Kunst. Mit tiefer Freude erfüllte es ihn, wenn er erfahren konnte, daß auch – oder ganz besonders – den im Hören von Konzertmusik noch unerfahrenen Arbeitern seine Musik zum Erlebnis wurde, wenn sie sogar von ihnen mit besonderer Unmittelbarkeit aufgenommen wurde. Nach einem Konzert in Kopenhagen schreibt er seinem Freunde Julius Röntgen 1899: *Im Concert des Arbeitsvereins waren 14 bis 1 500 Zuhörer, alle Arbeiter mit ihren Familien. Meine alte Ansicht wurde bestätigt: H i e r i s t d a s b e s t e P u b l i k u m ! Dieses verdammte, blasirte und glasirte sogenannte feine Publikum, sei es im Gewandhaus zu Leipzig oder im Musikverein zu Kopenhagen! Nein, die Unverdorbenen haben die Begeisterung, die Anderen nicht oder höchstens ausnahmsweise.*[29]

Über ähnliche Erfahrungen mit unerfahrenen Hörern äußert sich Grieg noch 1906 in seinem Tagebuch nach einem im Missionshaus Calmeyergate in Kristiania durchgeführten

Konzert zu billigen Preisen. Hier trug Grieg sechs Stücke seiner *Slåtter* op. 72 vor, Klavierbearbeitungen von ursprünglich auf der Hardingfele gespielten norwegischen Bauerntänzen, mit denen der Komponist weit in harmonisches und klangliches Neuland vorstößt. Grieg vergleicht die Reaktionen dieser Zuhörer mit denen des herkömmlichen Konzertpublikums, vor dem die Stücke wenige Tage zuvor erklungen waren: *Hier waren es fast 3000 Menschen, die die Slåtter bejubelten, welche das vorige Mal nur einen Achtungserfolg errungen hatten. Im ganzen: die Aufmerksamkeit dieses Publikums war weit größer und echter.*[30]

Andererseits beschäftigte Grieg immer wieder die Tatsache, daß ein tieferes Musikverständnis nur bei einem verhältnismäßig kleinen Teil der Menschen vorausgesetzt werden konnte. So schreibt er schon 1886, Bezug nehmend auf die Schönheit der Gralsszene aus Wagners „Parsifal", an seinen Freund Frants Beyer: *Wie seltsam, daß die Kunst so aristokratisch ist, daß von dem ganzen Menschengeschlecht so unendlich wenige die Geheimnisse begreifen können! Bedenke, wenn alle diese Schönheiten empfinden könnten! Das wäre ja „der neue Himmel und die neue Erde, worin die Glückseligkeit wohnt"!*[31]

Griegs eigene Musik bot in allen ihren Genres aufgrund ihrer engen volksmusikalischen Bindung gute Voraussetzungen dafür, von allen Menschen verstanden zu werden; zugleich erwies sich die Originalität, in der es dem Komponisten gelang, die noch unverbrauchten tonalen und latenten harmonikalen Besonderheiten norwegischer Volkslieder und -tänze mit den Mitteln der fortgeschrittensten Kompositionspraxis seiner Zeit in seine musikalischen Kunstwerke einzuschmelzen, für breiteste Hörerkreise als attraktiv. Dies geht sogar – besonders eindrucksvoll – aus den negativen Rezensionen des für seine Fehlurteile auch über Werke von Brahms und Tschaikowski berüchtigten Musikkritikers Eduard Bernsdorf zu den beiden gelungensten Kammermusikwerken Griegs hervor. Über die erste Leipziger Aufführung seiner *Violinsonate c-Moll* op. 45 im Jahre 1887 heißt es bei ihm, sie habe eine Aufnahme gefunden, „die an Wärme nichts zu wünschen übrig ließ". Er könne jedoch die Meinung des Publikums nicht teilen: „Denn ganz dieselben Mißstände, die wir von jeher an den Grieg'schen Erzeugnissen auszusetzen hatten – Mangel an organischer Entwicklung, durch allerhand Gesuchtheit (namentlich in harmonischer Beziehung) nur mühsam verdeckte Talent- und Erfindungslosigkeiten und Faxen – dies alles hat uns in der Sonate wieder unangenehm berührt und unserer Sympathie einen unübersteiglichen Damm entgegengesetzt."[32] Bernsdorf gefällt sich auch bei der Besprechung der Leipziger Aufführung von Griegs *Streichquartett* op. 27 in der Konfrontation seiner Meinung mit der des Publikums: „Dieses Werk machte auf uns [...] den übelsten Eindruck von der Welt, kraft seiner Grimassenhaftigkeit, der in ihm aufgehäuften Mißklänge, der unter dem Deckmantel des Skandinavisch-Nationalen begangenen Geschmacklosigkeiten und der nichts weniger als lobenswerten Factur und Structur. Ein erkennbarer Teil des Publikums dachte anders über die Sache [Hervorhebung: H. B.]: mit starken Fäusten begabt applaudierte die Fraction mit Getöse sowohl während des Verlaufs des Quartetts wie noch mehr nach dem Schluß desselben [...]"[33]

Wurden derartige groteske Fehlurteile aus professioneller Feder, die sich vor allem gegen Griegs avancierte Harmonik richteten, in den folgenden Jahrzehnten von der zunehmenden weltweiten Resonanz seiner Musik hinweggespült, so erwiesen sich andere Einwände als zählebiger. Hierzu gehört vor allem die Herabsetzung Griegs als eines musikalischen „Kleinmeisters" belangloser Musikstücke.

So spricht der Musikschriftsteller Rudolf Breithaupt im Jahre 1904 von „dem kleinen Geistesinhalt" der Musik Griegs, in der es mehr auf die „äußerlichen Reize und technisch virtuosen Kniffe und Farbenkünste" ankomme; denn „Himmel und Äther, Menschheitsglück und -qual haben seine Frohnatur nur leise berührt [...]"[34]

Nicht in gleichem Maße abschätzig, jedoch auch herablassend beurteilt noch Hans Joachim Moser 1930 Grieg zugleich mit Smetana: „[...] beide sind als ‚Großmeister kleiner Nationen' nach den Maßstäben der großen Musikvölker nur wie liebenswerte Kleinmeister zu rechnen", Griegs „Romantikertum [sei] kaum mehr eine Sache auf Tod und Leben" und „Griegs Stärke sind nicht machtvolle Gedanken, kein Hinabtauchen in Abgründe, kein Meistern widerhaariger Probleme – sondern musikalische Milieumalerei, ein

gelegentlich fast etwas dilettantenhaftes ‚Poetischsein am Klavier' [...]."[35]
Die angeführten Äußerungen demonstrieren eine Einschätzung Griegs, die sich in deutsch-chauvinistischer und zugleich elitärer Borniertheit an sinfonischen und vokalen Großformen von Beethoven bis Brahms, Bruckner und Richard Wagner orientiert und vom musikalischen Kunstwerk in erster Linie gedanklichen Tiefgang fordert. Dabei negieren sie die Originalität und nationale Eigenart des norwegischen Komponisten, die sich in anderen, gleichgewichtigen musikalischen Inhalten und Gestaltungsweisen äußert, wie sie von seinem Zeitgenossen Peter Tschaikowski charakterisiert werden: „Wenn wir Grieg hören, spüren wir instinktiv, daß hier ein Mensch zu uns spricht, den es unwiderstehlich dazu treibt, die überquellenden Empfindungen und Stimmungen seiner hochpoetischen Natur musikalisch auszudrücken [...]." Weiter heißt es bei Tschaikowski aus der Sicht des Sinfonikers: „Vollendung der Form, strenge Logik in der thematischen Arbeit dürfen wir bei dem berühmten Norweger freilich nicht immer suchen" – womit Tschaikowski die bei Grieg in der Vielzahl kleiner Formen offenbarte Formkultur sowie auch die in einigen Kammermusikwerken verwirklichte thematische Arbeit etwas minder bewertet –, und er fährt fort: „doch die bezaubernde Anmut, die Unmittelbarkeit und Frische der musikalischen Empfindung entschädigen uns reichlich dafür! Wieviel Leidenschaft und Wärme strahlt seine kantable Melodik aus; wie lebendig sprudeln seine Harmonien; wie originell sind seine scharfsinnigen, pikanten Modulationen und sein interessanter, neuartiger Rhythmus. Bei alledem ist er immer einfach und natürlich [...]".[36]
Eine so geartete Musik, charakteristisch, attraktiv und zugleich einfach gestaltet, kleine Formen bevorzugend und in den meisten Fällen auch relativ leicht reproduzierbar, war in besonderem Maße geeignet, in vielfältigen Versionen und Gebrauchszusammenhängen zu erklingen – sei es als gesungene, gepfiffene oder auf einem Volksinstrument gespielte Reminiszenz oder in Arrangements unterschiedlicher Besetzungen. Hiergegen gab es schon zu Lebzeiten Griegs ernst zu nehmende Einwände, nicht zuletzt von ihm selbst.

34

Wenn Griegs Verleger Max Abraham 1890 in einem Brief aus Rom an den Komponisten schreibt: „Eben komme ich vom Monte Pincio, wo 2 Ihrer norwegischen Tänze gespielt wurden, und zwar in einem ganz guten Arrangement für Blasinstrumente, den 1. Theil von Nr. 2 sangen einige aus dem Volke mit, was meinem Verleger-Herzen besonders wohl that",[37] so konnte er damit rechnen, Grieg mit dieser Mitteilung eine Freude zu machen. Eine Reihe von Griegs eigenen Berichten lassen jedoch seine widersprüchlichen Empfindungen gegenüber der weltweiten Popularität seiner Musik erkennen: Einerseits spricht aus ihnen Genugtuung darüber, daß sich Menschen aller Volksschichten seine Musik zu eigen machten; andererseits konnte es ihm nicht gefallen, sie oft in deformierter Gestalt zu hören. So verleiht er zwar 1892 in einem Brief an seinen Verleger seinem Vorschlag, die Musik zu Bjørnsons *Sigurd Jorsalfar* zu drukken, mit dem Hinweis auf die Popularität des ersten Liedes Nachdruck, bringt aber zugleich seinen Unwillen über die Roheit, mit der es gesungen wird, zum Ausdruck: *Das erste „Kvad" (altnordische Bezeichnung für „Weise" oder „Lied") ist hier in Bergen z. B. so schauderhaft populär, daß es, seitdem es in Gartenkonzerten aufgeführt wurde, sogar von den Straßenjungen gesungen wird. Vielleicht paßt es auch deshalb für ein „Bundesschießen"! Hier in meiner Vaterstadt habe ich mehr als einmal meinen Weg ändern müssen, um diese Strophen, die mit entsetzlicher Roheit gebrüllt werden, nicht zu hören.*[38]

Vier Jahre später ergänzt Grieg gegenüber seinem Freund Beyer die Schilderung seiner Wiener Konzerterfolge mit den Worten: *Aber Popularität kann mitunter unangenehm sein, das erlebte ich gestern, als ein Zitherspieler unter Mittag sich plötzlich mit Solveigs Lied hören ließ.*[39]

Über unangemessene Darbietungen und Arrangements der *Peer-Gynt-Musik* hatte sich Grieg besonders oft zu beklagen, so auch 1896 gegenüber seinem Verleger: *Meinen besten Dank für die Novitäten! Die Vermehrung meiner Werke durch Arrangements fängt jetzt an, unheimlich zu werden. Ich vermisse nur noch die Peer Gynt Suite für Flöte und Posaune. Von der unerreichbaren Popularität der Drehorgel will ich gar nicht reden. Die Albumblätter werden sich übrigens gut machen. Dagegen ist die Peer Gynt Suite ganz unmusikalisch gemacht. Gott sei Dank, daß ich ohne Schuld daran bin.*[40]

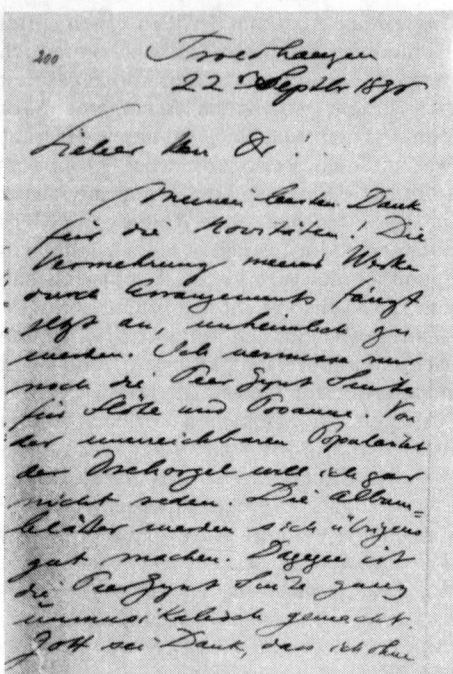

Aus diesen Worten ist bereits eine resignierte Haltung gegenüber der Flut zum Teil schlechter Arrangements, die dem Verlag hohe Einnahmen sicherten, zu erkennen. Noch deutlicher spricht sie aus einem Brief an seinen Freund Julius Röntgen ein Jahr vor seinem Tode, in dem er sich resümierend über die Fragwürdigkeit seiner Popularität äußert: *Ja, ja, es ist, oder besser, es scheint sehr schön mit dieser Popularität, sie ist aber nicht billig. Mein Renommée als Künstler leidet darunter und die Kritik wird gehässig. Glücklicher die Künstler, die nicht bei Lebzeiten die sogenannte Popularität erhalten. Ich kann doch nicht dafür, daß meine Musik in Hotellen dritten Ranges und von den Backfischen gespielt wird. Ich habe meine Musik doch deshalb eben so warm empfunden ohne an Publicum zu denken.*[41] Grieg meint hier selbstverständlich das Publikum seichter Unterhaltungsmusik, für das schon zu Lebzeiten Griegs eine unübersehbare Menge von Bearbeitungen für Salonorchester und kleine Besetzung erschien, die zum Teil noch heute in Kaffeehäusern erklingen.

Es steht die Frage, inwieweit Grieg mit eigenen Arrangements minderer Qualität diesem Gebrauch seiner Musik Vorschub geleistet hat.

Das Grieg beherrschende Bestreben, mit seiner Musik möglichst viele Menschen zu erreichen und zu bereichern, bildete das Hauptmotiv für die umfangreiche Arbeit, die er den Übertragungen seiner Werke auf andere Besetzungen widmete. Hinzu traten wiederholte Aufforderungen seitens des Verlages, denen er jedoch nicht immer nachkommen konnte oder wollte. So hat er zum Beispiel sein Klavierstück *Norwegischer Brautzug im Vorüberziehen* op. 19 Nr. 2 trotz Aufforderung nie selbst für Orchester bearbeitet, sondern überließ die Instrumentierung für großes Orchester dem von ihm hochgeschätzten norwegischen Dirigenten und Komponisten Johan Halvorsen.[42] In dieser Form übernahm er sie auch in die Musik zum ersten Akt von *Peer Gynt*. Ausschlaggebend hierbei war für ihn – wie in zahlreichen anderen Fällen von Orchestrierungen – die Qualität des Ergebnisses. So finden sich auch unter seinen eigenen Bearbeitungen für Streich- oder Sinfonieorchester einige Werke, die dem Original in ihrem ästhetischen Wert nicht nachstehen. Hierzu gehören die *Holberg-Suite* op. 40, die *Altnorwegische Romanze* op. 51, die sechs Stücke aus der *Lyrischen Suite* op. 54 und die *Zwei Lyrischen Stücke* op. 68 – sämtlich Werke, deren Originalgestalt für das Klavier bestimmt war.

Den weitaus größten Anteil von Griegs eigenen Bearbeitungen nehmen die Klavierarrangements ein. Mit ihnen – wie auch mit seinen zahlreichen originalen Klavierkompositionen – entsprach Grieg dem zu seiner Zeit hohen Bedarf an Stücken für dieses Instrument. Das Klavier, seit der Mitte des 19. Jahrhunderts zum Statussymbol einer anspruchsvollen bürgerlichen Erziehung, besonders der Töchter, geworden, erfüllte zugleich reale musikkulturelle Bedürfnisse. Namentlich dort, wo – wie in Norwegen – weite Entfernungen sowie Qualität und Repertoire der wenigen Klangkörper den Besuch und das Erlebnis von Konzerten noch einschränkten, bot das eigene Spielen von Orchestermusik in Klavierbearbeitungen einen günstigen Ersatz. Unter den Klavierbearbeitungen fällt der hohe Anteil von vierhändigen Klavierarrangements auf – waren doch größere Orchesterwerke, wie die *Peer-Gynt-Suiten*, in dieser Fassung besonders bequem spielbar und im Klangerlebnis befriedigender als zweihändige Bearbeitungen. Grieg selbst musizierte oft und begeistert mit seiner Frau oder seinen Freunden vierhändig, erbat sich von seinem Leipziger Verleger sogar eine achthändige Ausgabe der Sinfonien Beethovens und erschloß sich auf diese Weise einen beträchtlichen Teil der musikalischen Weltliteratur.[43]

Griegs Klavierbearbeitungen von Orchestermusik erhielten somit eine nützliche Doppelfunktion als hausmusikalischer Ersatz für Konzerterlebnisse und musizierpraktisches Betätigungsfeld des Musikliebhabers. Ein derartiger sinnvoller Gebrauch entfiel jedoch bei den rein instrumentalen Bearbeitungen von Liedern Griegs, die bereits in ihrer Originalgestalt die Hausmusik bereichert haben. Vor allem aber ist in diesen Arrangements die Poesie, die Ursprünglichkeit und Schlichtheit der Lieder durch den verstärkten, oft mit nichtssagenden spieltechnischen Effekten versehenen Klaviersatz verlorengegangen. Die des Wortes entkleideten mehrfachen Wiederholungen der Liedmelodie als Ober-, Mittel- oder Unterstimmen wirken ermüdend. Ähnliches gilt auch für die Orchesterbearbeitungen von Liedern, wenngleich hier, wie in den seinerzeit viel und erfolgreich aufgeführten *Zwei elegischen Melodien* op. 34 (nach zwei Liedern aus op. 33), der differenziert und sensibel eingesetzte Streicherklang die Eintönigkeit einzuschränken vermag.

Die instrumentalen Liedarrangements Griegs dienten vor allem seinem Anliegen, durch Aufhebung der Sprachbarrieren seine Lieder auch im Ausland bekanntzumachen, im Falle von Arrangements für das Klavier außerdem der Bereitstellung zusätzlicher gefälliger Literatur für den klavierspielenden Amateur, die zu seiner Zeit stets gefragt war. Ist ihr ästhetischer Wert auch relativ gering, so erfüllten sie doch die Funktion einer Unterhaltungsmusik, die sich von der Flut minderwertiger zeitgenössischer Salonstücke unterschied.

Die Gesamteinschätzung Griegs bedarf, namentlich in den deutschsprachigen Ländern, einer grundsätzlichen Vertiefung bzw. Revision. Die mitunter noch immer einseitige Kennzeichnung des großen norwegischen Meisters als eines „Klassikers der Unterhaltungsmusik" – wobei der Begriff „Unterhaltungsmusik" mit einer abschätzigen Wertung belastet ist – wird Griegs bedeutender Leistung in keiner Hinsicht gerecht. Wohl aber gilt es, die Ursachen seiner vieldimensionalen Popularität, seiner Internationalität und Wirkung auf nachfolgende Komponisten anhand seines Werkes, an dem vieles neu zu entdecken ist, zu begründen.

2. Kindheit und Studienjahre (1843–1862)

Im Elternhaus

Es ist nämlich nicht allein die Kunst und die Wissenschaft Bergens, aus der ich Anregung gewann. Nicht nur von Holberg, Welhaven und Ole Bull habe ich gelernt [...] Nein, das ganze Milieu Bergens ist mein Stoff gewesen, Bergens Natur, Bergens Arbeitsfreude und Unternehmungsgeist jeglicher Art haben mich inspiriert.[44]

Bergen, die größte Stadt der norwegischen Westküste, malerisch gelegen zwischen sieben Bergen und an den beiden kleinen Fjordarmen Vaagen und Puddefjord, ist Edvard Griegs Geburtsstadt. Mehr als jede andere norwegische Stadt hat sich Bergen, das im 11. Jahrhundert gegründet wurde, seine Eigenart aus alter Zeit bewahrt. Sie besteht seit jeher darin, daß diese Stadt sowohl Handels- als auch Kulturzentrum Westnorwegens ist, in dem Traditionsgebundenheit, Betriebsamkeit und Weltoffenheit sich verbinden. Hier wurden im 12. Jahrhundert die norwegischen Könige gekrönt, hier verkehrten seit alters die transozeanischen Schiffe und entfaltete sich ein reger Außenhandel mit Fischerzeugnissen, der Bergen im 15. und 16. Jahrhundert zu einer der wichtigsten Niederlassungen der Hanse im Nordseeraum gemacht hatte.

Auch Edvard Griegs Urgroßvater, Alexander Grieg (1739–1803), der in der schottischen Stadt Aberdeen geboren war und nach seiner Auswanderung aus Schottland die Buchstabenfolge seines ursprünglichen Namens Greig umgestellt hatte, um die richtige englische Aussprache zu erzielen, gelangte in Bergen durch den Fischhandel zu Wohlstand. Bereits im Jahre 1779 betrieb er hier, nachdem er im gleichen Jahre das norwegische Bürgerrecht erworben hatte, einen flott gehenden Hummer- und Stockfischexport, für den er sich einen eigenen kleinen Schoner baute. Das Geschäft wurde nach seinem Tode von seinem Sohn John Grieg (1772–1844), Edvard Griegs Großvater, und später von Alexander Grieg (1806–1875), Edvards Vater, übernommen.

Bunt und vielgestaltig war das Leben, in das Edvard Grieg am 15. Juni 1843 als viertes von fünf Kindern hineingeboren wurde. Der in unmittelbarer Nähe der schmalen, krum-

Ansicht von Bergen. Foto aus den 80er Jahren des 19. Jahrhunderts

men Gasse seines Geburtshauses gelegene Hafen mit dem Gewimmel der Boote und Fahrzeuge und den lebhaften Auseinandersetzungen der Fischverkäufer und -käufer mögen seiner Phantasie reiche Nahrung gegeben haben. In seiner im Jahre 1903 geschriebenen autobiographischen Skizze *Mein erster Erfolg* verweilt Grieg längere Zeit bei sei-

Ansicht von Bergen mit Hafen und Fischmarkt. Foto um 1985

nen Kinderjahren und hebt hervor, wie stark die vielfältigen Bergener Kindheitserlebnisse auf ihn einwirkten und
wie sie seine Einbildungskraft in Gang setzten. Da ihm
seine Eltern viel Freiheit ließen, hatte er reiche Möglichkeiten, das Volksleben in Bergen in allen seinen Spielarten

kennenzulernen: *Ich könnte manche kleinen Triumphe aus jenen Jahren aufzählen, die einen bestimmten Einfluß auf meine Einbildungskraft hatten. So z. B. vermochte ich, wenn mir als kleinem Jungen erlaubt worden war, zu einem Begräbnis zu gehen oder einer Auktion beizuwohnen, ganz genau zu berichten, welchen Eindruck der Vorgang auf mich gemacht hatte. Wenn man mir untersagt hätte, diesen kindlichen Instinkten nachzugehen, wer weiß, ob meine Phantasie nicht unterdrückt und in eine andere Richtung getrieben worden wäre, die meiner wahren Natur fremd war?*[45]

Von besonderer Bedeutung für Griegs Entwicklung waren die musikalischen Einwirkungen seiner Kinderjahre. Bergen besaß seit 1765 seine eigene Konzertinstitution, die noch heute bestehende Musikgesellschaft „Harmonien", die sich zu jener Zeit aus Amateuren und Fachmusikern zusammensetzte. Schon ein Urgroßvater Griegs, der Kaufmann und Geiger Nils Haslund, Vater von Edvards Großmutter Maren Regina Grieg, hatte sich ab 1770 als Leiter von „Harmonien" in Bergen großes Ansehen erworben. Edvards Mutter Gesine trat dort als Neunzehnjährige mit Agathes Arie aus Webers Oper „Der Freischütz" und später

Die Straße Strandgaten in Bergen, in der Grieg geboren wurde und seine Kindheit verlebte

43

oft als Pianistin öffentlich auf, und Grieg selbst sollte die Institution in zwei Konzertsaisons der Jahre 1880 bis 1882 als Dirigent zu beachtlichen Erfolgen führen. Waren die musikalischen Leistungen von „Harmonien" in Griegs Kinderjahren noch relativ bescheiden, so boten sie doch Berufs- und Laienmusikern mit der Aufführung von musikalischen Meisterwerken Anregung und Ansporn.

Grieg wird als Kind von den „Harmonie"-Konzerten auf jeden Fall indirekt über seine Eltern berührt worden sein. Die entscheidende musikalische Einflußsphäre bildeten für ihn jedoch die musikalischen Aktivitäten seines Elternhauses, in dem sich allwöchentlich ein Kreis musikinteressierter Dilettanten und Musiker unter der Leitung seiner Mutter zum gemeinsamen Musizieren versammelte.

Edvards Mutter Gesine, Tochter des in Bergen hoch angesehenen Stiftsamtmannes und langjährigen Stortingmitgliedes Edvard Hagerup (1781–1853), die schon als Kind besondere Musikalität zeigte, erhielt von klein auf eine gediegene musikalische Ausbildung. Als junges Mädchen schickten die vermögenden Eltern sie sogar nach Hamburg, wo sie bei Albert Methfessel, dem bekannten Lieder- und Chorkomponisten,[46] Unterricht im Klavierspiel, Gesang und in Musiktheorie erhielt. Während Griegs Kindheit wurde sie in Bergen vor allem als Pianistin geschätzt, wirkte solistisch und als Begleiterin – so der Violinvirtuosen Ole Bull (1863) und August Fries (1869) – und galt als die erfolgreichste Klavierlehrerin Bergens. Ihre Lieblingskomponisten waren Mozart und Weber. In ihren häufigen Hauskonzerten wurden unter ihrer Regie außer Instrumentalwerken auch Teile aus Opern aufgeführt. Auch Griegs Vater hatte Freude an der Musik und spielte gern mit seiner Frau vierhändig, wenngleich die Interessen für sein Geschäft bei ihm im Mittelpunkt standen.

Angesichts dieser musikalischen Atmosphäre des Elternhauses nimmt es nicht wunder, daß es den kleinen Edvard schon oft ans Klavier zog, ehe er Klavierunterricht erhielt. Grieg berichtet, welchen tiefen Eindruck auf ihn eines Tages die Entdeckung einer Reihe harmonischer Zusammenklänge machte: *Was sollte mich hindern, mir jene wunderbare, geheimnisvolle Befriedigung zurückzurufen, als ich meine Arme über das Klavier ausstreckte, um zu entdecken – nicht etwa eine Melo-*

Gesine und Alexander Grieg, die Eltern des Komponisten

die: dazu fehlte noch viel – nein, daß es eine Harmonie gibt. Erst eine Terz; dann ein Akkord von drei Noten; dann ein voller Akkord mit vier; endlich und schließlich mit beiden Händen – o Freude! eine Kombination von fünf, den Nonenakkord! Als ich das herausgefunden hatte, da kannte meine Glückseligkeit keine Grenzen. Das war in der Tat ein Erfolg! Kein späterer Erfolg hat mich so aufgeregt wie dieser. Ich war damals etwa fünf Jahre alt.[47]

Diese „Entdeckung" zeigt eine seltene frühe Sensibilität gegenüber musikalischen Zusammenhängen, da sich kleine

Kinder auch im Falle hoher Musikalität auf das instrumentale Entdecken bekannter Melodien zu konzentrieren pflegen. Zugleich weist sie bereits andeutungsweise auf Griegs spätere besonders originelle schöpferische Leistungen im harmonischen Bereich.

Ein Jahr später erhielt Grieg bei seiner Mutter Klavierunterricht. Mit unerbittlicher Strenge und Energie wachte sie darüber, daß ihr Sohn, seiner Begabung entsprechend, die bereits erkennbaren musikalischen Anlagen entwickelte: [...] *mit ihr war nicht zu spaßen, wenn sie mich am Klavier träumend fand, anstatt meine Lektionen fleißig zu üben. Und wenn ich mich zusammennahm, meine Fingerübungen und Skalen und all das übrige technische Teufelswerk zu studieren, die meinem kindlichen Verlangen Steine statt Brot schienen, da kontrollierte sie mich, auch wenn sie nicht im Zimmer war. Eines Tages kam ihre drohende Stimme aus der Küche, wo sie gerade das Mittagessen vorbereitete: „Aber pfui, Edvard; fis, fis, nicht f." Ich war ganz überwältigt von ihrer Meisterschaft.*[48]

Griegs Mutter hatte auch starke literarische Interessen, schrieb Gedichte und kleine Schauspiele. Die Hinwendung Griegs zur Poesie, die sich zeit seines Lebens in dem hohen Anspruch an die von ihm vertonten Texte und an ihre Übersetzungen sowie in der Leichtigkeit und Anschaulichkeit des Stils seiner zahlreichen Briefe, seiner biographischen Skizze und seiner Aufsätze über Mozart und Schumann, Kjerulf, Verdi und Wagner zeigt, wurde somit auch durch seine Mutter angeregt und gefördert.

Grieg hing sein ganzes Leben lang mit großer Liebe und Verehrung an seiner Mutter. Im Jahre 1873, zwei Jahre vor ihrem Tode, setzte er ihr mit der Komposition des Liedes *Die alte Mutter (Du gamle mor)* auf den Text des norwegischen Dichters A. O. Vinje ein bleibendes Denkmal. Das Lied, das die in der norwegischen Volksmusik häufig erklingende Wendung von der siebenten zur fünften Stufe enthält (vgl. die Takte 1/2 und 5/6), mitunter – da auch bei Grieg oft vorkommend – nicht ganz exakt als „Griegmotiv" bezeichnet, und das durch die Allgemeingültigkeit seiner Aussage und die Kraft seiner Melodik zu einem Volkslied geworden ist,[49] das keiner Klavierbegleitung bedarf, gehört noch heute in Norwegen zu den meistgesungenen Liedern und ist auch in Dänemark und Schweden verbreitet:

1 op. 33 Nr. 7, Takt 1–4

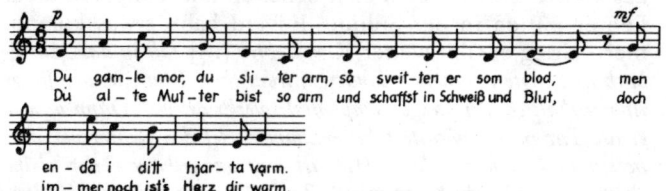

Du gam-le mor, du sli-ter arm, så sveit-ten er som blod, men
Du al-te Mut-ter bist so arm und schaffst in Schweiß und Blut, doch

en-då i ditt hjar-ta varm.
im-mer noch ist's Herz dir warm.

In krassem Gegensatz zu den günstigen Bedingungen, die das Elternhaus, Bergens Natur und Volksleben dem jungen Grieg für die Entfaltung seiner schöpferischen Individualität und Musikalität boten, standen die Zustände und Verhaltensweisen, denen sich Grieg in der Schule ausgesetzt sah. Edvard besuchte nach Absolvierung einer vierjährigen Elementarschule die neueste Bildungsstätte Bergens, die 1850 gegründete Tanksche Schule.[50] Als Realschule betonte sie gegenüber den vier Kathedralschulen der Stadt mit ihrem klassischen Bildungsideal die neueren Sprachen sowie Mathematik und Naturwissenschaften und war somit darauf gerichtet, den seit der Mitte des Jahrhunderts in Kristiania wie in Bergen stürmisch einsetzenden Prozessen der industriellen Revolution besser zu entsprechen. Einem musikalisch begabten, noch dazu phantasievoll-träumerischen Schüler wie Edvard Grieg brachte sie jedoch keinerlei Verständnis entgegen. Noch mit sechzig Jahren äußerte sich Grieg voller Abscheu über das Leben in dieser Schule: *seine Rauheit, seine Kälte, sein Materialismus – alles das war für meine Natur so abschreckend*; über den zynischen Spott, mit dem ein Lehrer auf harmlose schriftliche oder mündliche Fehler zu reagieren pflegte; über das Verhalten der Schulkameraden, die hänselnd hinter ihm herriefen: *„Da geht Mozak"* oder: *„Mozak, Mozak"*, nachdem er im Unterricht auf die Frage des Lehrers, wer ein Requiem komponiert habe, als einziger den Namen *Mozart* genannt hatte.[51] Besonders schmerzlich erinnerte sich Grieg an eine Unterrichtsstunde in seinem zwölften Lebensjahr, als ein Lehrer ihn verspottete, schmähte und mißhandelte, nachdem er von seinen Kompositionsversuchen erfahren hatte. Grieg hatte seine *Variationen über eine deutsche Melodie für das Klavier* mitge-

47

bracht, um sie einem Mitschüler zu zeigen. Dieser konnte das Geheimnis nicht für sich behalten und berichtete dem Lehrer mitten in der Stunde, Edvard habe etwas komponiert. Grieg erzählt weiter: *Der Lehrer [...] sah in das Musikbuch und sagte in einem besonderen, ironischen Ton: „So, der Junge ist musikalisch, der Junge komponiert: merkwürdig!" Dann öffnete er die Tür in das nächste Klassenzimmer, rief den Lehrer von dort herein und sagte zu ihm: „Hier ist was anzuschauen; der kleine Spitzbub hier ist ein Komponist!" Beide Lehrer wendeten mit Interesse die Blätter des Notenbuches um. Jeder stand auf in beiden Klassen. Es war ein großer Moment, und ich fühlte einen großen Erfolg; aber das ist etwas, was man nie zu rasch gewahr werden sollte. Denn kaum als der andere Lehrer wieder die Klasse verlassen hatte, änderte mein Lehrer plötzlich seine Taktik, packte mich an den Haaren, bis es mir schwarz vor den Augen wurde, und sagte barsch: „Ein anderes Mal wirst du dein deutsches Wörterbuch mitbringen, wie sich's gehört, und das blöde Zeug hier zu Hause lassen!" Ach, so nahe dem Gipfel des Glückes, und dann plötzlich sich in die Tiefe geschleudert zu sehen!*[52]

Die negativen Erfahrungen Griegs auf der Bergener Realschule führten nicht nur zum zeitweisen Absinken seiner schulischen Leistungen, so daß er die dritte Klasse wiederholen mußte; sie beeinträchtigten auch nachhaltig sein Selbstwertgefühl und sein Vertrauen in die eigene Leistungsfähigkeit.

Keinesfalls aber konnten die traurigen Schulerlebnisse seinen frühen Drang zum Komponieren hemmen. Schon mit neun Jahren hatte Edvard seine ersten Stücke auf dem Notenpapier festgehalten. Zahlreiche weitere Kompositionsversuche folgten; erhalten sind aus den Kinderjahren jedoch nur drei Klavierstücke *(3 klaverstykker)* aus dem Jahre 1858, die bei aller Laienhaftigkeit bereits Ansätze harmonischer Entdeckerfreude des Fünfzehnjährigen erkennen lassen. Trotz dieser starken kompositorischen Neigungen war es noch gegen Ende seiner Schulzeit nicht der Beruf eines Tonkünstlers, den sich Grieg als reales Ziel zu setzen wagte: *Doch kam es mir zu dieser Zeit nie in den Sinn, daß ich ein Künstler werden könnte. Die Sache erschien mir viel zu hoch und unerreichbar. Wenn jemand mich fragte, was ich werden wollte, antwortete ich ohne Zaudern: „Ein Pastor". Meiner Phantasie erschien der schwarz talarte Seelenhirte als Vertreter des anziehendsten aller*

Ole Bull,
einer der wichtig-
sten Förderer
und Anreger
Griegs

*Stände. Vor einer lauschenden Menge predigen oder reden zu kön-
nen, deuchte mir etwas besonders Erhabenes. Ein Prophet, ein He-
rold sein – das war, was ich wollte.*[53]
Offensichtlich hatten die in der Schule durch Bedrohung
und Bestrafung entstandenen Verunsicherungen einen Be-
rufswunsch unterdrückt, der seinen musikalischen Neigungen entsprach. Statt dessen erschien ihm die Stellung eines
Pastors, der in jener Zeit eine unanfechtbare Autorität verkörperte, die niemand angreifen oder beleidigen konnte, als
erstrebenswert. Daß Griegs innerstes Verlangen sich dennoch schon in seiner Schulzeit auf ein späteres musikalisches Wirken richtete, geht aus einer seiner Äußerungen in
seinem letzten Lebensjahr hervor: *Mit neun Jahren begann ich
zu komponieren, aber erst später fand ich mich. Als Junge glaubte
ich, in den Herzen der Norweger meiner Heimatstadt Bergen einen
wunderbaren Resonanzboden schwingen zu hören. Und es war mein
größter Ehrgeiz, ihn für die Ohren der ganzen Welt erklingen zu las-*

49

sen. Ich vernahm das Raunen in der Natur, und der Duft der nor-
wegischen Fichtenwälder sollte in den Konzertsälen überall auf der
Welt zu spüren sein.[54]

Dieser Wunsch, ein Tonkünstler zu werden, scheint sich im
Sommer 1858 nach einer längeren Reise mit seinem Vater
nach Østlandet durchgesetzt zu haben und auch bei Griegs
Eltern nicht auf Widerstand gestoßen zu sein. Der entscheidende Anstoß für die Aufnahme einer musikalischen Berufsausbildung, und zwar bereits zu einem Zeitpunkt, als
Grieg die Realschule noch nicht abgeschlossen hatte, kam
von einer Persönlichkeit, die in Bergen und bei Griegs Eltern hohes Ansehen genoß, von Ole Bull.

Der in Europa wie in Nordamerika gefeierte Sohn der Stadt
Bergen, der als Autodidakt zum „Paganini des Nordens" geworden war, hatte mit seinem begeisterten Einsatz für die
Entwicklung einer eigenständigen norwegischen Nationalkultur Widerhall bei breiten Kreisen des norwegischen Volkes gefunden. Im Sommer 1850 war auf seine Initiative in
Bergen das erste norwegische Theater unter dem Motto
„norwegische Stücke, norwegische Schauspieler, norwegische Musik, norwegisches Ballett" gegründet worden. Für
die künstlerische Leitung gewann er von 1851 an den damals noch fast unbekannten Henrik Ibsen, in den Jahren
1857/58 Bjørnstjerne Bjørnson. Gleichzeitig galt Ole Bulls
Streben der Entfaltung einer aus dem reichen Schatz musikalischer Folklore schöpfenden norwegischen Kunstmusik.
Er selbst hatte seine berühmten Improvisationen durch Einbeziehung von Volkstänzen und der mehrstimmigen Spielweise, die er den Volksmusikanten auf der Hardingfele abgelauscht hatte, bereichert.

Der fünfzehnjährige Grieg kannte den großen Geiger vor
dessen denkwürdigem Besuch bei seinen Eltern im Sommer
1858 noch nicht, da sich Ole Bull zuvor viele Jahre lang zur
Gründung einer Ansiedelung „Neu-Norwegen" mit norwegischen Auswanderern in Nordamerika aufgehalten hatte;
nach dem Scheitern des Unternehmens war er 1857 zurückgekehrt. Aufgrund der Erzählungen seiner Eltern war für
Grieg jedoch Ole Bull das große Vorbild. Der Bericht des
sechzigjährigen Grieg vermag uns noch den tiefen Eindruck zu vermitteln, den die kraftvolle, strahlende Persönlichkeit Ole Bulls und vor allem die durch ihn bewirkte Ent-

50

scheidung bei dem Fünfzehnjährigen hinterließ: *An einem schönen Sommertage geschah es, daß ein Reiter in vollem Galopp die Straße nach Landås[55] heraufkam. Vor dem Hause zügelte er seinen feurigen Araber und sprang ab. Es war Er, der gute Gott, von dem ich geträumt, den ich aber nie gesehen hatte; es war Ole Bull. Zwar schien es mir nicht ganz recht, daß dieser Gott so auftrat und sich benahm wie ein Mensch; er trat ins Zimmer und begrüßte uns alle mit freundlichem Lächeln. Aber ich erinnere mich, daß es mich wie ein elektrischer Strom durchfuhr, als seine Hand die meine berührte. Unglücklicherweise hatte er seine Violine nicht mitgebracht, aber dafür konnte er reden, und er redete fleißig. Sprachlos lauschten wir seinen wunderbaren Erzählungen von seinen Reisen in Amerika. Das war wirklich etwas für meine kindliche Phantasie. Als er hörte, ich hätte komponiert, mußte ich mich ans Klavier setzen; alle meine Bitten waren vergebens. Heute vermag ich es nicht zu verstehen, was Ole Bull damals an meinen Jugendstücken finden konnte. Aber er war vollkommen ernst und sprach ruhig mit meinen Eltern. Der Gegenstand der Unterredung war durchaus nicht unangenehm für mich. Denn plötzlich kam Ole Bull zu mir, schüttelte mich in seiner ihm eigentümlichen Weise und sagte: „Du mußt nach Leipzig gehen und ein Musiker werden." Alle schauten mich liebevoll an, und ich hatte das Gefühl, als wenn eine gütige Fee meine Wange streichelte. Und meine guten Eltern! Da war nicht einen Augenblick Opposition oder Zögern: alles wurde arrangiert, und die Sache schien mir das einfachste Ding von der Welt zu sein. Was ich ihnen zu danken hatte – plus Ole Bull –, das kam mir erst später klar zum Verständnis.*[56]

Auf dem Leipziger Konservatorium

Das Konservatorium zu Leipzig galt seit seiner Gründung durch Felix Mendelssohn Bartholdy im Jahre 1843, Edvard Griegs Geburtsjahr, als eine der führenden musikalischen Ausbildungsstätten Europas. Nicht nur aus den deutschsprachigen Staaten, sondern aus ganz Europa, vor allem aus England, Rußland und den skandinavischen Ländern, sowie aus Nordamerika und anderen außereuropäischen Staaten suchten Jahr für Jahr angehende Musiker ihre Ausbildung am Leipziger Konservatorium. Von den Studenten aus Skandinavien bildeten die Norweger im 19. Jahrhundert

Gebäude des Leipziger Konservatoriums am Neumarkt ab 1843

den Hauptanteil.[57] Fast alle Komponisten Norwegens, die
gegen Ende des 19. und zu Beginn des 20. Jahrhunderts nationale und internationale Bedeutung erlangten, studierten
in Leipzig. Außer Edvard Grieg enthalten die Immatrikulationslisten des Leipziger Konservatoriums die Namen der
norwegischen Komponisten Otto Winter-Hjelm (1857), Jo-

Edvard Grieg im Alter von 16 Jahren als Schüler des Leipziger
Konservatoriums

han Svendsen (1863), Ole Olsen (1871), Johan Peter Selmer
(1871) und Christian Sinding (1879).[58] Auch hervorragende
norwegische Interpreten studierten in Leipzig, unter ihnen
der Organist Christian Cappelen (1860) sowie die Dirigenten Iver Holter (1876) und Johan Halvorsen (1886). Zu ihnen allen trat Grieg in späteren Jahren in eine mehr oder
weniger enge Beziehung. Der Zustrom angehender norwegischer Musiker in das Leipziger Konservatorium nahm erst
gegen die Jahrhundertwende ab, nachdem der Volksliedfor-
scher Ludvig Mathias Lindeman mit seinem Sohn Peter Lindeman 1883 das erste bis heute bestehende Konservatorium
in der norwegischen Hauptstadt ins Leben gerufen hatte.

Die meisten Lehrer des Leipziger Konservatoriums, bei denen der junge Grieg Unterricht erhalten sollte, hatten dazu
beigetragen, den hohen Ruf des Instituts seit seiner Gründung zu sichern: Moritz Hauptmann und Ernst Friedrich
Richter (Musiktheorie); Louis Plaidy und Ernst Ferdinand

Wenzel (Klavierspiel); 1846 bzw. 1851 wurden Ignaz Moscheles (Klavierspiel) und Benjamin Robert Papperitz (Musiktheorie) Mitglieder des Lehrerkollegiums. Im Jahre 1860 trat Carl Reinecke (Komposition) hinzu.

Edvard Grieg wurde am 6. Oktober 1858 nach einer Eignungsprüfung in das Leipziger Konservatorium aufgenommen. Der Übergang von seiner norwegischen Heimatstadt *nach dem mittelalterlichen Leipzig, wo die hohen, finsteren, unheimlichen Häuser und die engen Straßen mir fast den Atem benahmen,* gestaltete sich für den jungen Norweger nicht problemlos. Das anfängliche Heimweh des kaum dem Kindesalter Entwachsenen, auch sein noch sehr kindliches Aussehen, das einen Geiger veranlaßte, ihn zum Spaß auf den Schoß zu nehmen *(was mich natürlich zur Verzweiflung trieb),* mögen ihm zu schaffen gemacht haben. Vor allem aber seine insgesamt kindlich naive Vorstellung vom Studium, von dem er erwartete, *daß sich „das Wunder" vollziehen und ich nach Verlauf von drei Jahren, wenn meine Studienzeit zu Ende wäre, als ein Hexenmeister im Reiche des Klanges nach Hause kommen würde,*[59] beeinträchtigte seine reale Einstellung zur Ausbildungsstätte.

So hat sich Grieg auch über seinen ersten Klavierlehrer, Louis Plaidy, den Verfasser zweier fundierter Werke zur Methodik des Klavierspiels,[60] besonders negativ geäußert. Grieg sah nicht ein, daß sein *höchst unsympathischer Lehrer,* dessen Methode seiner Meinung nach *die denkbar unintelligenteste* war, von ihm intensive technische Studien und das Üben einer Sonate Clementis forderte. Besonders erbittert war er, als sein Lehrer, nachdem er wieder einmal nicht geübt hatte, ihn vor anderen Schülern mit den Worten zurechtwies: *„Gehen Sie nach Hause und üben Sie!",* wobei er Griegs Noten in die Ecke schleuderte.[61] Hier mögen auch Erinnerungen an die Zusammenstöße mit Lehrern der Realschule in Bergen in Grieg wach geworden sein. Auf jeden Fall stand Griegs überaus scharfe Kritik an Plaidy und seiner vielleicht etwas trockenen Unterrichtsmethode in Gegensatz zu der Hochschätzung, die diesem Lehrer von Seiten der anderen Schüler entgegengebracht wurde, so auch von dem später bedeutenden englischen Pianisten Francis Barnett, mit dem Grieg das Studium begonnen hatte.

Erfolgreich verlief sein Klavierunterricht bei seinen nächsten Lehrern Carl Ferdinand Wenzel und Ignaz Moscheles, die das Schwergewicht auf die Ausdrucksgestaltung legten: *Unter dem Einfluß dieser beiden Lehrer schwand alle meine Trägheit.*[62] Griegs Sympathie für Wenzel, den *begabten Freund Robert Schumanns,* resultierte aus der gemeinsamen Verehrung für diesen Meister der musikalischen Romantik, zu dem sich Grieg seit seiner Leipziger Zeit besonders hingezogen fühlte und der sein Klavier- und Liedschaffen maßgeblich beeinflussen sollte. Im Gewandhauskonzert wurde ihm Schumanns Klavierkonzert – späteres Vorbild seines eigenen Konzerts – in der Interpretation durch Clara Schumann zum tiefen Erlebnis, und bei seinem Lehrer Wenzel studierte er Schumanns poesievolle Klavierstücke. Noch in seinem umfangreichen Artikel über Robert Schumann von 1893 erinnert sich Grieg in Verbindung mit der Würdigung des Klavierkomponisten und -interpreten Schumann an die persönlichen Eindrücke, die sein Lehrer Wenzel ihm von Schumann übermittelte: *Einer von Schumanns besten Jugendfreunden, Ernst Ferdinand Wenzel, der geistvolle, schon verstorbene Lehrer am Leipziger Konservatorium, mit dem ich mich oft über Schumann unterhielt, gedachte mit Wehmut der vielen Abende früherer Zeiten, da er, im Dunkeln auf der Sofadecke in Schumanns Bude sitzend, dessen herrlichen Tönen lauschte.*[63]

Bei dem berühmten, von Franz Liszt hochgeschätzten Klaviervirtuosen Ignaz Moscheles schloß Grieg seine Klavierstudien ab. Von ihm scheint Grieg besonders viel gelernt zu haben, vor allem durch das Vorbild seiner ausdrucksvollen und zugleich virtuosen Interpretation: [...] *er spielte wunderschön, und er tat es oft genug, manchmal die ganze Stunde. Speziell seine Interpretationen von Beethoven, den er anbetete, waren wunderbar. Sie waren voll von peinlicher Gewissenhaftigkeit und Charakter, vornehm, ohne jede Effekthascherei. Beethovensche Sonaten studierte ich dutzendweise bei ihm.*[64]

Insgesamt erarbeitete sich Grieg am Leipziger Konservatorium die Voraussetzungen für seine spätere umfangreiche Wirksamkeit als erfolgreicher Konzertpianist. Schon während seiner Studienzeit, in den Sommerferien 1861, gab er in der südschwedischen Stadt Karlshamn, wo er einen Studienkamerad besuchte, mit beachtlichem Erfolg sein erstes öffentliches Konzert, und zwar mit technisch anspruchsvollen Stücken, wie Schumanns „Kreisleriana", Mendelssohns

„Capriccio brillant" op. 22 und drei Konzertetüden von seinem verehrten Lehrer Moscheles.

In späteren Jahren hat Grieg in zahlreichen Konzerten seine eigenen Klavierwerke interpretiert, bis zum Jahre 1888 auch sein Klavierkonzert, er übernahm den Klavierpart seiner Kammermusikwerke und begleitete seine Frau Nina bei der Darbietung seiner Lieder. Sein Klavierspiel, an dessen Vervollkommnung er immer wieder arbeitete – auch unter Verwendung einer auf seinen Konzertreisen mitgeführten stummen Tastatur –, ist von seinen Zeitgenossen viel gerühmt worden, vor allem in seiner Ausdrucksgestaltung, aus der – ohne Vernachlässigung der Technik – die individuelle Beziehung des Komponisten zu seinem Werke hörbar wurde. Die folgende Einschätzung des Klavierspielers Grieg durch den Musikkritiker Eduard Hanslick im Jahre 1896 wird von anderen zeitgenössischen Rezensenten in ihren wesentlichen Zügen bestätigt; sie enthält zugleich eine feine Anspielung auf das zeitweise Überwiegen der Konzerttätigkeit Griegs gegenüber seiner kompositorischen Arbeit: „Sein Klavierspiel ist von bezaubernder Weichheit und Anmut, dabei ganz individuell. Er spielt wie ein bedeutender Tondichter, der mit dem Klavier vollkommen vertraut, weder dessen Tyrann noch dessen Sklave ist – nicht wie ein reisender Virtuose, welcher nebenbei komponiert. Dabei ist seine Technik tadellos, gepflegt und gerundet."[65]

Das Wichtigste der musikalischen Ausbildung am Konservatorium waren für Grieg die ihm hier vermittelten Grundlagen kompositorischen Schaffens. Doch hat sich Grieg in späteren Jahren oft beklagt, daß seine Entwicklung als Komponist am Leipziger Konservatorium nicht gefördert worden sei. An seinen ersten Biographen Aimar Grønvold schreibt er 1881: *Ich muß im Gegensatz zu Svendsen sagen, daß ich das Leipziger Konservatorium ebenso dumm verließ, wie ich hineingekommen bin. Ich hatte zwar etwas gelernt, aber meine eigene Individualität war mir immer noch ein verschlossenes Buch.*[66]

Noch schärfer äußert sich Grieg 1884 gegenüber seinem holländischen Freund, dem Komponisten und Pianisten Julius Röntgen: *Wie beneide ich Sie um eine Technik, die ich jeden Tag bei mir selbst mehr und mehr vermisse. Daran bin ich aber*

Edvard Grieg. Bleistiftzeichnung aus seinem eigenen Skizzenbuch,
1862, gezeichnet wahrscheinlich von seinem Bruder John

Ernst Friedrich
Richter

nicht allein schuld, sondern und hauptsächlich das vermaledeite Conservatorium, wo ich auch gar nichts gelernt habe.[67]
Die norwegische Griegforschung konnte anhand der aus der Konservatoriumszeit vollständig erhaltenen Hefte mit den von Grieg für den Theorieunterricht angefertigten und mit Korrekturen seiner Lehrer versehenen Aufgaben diese Aussagen Griegs widerlegen.[68] Aus diesen Heften geht hervor, daß Grieg bei Ernst Friedrich Richter, Dr. Robert Papperitz und Moritz Hauptmann eine gründliche musiktheoretische Ausbildung erhielt, ausgehend von der Harmonie- und Generalbaßlehre und fortschreitend zu den verschiedensten kontrapunktischen Studien einschließlich der Fugenkomposition. Unter ihrer Führung konnte Griegs Talent eine rasche Entwicklung nehmen, bildete sich sein bemerkenswerter Sinn für musikalische Formen heraus und wurde sich Grieg bewußt, wo sein kompositorisches Hauptinteresse und seine besonderen Fähigkeiten lagen, nämlich auf dem Gebiet der Harmonie.
Stets wurde Grieg von mehreren Theorielehrern gleichzeitig unterrichtet – eine damalige Leipziger Gepflogenheit,

Moritz Hauptmann

die sich allerdings wegen der mangelnden Koordinierung nicht immer vorteilhaft auswirkte. Am meisten verdankt Grieg dem systematischen Unterricht Ernst Friedrich Richters, des Verfassers eines seinerzeit weitverbreiteten Lehrbuches der Harmonielehre.[69] Bei ihm erhielt er vom Beginn bis zum Ende des Studiums Theorieunterricht. Grieg kennzeichnet jedoch Richter in seiner autobiographischen Skizze lediglich als einen Pedanten: *Bei ihm blieb das Wichtigste die richtige Lösung des Problems. Und wenn Lösung von musikalischen Rätseln und nicht Musik in allererster Reihe von Wichtigkeit wäre, so hätte Richter unzweifelhaft recht. Aber damals wurde mir eigentlich nie klar, welchen Gesichtspunkt er im Auge hatte. Ich mißtraute ihm hartnäckig und blieb bei meiner eigenen Ansicht.*[70] Im Gegensatz zu diesen Bemerkungen zeigen seine für Richter angefertigten Theorieaufgaben und deren Korrekturen, daß Richter keineswegs Griegs kühnen harmonischen Versuchen einen Riegel vorschob, sondern sie eher förderte. Grundlegende satztechnische oder notenorthographische Fehler versah er gewissenhaft mit Bleistiftstrichen, ließ jedoch Grieg nach Absolvierung des Elementarkurses sogar

Carl Reinecke

bei Harmonisierungen alter Choralmelodien und bei kontrapunktischen Studien, wie Kanon und Fuge, alle Freiheiten in der Wahl der Akkordverbindungen und der Verwendung chromatischer Fortschreitungen entsprechend dem neuesten romantischen Stil der Zeit.[71]

Ganz anders urteilte Grieg über seinen Lehrer Moritz Hauptmann, obwohl dieser nicht weniger streng als Richter die grundlegenden harmonischen und kontrapunktischen Regeln von Grieg beachtet wissen wollte, wie seine Bleistiftkorrekturen in Griegs Aufgabenheften zeigen. Obwohl Grieg erst im letzten Studienjahr bei Hauptmann Unterricht im Kontrapunkt erhielt, sah er in ihm denjenigen Theoretiker, dem er für die Herausbildung seines individuellen Stiles am meisten verdankte. Aus einem ermutigenden Erlebnis zu Beginn des Studiums, das Griegs Selbstvertrauen stärkte, hatte sich in Verbindung mit der Ehrfurcht vor der Persönlichkeit des bedeutenden Musiktheoretikers und Thomaskantors eine starke Sympathie entwickelt: *Bevor ich Hauptmann kennenlernte (ich war noch nicht sechzehn und trug noch die Knabenbluse), hatte ich die Ehre, in einer Privatprüfung ein Stück meiner eigenen Komposition spielen zu dürfen. Als ich ge-*

endet hatte und das Piano verlassen wollte, sah ich zu meinem Er-
staunen einen alten Herrn vom Professorentische aufstehen und auf
mich zugeben. Er legte seine Hand auf meine Schultern und sagte:
„Guten Tag, mein Junge, wir müssen Freunde werden." Es war
Hauptmann; und natürlich, von diesem Augenblicke an liebte ich
ihn [...][72]

Im letzten Studienjahr erhielt Grieg auch Kompositionsun-
terricht bei Carl Reinecke, der seit 1860 die Gewandhauskonzerte leitete und im gleichen Jahr zum Professor für
Komposition am Konservatorium ernannt worden war.
Über diesen Unterricht schreibt er: *Ich will hier gleich ein Bild*
davon geben, wie es damals in diesen Stunden zuging. Ich hatte auch
nicht die leiseste Ahnung von Form oder von der Technik der Streich-
instrumente, aber sofort wurde von mir verlangt, ich solle ein Streich-
quartett schreiben. Mir kam es vor, als wenn der Portier mir die
Aufgabe gestellt hätte, so absurd erschien sie mir. [...] was Reinecke
mich nicht lehren konnte, suchte ich aus Mozart und Beethoven her-
auszuziehen, deren Quartette ich fleißig studierte.[73]

Da Grieg um diese Zeit bereits bei Richter und Hauptmann
Fugen schrieb, ist es nicht recht einzusehen, warum er sich
mit der Aufgabe, ein Streichquartett zu komponieren, über-
fordert fühlte. Möglich ist auch, daß es gerade in Reineckes
Absicht lag, seinen begabten Schüler zu zwingen, sich selbständig mit den Streichquartetten Mozarts und Beethovens
zu beschäftigen. Leider ist das *Streichquartett in d-Moll,* das
Grieg als Schüler Reineckes komponierte und dessen drei
Sätze im Mai 1862 in seiner Heimatstadt Bergen mit Erfolg
aufgeführt wurden, verlorengegangen. Grieg bezeichnet es

Stammbucheintragung für Grieg von Ernst Friedrich Richter, 1860

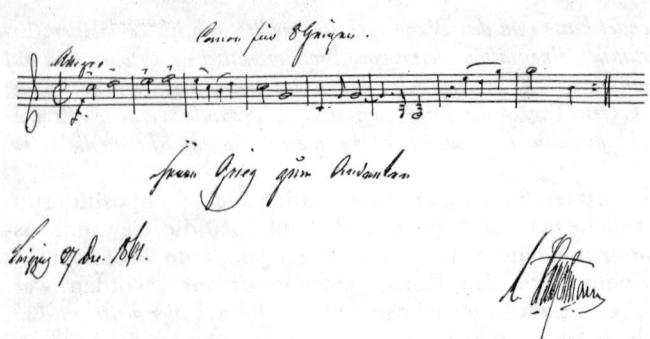

Stammbucheintragung für Grieg von Moritz Hauptmann, 1861

im Jahre 1903 als eine *höchst mittelmäßige Arbeit*[74] und
wünschte, daß es dem Flammentode übergeben worden
wäre. Das besagt jedoch wenig, denn in den späteren Jahren
seines Lebens wollte er keines seiner in Leipzig entstandenen Werke gelten lassen, auch nicht seine beiden bereits
1863/64 im Verlag Peters gedruckten Werke, die Klavierstücke op. 1 und die Lieder op. 2: *Denn im Verlauf jener ganzen drei Jahre ist es mir nicht einmal gelungen, irgend etwas zu pro-
duzieren, was versprechend für die Zukunft gewesen wäre.*[75]
Grieg gehörte zu den Absolventen des Leipziger Konservatoriums, die zur Abschlußprüfung in einem öffentlichen
Gewandhauskonzert ihr Können unter Beweis stellen durf-
ten. Er spielte dort am 12. April 1862 mit großem Erfolg
drei der *Vier Klavierstücke* op. 1, die er damals in Anlehnung
an Schumanns op. 12 und 111 gleichen Namens als „Phantasiestücke" bezeichnete und Schumanns Jugendfreund, *seinem verehrten Lehrer Herrn E. F. Wenzel,* widmete.
Weist das erste Stück deutlich auf Schumann, das dritte,
eine Mazurka, auf Chopin, so zeigen sich im zweiten und
vierten Stück, anknüpfend an den Stil der deutschen Romantik, schon kräftige individuelle Züge. Beide Stücke deuten in ihrer klar überschaubaren ABA-Form mit stark kon-
trastierendem Mittelteil, differenzierter Stimmungsmalerei
und kühnen harmonischen Farbwirkungen auf einige der
späteren *Lyrischen Stücke.* Auch finden sich bereits Spuren
der Verarbeitung von Elementen norwegischer Volksmusik,
so etwa in lang ausgehaltenen Orgelpunkten, dem Schwan-

62

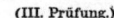

(III. Prüfung.)

Einladung und Programm

zur

HAUPT-PRÜFUNG

am

Conservatorium der Musik zu Leipzig.

Sonnabend, den 12. April 1862.

Im Saale des Gewandhauses.

Concert für das Pianoforte von L. van Beethoven (G dur, erster Satz), gespielt von Herrn Dr. *Oskar Paul* aus Markersdorf.

Concert für die Violine von L. van Beethoven (erster Satz), gespielt von Herrn *L. R. v. Maszkowski* aus Lemberg.

Drei Phantasiestücke für Pianoforte solo, componirt und gespielt von Herrn *Edvard Hagerup Grieg* aus Bergen in Norwegen.

Concert für das Pianoforte von F. Chopin (F moll, zweiter und dritter Satz), gespielt von Herrn *Edward Dannreuther* aus Cincinnati.

Concert für die Violine von F. David (E dur, zweiter und dritter Satz), gespielt von Herrn *Paul David* aus Leipzig.

Serenade für Pianoforte solo (Andante, Scherzino, Romanze und Finale), componirt und gespielt von Herrn *Edward Dannreuther* aus Cincinnati.

„Hommage à Händel" Duo für zwei Pianoforte von J. Moscheles, gespielt von Fräulein *Marie Friederike Hertwig* aus Greiz und Fräulein *Mary Elizabeth Walton* aus London.

Concert für das Pianoforte, von F. Chopin (E moll, zweiter und dritter Satz), gespielt von Fräulein *Josephine Crull* aus Rostock.

Einlass halb 6 Uhr. Anfang um 6 Uhr. Ende nach 8 Uhr.

Das Directorium des Conservatoriums der Musik.

Druck von Breitkopf und Härtel in Leipzig.

Programm der Hauptprüfung des Leipziger Konservatoriums 1862, mit der Grieg sein Studium abschloß

ken zwischen Dur, Moll und Modalität oder in der abfallenden Intervallfolge von einer Sekunde und einer Terz, dem sogenannten „Griegmotiv".[76]

Ein weiteres wichtiges Ergebnis der Lehrzeit in Leipzig war Griegs op. 2, *Vier Lieder* für eine Altstimme auf Texte von Heine und Chamisso, mit denen er sich zum ersten Mal der Gattung des begleiteten Sololiedes zuwandte. Zwar sind auch hier die großen romantischen Meister als seine Vorbilder deutlich erkennbar – in diesem Falle ist es neben Schumann vor allem Schubert, der zum Beispiel in der Klavierbegleitung des ersten Liedes auf einen Text von Chamisso zu Worte kommt –, doch zeigt sich auch in seinem op. 2 wiederum seine individuelle Behandlung der Harmonik. Hinter ihr tritt das melodische Geschehen oft noch zurück, was etwa ein Vergleich des Heine-Liedes *Ich stand in dunkeln Träumen,* des dritten Liedes aus op. 2, mit der Komposition

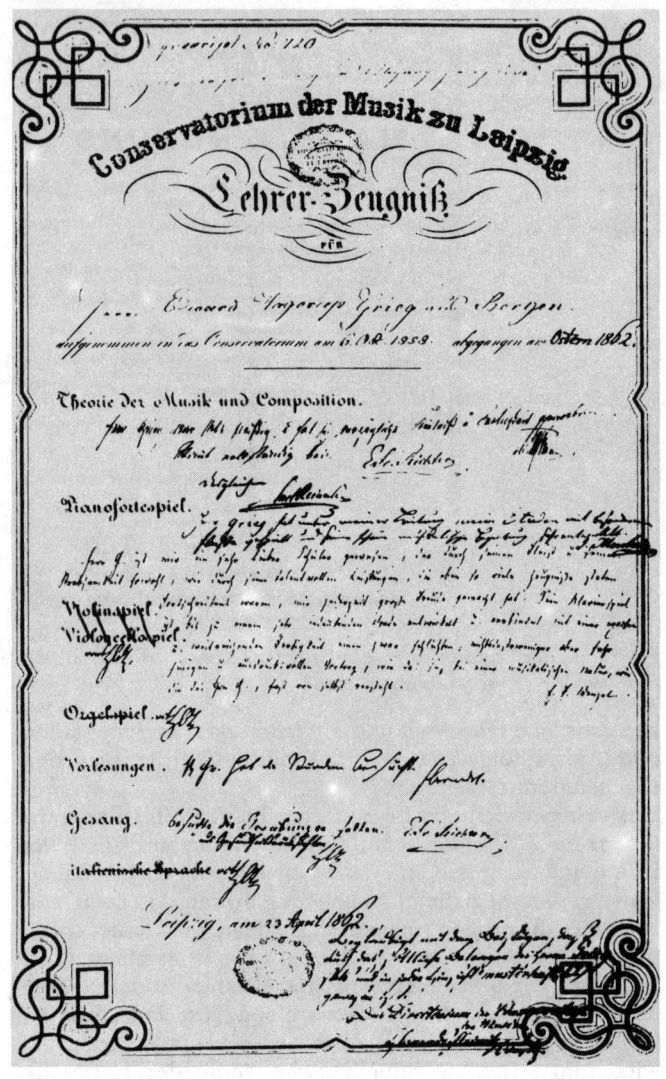

Griegs Abschlußzeugnis des Leipziger Konservatoriums 1862

desselben Textes durch den reifen Franz Schubert zeigt, der sein Hauptinteresse dem melodischen Verlauf der Singstimme zuwendet.

Das Abschlußzeugnis, das Grieg am 23. April 1862 vom Leipziger Konservatorium erhielt, dokumentiert den Erfolg seines Studiums. Unter „Theorie der Musik und Composition" bescheinigen ihm Hauptmann, Richter und Reinecke: „Herr Grieg war stets fleißig und hat sich vorzügliche Kenntnisse und Fertigkeiten erworben." Zum „Pianofortespiel" schreibt Moscheles: „Herr Grieg hat unter meiner Leitung meine Etüden mit besonderem Fleiße gespielt und seine schöne musikalische Begabung sehr entwickelt." Eine ausführliche Einschätzung gab Griegs verehrter Lehrer Wenzel: „Herr G. ist mir ein sehr lieber Schüler gewesen, der durch seinen Fleiß und seine Strebsamkeit sowohl, wie durch seine talentvollen Leistungen, die eben so viele Zeugnisse steten Fortschreitens waren, mir jederzeit große Freude gemacht hat. Sein Klavierspiel ist bis zu einem sehr bedeutenden Grade entwickelt und verbindet mit einer exakten und weitreichenden Fertigkeit einen zwar schlichten, nichtsdestoweniger aber sehr sinnigen und ausdrucksvollen Vortrag, wie sich das bei einer musikalischen Natur, wie die des Herrn G.'s, fast von selbst versteht."

Schon vor dem Abschlußexamen hatten Moritz Hauptmann und Carl Reinecke Grieg noch ein Sondergutachten ausgestellt, datiert vom 2. Februar 1862. Darin wird er von Hauptmann als „vortrefflicher Clavierspieler" bezeichnet, „in der Composition [sei er] unter die besten Schüler zu zählen", und es werden ihm „musterhafter Fleiß und Liebe zum Studium" bescheinigt und die „besten Erfolge in Aussicht" gestellt. Reinecke schreibt: „Daß Herr Edvard Grieg ein höchst bedeutendes musikalisches Talent, namentlich für die Composition, besitzt, und daß es sehr wünschenswert wäre, wenn demselben Gelegenheit geboten würde, dasselbe nach allen Seiten hin auf's vollständigste auszubilden, bezeuge ich demselben mit Freuden." [77]

Griegs kompositorische Entwicklung wurde in Leipzig in hohem Maße durch zahlreiche wertvolle Konzerteindrücke gefördert. Er war ein überaus eifriger Konzertbesucher. Die von ihm gesammelten und sorgfältig mit seinem Namen versehenen Konzertprogramme weisen aus, daß er von Be-

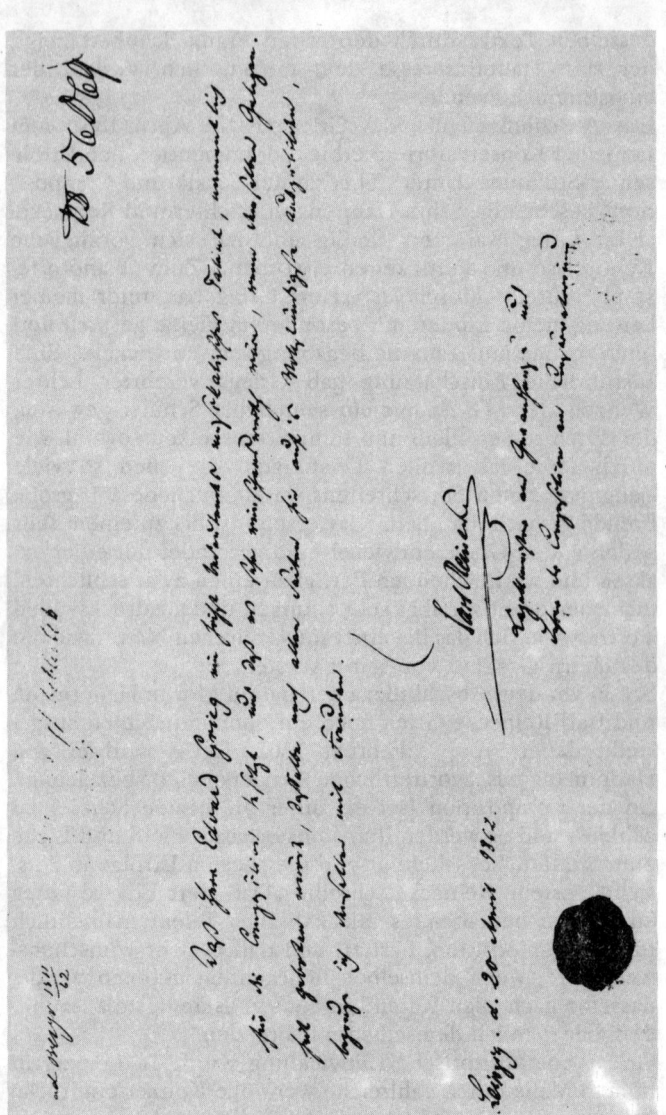

Persönliches Zeugnis für Grieg von Carl Reinecke, 1862

ginn bis zum Abschluß seines Studiums, mit Ausnahme der Zeit seiner akuten Lungenerkrankung vom Mai bis zum Herbst 1860, in der er sich in Bergen aufhielt, fast sämtliche großen Abonnementskonzerte des Gewandhauses bzw. deren Generalproben besuchte; vom Oktober 1858, dem Monat seiner Ankunft in Leipzig, bis zum Jahresende waren es allein sieben dieser Konzerte. Hinzu traten Griegs Besuche

Erstes

ABONNEMENT-CONCERT

im Saale des Gewandhauses zu Leipzig.

Sonntag, den 3. October 1858.

Erster Theil.

Ouverture zur Oper „Anacreon" von L. Cherubini.

Concert-Arie von Felix Mendelssohn Bartholdy, gesungen von Fräulein *Katharine Deutz* aus Cöln.

Recitativ.

Unglückselge! Er ist auf immer mir entfloh'n! Er wagte nicht in's Auge mir zu sehen, er wagte nicht zu leugnen sein Vergehen! Er ist dahin, er ist auf ewig mir dahin! Sei muthig, schwaches Herz! Vergiss den Falschen! Nie war er würdig meiner Liebe. Gedenke seiner Untreu', seiner gebrochnen Schwüre denke! Und dennoch — sein vergessen, wie könn' ich's je? O nein! in meinem Herzen werdet ihr immer leben, immer noch Trost mir geben, Bilder vergangner Stunden, ach, wie so schnell entschwunden!

Arie.

Kehret wieder, goldne Tage,	Malt immer nur sein Bild.
Wo zur Seite des Geliebten	Kehret wieder, goldne Tage.
Keine Zweifel mich betrübten;	Ihr entschwandet wie ein Traum!
Ihr entschwandet wie ein Traum.	Umsonst, vergebens!
Alles, was ich um mich sehe,	Das Glück des Lebens
Mahnt mich nur an seine Nahe,	Ruft keine Klage je zurück.
Alles ist von ihm erfüllt.	Doch ach, diese Thränen,
Das Murmeln jener Quelle,	Dirs endlose Sehnen
Der Widerschein der Welle	Es bleibt jetzt mein einziges Glück!

Concert für die Violine von Carl Reinecke (neu, Mscrpt.), vorgetragen von Herrn Concertmeister *Ferd. David*.

Programm des ersten Gewandhauskonzertes, das Grieg nach seiner Ankunft in Leipzig besuchte. Oben rechts sein Namenszug

der Musikalischen Soireen im Saale des Gewandhauses, wo er zum Beispiel am 10. Dezember 1858 Clara Schumann erlebte, die zahlreichen Kammerkonzerte des Gewandhauses, Konzerte in der Thomaskirche, im Konservatorium und viele Sonderkonzerte. Auch die Oper besuchte er. Hier hörte er sich nach eigener Aussage Wagners „Tannhäuser" viele Male an.[78] Noch im Jahre 1903 betont Grieg die große Bedeutung der Leipziger Konzerteindrücke für seine Entwicklung – wiederum unter Herabsetzung der Unterrichtsergebnisse am Konservatorium: *Für mich war es ein Glück, daß ich in Leipzig soviel gute Musik zu hören bekam, besonders Kammer- und Orchestermusik; das entschädigte ein wenig für die mangelnde Gelegenheit, etwas von der technischen Seite der Kunst zu lernen. Es entwickelte mein Verständnis und mein musikalisches Urteil im höchsten Grade, brachte aber eine große Konfusion in die Beziehungen zwischen meinen Wünschen und der Fähigkeit, sie auszuführen, und ich muß leider sagen, daß diese Konfusion das Ergebnis meines Leipziger Aufenthaltes gewesen ist.*[79]

Griegs weitgehend negative Einschätzung der Leipziger Studienerfolge, die sich in seiner autobiographischen Skizze von 1903 wie auch in einer Reihe brieflicher Äußerungen zeigt, hat verschiedene Ursachen.[80] Ein halbes Kind noch, mußte Grieg fern der Heimat, in einem fremden Land, unter fremden Menschen studieren. Das aufgrund der schlechten Erfahrungen an der Bergener Realschule in ihm entstandene Bild vom Lehrer als Feind, das eine innere Abwehr gegen Zwang und Autorität zur Folge hatte, wirkte noch nach, barg die Gefahr von Konflikten an der neuen Ausbildungsstätte in sich und beförderte die Antipathie gegenüber einigen anerkannten Lehrerpersönlichkeiten. Hinzu traten Unsicherheiten in bezug auf die eigene Leistungsfähigkeit – eine *Konfusion*, wie Grieg es bezeichnet –, bewirkt vor allem durch den Abstand zwischen den in den Leipziger Konzerten gehörten Meisterwerken und seinem eigenen, noch begrenzten kompositorischen Vermögen. Im Mai 1860 befiel den jungen Grieg eine gefährliche Lungenerkrankung, so daß seine Mutter ihn für ein halbes Jahr nach Bergen holen mußte. Die zunächst für Rippenfellentzündung gehaltene, sich später als Lungentuberkulose herausstellende Krankheit zerstörte nach und nach Griegs linken Lungenflügel und beeinträchtigte von da an lebenslang sein Wohlbefinden.

All das mag die Erinnerung an die Leipziger Studienzeit besonders während der in späteren Jahren häufig auftretenden Perioden körperlicher Schwäche und geistiger Unproduktivität belastet haben. Vor allem aber veranlaßte ihn sein zunehmendes Bestreben, die nationalen norwegischen Züge in seinem kompositorischen Schaffen mehr und mehr zu entfalten und zu betonen, seine Leipziger Studienjahre unterzubewerten.

Grieg gab erst in seinem Todesjahr gegenüber Arthur Abell eine gerechte Einschätzung der Lehrer und des Unterrichts am Leipziger Konservatorium: *Ole Bull […] erkannte verborgene Möglichkeiten in mir und schickte mich mit fünfzehn Jahren ans Konservatorium nach Leipzig, wo ich von 1858 bis 1862 Kompositionslehre und Klavier studierte. Hauptmann, Richter, Reinecke und Moscheles waren meine berühmten Lehrer. Sie steckten mich in eine recht lästige, aber notwendige Zwangsjacke, denn mein ungezügeltes norwegisches Temperament bedurfte dringend der Disziplin.*[81]

3. Durchbruch zu nationaler Eigenart (1863–1866)

Musikkultureller Anziehungspunkt: Kopenhagen

Im Frühjahr 1862 kehrte Grieg aus Leipzig in seine Vaterstadt Bergen zurück. Kurz danach stellte er sich seinen Landsleuten zum ersten Mal in einem öffentlichen Konzert als Pianist und Komponist mit drei Klavierstücken aus op. 1, zwei Liedern aus op. 2 und seinem verlorengegangenen *Streichquartett* vor und erntete reichen Beifall.

Es galt nun, die Erwartungen seines Heimatlandes durch weitere kompositorische Studien und Ergebnisse zu erfüllen. Grieg vertiefte sich in das Studium von Orchesterpartituren, die er sich vom Erlös seines Konzertes gekauft hatte, aber es verlangte ihn nach weiteren fördernden musikalischen Anregungen, die ihm sein Heimatland – trotz kräftiger nationaler Bestrebungen – zu jener Zeit noch nicht geben konnte. In Bergen bestand die Musikgesellschaft „Harmonien" noch immer hauptsächlich aus Amateuren, und das von Ole Bull gegründete „Norwegische Theater" mußte 1863 sogar aus finanziellen Gründen zunächst seine Pforten schließen. In Kristiania war die Situation nicht günstiger.

Grieg zog es deshalb nach Kopenhagen.[82] Mit dieser Stadt war sein Heimatland noch aus der langen gemeinsamen politischen Vergangenheit, als Norwegen von Dänemark beherrscht worden war, durch vielfältige kulturelle und personelle Bande verknüpft. Auch Grieg hatte zu Kopenhagen durch die Familie seiner Kusine Nina Hagerup, seiner zukünftigen Frau, sowie durch einen nahen Freund, den dänischen Komponisten Emil Hornemann, mit dem er in Leipzig studiert hatte, enge Kontakte. Vor allem aber lockte Grieg das rege musikalische Leben in Kopenhagen, an dessen Spitze die beiden führenden dänischen Komponisten Johann Peter Emilius Hartmann und Niels Vilhelm Gade standen. Durch ein Darlehen ermöglichte ihm sein Vater im Frühjahr 1863 einen zweieinhalbjährigen Aufenthalt in Dänemark.

Eine glückliche und produktive Zeit begann für den jungen

Der dänische
Komponist Johan
Peter Emilius
Hartmann.
Gemälde von
Otto Bache,
um 1880

Grieg. Bei der Suche nach dem Weg, den er einschlagen sollte, wurde ihm seine Aufgabe als Komponist seiner Nation mehr und mehr bewußt. Außerordentlich günstig waren diesem Prozeß die musikalischen Eindrücke sowie die menschlichen Begegnungen der Jahre 1863 bis 1865: Grieg hörte in Kopenhagen Werke der dänischen Meister Hartmann und Gade, die Maßstäbe für die Einbeziehung skandinavischer, besonders dänischer, volksmusikalischer Klänge in große Formen romantisch geprägter Musik setzten, und er zog Gewinn aus Gades Beurteilung einiger seiner eigenen Kompositionen. Er schloß sich einem Kreis junger, begabter, nach neuen Wegen suchender dänischer Komponisten an, mit denen ihn eine lebenslange Freundschaft verbinden sollte. Zwei kraftvolle norwegische Musikerpersönlichkeiten, Ole Bull und Rikard Nordraak, begeisterten ihn für seine Lebensaufgabe: das Schaffen von musikalischen Kunstwerken, die aus den Quellen norwegischer Volksmusik schöpfen. Und schließlich: Die zu Nina Hagerup erwachte Liebe beflügelte sein gesamtes Schaffen.

71

Im Jahre 1900 schreibt Grieg anläßlich des Todes von J. P. E. Hartmann: *Nun ist Gade – Hartmann eine Saga! Aber eine sehr schöne. Und wie sind sie nicht mit dem Mysterium meines eigenen Daseins verwoben!*[83]

An Hartmanns Musik begeisterten Grieg besonders der von alten nordischen Volksliedern inspirierte melodische Stil mit häufigen modalen Elementen sowie seine aus der nordischen Mythologie entnommenen Stoffe: Bleibende Eindrücke wurden für ihn Aufführungen von Hartmanns beliebter Oper „Liden Kirsten" (1846) und seinem Ballett „Valkyrien" (1861). Einige Teile dieses Werkes führte er selbst 1871 in Kristiania mit Chor und Orchester auf. In einem Artikel zum 80. Geburtstag Hartmanns nennt Grieg ihn *einen der auserwählten Hohenpriester der Tonkunst* und fährt fort: *Welcher Tonkünstler im Norden mit echtem Gefühl für nordischen Geist erinnert sich nicht heute an das, was er Hartmann schuldet! Die besten, tiefsten Gedanken, die ein ganzes Geschlecht nach ihm von mehr oder weniger bedeutendem Geist geliefert hat, hat er zuerst ausgesprochen, hat er zuerst bei uns widerhallen lassen.*[84]

Gades Musik kannte Grieg schon aus Leipzig, wo Gade großes Ansehen genoß und vor Griegs Studienzeit zeitweise die Gewandhauskonzerte geleitet hatte. Bei Ausbruch der preußisch-dänischen Auseinandersetzungen um Schleswig-Holstein 1848 war er jedoch nach Kopenhagen zurückgekehrt. Mit einigen seiner Werke, namentlich der von Robert Schumann besonders geschätzten Ouvertüre „Nachklänge aus Ossian" von 1841 (nach den seinerzeit berühmt gewordenen Nachbildungen gälischer Volksdichtungen durch James Macpherson, die dieser als Werke des sagenhaften gälischen Helden und Dichters Ossian ausgegeben hatte) und seiner 1. Sinfonie in c-Moll von 1843, hatte er die Bewunderung der deutschen und skandinavischen Musikwelt auf sich gezogen. In ihm sah man den großen skandinavischen Komponisten, der mit seinem dunklen Balladenton neue Klänge in die Musiksprache der Romantik eingeführt hatte.

Schon während seiner Konservatoriumszeit hatte Grieg über die Buchstaben des Namens GADE eine Fuge geschrieben; über dreißig Jahre später gab er dem zweiten seiner *Lyrischen Stücke* op. 57, in dem er die Klangwelt Gades

Niels W. Gade

erstehen läßt, als Überschrift den Namen dieses Meisters. In ähnlicher Weise hatte zuvor Robert Schumann, der an Gades Musik den „ausgeprägten nordischen Charakter" bewunderte, seine Verehrung für den dänischen Komponisten zum Ausdruck gebracht, indem er ein im Stil Gades komponiertes Stück aus seinem „Album für die Jugend" op. 68 mit der Überschrift „Nordisches Lied (Gruß an G.)" versah.

In einem Interview des Jahres 1893 berichtete Grieg: *Ich war vollgestopft mit Chopin, Schumann, Mendelssohn und Wagner und brauchte irgendwie Ellenbogenfreiheit und eine persönlichere und unabhängigere Luft zum Atmen. Der Name Gade lockte mich auch zurück nach Skandinavien. Ich wünschte mit diesem hervorragenden Künstler persönlich bekannt zu werden, der es verstand, seinen Gedanken eine so meisterhafte und klare Form zu geben.*[85]

Gerade diese Fähigkeit des dänischen Meisters sollte sich auf Griegs Schaffen fördernd auswirken.

Bereits bei seinem ersten Zusammentreffen mit Gade im Jahre 1863 riet ihm dieser, sich mit der Komposition großer Instrumentalformen zu befassen: *„Gehen Sie nach Hause und* *schreiben Sie eine Sinfonie!"*[86] Grieg konnte schon nach vierzehn Tagen den 1. Satz vorlegen, der von Gade so günstig beurteilt wurde, daß sich Grieg zur Komposition der weiteren drei Sätze ermuntert fühlte. Diese einzige Sinfonie Griegs wurde mehrmals in Dänemark und Norwegen aufgeführt, hielt jedoch später dem kritischen Blick ihres Verfassers nicht stand, so daß er 1867 auf die Partitur schrieb: *Soll niemals aufgeführt werden.* Ausschlaggebend dafür war offenbar Griegs Erlebnis von Svendsens D-Dur-Sinfonie, die er zuvor in Kristiania gehört hatte und über deren *sprudelnde Genialität, keckesten nationalen Ton* und *glänzende Art der Orchesterbehandlung*[87] er sich begeistert äußerte, deren Qualitäten er jedoch seinem eigenen Werk nicht zusprechen konnte. Grieg ließ nur die beiden Mittelsätze als *Zwei symphonische Stücke* op. 14 in einer Bearbeitung für Klavier zu vier Händen 1869 erscheinen.

Auf jeden Fall bedeutete die in den beiden Außensätzen der Sinfonie verwirklichte Sonatenform eine wichtige Vorarbeit für die beiden ersten Sonaten Griegs, für seine dem dänischen Meister gewidmete und von dessen Klaviersonate in e-Moll inspirierte einzige *Klaviersonate* gleicher Tonart, op. 7, und seine *Violinsonate* in F-Dur, op. 8, beide im Jahre 1865 komponiert. Die Werke fanden Gades Anerkennung. Grieg äußerte sich im Jahre 1897 gegenüber seinem Freund Iver Holter, daß ihm Gades *klares künstlerisches Urteil* in jener Zeit viel bedeutet habe und ihm eine Stütze gewesen sei.[88]

Andererseits zeigte es sich jedoch bald, daß Gade auf die Entwicklung von Griegs national-norwegischem Stil keinen Einfluß nehmen konnte. Die allgemein nordischen Klänge, die Grieg in einer Reihe seiner Werke bewunderte, hatten sich seit dem Ende der fünfziger Jahre in seinem Schaffen mehr und mehr verflüchtigt, und für kühne Neuerungen eines ausgeprägt norwegischen Stils brachte er wenig Verständnis auf.

Dies hatte sich schon deutlich in seiner Haltung gegenüber Griegs Humoresken op. 6 gezeigt, in denen der nationale Ton in besonderer Originalität durchbrach: *Als ich ihm als junger Mann (1865) meine Klavierhumoresken zeigte, saß er da und blätterte das Manuskript erst durch, ohne ein Wort zu sagen, begann dann ein wenig zu knurren, knurrte mehr und mehr und platzte schließlich los: „Sagen Sie, Grieg, das soll wohl norwegisch sein, das Zeug hier?" Ich antwortete bescheiden: „Jawohl, Herr Professor!"*[89]

Entscheidende norwegische Einflüsse

Die entscheidenden Impulse für die Entwicklung seines nationalen Stils erhielt Grieg von anderer Seite. Kein noch so intensives Kompositionsstudium allein hätte sie ihm vermitteln können. In diesem wichtigen Abschnitt seines Lebens, in dem es für Grieg darum ging, zu erkennen, welche Ziele er mit seiner Kunst zu erreichen, welche Lebensaufgabe er zu erfüllen hatte, mußte er den Anschluß an die fortgeschrittenen Kreise des Bürgertums und der Intelligenz seines Landes finden, deren Bestrebungen zur Entwicklung einer norwegischen Nationalkultur verbunden waren mit dem Kampf für die nationale Selbständigkeit und die Demokratisierung ihres Landes.

Die ersten, wenn auch noch unbestimmten Eindrücke hiervon waren Grieg in seiner Jugend vermittelt worden, verbunden vor allem mit der Gestalt Ole Bulls. Er war es, der sich als erster zielstrebig und aus dem Gefühl nationaler und sozialer Verantwortung für die Entwicklung einer eigenständigen norwegischen Musikkultur eingesetzt hatte, in der die reiche Volksmusik seines Landes sich mit der Kunstmusik verband.

Grieg begegnete dem Ideal seiner Kinderjahre, dem „norwegischen Nordmann aus Norwegen", wie sich Ole Bull stolz selbst nannte, erneut im Sommer 1864. Während eines mehrmonatigen Aufenthaltes bei seinen Eltern in Bergen besuchte er Ole Bull häufig in dessen nördlich von Bergen gelegenem Heim in Valestrand, durchwanderte mit ihm das herrliche Westnorwegen und kam in enge Berührung mit den auf der Hardingfele spielenden Volksmusikanten. Im Jahre 1907 erzählt Grieg, Ole Bull habe ihn in Valestrand oft in einen *beinahe unzugänglichen „Kessel" („hule")* mitgenommen und ihm dort die wundersamsten norwegischen Melodien vorgespielt; sie hätten ihn so begeistert, *daß sie den Wunsch in mir weckten, sie als Grundlage meiner eigenen Melodien zu verwenden.*[90] In demselben Interview berichtet Grieg:

Nachdem Ole Bull ein von mir komponiertes Klavierstück gehört hatte, das den Einfluß Niels Gades deutlich zeigte, sagte er zu mir: „Edvard, diese Richtung ist nicht der dir vorgezeichnete Weg. Wirf diesen Einfluß über Bord. Bilde dir deine eigene Sprache. Du hast sie in dir. Schreibe Musik, die deine Heimat ehrt, schaffe eine echt norwegische Atmosphäre." […] Die Schuppen fielen mir von den Augen. Ich befolgte den Rat und entwickelte den für mich charakteristischen Stil.[91]

Ole Bull, der seine Lebensaufgabe mit den Worten umriß: „Mein Sinn und Zweck hier auf Erden ist die norwegische Musik",[92] förderte insgesamt das Nationalgefühl des jungen Grieg und lenkte seine Aufmerksamkeit mehr und mehr auf den Reichtum der norwegischen Volksmusik.

In diesen Jahren scheint Grieg auch bereits Sammlungen norwegischer Volksmelodien, besonders von Ludvig M. Lindeman, kennengelernt zu haben.[93] Einige der von Grieg während seiner Kopenhagener Jahre 1863 bis 1865 geschaffenen Kompositionen lassen eine zunehmende Vertrautheit mit Intonationen norwegischer Volksmusik erkennen. Das gilt bereits für seine *Poetischen Tonbilder* op. 3, die 1863 noch vor der Wiederbegegnung mit Ole Bull komponiert wurden. So verwendet Grieg hier zum Beispiel im fünften Stück das erste Mal im Baß eine offene Quinte mit dem Vorschlag der erhöhten vierten Stufe, wodurch F-Dur einen lydischen Anstrich bekommt:

2 op. 3 Nr. 5, Takt 9–12

Die gleiche harmonische Erscheinung, die das für die norwegische Volksmusik typische Schwanken zwischen modalen und Dur- bzw. Molltonarten andeutungsweise kennzeichnet, finden wir in mehreren der von Lindeman aufgezeichneten norwegischen Volkstänze.

Rikard Nordraak,
Griegs früh ver-
storbener
naher Freund

Ja vi elsker dette landet

In die Kopenhagener Zeit fällt auch Griegs Bekanntschaft mit Kompositionen des Norwegers Halfdan Kjerulf, der bereits vor Grieg Volksmelodien aus Lindemans Sammlungen als Baumaterial für seine Lieder und Klavierstücke verarbeitet und mit seinem Gesamtwerk den Beginn einer eigenständigen nationalen Kunstmusik Norwegens angekündigt hatte.[94] Einige Merkmale von Kjerulfs Kompositionen kennzeichnen ihn deutlich als Vorgänger Griegs, so auch die aus der Volksmusik entnommene und später als „Griegmotiv" bezeichnete Tonfolge.[95] Grieg beschäftigte sich intensiv mit Kjerulfs Schaffen und schätzte es hoch ein. Dies spricht aus der folgenden Beschreibung seiner Lieder, die zugleich treffend die emotionale Verhaltenheit in Kjerulfs Musik kennzeichnet: *Er weiß hier die Stimme ganz wunderbar ausströmen und das Klavier ebenso wunderbar malen zu lassen. Das „himmelhoch jauchzend, zum Tode betrübt" wird man vergebens suchen.*

77

*Nie greift er eine Saite derart mit Jubel oder Verzweiflung an, daß
sie zu zerspringen droht. Nie sieht man ihn wie in höhere Sphären
entrückt. Das Dämonische ist ihm fremd. Und trotz alledem: welche
Töne entlockt er seiner Leyer! Und welche Noblesse schwebt über seinen Klängen!*[96]

Den stärksten Einfluß übte in jenen entscheidenden Jahren
neben Ole Bull der junge norwegische Komponist Rikard
Nordraak auf Griegs Entwicklung aus. Hatte Grieg von Ole
Bull wichtige Impulse und Anregungen für die Herausbildung einer eigenständigen norwegischen Kunstmusik erhalten, so führte seine Begegnung mit Nordraak dazu, daß er
sich dieser Aufgabe mit der Leidenschaft seiner Jugend voll
zuwandte.

Grieg war bereits von der ersten Begegnung mit Nordraak
im Sommer 1863, als dieser sich auf seiner Rückkehr in die
Heimat nach einem zweijährigen Berliner Studienaufent-
halt kürzere Zeit in Kopenhagen aufhielt, tief beeindruckt
worden. Der große sommersprossige Norweger mit den ro-
ten Haaren, den großen Augen und dem schönen Lächeln,
das, wie der Dichter Bjørnson schreibt, „zart und lustig zugleich"[97] war, besaß etwas, das Grieg mangelte: ein unbändi-
ges Vertrauen in die eigene Kraft. Es wurde getragen von
dem Bewußtsein nationaler Verantwortung, von Begeisterung für die reiche volksmusikalische Überlieferung seiner
Heimat und für sein großes Ziel: die norwegische Nationalmusik. Grieg erzählt später von ihrer ersten Begegnung
1863: *Es war an einem Abend im Kopenhagener Tivoli, da wurde
ich von Frau Thoresen einem jungen Mann vorgestellt, der sich
Nordraak nannte und sich selbst mit den Worten einführte: „Da lernen wir zwei großen Männer uns wirklich kennen!" Haltung, Geste,
Ton, alles deutete darauf hin, daß ich hier einem Mann gegenüber-
stand, der sich als der Bjørnson und Ole Bull der Zukunft zugleich
fühlte. Aber es lag dabei eine so rührende Naivität und Liebenswürdigkeit über ihm, daß er mich im Sturm nahm. Ich hatte bis zu diesem Augenblick weder an die Möglichkeit gedacht, ein großer Mann
zu sein, noch jemals einer zu werden. Ich war ein Lernender, weiter
nichts. Und dazu zaghaft, unsicher und kränklich. Aber gerade deshalb war diese Siegeszuversicht Medizin für mich [...]*[98]

Während des einjährigen Aufenthaltes Nordraaks 1864/65 in
Kopenhagen entwickelte sich zwischen ihm und Grieg eine
herzliche Freundschaft, deren Intensität die annähernde

Gleichaltrigkeit der beiden jungen Musiker begünstigte. Zusammen mit dänischen Freunden gründeten sie zu Beginn des Jahres 1865 in Kopenhagen die musikalische Gesellschaft „Euterpe".[99] Da Nordraak schon im darauffolgenden Jahr an Lungentuberkulose starb und Grieg nach Kristiania übersiedelte, konnte sich diese Gesellschaft nur drei Jahre halten. Bedeutsam war jedoch ihr demokratisches kulturpolitisches Anliegen. Es richtete sich gegen den konservativen Musikverein, der zu jener Zeit das Musikleben in Kopenhagen bestimmte, und wollte das Publikum durch Konzertaufführungen mit den Werken junger nordischer Komponisten, die bis dahin kaum Verbreitung gefunden hatten, bekannt machen. Im ersten Konzert wurden Stücke aus Nordraaks Musik zu Bjørnsons „Sigurd Slembe", im zweiten die Mittelsätze aus Griegs Sinfonie mit Erfolg aufgeführt.

Sehr verschieden war das Niveau der kompositorischen Pra-

Grieg mit seinem
dänischen Freund
Christian
Frederik Emil
Horneman

79

xis und Technik der beiden Freunde. Nordraak, der nur sporadisch Kompositionsstudien betrieben hatte, konnte fast nur Chöre und Lieder aufweisen, während Grieg im Jahre 1865 bereits außer einer Reihe von Liedern zahlreiche Klavierstücke und eine Sinfonie komponiert hatte. Und auch auf dem einzig vergleichbaren Gebiet des Liedes bestanden große Unterschiede. Grieg hatte hier schon ein breites Register von Stilen und Stimmungen entfaltet, während Nordraak seinen nationalen Stoffen jeweils einen durchgängig einhelligen, schlichten musikalischen Ausdruck verliehen hatte, wie in seiner Vertonung von Björnsons Gedicht „Ja, wir lieben dieses Land", die zur norwegischen Nationalhymne wurde:

Ja, vi el-sker det-te Lan-det, som det sti-ger frem...

Seinen durchweg strophischen Liedvertonungen gab Nordraak eine bewußt einfache, vorwiegend aus Dreiklängen bestehende Begleitung, die dazu angetan war, die Kraft der Melodie zu unterstreichen und ihre Sangbarkeit und Volkstümlichkeit zu fördern. Dementsprechend finden sich noch heute eine Reihe seiner Lieder in Volksliedsammlungen Norwegens.[100] Das Schwergewicht von Griegs Liedvertonungen lag dagegen zu jener Zeit auf ihrer harmonischen Differenziertheit; die Vorherrschaft des Melodischen oder gar leichte Sangbarkeit seiner Lieder war nicht sein oberstes Ziel. Vielfältiger und kühner als in Nordraaks Vertonungen war bei Grieg damals auch bereits die Einbeziehung von Intonationen der norwegischen Volksmusik, die er bei Ole Bull, Lindeman und Kjerulf studiert hatte. Trotz dieser großen Unterschiede auf kompositorischem Gebiet wurden die drei Instrumentalwerke op. 6, 7 und 8, die Grieg in schneller Folge vom Mai bis zum Sommer 1865 unter dem unmittelbaren Einfluß seiner Freundschaft mit Nordraak komponierte, zu Marksteinen auf dem Wege der Entwicklung einer großen norwegischen Nationalmusik. Nordraak förderte maßgeblich Griegs Entwicklung, aber nicht einseitig oder auch nur vorwiegend als Komponist. Seine Ausstrahlung auf Grieg war umfassender. Grieg selbst erkannte –

bei all seiner Begeisterung für Nordraaks Lieder – in dem musikalischen Einfluß nicht das Wesentliche ihrer Begegnung: *Ich wollte etwas vom besten in mir zum Ausdruck bringen, das 1000 Meilen von Leipzig und seiner Atmosphäre entfernt lag. Aber ich machte mir nicht klar, daß das beste in mir in der Liebe zu meinem Vaterland und meinem Gefühl für die große, schwermütige Natur Westnorwegens lag. Vielleicht hätte ich das nie erfahren, wenn ich nicht durch Nordraak zur Selbsterkenntnis geführt worden wäre. Dies fand seinen ersten Niederschlag in den Nordraak gewidmeten Humoresken op. 6, wo die Entwicklung deutlich genug zutage tritt. Ich gestehe gern ein, daß der Einfluß Nordraaks nicht allein musikalischer Art war. Aber das ist es gerade, wofür ich ihm dankbar bin: daß er meine Augen öffnete für die Bedeutung dessen in der Musik, was nicht Musik ist.*[101]

Drei bedeutsame Jugendwerke

Die *Humoresken* op. 6 entstanden wie die beiden Sonaten op. 7 und op. 8 während des Sommers 1865 in einem idyllisch gelegenen Arbeitshäuschen des zehn Meilen nördlich von Kopenhagen gelegenen Dorfes Rungsted, das der dänische Musiklehrer und Schriftsteller Benjamin Feddersen Grieg zur Verfügung gestellt hatte. In diesem Werk hat Griegs Liebe zu seinem norwegischen Vaterland ihren ersten vollgültigen musikalischen Niederschlag gefunden. Zugleich schwingt in den vier zu einem farbigen Zyklus verbundenen Tänzen, deren herzhafte Fröhlichkeit durch gelegentliches Auftauchen zart-elegischer Phrasen um so überzeugender wirkt, das Glücksgefühl des jungen Komponisten, der seine Lebensaufgabe erkannt hat. Das Werk, das auch außerhalb Norwegens größere Verbreitung verdiente, besitzt in rhythmischer, melodischer und harmonischer Hinsicht eine Fülle von Intonationsmerkmalen norwegischer Volksmusik.

Im Gegensatz zu Griegs früheren Werken, in denen die Suche nach neuen harmonischen Wegen oft zu einer Vernachlässigung des Melodischen geführt hatte, zeichnen sich alle vier *Humoresken* sowohl durch eine erfindungsreiche und ausdrucksstarke Melodik wie durch kühn vorwärtsweisende Harmonik aus.

Nr. 1 und Nr. 4 enthalten in ihrem Wechsel von punktierten Rhythmen und Triolen sowie in ihren scharfen, oft synkopierten Akzenten Elemente des Springtanzes:

4 op. 6 Nr. 1, Takt 1–4

Auch die häufig verwendeten Liegetöne, sei es als Einzeltöne in der Ober-, Mittel- oder Baßstimme oder als leere, oft parallel geführte Quinten, bei gleichzeitiger Bewegung der anderen Stimmen, weisen auf die Musizierpraxis norwegischer Bauerntänze, die auf der Hardingfele mit ihrem ausgiebigen Gebrauch leerer Saiten gespielt wurden. Oft entstehen hierdurch scharfe Dissonanzen, wie in dem als Bauerntanz bezeichneten vierten Stück:

5 op. 6 Nr. 4, Takt 131–134

Obwohl Grieg in seinen *Humoresken* nicht bewußt Volksliedweisen übernahm, sind doch offensichtlich einige seiner Melodieschöpfungen von norwegischen Volksmelodien inspiriert. Das zeigt sich im Hauptthema von Nr. 2, dessen Anfangstakte Ähnlichkeit mit der folgenden von Lindeman notierten Volksweise besitzen:[102]

6   Ældre og nyere Norske Fjeldmelodier, Nr. 26, Takt 1–4

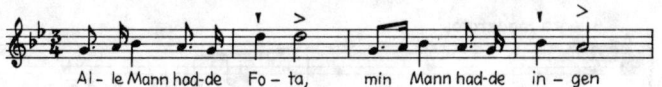

Al- le Mann had-de   Fo – ta,   min Mann had-de   in – gen

Aber welche Vertiefung des Ausdrucks in Griegs Thema:

7   op. 6 Nr. 2, Takt 1–4

Durch Sequenzierung des Anfangsmotivs und differenzierte harmonische Gestaltung erreicht Grieg eine Steigerung des gedämpft-elegischen Erzähltones zu kraftvoll-
freudigem Ausdruck. Über die Wirkung dieser Melodie auf
Franz Liszt schreibt Grieg im Jahre 1870 an seine Eltern aus
Rom: *Als ich die ersten acht Takte vorgetragen hatte, sang er die
Melodie mit und tat es mit einem Ausdruck heroischer Kraft, der sofort meine vollste Zustimmung fand. Ich bemerkte, daß es die nationale Eigenart war, die ihm gefiel.*[103]
Und Griegs eigene Wertschätzung seines op. 6 spricht aus
folgenden Tagebucheintragungen des Jahres 1866 in Rom:
*Spielte die Humoresken in der Skandinavischen Gesellschaft. Ich
kann mich nicht erinnern, sie jemals so urwüchsig und frisch gespielt
zu haben. Ich liebte sie und liebte es, sie zu spielen, empfand Glück,
und alte Erinnerungen tauchten auf.*[104]
Griegs unmittelbar nach den *Humoresken* komponierte einzige *Klaviersonate* in e-Moll, op. 7, ist von jugendlich-frohem
Kraftgefühl erfüllt. Es klingt bereits aus dem markanten
Hauptthema des 1. Satzes:

8   op. 7, 1. Satz, Takt 1–4

Diesem weitausladendem Thema folgt als gegensätzliches Seitenthema eine innige Melodie im Rhythmus des Halling mit Liegebässen. Auf die Nähe zur norwegischen Volksmusik weist auch die Wiederholung seiner vier ersten Takte – jedoch nicht, wie bei jenen Weisen, in derselben Tonart (G-Dur), sondern in der Tonart der Dominantparallele (h-Moll):

9   op. 7, 1. Satz, Takt 50–57

Im weiteren Verlauf des Satzes beweist Grieg sein in Leipzig erworbenes Können in der konzentrierten Gestaltung einer klassischen Sonatenform, wobei er in die motivisch-thematische Arbeit auch polyphone Elemente einbezieht.

Der relativ frei geformte 2. Satz bringt eine ausdrucksvolle volksliedhafte Melodie mit mixolydischem Einschlag:

84

10   op. 7, 2. Satz, Takt 1–4

Der 3. Satz gehört in seiner melodischen wie harmonischen
Originalität und dem beziehungsreichen Kontrast zwischen
dem stolzen, rhythmisch scharf profilierten e-Moll-Thema
der beiden ein Trio (B) umschließenden A-Teile und dem
sanft-lichten E-Dur-Thema des B-Teils zu Griegs frühen
Meisterwerken:

11   op. 7, 3. Satz, Takt 1–4, Anfang des A-Teils

12   op. 7, 3. Satz, Takt 40–43, Anfang des B-Teils

Das Hauptthema des wie der 1. Satz in Sonatenform gestalteten Finales setzt nach sechs Einleitungstakten im federn-
den Marschrhythmus ein:

13   op. 7, Finale, Takt 7–10

Wenngleich die thematische Arbeit im weiteren Verlauf sich mitunter in chromatisch geführten Sequenzen erschöpft, so entspricht dieser Satz mit seinen leidenschaftlich pulsierenden Rhythmen und der Einbeziehung nicht nur des Hauptthemas, sondern auch des in hellem E-Dur erstrahlenden Seitenthemas in die Apotheose jugendfrohen Kraftgefühls der Gesamtkonzeption des Werkes.

In dem dritten Instrumentalwerk dieses Rungstedter Sommers, der dem Bergener Geiger August Fries gewidmeten ersten *Violinsonate F-Dur* op. 8, ist das melodische Material noch reichhaltiger. Das Werk erhielt – wie Beethovens Violinsonate gleicher Tonart – die Bezeichnung „Frühlingssonate" aufgrund seines idyllischen Charakters und seiner jugendfrischen Unbeschwertheit. Der 1. Satz, als Sonatenhauptsatz mit motivisch-thematischer Verarbeitung dreier Hauptthemen gestaltet, läßt schon in der anfänglichen modalen Färbung von Melodik und Harmonik, die die Tonart F-Dur in der Schwebe hält, Griegs eigenwillige Handschrift erkennen:

14   op. 8, 1. Satz, Takt 1–8

Liedhafte Melodik und Anklänge an gleichzeitig bzw. kurz
zuvor oder danach komponierte Lieder kennzeichnen die
lyrische Gesamthaltung. So weist das zweite Thema dieses
Satzes auf die freudig-sehnsüchtige Vertonung von Hans
Christian Andersens Gedicht *Mein kleiner Vogel* aus dem
Entstehungsjahr der *Violinsonate*, worin der Dichter den
lieblich singenden Vogel bittet, ihm Gesellschaft zu leisten:

15   op. 8, 1. Satz, Takt 34–37

16   *Mein kleiner Vogel,* EG 126, Takt 1–3

Auch das Thema des 2. Satzes ist eine liedhafte Weise:

17   op. 8, 2. Satz, Takt 5–8

Die dieses Thema kennzeichnende Verbindung von Auf-
taktquarte und „Griegmotiv" trifft in einer Reihe von Liedern Griegs, die um die gleiche oder zu späterer Zeit entstanden sind, einen balladesken Erzählton, so in der
Vertonung des Heine-Textes *Das alte Lied* op. 4 Nr. 5 von
1863/64 (siehe Notenbeispiel 22), ferner in:

18   *Die Harfe* (A. Munch) op. 9 Nr. 1 (1865), Takt 4–7

19   *Spielmannslied* (Ibsen) op. 25 Nr. 1 (1876), Takt 1–4

Im Gegensatz zu diesen Liedern hat jedoch das Thema des
2. Satzes von Griegs *Violinsonate* in seinem Dreivierteltakt
und den munter abwärts springenden Sequenzen von etwas
Heiterem zu berichten.
Im Trio des 2. Satzes nimmt der norwegische Bauernfiedler
die Geige selbst in die Hand und musiziert mit Liegetönen,
erhöhter vierter Stufe und dem „Griegmotiv", begleitet von
parallelen Quintbässen:

20   op. 8, 2. Satz, Trio, Takt 9–14

Das lebhafte Finale, wiederum in der Form eines Sonaten-
hauptsatzes gestaltet, ist mit seinem reichen Motivmaterial,
den plötzlichen Übergängen zwischen den drei Themen
und dem im Vergleich zu den beiden vorangehenden Sätzen höheren spieltechnischen Anspruch Ausdruck unbe-
schwerten Musikantentums. Nach vier Einleitungstakten
erklingt das sprudelnde erste Thema:

21   op. 8, Finale, Takt 5–8

Verschiedenartige Einflüsse werden in diesem Satz auf eigenwillige und zugleich unkompliziert wirkende Weise as-
similiert: Musizierpraktiken norwegischer Bauernfiedler,
die Klangwelt Robert Schumanns – Grieg nannte ihn in einer Rungstedter Tagebuchaufzeichnung *min guddomelige
Yndling (mein göttergleicher Liebling)*[105] – und die polyphone
Satztechnik der Leipziger Schule (im Fugato des Durchfüh-
rungsbeginns).
Griegs erste *Violinsonate*, op. 8, die der Komponist zusammen mit dem schwedischen Geiger Anders Petterson im
November 1865 im Leipziger Gewandhaus erfolgreich uraufführte, fand schon früh internationale Anerkennung.
Sein Leipziger Verleger Abraham, der das Werk bereits
1866 publizierte, erwähnt wiederholt in Briefen an den
Komponisten die starke internationale Resonanz dieser *Violinsonate*. „Über diese", so schreibt Abraham am 7. April
1879, „ist wirklich nur eine Stimme des Lobes; alle Welt ist

von ihr sowie von Ihrem Klavierspiel entzückt."[106] Und Hans von Bülow, der sich relativ oft kritisch über einige von Griegs Werken äußerte, schreibt schon 1874 aus Charkow, er habe in Moskau „mit enormem Pläsir" die *Violinsonate* op. 8 gehört, und rät seinem Adressaten, er solle sie sich „gleich anschaffen und daran erfrischen".[107]

Es ist diese Frische, dieses überschäumende Musikantentum, dem das Werk auch heute noch seine Wirkung verdankt.

Nina Hagerup – Erster Liederfrühling – Hans Christian Andersen

Außer der Begegnung mit Rikard Nordraak, die sich auf das Schaffen von Griegs ersten bedeutsamen Instrumentalwerken op. 6, 7 und 8 unmittelbar auswirkte, war noch ein anderes entscheidendes Erlebnis Griegs in Dänemark dazu angetan, sein Schaffen zu beflügeln: die erwachende Liebe zu seiner Kusine, der achtzehnjährigen Sängerin Nina Hagerup. Ebenfalls gebürtig aus Bergen, wo ihr Grieg wahrscheinlich schon als Kind begegnete, war sie im Alter von acht Jahren mit ihren Eltern nach Dänemark übergesiedelt. Grieg lernte sie im Jahre 1863 in Kopenhagen näher kennen und verlobte sich Ende des folgenden Jahres mit ihr.

Der Komponist äußert sich im Jahre 1881 selbst über ihren Einfluß auf sein Liedschaffen in jener Zeit: *Was mich in dieser Zeit zutiefst beeinflußte und den Anstoß zu vielen Liedern gab, z. B „Hjertets Melodier" (op. 57), war meine Bekanntschaft und Verlobung mit meiner jetzigen Frau Nina Hagerup.*[108]

Das Besondere, das Nina Hagerups Interpretation auszeichnete, beschreibt 1891 der dänische Opernsänger Julius Steenberg: „Keiner verstand so wie sie, Griegs Eigenart zu geben und in plastische Form zu fassen. Für sie galt als oberstes Gesetz, das hervorzuheben, was er zu betonen wünschte, – wenn es sein mußte, ohne Rücksicht auf die konventionelle Gesangskunst [...] Oft glich ihr Gesang einem lebhaft dramatischen Rezitativ. Sie erfaßte nicht nur die Grundstimmung der Dichtung, sondern vertiefte sich in jedes einzelne Wort, so daß die Wirkung im Gesang eine stärkere und eigentümlichere war als beim Vorlesen der Dichtung [...]"[109]

Nina Hagerup
in ihrer
Verlobungszeit,
1864

Diese Aussage kennzeichnet zugleich Griegs eigenes inniges Verhältnis zum Dichterwort und seine Forderung einer Interpretation, die nicht in erster Linie das Melos der Stimme hervorkehrt, sondern einer dem Wortgehalt gemäßen realistischen Deutung des Werkes dient.

Griegs *Sechs Lieder* op. 4[110] von 1863/64 auf Texte von Heine, Chamisso und Uhland, die in ihrer Originalausgabe die Widmung „für Fräulein Hagerup" tragen, seine *Vier Romanzen* op. 10 von 1864/66 zu Texten des Dänen Christian Winther und seine *Melodien des Herzens* op. 5 von 1864/65 auf Verse des dänischen Dichters Hans Christian Andersen spiegeln das persönliche Erleben des Komponisten in jener Zeit wider. Überwiegend gestalten sie das Thema der Liebe, meist auf dem Hintergrund von Naturstimmungen. Der Klavierpart erhält in den meisten dieser Lieder, entsprechend dem Vorbild der deutschen Liedmeister Schubert und Schumann, sowohl in der Begleitung wie in Vor-, Zwischen- und Nachspielen vielfältige stimmungsmalende

Funktionen, wobei im Vergleich zum op. 2 seine größere Einheitlichkeit innerhalb des jeweiligen Liedes und seine Konzentrierung auf dessen wesentlichen Gehalt auffällt. Die Vokalmelodie ist stets der Stimme gemäß gestaltet – war sie doch für Griegs geliebte Sängerin bestimmt. Andererseits ist sie meist weniger erfindungsreich als die Melodik von Griegs Instrumentalwerken op. 6, 7 und 8 des folgenden Jahres. Norwegische Intonationen erklingen erst vereinzelt, zumal sich Nordraaks Einfluß vor dem Jahr 1865 noch kaum auswirkte. Doch wird, entsprechend der Volksmusik der nordischen Länder, Farbigkeit bereits häufig durch modale Fortschreitungen, nicht überwiegend durch Chromatik gewonnen, namentlich in der Begleitung. Dies zeigt am eindrücklichsten Griegs noch heute wirksame balladenhafte Vertonung des Heine-Textes *Das alte Lied* aus op. 4, zugleich eines der wenigen Lieder jener Zeit mit einer eigenständigen, modal gefärbten Melodik. Es erzählt von der Liebe der jungen Frau eines alten Königs zu ihrem Pagen und von dem Tode der beiden Liebenden:

22 op. 4 Nr. 5, Takt 3–8

Die überaus schlichte und zugleich ausdrucksstarke norwegisch geprägte Melodie – ihr fünfmal erklingender Anfang enthält das „Griegmotiv" in seiner modalen Form – und eine die Melodie voll entfaltende Harmonik fesseln den Hörer in gleichem Maße.

Aus den Andersen-Liedern *Melodien des Herzens* op. 5 haben zwei Lieder mit Berechtigung besondere Popularität gewonnen, das freundlich-heitere erste Lied *Zwei braune Augen* und vor allem das dritte Lied *Ich liebe dich*. Das in Da-capo-Form angelegte erste Liedchen entzückt gleichermaßen durch die schlichte Treuherzigkeit seiner dem Textgehalt voll entsprechenden Melodie wie durch das dreimal hintereinander erklingende tänzerische Instrumentalmotiv, das sich selbständig gegenüber der Singstimme behauptet und dessen fast durchgehender Orgelpunkt auf dem Dominantton – eine auch in norwegischer Volksmusikantenpraxis verwendete Technik – dem Lied eine besondere Leichtigkeit gibt:

23   op. 5 Nr. 1, Takt 1–4

Die Popularität des in viele Sprachen der Welt übersetzten Liedes *Ich liebe dich* beruht auf einer sich in ihrer Ausdrucksintensität kontinuierlich steigernden innigen Gesangsmelodie. Sie erhält zusätzlichen Nachdruck dadurch, daß Grieg sie im Vorspiel bereits andeutet, im Zwischen- und Nachspiel nachklingen läßt und während des Gesanges zeitweise in der Baßlinie durch Oktavverdoppelung unterstreicht:

24   op. 5 Nr. 3, Takt 4–5

Zweimal hebt die Singstimme in gleicher Weise an, weitet sich jedoch nach dem zweiten Ansatz zeitlich und räumlich aus:

25   op. 5 Nr. 3, Takt 15–18 (Schluß der Melodie)

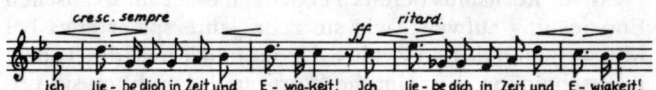

93

Der damit sowie durch den Einsatz chromatischer Töne und Vorhalte bewirkte Ausdruck zärtlichen Überschwangs sollte vom Sänger nicht überhöht werden, sondern bedarf einer schlichten, verhaltenen Interpretation.

Grieg fühlte sich in jener frühen Schaffensperiode der sechziger Jahre von der warmherzigen Menschlichkeit, der Schlichtheit und Musikalität der Lyrik Andersens stark angezogen. Der große Märchenerzähler und Lyriker, in dessen Leben und Werk die Musik eine bedeutende Rolle spielt, hatte Griegs musikalische Entwicklung in Kopenhagen von Anfang an mit Interesse verfolgt. So wurde beim Eröffnungskonzert der von Grieg, Nordraak und ihren Freunden gegründeten Musikgesellschaft „Euterpe" ein begeistert werbender Prolog Andersens vorgetragen, und vor Griegs Abreise nach Rom im Herbst 1865 schrieb er dem Komponisten einen Vierzeiler als herzlichen Abschiedsgruß ins Stammbuch. Andersen selbst hatte als Sohn eines armen Schuhflickers und seiner trunksüchtigen Frau in jungen Jahren vergeblich versucht, durch Singen, Tanzen und Deklamieren aus der drückenden Enge seines Elternhauses emporzusteigen, bis ihm sein erstes Buch zu literarischem Durchbruch verhalf. Grieg vertonte insgesamt fünfzehn seiner Gedichte, so daß Andersen unter den Textdichtern seiner Sololieder zahlenmäßig den ersten Platz einnimmt.

Unter den im Jahre 1865 komponierten Liedern auf Texte Andersens befindet sich ein erst nach Griegs Tode veröffentlichtes Werk, das die humanistische Haltung beider Meister eindrücklich offenbart und zugleich die realistischen Züge ihres Schaffens kennzeichnet, das Lied *Der Soldat,* zu dem Adalbert von Chamisso eine deutsche Nachdichtung schuf. Das in dieser Textfassung schon von Friedrich Silcher als Männerchor 1837/39 und von Robert Schumann als klavierbegleitetes Sololied (op. 40 Nr. 3) 1840 vertonte Gedicht handelt von dem Soldaten, der die Exekution seines einzigen Freundes mit auszuführen gezwungen wird. Grieg verwendet hier eine in seinem damaligen Schaffen völlig neue musikalische Gestaltungsweise, deren expressiver Realismus bereits Tendenzen einer musikalischen Entwicklung aufweist, wie sie zehn Jahre später etwa bei Mussorgski in dessen Zyklus „Lieder und Tänze des Todes" in Erscheinung tritt. Um die Worte und den durch sie vermittelten Sachverhalt dem Hörer möglichst plastisch und eindringlich darzubieten, nähert Grieg die Melodie der Redeintonation an und vertont den Höhepunkt des Geschehens, die Exekution selbst, sogar als Rezitativ. Die ersten 32 Takte des durchkomponierten Liedes sind ein Trauermarsch mit hämmernden Rhythmen, Orgelpunkten und herben chromatischen Gängen, über denen die Vokalstimme die zunehmende Seelenqual des Soldaten zum Ausdruck bringt:

26   EG 125, Takt 5–6

Erste Romreise – Begegnung mit Ibsen

Das Jahr 1865, das Griegs Entwicklung in vielfältiger Weise gefördert hatte, endete mit einer Reise nach Rom, die Grieg Anfang Dezember mit finanzieller Unterstützung seines Vaters unternehmen konnte und von der er im Mai des folgenden Jahres zurückkehrte. In engem Verkehr mit den dort lebenden skandinavischen Malern, Musikern und Schriftstellern genoß er die reichen Eindrücke der Landschaft und Kultur des Südens und weitete seinen Horizont. Einige seiner Tagebuchaufzeichnungen jener Monate geben Zeugnis von dem wachen Interesse und der leidenschaftlichen Impulsivität, mit der er die verschiedenen Eindrücke aufnahm und beurteilte. Mit jugendlich-überspitzten Bemerkungen werden bei ihm sowohl Werke Liszts und der unter seinem Einfluß stehenden sogenannten neudeutschen Schule wie italienische Kompositionen des 19. Jahrhunderts, vor allem Donizettis, bedacht. Sogar ein spätes Streichquartett Beethovens scheint ihm architektonisch nicht überzeugend gelungen und wohl vor allem deshalb auch „unpopulär". So unreif einzelne Bemerkungen des Zweiundzwanzigjährigen auch noch sein mögen, so spricht doch aus ihnen bereits seine auch in späteren Jahren beibehaltene Abneigung gegen alles, was ihm formlos und leer, gekünstelt und nur um des äußeren Effekts willen geschaffen erschien. Gerade aus diesem Gesichtspunkt erklärt sich die hohe Verehrung, die Grieg zeit seines Lebens Johann Sebastian Bach und Chopin entgegenbrachte und die bereits aus jenen frühen Tagebuchaufzeichnungen spricht:

– 27. Dezember: *Am Nachmittag [...] in der Lateran-Kirche. Kirchenmusik von neueren italienischen Meistern (?). Es war ein eintöniges uninteressantes Tingeltangel, eine unaufhörliche, formlose Wiederholung von Tonika, Dominante, Subdominante [...] Ehe die Hälfte des Konzertes vorbei war, hatte ich die Kirche verlassen, nervös und aufs äußerste erschöpft [...]*

– 4. Januar: *Hörte eine musica sacra für Kastraten-Stimmen, natürliche Männerstimmen und Harmonium von Franz Liszt, die unter Liszts eigener Leitung aufgeführt wurde [...] Die Komposition, ein Stabat Mater dolorosa, ist ein trauriges Zeugnis für den Verfall der neueren deutschen Musik. Denn etwas Affektierteres, Gedanken- und Ideenärmeres, Ungesünderes und Unwahreres wird man nicht leicht zu hören bekommen. Der Anfang beeindruckte mich zwar; es war ein Funke des Genies, geheimnisvoll dämonisch, wie man einige Lichtblicke bei Liszt finden kann, aber das Ganze blieb in diesen tieferen Regionen [...]*

– 20. Januar: *Hörte ein italienisches Volkslied [...] enthielt viel Eigenartiges und Schönes [...]*

– 31. Januar: (über ein von Sgambati vorgetragenes Klavierkonzert) *[...] ist das beste, das ich je von Liszt hörte. Genial von Anfang bis Ende. Kolossale Tonmassen läßt er mit dämonischer Gewalt hervorstürzen, nur schade, daß die Modulationen unklar und viel zu reichlich sind; würden sie etwas seltener angewendet, wäre die Wirkung doppelt so groß.*

– 18. März: *Es ist für ein Volk sowohl in politischer wie in künstlerischer Hinsicht gefährlich, eine große Vergangenheit zu haben; entweder führt es zu einer Erscheinung, der die Deutschen sich jetzt verschrieben haben: daß sie alle ihre Kräfte an-*

spannen, um ihre hohen Positionen zu halten, und mit dieser Anspannung nur weitergeholte, barocke, unnatürliche Dinge hervorbringen, oder dazu, wie hier bei den Romanen, daß sie sich phlegmatisch und zufrieden ausruhen und auf ihren Lorbeeren schlafen.

– *21. März: Hörte ein Streichquartett von Beethoven in fünf Sätzen. Es war lang und nicht populär, enthielt aber wunderbare Details. Als Ganzes mag ich es nicht, es fehlt ihm die architektonische Vollkommenheit, die Beethovens Werke seiner besten Zeit auszeichnet [...] Chopins Fantasie in f-Moll. Der Adel bei Chopin kam zur vollsten Geltung; nie hörte ich jemanden, der die verborgene Romantik Chopins auf solche Weise hervorkehrte [...] Ein Violinkonzert von Bach. Ein wahrhaft großes Stück, eines von den erhabensten unter den erhabenen Sachen, die Bach schuf.*[111]

Grieg trat in Rom auch selbst in einigen Konzerten der Skandinavischen Gesellschaft auf, spielte hier seine *Humoresken* op. 6[112] und zusammen mit dem Violinvirtuosen Ettore Pinelli seine *Violinsonate F-Dur* op. 8. In der Skandinavischen Gesellschaft kam es auch zur ersten Begegnung

Henrik Ibsen im Café des Grand Hotel, einem Künstlertreffpunkt in Kristiania. Lithographie von Edvard Munch, 1902

zwischen Grieg und Henrik Ibsen. Sie sollte den Grundstein für ihre spätere fruchtbare Zusammenarbeit legen.
Ibsen lebte seit 1864 in Italien. Enttäuscht und verbittert über die Zerschlagung der Thraniterbewegung, der ersten Massenbewegung des norwegischen Proletariats, in der er als Lehrer gewirkt hatte, sowie über das mangelnde Verständnis, das seinem literarischen Werk und seinen kulturellen Reformbestrebungen als Theaterleiter in Bergen und Kristiania entgegengebracht worden war, hatte Ibsen die norwegische Heimat verlassen. Erst im Jahre 1891 sollte er wieder nach Norwegen zurückkehren, nachdem er zuvor seinen Wohnsitz für dreiundzwanzig Jahre nach Deutschland verlegt hatte.
Wie hoch zur Zeit von Griegs erstem Romaufenthalt 1865/66 der damals schon bedeutende Dramatiker die Begabung des jungen Komponisten einschätzte, geht aus den Versen hervor, die er ihm ins Stammbuch schrieb:

> „Geist im Tier und Brand im Steine
> weckte Orpheus' Spiel, das reine.
> Steine gibt's hier allerorten,
> auch von Tieren manche Sorten.
> Spiel', daß Glut aus Steinen dringt
> und das Tierfell rasselnd springt!"

Zugleich kritisierte der große Realist mit diesen Zeilen, die er später in die Gesamtausgabe seiner Gedichte unter der Überschrift „Einem Komponisten ins Stammbuch" einbezog,[113] die norwegischen Kunstverhältnisse auf satirische Art.
Die vielfältigen Eindrücke und Begegnungen ließen Grieg in Italien wenig Zeit zum Komponieren. Nur ein Werk größeren Umfangs entstand zu Beginn des Jahres 1866: die Konzertouvertüre *Im Herbst* op. 11. Sie erhielt viele Jahre später, 1887, eine neue Orchesterfassung, in der sie 1888 unter Griegs Leitung beim Musikfest in Birmingham und auch danach mehrfach mit Erfolg aufgeführt wurde, ohne jedoch nachhaltige Wirksamkeit und Popularität zu erlangen. Als einziger Beitrag Griegs zur Gattung der Konzertouvertüre hat sie aber heute zumindest historische Bedeutung. Die wenig ergiebige thematische Grundlage war

Griegs 1865 in Kopenhagen auf ein Gedicht des dänischen
Dichters Christian Richardt komponiertes Lied *Herbststurm*
op. 18 Nr. 4. Es wurde zu einem Sonatensatz mit Einleitung und Coda umgearbeitet und erweitert sowie durch heimatliche Klänge in Gestalt zusätzlicher Themen und Motive bereichert. Offenbar drängte es Grieg gerade in der so
gänzlich anderen Umgebung, seiner innigen Beziehung zur
Heimat Ausdruck zu geben. So verwendete er bereits in der
Einleitung ein norwegisch geprägtes Motiv von starker Ausdruckskraft. Es ähnelt dem musikalischen Hauptgedanken
von *Solveigs Wiegenlied* op. 23 Nr. 23 aus der *Musik zu „Peer
Gynt"* (vgl. Notenbeispiel 106a), in dem Solveig den nach
langen Irrfahrten heimkehrenden Peer Gynt zur ewigen
Ruhe singt, und drückt Wehmut und Ruhe aus, wie es dem
Herbst, in dem das Leben zur Neige geht, entspricht:

27   op. 11, Takt 3–4

Als drittes Thema des Hauptteils seiner Ouvertüre verarbeitet Grieg sogar ein echtes norwegisches Reigenlied, an das
er sich erinnerte. Um es in der abschließenden Coda noch
einmal in originaler Gestalt als fröhlichen Ausklang im
Sinne eines Erntetanzes zu bringen, erbat er sich von seinem Bruder John in Bergen brieflich die Melodie dieses
Tanzes.[114]

28   op. 11, Beginn der Coda (Takt 3–6)

Als Grieg nach Kopenhagen zurückkehrte und Gade die
(nicht mehr vorhandene) Partitur in der ursprünglichen

Fassung zeigte, wies dieser ihn mit scharfen Worten ab: „Geh heim und liefere etwas Besseres!"[115] Daraufhin schuf Grieg noch in Kopenhagen eine Fassung für Klavier zu vier Händen. Wenngleich die programmatische Einbeziehung heimatlicher Klänge die Komposition mit Leben erfüllt, so treten doch gerade in der Klavierfassung einige Mängel des Werkes hervor: zu häufige Wiederholung einzelner Themen und Motive, wenig überzeugende Übergänge bei reichlicher Verwendung von Sequenzen und chromatischen Skalenausschnitten, ein Nebeneinander von Wagnerschem Pathos und volksmusikalischen Intonationen. In der farbigen Orchesterfassung von 1887 werden diese Schwächen durch klangliche Differenzierungen und Herausarbeitung der pittoresken Züge des Werkes weit weniger deutlich.

In Italien schuf Grieg auch zwei Lieder auf Worte des norwegischen Dichters Andreas Munch, den er in Rom kennenlernte. Das *Wiegenlied* op. 9 Nr. 2 ist Griegs erster Beitrag zu einer Liedgattung, die er in späteren Jahren immer wieder bereichert hat, auch in rein instrumentalen Ausprägungen, so vor allem in seinen Klavierbearbeitungen *Norwegische Volksweisen* op. 66 von 1897. Die Auseinandersetzung mit der Volksmusik seines Landes bedeutete für ihn zeit seines Lebens zugleich enge Beziehung zum Kinderlied als einer der ältesten Äußerungen volksmusikalischer Singepraxis, vor allem zum Wiegenlied. In diesem ausdrucksstarken ersten Wiegenlied Griegs singt ein Vater seinen kleinen Sohn, bei dessen Geburt die Mutter gestorben ist, in den Schlaf!

29   op. 9 Nr. 2, Takt 2–5

(Non lento, ma molto doloroso)

Schlaf, mein Kna-be, schla-fe ein, liegst so weich im Bett-chen dein,

Der Ausdruck von Schmerz und Ruhe konzentriert sich in dieser schlichten, modal geführten Melodie geringen Tonumfangs, die überwiegend um den Quintton dis kreist, und wird im veränderten Abschluß der letzten Zeilen des im übrigen strophisch vertonten Liedes noch gesteigert.

Grieg selbst wurde noch dreißig Jahre später von einem Vortrag des Liedes durch den holländischen Bariton Johannes Messchaert tief beeindruckt, wie aus einem Brief an seinen Freund Frants Beyer hervorgeht: [...] *Es war wirklich fast wie in Brahms' Lied „Mir ist, als wenn ich längst gestorben wäre"! Aber ich fühlte eine große innere Freude und Dankbarkeit gegenüber dem Künstler, der keine der intimsten Intentionen unberücksichtigt ließ und es auch noch verstand, sie den anderen mitzuteilen* [...][116]

In Rom erreichte Grieg die traurige Nachricht, daß sein geliebter Freund Rikard Nordraak am 3. März 1866 in Berlin an Lungentuberkulose gestorben war. Mit ihm gemeinsam hatte Grieg die Romreise antreten wollen. Nordraak war jedoch im Herbst schwer an Lungenentzündung erkrankt und hatte in Berlin zurückbleiben müssen. Am 6. April finden wir folgende Tagebuchaufzeichnung Griegs: *Brief von Onkel Herrmann und seiner Frau, Brief von Feddersen! Die traurigste Nachricht, die ich je erhalten konnte – Nordraak ist tot! – Er, mein einziger Freund, meine einzige große Hoffnung für unsere norwegische Kunst! Oh! Wie dunkel es plötzlich um mich geworden ist! Und ich habe nicht einen Menschen hier, der meinen Schmerz richtig verstehen kann, laßt mich daher Zuflucht zur Musik nehmen, sie läßt einen in der Stunde des Kummers niemals im Stich! – Komponierte einen Trauermarsch für Nordraak!*[117]

Griegs *Trauermarsch zum Andenken an Rikard Nordraak* beeindruckt durch Eindringlichkeit der Aussage sowie Originalität und Konzentration der musikalischen Mittel:

30   *Trauermarsch*, Takt 1–4

Das den drei Anfangsakkorden folgende Kernmotiv wird im Mittelteil der Da-capo-Form zu einer volkstanzähnlichen Melodie nationaler Prägung umgeformt, die nicht nur melodisch und harmonisch, sondern auch in ihrer Dreitaktigkeit zu den Zweitaktgruppen des A-Teils in ein spannungsreiches Verhältnis tritt. Die Trauer verbindet sich hier mit der wehmutsvollen Hoffnung, daß das, wofür der früh vollendete Freund kämpfte, verwirklicht werden wird:

31　*Trauermarsch*, Takt 20–22

Griegs eigene Wertschätzung des ursprünglich für Klavier geschriebenen, ein Jahr später auch für Blasorchester mit Schlagzeug von ihm arrangierten Trauermarsches geht daraus hervor, daß er ihn zu seinem eigenen Begräbnis gespielt haben wollte. Sein Wunsch wurde erfüllt.

An der Schwelle beruflicher Entscheidungen

Schon vor der Rückkehr nach Kopenhagen richtete sich Griegs Bestreben darauf, eine feste Stellung zu erlangen, um wirtschaftlich unabhängig zu werden und vor allem seine Braut heimführen zu können. Deren Mutter hatte sich bereits über Grieg mit den Worten beklagt: „Er ist nichts, hat nichts und macht eine Musik, die niemand hören will."[118]

Es stand für ihn fest, daß die norwegische Hauptstadt Kristiania die Stätte seines Wirkens werden sollte. Zunächst bewarb er sich um die zeitweise vakante Stelle des Theaterkapellmeisters am dortigen ersten Theater, dem Kristiania-Theater; die Stelle war jedoch inzwischen schon besetzt worden. In Aussicht nahm Grieg auch das Amt eines Organisten in Kristiania, wofür er bei seinem Freund Gottfried Matthison-Hansen in Kopenhagen den Sommer über intensiven Unterricht im Orgelspiel nahm. Auch dieser Plan sollte sich nicht verwirklichen. So veröffentlichte er am 26. September 1866 kurzerhand im „Morgenbladet" der norwegischen Hauptstadt eine Annonce mit der Ankündigung, er werde sich Mitte Oktober in Kristiania niederlassen und Klavierschüler annehmen.

Die Jahre 1863 bis 1866, in denen sich Grieg überwiegend in Dänemark aufhielt, waren für seine Entwicklung von entscheidender Bedeutung. Er hatte ein enges Verhältnis zur nordischen, insbesondere zur norwegischen Volksmusik gewonnen, die er sowohl in ihrer Originalität wie in Form von Bearbeitungen und in ihrer Umschmelzung durch dänische und norwegische Komponisten kennengelernt hatte. In engem Kontakt mit demokratischen und patriotischen Kräften seines Vaterlandes hatte er Klarheit gewonnen über die Aufgabe, die er zu erfüllen hatte: mitzuhelfen bei der Entwicklung der norwegischen Nationalkultur. Nordraak – und nicht nur Nordraak allein – hatte ihm die Augen geöffnet *für die Bedeutung dessen in der Musik, was nicht Musik ist.* Grieg hatte es gefunden in der Liebe zu seiner Heimat und zu den dort lebenden Menschen, deren Gefühlen, Wünschen und Hoffnungen er in seinem Werk Ausdruck zu geben gedachte. War ihm dies in seinen Liedern zunächst nur in Einzelfällen gelungen, so zählen einige seiner in jenen Jahren entstandenen Instrumentalwerke bereits zu seinen frühen Meisterwerken.

4. Vielseitiges Wirken (1866–1874)

Förderer des Musiklebens der norwegischen Hauptstadt

Einen guten Auftakt für Griegs Wirken in Kristiania bedeutete ein Artikel, den der dort lebende Komponist und Musikpädagoge Otto Winter-Hjelm einige Wochen vor Griegs Übersiedelung in die norwegische Hauptstadt unter dem Titel „Über die norwegische Musik und einige Kompositionen Edvard Griegs" im „Morgenbladet" veröffentlichte.[119] Der Autor betont darin, es sei notwendig, die norwegische Volksmusik zur Grundlage einer eigenständigen nationalen Kunstmusik zu machen, und kennzeichnet zugleich die von Grieg in dieser Richtung beschrittenen Wege anhand einiger seiner Kompositionen. Der mit Wärme und Begeisterung geschriebene Aufsatz trug dazu bei, daß Griegs erstes Konzert, das er kurz nach seiner Ankunft in Kristiania am 15. Oktober 1866 gab, mit Spannung erwartet und mit Interesse aufgenommen wurde. Dieses Konzert war schon aufgrund seines Programms, das ausschließlich Werke norwegischer Komponisten enthielt, für die norwegische Hauptstadt ein historisches Ereignis: Grieg selbst spielte drei seiner *Humoresken* sowie die drei letzten Sätze der *Klaviersonate*, er begleitete die tschechische Geigerin Wilma Neruda bei der *Violinsonate F-Dur* und seine Verlobte Nina Hagerup, die Lieder von Kjerulf, Nordraak und seine eigenen *Melodien des Herzens* op. 5 sang. Den Erfolg dieses ersten öffentlichen Auftretens in Kristiania faßte er in einem Brief an Matthison-Hansen in die Worte: *Das gesamte Konzert enthielt durchweg norwegische Musik (!) und brachte mir ca. 150 Speziestaler (!) ein, und dieser gute Anfang hat mir eigentlich Mut und Vertrauen für die Zukunft gegeben.*[120] Eine gute Ausgangsposition für Griegs Wirken ergab sich auch auf musikpädagogischem Gebiet. Auf seine Annonce im „Morgenbladet" hatte sich eine Reihe von Schülern bei ihm zum Klavierunterricht gemeldet. Griegs musikpädagogische Interessen und Vorstellungen reichten jedoch weit darüber hinaus. Um das Musikleben der Hauptstadt insgesamt zu heben und die Situation überwinden zu helfen, daß zukünftige Berufsmusiker – soweit sie eine umfassende

Ausbildung anstrebten – im Ausland studieren mußten, faßte Grieg zusammen mit Winter-Hjelm den Plan zur Gründung einer Musikakademie. Für diese Idee hatte sich vier Jahre zuvor schon Ole Bull eingesetzt, jedoch erfolglos. Winter-Hjelm hatte 1864 eine Musikschule für Anfänger ins Leben gerufen mit dem Ziel, sie zu einem Konservatorium zu erweitern. Nun erkannte er in Grieg die Persönlichkeit, die gewillt und geeignet war, mit ihm dieses Projekt zu verwirklichen. Beide begründeten in einem langen Zeitungsartikel Ende des Jahres 1866 ihren Vorschlag, wobei sie seine nationale Bedeutsamkeit hervorhoben. Gegen Schluß heißt es darin: *Wenn wir das nationale Element betont wissen wollen, so bedeutet das natürlich keineswegs einen einseitigen Wunsch nach Absonderung. Wir wollen nur, daß der Musikschüler auch das uns Eigene kennenlernt, das ihm doch am nächsten liegt und vielleicht am allerbesten dazu angetan ist, seine Phantasie zu befruchten; und wenn er sich dann all der Größe und Macht fremder Musik gegenübergestellt sieht, so wird ihn das nicht in dem Maße überwältigen, daß die Eindrücke der heimischen Musik verdrängt werden, wie das leider jetzt oft der Fall* ist [...][121]

Zu Beginn des Jahres 1867 begann die Musikakademie ihre Tätigkeit. Sie gliederte sich in zwei Abteilungen, die schon zuvor gegründete „Musikschule" für Anfänger und die eigentliche „Akademie" für Fortgeschrittene. Einige hervorragende Musiker wurden als Lehrer in den Fächern Klavier, Violine, Violoncello, Orgel und Gesang verpflichtet; Grieg und Winter-Hjelm unterrichteten in Musiktheorie, Partiturspiel und Komposition, Grieg außerdem im Fach Klavier. Es kennzeichnet die zu jener Zeit noch begrenzten musikkulturellen Ansprüche der norwegischen Hauptstadt, daß sich die aus Verantwortung und Begeisterung für die Entwicklung einer eigenständigen norwegischen Musikkultur gegründete musikalische Lehranstalt nur zwei Jahre halten konnte. Erst im Jahre 1883 gelang dem bedeutenden Volksmusiksammler und Organisten Ludvig Mathias Lindeman die Gründung einer lebensfähigen Organistenschule, aus der 1894 das spätere „Musik-Konservatorium" der norwegischen Hauptstadt hervorgehen sollte.

Eine weitere Aktivität Griegs in Kristiania bestand in der Leitung des Orchesters der 1846 gegründeten „Philharmonischen Gesellschaft". In den ersten Monaten des Jahres

1867 gab er mit diesem zum Teil von Laien besetzten Klangkörper drei erfolgreiche Konzerte, bei denen er jedesmal sogar ein sinfonisches Werk dirigierte: im Eröffnungskonzert Beethovens 5. Sinfonie, im zweiten Konzert die drei letzten Sätze seiner eigenen, später zurückgezogenen *Sinfonie* in der gleichen Tonart c-Moll, im letzten Konzert Winter-Hjelms Sinfonie in h-Moll.

Griegs finanzielle Lage gestattete es ihm nunmehr, den Plan seiner längst ersehnten Heirat zu verwirklichen. Im Frühjahr fand in Kopenhagen die Hochzeit statt, kurz darauf bezog das junge Paar eine gemeinsame Wohnung in Kristiania. Grieg hat sich noch im Alter gegenüber seinem amerikanischen Biographen Henry Finck ausführlich über den großen Einfluß seiner Frau auf sein kompositorisches Schaffen und über ihre Art der Liedinterpretation geäußert: *Wie ist es denn gekommen, daß gerade das Lied in meiner Produktion eine so bevorzugte Rolle spielt? Ganz einfach aus dem Umstand, dass auch ich, wie andere Sterbliche, einmal in meinem Leben (um mit Göthe zu reden) – genial war. Die Genialität war: die Liebe. Ich liebte ein junges Mädchen mit einer wunderbaren Stimme und ebenso wunderbaren Vortragsweise. Dieses Mädchen wurde meine Frau und Lebensgefährtin bis auf den heutigen Tag. Sie ist – ich darf es wohl sagen – für mich die einzige wahre Interpretin meiner Lieder geblieben* [...] Als Vorzüge ihrer Interpretation nennt er *dramatische Lebendigkeit, geniale Behandlung der Sprache und ein durchaus ungekünsteltes, nicht primadonnenhaftes Hervortreten.* In erster Linie komme es ihr darauf an, *das Gedicht zu verdolmetschen.* Derselbe Brief gibt auch Hinweise zu den beschränkten musikalischen Verhältnissen, in denen das junge Ehepaar in Kristiania wirken mußte: *Während meiner Thätigkeit als Musikdirector in Christiania von 1866–74 (es war dies die Blüthezeit ihrer Stimme) trat sie wiederholt auf. Der damalige Standpunct des musikalischen Publicums war indessen ein so primitiver und die Auffassung von der Kunst des Vortrages vor allem eine viel zu brutale, um Leistungen, in welchen das Hauptgewicht auf das innere Seelenleben gelegt wurde, würdigen zu können. Schließlich machten wir unsere Musik nur für uns in der Heimath und in Freundeskreisen.*[122]

Noch im Jahre 1867 mußte Grieg feststellen, daß das Interesse der Hauptstadt an den von ihm geleiteten Konzerten zurückging. An die Stelle anfänglicher Neugier traten

Edvard und Nina Grieg um 1888

Gleichgültigkeit und sogar Mißtrauen gegenüber seinen leidenschaftlichen Bemühungen um eine Reform des Musiklebens. Auch die zum Teil ungenügend ausgebildeten Orchestermitglieder zeigten sich wiederholt oppositionell. Ende des Jahres meldeten die Zeitungen, daß die „Philharmonische Gesellschaft" aus Mangel an Teilnehmern aufgelöst worden sei. Grieg versuchte es daraufhin mit Subskriptionskonzerten auf eigenes Risiko, die jedoch mitunter nichts einbrachten. Um so mehr mußte er das finanzielle Defizit mit dem Erteilen von Klavierunterricht auszugleichen versuchen, wodurch für sein kompositorisches Schaffen noch weniger Zeit übrigblieb.

Die ungünstigen kulturellen Bedingungen, denen sich in Kristiania nicht nur Grieg gegenübergestellt sah, sondern die den größten norwegischen Dramatiker, Henrik Ibsen, sogar dazu geführt hatten, in die selbstgewählte Verbannung zu gehen, und mit denen auch andere große Norweger, wie Bjørnson und Vinje, die ebenfalls den Kampf um die Entwicklung der nationalen Kunst aufgenommen hatten, zu ringen hatten, waren Ausdruck des widersprüchlichen Charakters der norwegischen bäuerlichen Demokratie. Einerseits vollzog sich in ihr auf der Grundlage der freiheitlichen Verfassung vom 17. Mai 1814 und fußend auf den starken nationaldemokratischen Traditionen in der zweiten Hälfte des 19. Jahrhunderts ein Aufschwung der sozialen und nationalen Befreiungsbewegung, der auch das geistige und kulturelle Leben befruchten mußte. Andererseits aber hatten sich die kraftvollen Bestrebungen zur Entwicklung einer norwegischen Nationalkultur in einem in ökonomischer Hinsicht noch relativ rückständigen Lande und gegenüber bäuerlichem Konservatismus und kleinbürgerlicher Beschränktheit durchzusetzen. Diese negativen Züge hatte Friedrich Engels schon 1847 treffend gekennzeichnet: „Wo die Abwesenheit von Adel und Bourgeoisie ihnen [den Bauern] die Herrschaft gestattet, wie in den Bergkantonen der Schweiz und in Norwegen, herrscht mit ihnen vorfeudale Barbarei, Lokalborniertheit, dumpfe, fanatische Bigotterie, Treu und Redlichkeit."[123]

Hinzu trat auf musikalischem Gebiet, daß Norwegen keine starke Konzerttradition besaß und daher das allgemeine Musikverständnis nur schwach entwickelt war. Sosehr die progressiven Schichten der Bevölkerung an der Entwicklung einer nationalen Musikkultur interessiert waren, so schwer fiel es selbst ihnen, Griegs Umsetzung der musikalischen Folklore oder einzelner ihrer Elemente in die Kunstmusik und deren nationalen Gehalt zu erfassen, wurde doch beispielsweise eine Sinfonie im allgemeinen als „gekünstelte Musik" empfunden.[124]

Trotz dieser kulturellen Begrenztheiten gelang es Grieg während der kommenden Jahre, in zielstrebigem, unermüdlichem Einsatz nicht nur die Qualität der Darbietungen, sondern auch das Interesse der Zuhörerschaft an anspruchsvoller Konzertmusik zu erhöhen. Von nachhaltiger Bedeutung war hierfür die Initiative, die er bei der Gründung und Leitung eines ständigen Klangkörpers, des „Musikvereins" („Musikforeningen") entfaltete.

Für den Vorstand gewann er im Herbst 1871 führende Persönlichkeiten der Hauptstadt, unter ihnen Ludvig Mathias Lindeman und den Klavierfabrikanten Karl Hals. Im erfolgreichen ersten Konzert des Musikvereins im Dezember 1871, bei dem u. a. Beethovens zweite Sinfonie und Gades Chorwerk „Erlkönigs Tochter" („Elverskuld") mit Nina Grieg als einer der Solistinnen aufgeführt wurden, wirkten 60 Orchestermusiker und 150 Choristen mit. Noch unter dem Eindruck dieses Erfolges schreibt Grieg an seinen dänischen Freund August Winding über seine große und wichtige Aufgabe, *den Sinn für das Ideale in der Tonkunst zu wecken,* und fährt fort: *Aber es ist wunderbar, eine Mission zu haben, und die habe ich. Sie erfordert Opferwilligkeit, das ist gewiß, aber dabei habe ich auch einzelne Augenblicke einer wahrhaft leuchtenden Freude.*[125]

Im Herbst 1872 kehrte Johan Svendsen aus Leipzig, wo er 1863 bis 1867 am Konservatorium studiert und später zwei Jahre lang als Konzertmeister und zweiter Dirigent des Musikvereins „Euterpe" gewirkt hatte, in seine Heimatstadt Kristiania zurück. Von nun an dirigierten Grieg und Svendsen abwechselnd die Konzerte des Musikvereins. Unter der Leitung dieser beiden bedeutenden Musikerpersönlichkeiten gelang es dem Musikverein, aus dem im Jahre 1919 die „Philharmonische Gesellschaft" („Filharmonisk Selskap"), Norwegens noch heute bestehende führende Konzertinstitution, hervorging, die Pflege anspruchsvoller Orchester-

Edvard Grieg mit Johan Svendsen

und Chormusik, einschließlich zeitgenössischer Werke, zu
einem festen Bestandteil des kulturellen Lebens der Hauptstadt zu entwickeln. Dabei galt es zu jener Zeit noch, wei-
terzukämpfen gegen Konservatismus und Bürokratie, öko-
nomische Widrigkeiten und auch Intrigen. Zu diesen
gehörte auch der Versuch, die beiden als Dirigenten wie als
Komponisten sehr verschiedenen Musiker gegeneinander
auszuspielen. Er mußte jedoch scheitern an der gegenseitigen Bewunderung und Solidarität der beiden Freunde und
an ihrem vereinten Streben, das Musikleben der Hauptstadt
zu entfalten und den nationalen Klängen darin Geltung zu
verschaffen. Im Verlauf ihres gemeinsamen Wirkens gelang
ihnen die Aufführung einer beträchtlichen Anzahl umfang-

reicher und anspruchsvoller Werke für Chor und Orchester, darunter Mozarts „Requiem", Schumanns „Paradies und die Peri", Mendelssohns „Elias" und Liszts „Tasso".

Am 1. Juni 1874 bewilligte der Storting Grieg und Svendsen in Anerkennung ihres Wirkens für die Entwicklung der norwegischen Nationalkultur einen jährlichen Ehrensold. Die dadurch bewirkte Verbesserung seiner finanziellen Lage ermöglichte es Grieg, seine feste Dirigentenstelle in Kristiania aufzugeben, um sich von nun an mehr seiner wichtigsten Aufgabe, dem Komponieren, zu widmen. In den kommenden Jahren lebte er meistens in Lofthus oder Bergen.

Bereicherung der Hausmusik: Die Lyrischen Stücke (Beginn und Ausblick)

Zu Beginn seines vielseitigen Wirkens in Kristiania als Dirigent und Musikorganisator, Pianist und Musikpädagoge schuf Grieg das erste Heft seiner *Lyrischen Stücke,* op. 12. Es bildet den Anfang einer Reihe von zehn Heften mit insgesamt 66 Klavierstücken, deren Komposition sich – in Abständen – über sein weiteres Leben bis zum Jahre 1901 erstrecken sollte. Ein Teil von ihnen erfreute sich schon zu Griegs Lebzeiten in ganz Europa großer Beliebtheit und fand Eingang in jedes musizierende Haus.[126]

Die berufliche Arbeit in Kristiania machte Grieg deutlich, daß es galt, die in den dänischen Jahren gewonnene Erkenntnis seiner nationalen Aufgabe vielseitig praktisch umzusetzen. Hierzu gehörte auch die Komposition von Klavierstücken der kleinen Form in einer dem musizierenden Laien, einschließlich seiner jungen Klavierschüler, zugänglichen Fassung. In diesen Stücken sollte der Musizierende und Lauschende die Naturerlebnisse, die Träume und Sehnsüchte sowie die Sagenwelt des norwegischen Volkes in vielfältigen musikalischen Bildern und Klängen der Heimat nachempfinden, zum eigenen Erleben in Beziehung setzen und damit zugleich Zugang zu umfangreicheren Werken der musikalischen Weltliteratur gewinnen.

Die relativ leichte Ausführbarkeit der *Lyrischen Stücke* des ersten Heftes aus den Jahren 1865 bis 1867 weist auf ihre unmittelbare Gebrauchsfunktion als Unterrichtsmaterial für Klavierschüler. Dies gilt auch für viele Stücke der späteren Hefte, wobei vom zweiten Heft (1883) und vor allem vom dritten Heft (1886) an Umfang und technischer Schwierigkeitsgrad einiger Stücke steigen, wie etwa bei *Schmetterling* oder *An den Frühling,* dem ersten und dem letzten Stück des dritten Heftes op. 43. Jedoch erfordert sogar das technisch relativ anspruchsvolle längste Stück der gesamten Reihe, der *Hochzeitstag auf Troldhaugen* aus op. 65 (1896), keine Virtuosität, wenngleich der wirkungsvolle, klangprächtige Klaviersatz dies vermuten läßt. Eine sensible, dem jeweiligen Stück gemäße und zugleich zurückhaltende Ausdrucksgestaltung verlangt indessen jede einzelne Nummer, die bei der Darbietung durch Laien sowie bei den zahlreichen Bearbeitungen von fremder Hand, insbesondere für Salonorchester, nicht immer gewährleistet ist. Hier liegt der Hauptgrund dafür, daß mitunter sogar einige der besonders gelungenen *Lyrischen Stücke* Griegs abschätzig als „sentimentale Salonmusik" beurteilt worden sind. Namentlich stark gefühlsbetonte Sätze, wie *Erotik* aus op. 43 oder *Vorüber* aus op. 71 (1901), erfordern eine schlichte, unsentimentale Darbietung, die ihren Gehalt um so eindringlicher hervorkehrt, wie Interpretationen durch bedeutende Pianisten, in neuerer Zeit vor allem Emil Gilels, beeindruckend demonstrieren.[127]

Als wichtige musikalische Anregungen für die Komposition der *Lyrischen Stücke* dienten Grieg zwei Quellen: das romantische Klavierstück, vor allem Schumanns, und norwegische Volksweisen und Volkstänze. Erstaunlich weit ist bei Grieg der Bogen der Inhalte gespannt. Ihre Vielfalt deuten bereits die Überschriften an, die sich drei Hauptgruppen zuordnen lassen. Eine von ihnen verwendet bekannte Titel der romantischen Schule, sei es mit Gattungsbezeichnungen wie *Walzer, Scherzo* oder *Kanon* oder mit Hinweisen auf die jeweilige Grundstimmung, wie bei *Elegie, Melancholie* oder *Nocturne*; diese ergänzt Grieg durch weitere, noch persönlicher gefaßte Überschriften, wie *Aus jungen Tagen* oder *Zu deinen Füßen.* Eine zweite Gruppe orientiert auf den nationalen Gehalt, wie *Norwegisch, Springtanz, Halling, Vaterländisches Lied* oder *In der Heimat.* Eine dritte Gruppe von Titeln weist auf ein konkretes Bild oder auf ein Programm hin, wie

Wächterlied, Schmetterling, Zug der Zwerge oder *Glockengeläute.*
Derartige bildhaft-programmatische Vorwürfe mit den ihnen entsprechenden Überschriften verwendet Grieg hier
erstmalig in seinen Klavierstücken. Zweifellos hatte er dabei auch ihre Attraktivität und Popularität innerhalb der
häuslichen Klaviermusik im Auge.[128]
Schon das erste, in Kristiania entstandene Heft der *Lyrischen
Stücke,* op. 12, enthält Klavierstücke aller drei Gruppen. Damit sowie hinsichtlich ihrer meisterhaften kompositorischen Gestaltung steckt das erste Heft den Rahmen auch
für die neun Hefte der späteren Jahre ab. Diese seien daher
hier mit in die Betrachtung einbezogen, obwohl ihre Entstehung weit über den in diesem Kapitel erfaßten Zeitraum
hinausreicht. Eine kontinuierliche Steigerung der
ästhetischen Qualität vom ersten bis zum letzten Heft ist
kaum nachweisbar, zumal die späteren Hefte auch einige
weniger gelungene Sätze enthalten. Jedoch zeigt sich an einer Reihe der wertvollsten Stücke aus späterer Zeit, vor allem denjenigen, die impressionistische Züge aufweisen, im
Vergleich zum ersten Heft die gewachsene kompositorische
Reife Griegs in der zunehmend souveränen, kühnen und
originellen Anwendung harmonischer Mittel. Auch begegnen uns hier mehrere Stücke, in denen es Grieg in besonderem Maße gelungen ist, starken persönlichen Erlebnissen
musikalisch adäquaten und unmittelbar rezipierbaren Ausdruck zu verleihen.
Immer wieder beeindruckt uns an den *Lyrischen Stücken* die
glänzende Fähigkeit des Komponisten, auf kleinstem Raum
Charakteristisches zu gestalten, sei es ein starkes Gefühl
oder eine Naturstimmung – oft verbunden mit der pittoresken Umsetzung sichtbarer Erscheinungen – oder sei es ein
Geschehen, dessen Bewegungsabläufe und Dynamik die
Musik nachzeichnet. Dabei sind es nie mehr als zwei musikalische Gedanken, meist gegensätzlicher Art, die einander
ohne oder mit nur geringfügiger Veränderung ablösen, oft
in der Da-capo-Form oder in mehrmaligen Wiederholungen. Mitunter gelingt Grieg sogar mit einem einzigen musikalischen Gedanken eine deutliche Aussage.
Dies gilt bereits für das erste Stück der gesamten Reihe, die
versonnene *Arietta.* Ihre träumerische Melodie, mit der
Grieg deutlich an Robert Schumann anknüpft, wird nicht

113

nur nach dem zwölften Takt in leichter Abwandlung wiederholt, sondern bildet mit ihrem ersten Takt auch den offenen Schluß des Stückes – damit Spieler und Zuhörer auf poetische Weise gleichsam einladend, sich den vielfältigen Erlebnissen und Träumen hinzugeben, die in den folgenden 65 Stücken musikalisch eingefangen sind:

32   op. 12 Nr. 1, Takt 1–4

33   op. 12 Nr. 1, Schluß

Grieg nahm das Thema der *Arietta* vierunddreißig Jahre später im letzten Stück seiner Sammlung unter der Überschrift *Nachklänge* (op. 71 Nr. 7) in der Form eines graziösen Walzers wieder auf, wobei der offene Schluß – diesmal im dreifachen Piano – den Ausdruck wehmütiger Erinnerung besonders unterstreicht. Diese beiden Stücke sind die einzigen der Sammlung, die musikalisch-thematische Beziehungen aufweisen. Sie sind geeignet, für ganz unterschiedlich zusammengestellte Programmfolgen aus den *Lyrischen Stücken,* wie sie den individuellen Neigungen und Absichten des jeweiligen Klavierspielers entsprechen, als wirkungsvoller Rahmen zu dienen.

Kunstvolle Einfachheit der dramaturgischen Gestaltung zeichnet auch schon den fröhlichen ersten *Walzer* in a-Moll aus; in Melodie und Harmonie enthält er charakteristische

Züge norwegischer Volksmusik (Vorschläge, Betonung leichter Taktteile, Liegetöne u. a.):

34 op. 12 Nr. 2, Takt 1–6

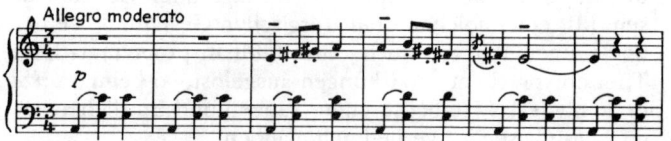

Der mittlere Teil (B) in der Varianttonart A-Dur, dessen Melodie in der Unterstimme erklingt, bildet zum ersten Abschnitt (A) nicht nur einen Gegensatz, sondern ist zugleich aus ihm motivisch abgeleitet, damit die Einheit des Stückes fördernd:

35 op. 12 Nr. 2, Takt 37–40

Die kurze Coda greift dieses Thema in der Oberstimme auf, so das kleine Meisterwerk mit einem versonnenen Schluß abrundend.

Im ebenfalls dreiteiligen *Wächterlied* schließt sich an den Teil, der dem frohen Gesang des Wächters folgt und von Grieg mit der Zwischenüberschrift *Intermezzo (Geister der Nacht)* versehen ist, nicht die vollständige Wiederholung der Melodie des Wächters an, sondern diese setzt erst mit ihrem neunten Takt wieder ein. Überaus plastisch wird damit die Unterbrechung des Wächtergesanges durch den Spuk der nächtlichen Geister und seine Wiederaufnahme dramaturgisch gestaltet.

Beeindruckend ist im Gesamtablauf einzelner Stücke das Erscheinen und Entschwinden verschiedener Naturgeister der norwegischen Sagenwelt, der Elfen (op. 12 Nr. 4), Sylphen (op. 62 Nr. 1) und Trolle (op. 54 Nr. 3 und op. 71

115

Nr. 3), musikalisch umgesetzt: mit wiederholten Steigerungen und Zurücknahmen, starken dynamischen Kontrasten, mit gegensätzlichen Klangregistern, überraschenden harmonischen Fortschreitungen und plötzlichen, die Spannung und den Ausdruck des Spukhaften steigernden Generalpausen. Mit einer solchen dramaturgischen Gestaltung werden bei einigen Stücken auch ohne bildhaft-programmatische Titel entsprechende Wirkungen ausgelöst, so beim *Scherzo*, in dem wir das Herbeihuschen, Tanzen und Entfliehen zarter Naturwesen zu vernehmen glauben:

36 op. 54 Nr. 5, Takt 1–4

Die unvermittelte Folge unaufgelöster dissonanter Akkorde und die eingefügten Generalpausen vermitteln hier in besonderem Maße den Eindruck des Geheimnisvollen:

37 op. 54 Nr. 5, Takt 34–41

Bei den häufigen Da-capo-Formen unter den *Lyrischen Stükken* führt ein starker thematischer und tonaler Gegensatz des mittleren Abschnitts (B) stets dazu, daß das musikalische Geschehen bei der folgenden Wiederaufnahme des Anfangsteils (A) nicht als bloße Wiederholung, sondern als Weiterführung oder Vertiefung empfunden wird. In *Heimwärts* verstärkt sich der Ausdruck froher, ungeduldiger Erwartung im wiederaufgenommenen „alla marcia" nach einem lyrisch-volksliedhaften mittleren Abschnitt, und im festlichen *Hochzeitstag auf Troldhaugen,* ebenfalls einer Dacapo-Form, wird die erwartungsvolle Hochstimmung, verbunden mit aktionsreichen Bewegungsvorstellungen, nach dem in sich gekehrten, lieblich-kantablen Mittelteil noch vertieft:

38   op. 65 Nr. 6, Takt 1–4 bzw. 107–110

Dieses Stück, im Jahre 1896 anläßlich des 50. Geburtstages einer näheren Freundin der Familie Grieg, Nancy Giertsen, komponiert und ursprünglich mit der Überschrift *Die Gratulanten kommen* versehen, erhielt erst ein Jahr später seinen endgültigen Titel. Grieg wählte ihn wahrscheinlich in froher Erinnerung an seinen und Nina Griegs überaus festlich begangenen Silberhochzeitstag 1893 in Troldhaugen.

In *An der Wiege* und *Es war einmal* bildet der mittlere Abschnitt den aktionsreichen Teil. Im ersten Stück wird hier die beruhigende Weise des Schlafliedes durch plötzliche dynamische Veränderungen und Einfügung paralleler Septnonakkorde unterschiedlicher Tonalität unterbrochen, so daß der Hörer die sanfte Lieblichkeit des (geringfügig veränderten) wiederkehrenden Anfangs um so stärker empfindet. In *Es war einmal* führt uns der mittlere Abschnitt „Im norwegischen Springtanzton" mitten hinein in ein lebendiges Tanzgeschehen. Dadurch beeindruckt der besinnliche, leicht wehmütige Erzählton des Andante bei seiner Wiederkehr noch stärker:

117

39   op. 71 Nr. 1, Teil A (Takt 1–4 bzw. 78–81)

40   op. 71 Nr. 1, Teil B (Takt 17–22)

In fast allen Stücken hat die kühne und farbige harmonische Gestaltung wesentlichen Anteil am inhaltlichen Reichtum und spannenden Verlauf des musikalischen Geschehens. Besonders häufig setzt Grieg Orgelpunkte ein, wozu er Anregungen von der Volksmusik seiner Heimat, namentlich von der Spielpraxis auf der Hardingfele und Langeleik, erhielt und mit denen er vielfältige und für seine Zeit neuartige dissonierende Zusammenklänge hervorruft.

Der *Halling* aus op. 47 wird durchgehend von einer Bordunquinte mit vorschlagender lydischer Quarte begleitet. Zu den hierbei entstehenden Dissonanzen treten unkonventionelle Fortschreitungen in parallelen Sekunden (ais-h zugleich mit gis-a) sowie wiederholt unaufgelöste Zusammenklänge kleiner Sekunden:

41   op. 47 Nr. 4, Takt 13–16

Im *Zug der Zwerge* wirken schon in den Takten 3 bis 5 drei Orgelpunkte zusammen, in den Takten 7 bis 9 sogar vier (d und a im Baß, g und b in den Mittelstimmen), führen in Verbindung mit der chromatisch geführten Oberstimme zu scharfen dissonanten Reibungen und bestimmen weitgehend den grotesken Charakter des Stückes:

43   op. 54 Nr. 3, Takt 1–10

Ähnliche dissonante Wirkungen befördert in *Kobold* ein aus vier Tönen bestehender ostinater Baß zusammen mit der chromatischen Rückung der Oberstimmen von es-Moll nach F-Dur:

44   op. 71 Nr. 3, Takt 1–6

Im weiteren Verlauf dieses Stückes kommt es auf dem Fundament von Bordunquinten zu besonders kühnen Verbindungen, wie der exponierten Folge von h (im E-Dur-Dreiklang) und einstimmigem b:

45 op. 71 Nr. 3, Takt 45–49

Wie in *Kobold*, so gewinnt Grieg auch in einer Reihe weiterer Stücke der Sammlung einem einzigen Kerngedanken durch mannigfaltige harmonische Kombinationen so viele Seiten ab, daß sich aus ihm allein das gesamte Stück entwickelt. Auf diese Weise wird die Kontinuität und Leichtigkeit sprudelnder Bewegung in *Bächlein* – wiederum unter reichlicher Verwendung von Liegetönen – beeindruckend gestaltet:

46 op. 62 Nr. 4, Takt 1–4

47 op. 62 Nr. 4, Takt 23–25

120

In *Glockengeläute*, einem der originellsten Stücke der gesamten Reihe, verwendet Grieg bis gegen Schluß eine ununterbrochene Folge von parallelen Quinten, die in starker dynamischer Schattierung von tiefen bis zu hohen Lagen geführt werden. Infolge vorgeschriebenen Pedalgebrauchs entsteht eine Fülle von Obertönen:

48 op. 54 Nr. 6, Takt 47–50

Gegen Schluß gelingt es dem Komponisten, dem Hörer mittels langausgehaltener vollständiger Akkorde die Vorstellung fernen Orgelklanges zu suggerieren. Mit dem 1891 komponierten Stück gestaltet Grieg eineinhalb bis zwei Jahrzehnte vor Debussys „Cloches à travers les feuilles" („Glocken, durch das Laub klingend") von 1907 und „La cathédrale engloutie" („Die versunkene Kathedrale") von 1910 eine beeindruckende impressionistische Klangstudie. Das Stück wird in Griegs Orchesterinstrumentierung von 1904 seit dem Ende des zweiten Weltkrieges jährlich im Eröffnungskonzert des Internationalen Musikfestes in Bergen gespielt und gehört heute in Norwegen zu den populärsten Musikwerken.

Besonders ausgeprägt finden sich impressionistische Stilmerkmale auch im stimmungsvollen *Notturno* desselben Heftes. Über synkopierten Mittelstimmen und einer chromatisch absteigenden Baßlinie im $^9/_8$-Takt schwingt sich eine relativ frei rhythmisierte Kantilene, deren norwegisches Kolorit sich im „Griegmotiv" ausweist:

Zweimal wird die Kantilene durch ein frei einsetzendes Quartmotiv (Vogelruf) unterbrochen, dessen Tremolo bzw. Triller und dessen Begleitung durch einen unvollständigen und sich nicht auflösenden Nonenakkord (der Grundton g folgt erst im dritten Takt) weder eine rhythmische noch eine harmonische Bindung zu besitzen scheint:

50   op. 54 Nr. 4, Takt 15–17

Ähnlich gestaltet Grieg wenige Jahre später (1894) den Vogelruf im Vor- und Nachspiel des Liedes *Ein Vogel schrie* auf einen Text des norwegischen Dichters Vilhelm Krag (siehe Notenbeispiel 143).

Helles Zwitschern, den flüchtigen Flügelschlag und das leichte Hüpfen von Vögeln hatte Grieg schon 1886 in *Vöglein* auf impressionistische Weise mit einem in parallelen Quinten geführten Motiv, das die Entwicklung des ganzen Stückes bestimmt, eingefangen:

In allen Stücken dieses dritten Heftes der *Lyrischen Stücke,* op. 43, hat Grieg seiner innigen Beziehung zur Natur und zu seiner Heimat musikalisch vollgültigen Ausdruck gegeben. Einige zu diesem Heft vorliegende briefliche Äußerungen Griegs geben zugleich Aufschluß darüber, wie stark und unmittelbar sich persönliche Erlebnisse des Komponisten gerade in der kleinen Form der *Lyrischen Stücke* niederschlagen konnten.

Ursprünglich hatte Grieg seinen Verleger Max Abraham gebeten, op. 43 mit der Gesamtüberschrift „Frühlingslieder" zu publizieren.[129] Abraham wandte ein, man würde bei einem solchen Titel nicht an originale Klavierstücke, sondern an Klavierbearbeitungen von Liedern denken, und bot als Gegenvorschlag die Überschriften „Frühlingsblumen, oder Frühlingsblüthen, Frühlingsblätter, Frühlingsbilder, Frühlingsgrüße, Frühlingsklänge, Frühlingsträume, Frühlingsmärchen etc. etc." an.[130] Wie wenig diese blumigen Titel Griegs Intentionen entsprachen, geht aus seiner schnellen und entschiedenen Antwort hervor: *Was op. 43 betrifft, schlage ich vor, alle Frühlingsgeschichten zu streichen und das Werk einfach „Lyrische Stückchen", 3. Heft, zu nennen.*[131]

Deutlich unterstreicht Griegs ursprünglich vorgesehener Titel „Frühlingslieder" die inhaltliche Zusammengehörigkeit der sechs Stücke von op. 43, zugleich auch Griegs enge persönliche Beziehung zu diesem Heft. Dabei schloß Grieg in das Thema „Frühling" nicht nur diejenigen Stücke ein, deren Titel sich mit dieser Jahreszeit unmittelbar verbinden, wie *An den Frühling, Schmetterling* und *Vöglein*, sondern er umfaßte damit auch die Stücke, in denen er seiner Liebe zu seiner Heimat und den ihm besonders nahestehenden Menschen, seiner Frau Nina und seinem Freund Frants Beyer, Ausdruck verlieh, wie in den ausdrucksstarken Stükken *Einsamer Wanderer, In der Heimat* und *Erotik*.

Frants Beyer,
Griegs engster
Freund

Der Erlebnishintergrund einiger dieser Stücke geht aus einem Brief aus Kopenhagen, wo Grieg zu Beginn des Jahres 1886 einige Konzerte gab, an seinen Bergener Freund Beyer hervor.

Frants Beyer war derjenige seiner Freunde, der ihm am nächsten stand und dem er in einem sich über fünfunddreißig Jahre erstreckenden Briefwechsel seine innersten, ihn am meisten bewegenden Gedanken und Erlebnisse anvertraute. Die Freundschaft begann im Jahre 1872, als Beyer in Kristiania Jura studierte, zugleich Griegs Klavierschüler war und im Chor des Musikvereins unter Griegs Leitung mitsang. Beide unternahmen in den späteren Jahren gemeinsam eine Reihe von Bergtouren, begeisterten sich an der Natur und der Volksmusik ihrer Heimat und spielten oft zusammen vierhändig. 1885 ließ sich Grieg seinen Wohnsitz Troldhaugen bei Bergen in der Nachbarschaft von Beyers kurz zuvor errichtetem Haus bauen.

Grieg fügte in seinen Brief an Beyer die vollständigen Noten seines Klavierstückes *In der Heimat* aus op. 43 ein und schrieb dazu: *Frühling ist Frühling, und Vogelsang ist Vogelsang. Beides habe ich hier unten in reichem Maße, und doch ist es mir, als hätte ich keinen Teil daran. Und Freund ist Freund, auch davon habe ich manch einen hier, aber keiner versteht so wie Du, wie es mich in die heimatliche Natur drängt, und deshalb habe ich auch das Gefühl, daß alle die anderen in dieser Zeit für mich gleichsam im Nebel verschwinden. Was sagst Du zu einem stillen Vormittag im Boot oder draußen zwischen den Schären und Klippen! Vor einigen Tagen war ich so erfüllt von dieser Sehnsucht, daß sie sich zu einem milden Dankeslied formte. Es ist nichts Neues darin, aber es ist echt, und da es im Grunde nichts anderes als ein Brief an Dich ist, so laß es hier stehen:* (Hier hat Grieg die Noten eingefügt.) Anschließend heißt es in dem Brief: *Wäre die Umgebung von Næsset und Troldhaugen großartiger, so wäre der Ton ein anderer geworden. Aber ich bin froh, wie es ist, und diese stille Freude darüber, daß alles so ist, wie es da droben ist, war es, die sich zu einigen Tönen fügte. Die Farben sind die zarten westländischen, aber das Herz darin, das schlug für Dich, Du alter Freund, als ich das Stück niederschrieb.*[132]

Grieg gibt hier selbst eine treffende Charakterisierung seines Stückes *In der Heimat,* das sich ganz auf die innige gesangvolle melodische Linie konzentriert. Die Bemerkung *Es ist nichts Neues darin* bezieht Grieg offensichtlich auf die sich der Melodie völlig unterordnende Harmonisierung und auf die Schlichtheit der Form dieses „Liedes ohne Worte", in der die Melodie dreimal erklingt:

52   op. 43 Nr. 3, Takt 1–4

Stärke und Konzentriertheit der melodischen Gestaltung zeichnet auch das Stück *Einsamer Wanderer* aus (siehe Notenbeispiel 86), das zweite des dritten Heftes der *Lyrischen Stücke.* Es ist von Sehnsucht nach der Heimat durchdrungen, die Grieg stets erfüllte, wenn er sich im Ausland aufhielt, und die auch aus Griegs Kopenhagener Brief spricht.

125

Gegen Ende dieses Briefes an seinen Freund heißt es: *Es ist traurig, Landbesitz zu haben und nicht zeitig im Frühling daheim sein zu können, wo man doch alle Ideen bekommt. Sogar das Vogelhäuschen habe ich vergessen! Das ist ärgerlich, denn nun ist es zu spät. Wenn nur einige von dem kleinen Volk kämen und bei uns Wohnung nähmen!*[133]

Grieg gab seiner im Brief angedeuteten Freude am Gezwitscher und an den Bewegungen der Vögel nach seiner Heimkehr in dem Stück *Vöglein* (siehe Notenbeispiel 51) und seiner sehnsüchtigen Erwartung des Frühlings in der letzten Nummer von op. 43 *An den Frühling* musikalischen Ausdruck. Wie in *Einsamer Wanderer, In der Heimat* und *Erotik* (op. 43 Nr. 5), dem zart-verhaltenen Gegenstück zu Griegs frühem Lied *Ich liebe dich* (siehe Notenbeispiele 24 und 25), liegt in diesem Stück das Schwergewicht auf der ausdrucksstarken melodischen Gestaltung. Die wellenartig drängende Melodie, die in beiden Außenstimmen erklingt, sowie deren gesteigerte Wiederholung durch Verbreiterung des Klangspektrums und vollgriffige Akkordik der Mittelstimmen machen das Stück zu einem instrumentalen Hymnus auf den in Griegs Heimat so leidenschaftlich ersehnten Frühling:

53   op. 43 Nr. 6, Takt 3–6

Auch über die Erlebnisgrundlage zu *Abend im Hochgebirge* von 1898 hat sich Grieg gegenüber Frants Beyer geäußert:

54   op. 68 Nr. 4, Takt 9–15

Er schickte eine frühere Fassung des Stückes unter dem Titel *Kulokk (Kuhlockruf)* an den Freund mit der Bemerkung:

Kann als Abendstimmung in Utladalen (Skogadalsbøen) aufgefaßt werden.[134] Damit nahm er Bezug auf die große Bergtour der beiden Freunde nach Jotunheim im Sommer 1887, bei der sie vom wehmütigen Klang des Bukkehorns tief ergriffen worden waren. Das Erlebnis wirkte so stark nach, daß Grieg in dem Stück die Hirtenweise 38 Takte lang für sich selbst sprechen läßt und sie erst in der Wiederholung mit einer Begleitung versieht. Später bearbeitete er das Stück für Oboe, Horn und Streicher und dirigierte es in dieser Fassung 1906 bei einem Konzert in Amsterdam. Anschließend erinnerte er den Freund wiederum in einem Brief an das gemeinsame Erlebnis: *Aber in „Abend im Hochgebirge" warst Du in meinen Gedanken. Es war ein richtiges Illusionsbild. Ich selbst war hingerissen. Ich hatte die Oboe gleich hinter das Podium gesetzt, so daß keiner sie sehen konnte. Er blies so ideal, so frisch, so ganz in der Art einer Improvisation, so daß das herrliche Streichorchester, als es einfiel, wie suggeriert war und genau die gleiche Auffassung der Oboe übernahm.*[135]

Abend im Hochgebirge gab Grieg in dieser Fassung zusammen mit einer Bearbeitung von *An der Wiege* (op. 68 Nr. 5) für Streicher im Jahre 1900 als *Zwei lyrische Stücke* op. 68 heraus. Einige Jahre später bearbeitete Grieg auch fünf Stücke aus den *Lyrischen Stücken* op. 54 für Orchester. Vier von ihnen erschienen im Jahre 1905 unter dem Titel *Lyrische Suite* op. 54. Das damals noch nicht publizierte Stück *Glockengeläute* ist in der neuen Grieg-Gesamtausgabe (Band 13) in die *Lyrische Suite* eingereiht worden.[136]

Alle diese Bearbeitungen legen Zeugnis ab von Griegs glänzender Fähigkeit einer phantasievollen, die Orchesterfarben sorgfältig abwägenden Instrumentierung. Hinter der Attraktivität dieser Bearbeitungen durch differenzierte Klangfarblichkeit stehen indessen die ursprünglichen Klavierfassungen keineswegs zurück, vermag doch deren intimer Charakter die Lyrik dieser Musik, ihren Gehalt an persönlichen Erlebnissen, Vorstellungen und Gedanken besonders wirksam hervorzukehren.

Als ein weiteres bedeutsames Werk neben dem ersten Heft der *Lyrischen Stücke* op. 12 schuf Grieg im Jahre 1867 seine *2. Violinsonate* op. 13 in G-Dur. Sie entstand im Verlauf von drei Sommerwochen in Kristiania und ist erfüllt von dem Glücksgefühl seines jungen Ehestandes und von dem Elan, mit dem er sich seiner nationalen Aufgabe widmete, obwohl sich zu jener Zeit schon die beruflichen Schwierigkeiten andeuteten, mit denen er in Kristiania zu kämpfen hatte.

Grieg selbst hat in späteren Jahren seine drei *Violinsonaten*, die er zu seinen besten Werken zählte, treffend charakterisiert: *die erste, naive, reich an Vorbildern, die zweite, die nationale, und die dritte mit dem weiteren Horizont.*[137]

Der junge Meister, der sich anschickte, das Musikleben seines Vaterlandes zu bereichern und mit nationalem Geist zu erfüllen, bekennt sich in seiner *2. Violinsonate* zu den Klängen der Heimat, die sich mit Ausnahme seines *Streichquartetts* op. 27 in keinem anderen seiner Kammermusikwerke mit gleicher Kraft und Eindringlichkeit behaupten. Die schnellen Außensätze haben den Charakter von Springtänzen, und auch der ebenfalls im Dreivierteltakt stehende ruhige Mittelsatz erinnert mit seiner wechselvollen rhythmischen Gestaltung und Betonung innerhalb der einzelnen Takte und den vielen Vorschlägen an diesen norwegischen Tanz. Alle drei Sätze verarbeiten auch melodische Elemente norwegischer Volksmusik, ohne daß originale Volksweisen übernommen werden.

Zwischen einzelnen Themen der drei Sätze gibt es trotz ihres unterschiedlichen Ausdrucks melodische Ähnlichkeiten, wie die folgenden Beispiele erkennen lassen. All dies sowie das Überwiegen von motivisch-thematischer Arbeit und musikalischer Entwicklung gegenüber einer mehr oder weniger übergangslosen Reihung der musikalischen Gedanken, wie etwa im Finale der *1. Violinsonate* op. 8, macht Griegs *„nationale"* *Violinsonate* zu einem außergewöhnlich geschlossenen Werk.

Der erste Satz setzt in der Varianttonart g-Moll mit einer elegischen Introduktion ein, in der Klavier und Violine zunächst in frei rhapsodischer Weise abwechselnd solistisch auftreten:

55   op. 13, 1. Satz, Takt 1–6

Obwohl diese poetischen Einleitungstakte improvisatorisch anmuten, nehmen sie doch in der Violine fast notengetreu das Anfangsmotiv des Hauptthemas aus dem folgenden, in Sonatenform komponierten Allegrosatz vorweg, jedoch in aller erdenklichen Gegensätzlichkeit:

56   op. 13, 1. Satz, Takte 68–71

Nach einer Einleitung, die einen wehmutsvollen Hauptteil erwarten ließ, wird die Fröhlichkeit dieses zuerst vom Klavier intonierten Themas um so stärker empfunden. Das bald darauf einsetzende, stark kontrastierende Seitenthema in h-Moll läßt wiederum wehmütige Stimmungen aufkommen:

Auch diese werden jedoch mit den punktierten Rhythmen eines kurzen Epilog-Themas in D-Dur und vor allem von dem anschließend wiederholten zweiten Thema überwunden, das nun mit kraftvoll vorschlagenden Arpeggien, dynamischer Steigerung und der Wendung nach D-Dur einen überaus freudigen, sieghaften Ausdruck erhält.
Nach der harmonisch interessanten kurzen Durchführung, die Haupt- und Seitenthema verarbeitet, setzt die Reprise mit dem Hauptthema ein, das Grieg durch Wiederholung von Teilmotiven musizierfreudig von vier auf sechs Takte erweitert:

58   op. 13, 1. Satz, Takt 276–281

Das edle Hauptthema des zweiten Satzes, einer Da-capo-Form mit kurzer, rezitativisch frei ausschwingender Coda, wird anfänglich von einer verhaltenen, nachdenklichen Grundstimmung beherrscht:

59   op. 13, 2. Satz, Takt 11–14

Eine ähnliche Melodie verwendet Johannes Brahms 1878/79 im zweiten Satz seiner Violinsonate A-Dur op. 100. Daraus darf auf den starken Eindruck geschlossen werden, den Griegs Thema auf den deutschen Meister ausübte:[138]

60   Brahms, op. 100, 2. Satz, Takt 49–52

Das Allegro animato des letzten Satzes nimmt mit dem Springtanzrhythmus aus dem ersten Satz auch dessen Fröhlichkeit auf; sie entlädt sich im Hauptthema dieses Sonatenrondos in einem übermütig quellenden Strudel von Triolen und wird im weiteren Verlauf des Satzes zu einer strahlenden Hymne der Lebensfreude gesteigert:

61   op. 13, 3. Satz, Takt 7–12

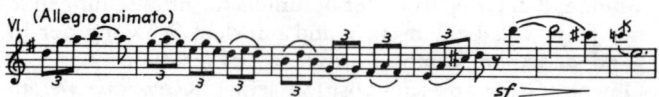

Grieg widmete die *2. Violinsonate* seinem Landsmann Johan Svendsen, der schon vor seinem Studium am Leipziger Konservatorium als Violinist konzertiert hatte und den Grieg für den Herbst 1867 zu zwei Konzerten in Kristiania erwartete. *Er ist nämlich der einzige, dem ich sie zu geben wage, die anderen Violinspieler hassen mich alle, vielleicht aus Neid* [...][139], schreibt Grieg damals an seinen dänischen Freund Matthison-Hansen, womit er auf seine wenig erfreuliche Situation als Orchesterleiter hinweist. Svendsen sollte sich wegen des geringen Erfolges seiner beiden Konzerte damals in seiner Heimatstadt nur kurze Zeit aufhalten. Grieg schrieb jedoch nach der Uraufführung von Svendsens 1. Sinfonie unter Leitung des Komponisten eine begeisterte Rezension im „Aftenbladet" vom 15. Oktober 1867, aus der die große Verehrung hervorgeht, die Grieg schon zu dieser Zeit Svendsen entgegenbrachte.

Griegs *2. Violinsonate* wurde von einem seiner Kollegen an der Musikakademie, dem Violinisten Gudbrand Bøhn, am 16. November 1867 bei „Edvard Griegs Musikabend" in Kristiania mit großem Erfolg aufgeführt. Seitdem hat das Werk in der Kammermusik Norwegens seinen festen Platz, verdiente jedoch zusammen mit den beiden anderen *Violinsonaten* op. 8 und op. 45 auch außerhalb Norwegens eine stärkere Verbreitung.

Im Sommer 1868 hielt sich Grieg zusammen mit zwei Freunden, dem norwegischen Pianisten Edmund Neupert und dem dänischen Komponisten Emil Horneman, in dem eine Stunde von Kopenhagen entfernten kleinen Ort Søllerød auf. Hier schuf er sein *Klavierkonzert* in a-Moll. Wie bereits drei Jahre zuvor in Rungstedt hatte ihm auch hier sein Freund Benjamin Feddersen ein idyllisch gelegenes Gartenhäuschen vermittelt, damit der Komponist ungestört arbeiten konnte. Das in Søllerød inspirierte Werk, das bis heute als eins der am meisten gespielten Klavierkonzerte seinen festen Platz in den Musiksälen der Welt behauptet, läßt erkennen, daß Grieg trotz der beruflichen Enttäuschungen jener Jahre voll Leidenschaft und mit dem Schwung der Jugend an seinem kompositorischen Ziel festhielt.

Obwohl Grieg zur Komposition seines *Klavierkonzertes* außerhalb der Heimat in der lieblichen dänischen Landschaft angeregt wurde und in der formalen Anlage des 1. Satzes den Einfluß von Schumanns Klavierkonzert erkennen läßt, ist es eine Schöpfung echter norwegischer Nationalmusik. Bereits die wild herabstürzenden solistischen Einleitungstakte des Klaviers, die als Motto des Satzes fungieren, enthalten in der mehrmals erklingenden absteigenden Folge von Oktave, Septime und Quinte das der norwegischen Volksmusik entnommene sogenannte „Griegmotiv":

62   op. 16, 1. Satz, Takt 2–4

Das zuerst von den Holzbläsern, danach vom Klavier im Piano vorgetragene Hauptthema besteht aus einem spannungsvoll-verhaltenen, rhythmisch profilierten Vordersatz

Grieg um die Zeit der Entstehung des Klavierkonzertes

mit synkopierenden Akzenten und einem gesangvollen Nachsatz, der durch zwei sequenzartig aufwärts geführte übermäßige Quarten seinen drängend-sehnsüchtigen Ausdruck erhält:

63   op. 16, 1. Satz, Takt 7–14

Auch dieses Thema enthält mit dem Absprung von der Septime zur Quinte in den Takten 2 und 4 das „Griegmotiv" in verkürzter Form. Als überraschender Kontrast folgt im beschleunigten Tempo eine Überleitung mit Hallingrhythmen. Das im Wechsel von Achteln, Triolen und Quintolen frei ausschwingende kantable Seitenthema in C-Dur, dem Echowirkungen den Charakter zarter Naturlyrik verleihen, erklingt zuerst in den Celli, gleich darauf im Klavier:

64   op. 16, 1. Satz, Takt 53–54

Vom Orchester im Fortissimo vorgetragen, kündigen Motive des Mottothemas die kurze Durchführung an, in der nur das Hauptthema mit solistischer Einbeziehung von Flöte und Horn und begleitet von wirbelnden Arpeggien des Klaviers verarbeitet und in schneller Folge durch verschiedene Tonarten geführt wird. Als Höhepunkt erklingt kurz vor der Reprise wiederum das Mottothema, diesmal im Wechsel mit dem Beginn des Hauptthemas. Die wirkungsvolle große Solokadenz, die nochmals das Hauptthema verarbeitet, gibt dem Interpreten reiche Möglichkeiten zur Entfaltung sowohl virtuosen wie kantablen Spiels.
Der kurze 2. Satz, ein Adagio in dreiteiliger Form, führt in eine dem 1. Satz entgegengesetzte Sphäre der Stille und

134

Einsamkeit. In der dem vorangehenden a-Moll denkbar fern liegenden Tonart Des-Dur tragen sordinierte Streicher im Pianissimo eine getragene, weitschwingende Melodie vor, die ihre norwegische Herkunft an der mehrmaligen Intervallfolge von Septime und Quinte sowie an dem mit Triole und doppeltem Vorschlag verbundenen jambischen Rhythmus erkennen läßt:

65 op. 16, 2. Satz, Takt 1–8

Auch das nach Art eines Nocturne gestaltete Thema des mittleren Abschnitts enthält in der Arabeske seiner Melodiestimme das „Griegmotiv":

66 op. 16, 2. Satz, Takt 29–32

Im Reprisenabschnitt des Satzes tritt das Eröffnungsthema (siehe Notenbeispiel 65) aus der Stille, die es im ersten Teil kennzeichnete, heraus, wird vom Solisten übernommen und gewinnt in der Klangfülle eines vollgriffigen Klaviersatzes, ergänzt durch Holzbläser und Horn, einen hymnischen Ausdruck.

Die fröhlich stampfenden Hallingrhythmen des sich gleich anschließenden Allegrosatzes mit ihren Quintbässen und Haltetönen versetzen den Hörer dagegen unmittelbar in das norwegische Volksleben:

67   op. 16, 3. Satz, Takt 9–14

Nach mehrfacher Variierung dieses Themas erklingt im verlangsamten Mittelteil eine liebliche Flötenmelodie, die in
ihrem starken Kontrast zum vorangegangenen vitalen musikalischen Geschehen besonders stark beeindruckt. Dieses
anschließend vom Solisten übernommene Thema verrät mit
seinem „Griegmotiv", den Triolen und doppelten Vorschlägen sowie mit seinem mixolydischen Einschlag ebenfalls
den heimatlichen Ursprung:

68   op. 16, 3. Satz, Takt 141–149

Nach der Reprise des vom Bauerntanzthema beherrschten
ersten Teils und einer kurzen virtuosen Solokadenz schließt
Grieg dem Satz als vierten Abschnitt eine gewichtige Coda
an, in der sich die Originalität seiner dramaturgischen Konzeption aufs schönste offenbart. Beide Themen erfahren
hier charakteristische Veränderungen: aus dem Halling
wird durch Umwandlung des Vierertaktes in einen Dreivierteltakt ein Springtanz, der sich durch Intensivierung
von Tempo und Dynamik sowie Akzentverschiebungen zu
übermütiger Ausgelassenheit steigert; das lyrische Thema
erklingt als Schlußapotheose im großen Orchester, begleitet
von virtuosen Arpeggien des Klaviers. Bei den anschließenden Wiederholungen des Themas in machtvollen Akkorden
des Klaviers und in der Schlußkadenz des Orchesters tritt
im Unterschied zur vorangehenden melodischen Gestaltung überraschenderweise im zweiten Takt das mixolydi-

sche g an die Stelle des gis – eine Wendung, die besonders auf Griegs Zeitgenossen eine faszinierende Wirkung ausübte und über die sich Franz Liszt bei Griegs zweitem Rombesuch 1870 begeistert äußerte[140]:

69   op. 16. 3. Satz, Takt 439–441

Grieg widmete sein *Klavierkonzert* seinem Freund Edmund Neupert, der am Konservatorium in Kopenhagen als Klavierpädagoge wirkte. Neupert hatte während des Sommers in Søllerød durch manch einen konstruktiven Hinweis die Arbeit am Konzert fördern können. Er war es auch, der das Werk am 3. April 1869 in Kopenhagen mit außerordentlichem Erfolg uraufführte. Unter den Zuhörern befand sich außer den Komponisten Johan P. E. Hartmann und Niels Gade auch der weltberühmte russische Pianist und Komponist Anton Rubinstein, der sich gerade auf einer Konzerttournee in Dänemark aufhielt und seinem Kollegen Neupert für die Uraufführung des *Klavierkonzertes* seinen eigenen mitgebrachten Flügel zur Verfügung gestellt hatte. Grieg war bei diesem wichtigen Ereignis nicht anwesend, da er sich von seinen Verpflichtungen als Orchesterleiter in Kristiania nicht hatte frei machen können. Neupert berichtete dem Freund drei Tage später über den Erfolg: „Am Sonnabend tönte Ihr göttliches Konzert durch den Saal des Casinos. Der Triumph, den ich feierte, war großartig. Schon nach der Kadenz im ersten Teil brach das Publikum in einen lebhaften Beifallssturm aus. Die drei gefährlichen Rezensenten Gade, Rubinstein und Hartmann saßen oben in der Loge und applaudierten aus Leibeskräften.
Von Rubinstein soll ich Sie grüßen und Ihnen sagen, daß er ehrlich erstaunt war, eine solche geniale Komposition zu hören. Über mein Klavierspiel urteilte er mit viel Wärme. Ich wurde nicht weniger als zweimal herausgerufen, und am Schluß brachte mir das Orchester einen kräftigen Tusch [...]"[141]
Fand das *Klavierkonzert* bei Komponisten und Interpreten

Grieg mit Edmund Neupert (links) und Johan Svendsen

wie Gade und Hartmann, Rubinstein und Liszt von Anfang an begeisterte Aufnahme, so gab es auch einige negative Kritiken. Hierzu gehörte die Besprechung der ersten deutschen Aufführung 1872 im Leipziger Gewandhaus mit der hervorragenden norwegischen Pianistin Erika Lie durch den Musikreferenten der „Signale für die musikalische Welt" Eduard Bernsdorf. Angesichts des Reichtums musikalischer Gedanken in diesem Konzert sprach er von der „fetzenhaften Factur" des Werkes und in Verkennung seines

nationalen Gehalts von „seinem mit Schumann und Chopin durchsetzten und verquickten Skandinavismus".[142] Eine solche Beurteilung erwuchs offensichtlich aus einer reaktionären Haltung gegenüber neuen Entwicklungstendenzen in der Musik, wie sie sich bei diesem Kritiker auch gegenüber anderen herausragenden zeitgenössischen Werken zeigte. Aus heutiger Sicht, da Griegs *Klavierkonzert* im Gegensatz zu zahllosen vergessenen Konzerten aus jener Zeit nicht nur weiterhin seine Lebensfähigkeit beweist, sondern mit Tschaikowskis Klavierkonzert in b-Moll noch immer zu den populärsten Werken dieser Gattung gehört, lesen wir auch die Kritik, die Griegs Zeitgenosse, der Komponist Hugo Wolf, nach einer Wiener Aufführung des Konzerts durch Eugen d'Albert im Jahre 1885 schrieb, als Kuriosum: „Das A-moll-Konzert von Grieg aber mögen die Konzertgeber sich und dem Publikum künftighin schenken. Dieses musik-ähnelnde Geräusch mag vielleicht gut genug sein, Brillenschlangen in Träume zu lullen oder rhythmische Gefühle in abzurichtenden Bären zu erwecken; – in den Konzertsaal taugt es nicht, man hielte es denn mit den Sudanesen und ließe sich die Pflege ihres melodischen Charivari angelegen sein – dann allenfalls."[143]
Der bei rezensierenden Komponisten bisweilen anzutreffende überspitzte Subjektivismus ergab sich hier anscheinend aus einer elitären Haltung des Fünfundzwanzigjährigen, der für ein Werk, das sich mit seiner musikalischen Botschaft an ein breites Publikum wandte, kein Verständnis aufbrachte.
Zur Zeit dieser Kritik hatte das *Klavierkonzert* längst seinen Siegeszug angetreten, der es als erstes von Griegs Werken durch die ganze Welt führen sollte. Griegs Programmsammlung zeigt, daß das *Klavierkonzert* auf seinen Konzertreisen eine zentrale Position einnahm, sei es bei seinen Auftritten als Pianist oder als Dirigent. Bis Ende der achtziger Jahre spielte der Komponist das pianistisch anspruchsvolle Werk mit großem Erfolg häufig selbst, so schon auf seiner ersten großen Konzertreise von 1883 mit den Hofkapellen in Weimar und Meiningen, wohin ihn Hans von Bülow eingeladen hatte. Seit dieser Zeit nahmen es immer mehr berühmte Pianisten in ihr Repertoire. Aus einem Konzertbericht Eduard Hanslicks vom Dezember 1896 geht hervor, daß allein

in diesem Jahr Griegs *Klavierkonzert* von vier Solisten in Wien interpretiert wurde, unter ihnen die berühmten Interpreten Therese Carreño und Ferruccio Busoni. Über dessen Auftreten schreibt Hanslick: „Auch das von Herrn F. Busoni mit beispiellosem Erfolg vorgetragene Klavier-Konzert in a-Moll gehört zu den bekanntesten und beliebtesten Kompositionen Griegs."[144]

Heute gibt es mit einer Reihe von Schallplatteneinspielungen, u. a. durch Swjatoslaw Richter, Annerose Schmidt und Halina Czerny-Stefańska, beeindruckende Interpretationen des Werkes.[145]

Erste Bearbeitungen norwegischer Volksmusik

Auch die Sommermonate des folgenden Jahres 1869 brachten ein wichtiges kompositorisches Ergebnis: die *25 norwegischen Tänze und Volksweisen* op. 17. Sie waren die erste Sammlung innerhalb einer Reihe von Werken, in denen Grieg norwegische Volksmelodien in originaler Gestalt übernahm und mit Sätzen versah, die ihre *verborgenen Harmonien* – wie sich Grieg gegenüber seinem Biographen Henry Finck im Jahre 1900 ausdrückte[146] – hörbar werden ließen. Mit diesen wie mit den späteren Bearbeitungen, die einen gewichtigen Platz innerhalb von Griegs Gesamtwerk einnehmen, gelang es dem Komponisten, die Eigenart und herbe Schönheit norwegischer Volksmusik auf die Ebene musikalischer Kunstwerke zu heben.

Bevor sich Grieg in die Arbeit an seinem op. 17 vertiefte, hatten er und Nina Grieg einen schmerzlichen Verlust erlitten: Ihr einziges Kind, das am 10. April 1868 geborene Töchterchen Alexandra, war kurz nach ihrem ersten Geburtstag am 21. Mai plötzlich gestorben.

Nach Alexandras Geburt hatte Grieg der zärtlichen Liebe zu seinem Kind in der ersten Vertonung eines Ibsen-Textes, dem klavierbegleiteten Sololied *Margaretens Wiegenlied* op. 15 Nr. 1, Ausdruck gegeben, von der Ibsen sich bei einem Vortrag durch Nina Grieg 1884 in Rom tief beeindruckt zeigte.[147] Das schlichte, innige Lied erweist noch heute in Norwegen seine Lebenskraft und Popularität und findet sich sogar als unbegleitete Weise in dem am meisten

verbreiteten norwegischen Schulliederbuch „Skolens Sangbok."[148]

70   op. 15 Nr. 1, Takt 2–5

Unter dem Eindruck von Alexandras Tod schuf Grieg wahrscheinlich 1869 sein melodisch ausdrucksvolles Lied *Unter
Rosen* op. 39 Nr. 4 auf Worte des Norwegers Kristofer Janson, in dem eine Mutter um ihr totes Kind klagt. Auch das
wesentlich später (1894) entstandene begleitete Sololied
Die Mutter singt op. 60 Nr. 2, ein ergreifender Trauergesang
auf einen Text des norwegischen Dichters Vilhelm Krag,
dürfte von der schmerzvollen Erinnerung an den Verlust
des eigenen Kindes geprägt worden sein:

71   op. 60 Nr. 2, Takt 3–6

Die Ole Bull gewidmeten *25 norwegischen Volksweisen und
Tänze* op. 17 von 1869 sind das Ergebnis einer intensiven
schöpferischen Auseinandersetzung mit L. M. Lindemans
großer Sammlung „Ældre og nyere Norske Fjeldmelodier"
(„Ältere und neuere norwegische Bergmelodien"), die
Grieg von seinem Schmerz zeitweise abgelenkt haben mag.
Grieg wählte für seine Bearbeitungen aus dem 2. Band der
Sammlung, der insgesamt 257 Volkslieder und Volkstänze
enthält, 18 Volksliedweisen und 7 Tanzmelodien, die die
Eigenart und Mannigfaltigkeit norwegischer Volksmusik
aufs schönste repräsentieren. Lindeman hatte allen Melodien bereits Klaviersätze unterschiedlicher Qualität hinzugefügt, die geeignet sind, dem Wissenschaftler und anderen
Interessenten die Bekanntschaft mit originaler norwegischer Volksmusik zu vermitteln, ohne dabei Anspruch auf
höheren künstlerischen Wert zu erheben.

Grieg ging in seiner Harmonisierung über Lindeman hinaus, indem er wesentlich vielfältiger und konsequenter als dieser ostinate Begleitformen, entsprechend den Spielgewohnheiten auf der Hardingfele, einbezog und das für die norwegische Volksmusik typische Schwanken zwischen Dur, Moll und modaler Tonalität in der Begleitung berücksichtigte. Farbige harmonische Gestaltung erreichte er auch durch unaufdringliche chromatische Fortschreitungen, die sich stets der Melodie natürlich anpassen und durch die Wiederholungen einzelner Melodieabschnitte oder Motive in neuem Lichte erscheinen. Ein Vergleich der beiden Bearbeitungen des Bauerntanzes „Stabbe-Laaten" durch Lindeman und Grieg mag dies verdeutlichen:

72 Ældre og nyere Norske Fjeldmelodier, Nr. 522, Takt 1–6

73 Grieg: op. 17 Nr. 18, Takt 1–10

Grieg gab darüber hinaus jeder einzelnen Bearbeitung als Klavierstück eine abgerundete Form und damit größeres Gewicht, indem er die Weise mit einer neuen Begleitung ein- oder mehrmals wiederholte, sie mit einigen Takten einleitete (siehe obiges Beispiel) oder mit einer kleinen Coda abschloß. Der Schwierigkeitsgrad dieser kurzen, reizvollen Stücke ist relativ gering; das läßt darauf schließen, daß Grieg für ihre Ausführung – wie für die seiner *Lyrischen Stücke* – den klavierspielenden Musikliebhaber oder auch seine eigenen Klavierschüler im Auge hatte.

Einem noch breiteren Publikum wandte sich Grieg einige Jahre später mit seiner Sammlung *Norges Melodier (Norwegens Melodien)* zu. Sie umfaßt 152 Klavierbearbeitungen von Volksmelodien und populären Gesängen, darunter von zehn eigenen Liedern Griegs, weiteren von Ole Bull, Kjerulf und Nordraak sowie 44 Bearbeitungen norwegischer Volksmusik, die wiederum auf Lindemans großes Sammelwerk zurückgehen. Fast allen Melodien hat Grieg selbst noch leichter spielbare Klaviersätze als in op. 17 hinzugefügt. Im Gegensatz zu den nur instrumental auszuführenden Sätzen von op. 17 sind die Liedbearbeitungen in *Norges Melodier* mit ihren originalen Texten versehen und somit dafür bestimmt, von der norwegischen und dänischen Bevölkerung gesungen zu werden.[149]

Aufgrund der in jenen Jahren zunehmend hohen Nachfrage sowohl in Norwegen wie in Dänemark nach leicht spielbarer norwegischer Volksmusik hatte ein Kopenhagener Verlag im Jahre 1874 Grieg mit der Herausgabe dieser Sammlung beauftragt. Grieg schreibt wenige Jahre später seinem Freund Matthison-Hansen, das Unternehmen habe *mit Kunst nichts zu tun* gehabt, sei von seiten des Verlegers *eine einfache Geldspekulation* gewesen, und er selbst sei auf den Vorschlag nur eingegangen, um seine bevorstehenden Auslandsreisen zu finanzieren.[150] So hatte es Grieg gegenüber dem Verleger auch zur Bedingung gemacht, daß sein Name als Herausgeber und Bearbeiter nicht genannt wurde. Interessant ist die gänzlich andere Haltung, die Grieg dreißig Jahre später gegenüber seiner populären Melodiensammlung einnahm. Inzwischen war ihm der enge Kontakt zu breiten Kreisen des Publikums längst Bedürfnis und Verpflichtung geworden, wie u. a. aus seinen Worten gegenüber Julius Röntgen nach einem Konzert des Arbeitervereins in Kopenhagen 1899 hervorgeht: *Hier ist das beste Publikum!*[151] So begegnete Grieg einer Kritik an der Qualität von *Norges Melodier* im Jahre 1905 mit grundsätzlichen Äußerungen über den Wert der Popularisierung von Volksmusik: *Wollen Sie aber Volksweisen harmonisieren oder insgesamt bearbeiten mit dem Ziel, sie im Volk zu verbreiten, so gilt es, von „Austern und Kaviar" abzulassen und sich mit „Roggenbrot und Butter" zu befassen. Man muß dabei auf den Himmel verzichten und auf der Erde bleiben. Solche Ausgaben haben auch ihre große Berechtigung, wenn sie klug und bewußt gemacht und nicht so fünfkantig und unpraktisch wie die Lindemans sind. Eine solche anspruchslose Ausgabe ist eben die Ihrerseits so hart verdammte von „Norges Melodier", und sie hat auch ihren Nutzen, was sie bewiesen hat, indem sie ein Menschenalter lang in vielen Exemplaren verkauft wird* [...][152]

Ein Blick auf Griegs Bearbeitung eines Springtanzes in *Norges Melodier* im Vergleich zu Lindemans Satz macht deutlich, daß Popularisierung und leichteste Ausführbarkeit von Musik für Grieg keineswegs Verzicht auf künstlerischen Anspruch bedeutete:

74 Ældre og nyere Norske Fjeldmelodier, Nr. 97, Takt 1–4

75 Grieg: *Norges Melodier,* Nr. 43

a) Takt 1–4

b) 1. Wiederholung, Takt 5–6

c) 2. Wiederholung, Takt 9–10

Mit ostinaten offenen Quinten unter Einbeziehung des Vorschlages der lydischen Quarte, bei der zweiten Wiederholung des Anfangsmotivs auch chromatischer Fortschreitungen, gelingt Grieg ein farbiger, abwechslungsreicher und zugleich überaus einfacher Klaviersatz, der dem Charakter dieses Tanzes volle Geltung verschafft.

Die eingehende Beschäftigung Griegs mit Lindemans Sammlung norwegischer Volksmusik in den Jahren 1869 und 1874/75 legte auch den Grund für seine späteren Bearbeitungen der von Lindeman aufgezeichneten Melodien, bei denen er auf vielfältige Weise, in unterschiedlichen Genres und Besetzungen und oft mit noch kühneren Akkordfolgen *den verborgenen Harmonien* norwegischer Volksmusik nachspürte. Zu diesen Bearbeitungen gehören: für Klavier das Thema der Variationen zu der *Ballade* op. 24, seinem bedeutendsten Klavierwerk, die *Improvisata über zwei norwegische Volksweisen* op. 29, seine beliebten *Norwegischen Tänze* op. 35; für Orchester das Thema der *Altnorwegischen Romanze mit Variationen* op. 51, die *Zwei nordischen Weisen* op. 63 und die *Symphonischen Tänze* op. 64; für Chor das *Album für Männergesang* op. 30 und sein letztes Werk, die *Vier Psalmen* op. 74.

Zweite Romreise – Begegnung mit Franz Liszt

Im Herbst 1868 hatte sich Grieg an einige bedeutende Musikerpersönlichkeiten, unter ihnen Ignaz Moscheles in Leipzig, Niels Gade und J. P. Emilius Hartmann in Kopenhagen und Franz Liszt in Rom, mit der Bitte gewandt, sein Gesuch um ein Staatsstipendium für eine Italienreise, von der er sich entscheidende Anregungen versprach, mit einem Empfehlungsschreiben zu unterstützen. Sie alle kamen seiner Bitte nach. Liszts noch vor Jahresschluß abgesandter freundlicher Brief war für Grieg besonders wertvoll. Er beförderte nicht nur entscheidend die Bewilligung des Staatsstipendiums durch den Storting, sondern war ihm Bestätigung und Ansporn seiner kompositorischen Arbeit. Franz Liszt schrieb an Grieg:

„Monsieur,

es ist mir sehr angenehm, Ihnen die aufrichtige Freude auszudrücken, die mir das Studium Ihrer Sonate (opus 8) be-

146

reitet hat. Sie legt Zeugnis ab von einem kraftvollen, ideen-
reichen, schöpferischen Kompositionstalent vortrefflichen
Formats, das nur seinem natürlichen Weg zu folgen hat, um
zu einem hohen Rang aufzusteigen. Ich möchte glauben,
daß Sie in Ihrem Lande die Erfolge und Ermutigungen finden, die Sie verdienen; sie werden Ihnen anderswo auch
nicht fehlen; und wenn Sie diesen Winter nach Deutschland kommen, lade ich Sie herzlich ein, sich ein wenig in
Weimar aufzuhalten, damit wir uns recht gut kennenlernen.
Empfangen Sie, bitte, Monsieur, die Versicherung meiner
Gefühle der Wertschätzung und vorzüglichen Hochachtung.
29. Dezember 68, Rom   Franz Liszt"[153]

Wieder einmal hatte Franz Liszt, der seit 1861 in Rom
lebte, in edler Weitsicht und aus humanistischer Verantwortung über ein junges Genie, das in seiner Entfaltung be-
droht war, seine Hand gebreitet. Schon zuvor hatte er sich
für seine Zeitgenossen Chopin und Berlioz, Schumann, Richard Wagner und Robert Franz in Erkenntnis der vorwärtsweisenden Elemente ihrer Musik eingesetzt. Im Jahre
1850 hatte er in seinem Buch über Chopin eindringlich auf
die nationale Verwurzelung des großen polnischen Komponisten hingewiesen, indem er ihn zu den ersten Komponisten rechnete, die „den poetischen Gehalt einer ganzen Nation in sich individualisierten"[154]. Zu einem relativ frühen
Zeitpunkt der kompositorischen Entwicklung Griegs erkannte er nun auch die national bestimmte Originalität des
norwegischen Komponisten.
Grieg äußert sich im Jahre 1881 über die starke Wirkung,
die Liszts Brief auf ihn ausübte: *Eine Anerkennung von größter
Bedeutung für mich war es freilich, daß ich im Dezember 1868, gerade als das Dunkel in Kristiania am dichtesten zu sein schien, eines Tages einen Brief von Liszt erhielt, der wie ein Sonnenstrahl in
mein Dasein fiel. In der Heimat gab es damals niemanden, der sich
um mich als schaffenden Künstler gekümmert hätte. Ich brachte
meine Mißstimmung hierüber in einem Brief an einen römischen
Freund zum Ausdruck. Dieser hatte Liszt davon erzählt, von dem
er wußte, daß er sich warm für mich interessierte. Und es ist daher
ein sehr edler Zug von Liszt, daß er sich stracks an den Schreibtisch*

147

setzte in dem Bewußtsein, etwas Gutes ausrichten zu können. Ich hatte gerade im Sinn, um ein Stipendium einzukommen, aber meine Hoffnung, ein solches wirklich zu erhalten, war nicht groß, da ich in Mißkredit bei unseren älteren konservativen Musikern und den tonangebenden Musikdilettanten stand. Aber Liszts Brief wirkte Wunder.[155]

Gegen Ende des Jahres 1869 trat Grieg gemeinsam mit seiner Frau Nina die Reise nach dem Süden an. Am Tage vor Weihnachten traf er in Rom ein. Vier Monate lang konnte er sich, frei von materiellen und beruflichen Sorgen, den vielfältigen kulturellen und landschaftlichen Eindrücken hingeben und aus ihnen neue Kräfte für sein weiteres Schaffen gewinnen.

Das entscheidende Erlebnis dieser Romreise war für Grieg die Begegnung mit der reichen und warmen Persönlichkeit Franz Liszts. Zwei von Begeisterung getragene Briefe an seine Eltern sowie sein Rechenschaftsbericht an das Erziehungsministerium legen hiervon beredtes Zeugnis ab.

In dem vom 17. Februar 1870 datierten Brief aus Rom berichtet Grieg den Eltern von seinem ersten Besuch bei Franz Liszt in einem alten Kloster in der Nähe des Forum romanum, wo sich Liszt immer aufhielt, wenn er von seiner Wohnung in der Villa d'Este in Tivoli nach Rom kam. Grieg zeigte ihm bei dieser Gelegenheit eins seiner letzten Werke, die *Violinsonate* op. 13: *Liszt kam mir lächelnd entgegen und sagte auf seine gemütliche Weise: „Nicht wahr, wir haben ein bißchen korrespondiert?" Ich erzählte ihm, daß ich mein Hiersein seinem Briefe verdankte, was ihn zu einem wahrhaft Ole-Bullschen Gelächter hinriß. Während dessen suchte sein Blick mit einem gewissen gefräßigen Ausdruck das Paket, das ich unter dem Arm trug [...] Er fing nun an zu blättern, das heißt, er las den ersten Teil der Sonate flüchtig durch, und daß kein Schwindel dabei war, bewies er damit, daß er gleich die besten Stellen durch ein bedeutungsvolles Kopfnicken, ein „Bravo" oder „sehr schön" hervorhob.*

Liszt bat dann Grieg, beide Stimmen der *Violinsonate* auf dem Klavier zu spielen.

Ich begann also, auf seinem herrlichen amerikanischen Flügel zu spielen. Gleich anfangs, wo die Geige allein mit einer etwas barokken, aber nationalen Passage einsetzt, rief er aus: „Ei, wie keck, das hat mir gefallen! Spielen Sie das noch einmal." Und als die Geige zum zweiten Mal im Adagio einfällt, spielte er die Violinstimme

eine Oktave höher auf dem Klavier mit einem so schönen Ausdruck,
so ganz sonderlich wahr und gesangvoll, daß ich im Innersten lä-
chelte.
Es waren die ersten Töne, die ich von Liszt hörte. Und jetzt ging es
mit voller Fahrt ins Allegro hinein, er spielte die Violinstimme, ich
das Klavier.[156]

Die anderen beiden Sätze der *Violinsonate*, so berichtet
Grieg seinen Eltern, habe Liszt allein vom Blatt gespielt: *Er*
spielte das Ganze mit Haut und Haar, Geige, Klavier, ja mehr
noch, denn er spielte voller, breiter. Die Geige kam mitten in der
Klavierstimme zur Geltung, Liszt war buchstäblich gleichzeitig
überall, ohne eine Note fortzulassen. Und wie spielte er! Mit einer
Größe, Schönheit und Genialität sondergleichen. Ich lachte, glaube
ich, lachte wie ein Idiot, und da ich einige Worte der Bewunderung
stammelte, murmelte er: „Nun, nun, das werden Sie mir doch zu-
trauen, etwas vom Blatt zu spielen, ich bin ja ein alter gewandter
Musiker."[157]

Grieg selbst spielte Liszt bei seinem ersten Besuch auch das
Menuett aus seinen *Humoresken*, op. 6 Nr. 2, vor, an dem
Liszt ebenfalls die nationale Eigenart besonders gefiel, und
abschließend trug er ihm seinen *Trauermarsch auf Nordraak*
vor, über den sich Liszt gleichfalls anerkennend äußerte.

Gleich am folgenden Tage wurde Griegs *1. Violinsonate* op. 8
von zwei hervorragenden Interpreten, dem Joachim-Schüler
Ettore Pinelli und dem Klaviervirtuosen Giovanni Sgambati, in einer von der vornehmen Gesellschaft Roms gut besuchten Matinee aufgeführt. Wie Grieg seinen Eltern bescheiden schreibt, wurde die Darbietung durch Liszts
Anwesenheit zu einem großen Erfolg: *Denn den Beifall, den*
die Sonate erhielt, schreibe ich nicht auf mein Konto. Die Sache ist
die, daß, wenn Liszt klatscht, alle applaudieren, der eine wütender
als der andere.[158]

Begeistert und dankbar berichtet Grieg am 9. April den Eltern auch von seinem kurz darauf erfolgten zweiten Besuch
bei Liszt, zu dem er sein *Klavierkonzert* op. 16 mitgebracht
hatte. Liszt spielte es in Anwesenheit einer kleinen Gesellschaft von Musikern und Verehrerinnen ebenfalls vom
Blatt, und er spielte nicht nur vollendet, sondern er begleitete sein Spiel auch mit geistvollen Bemerkungen und be-
deutungsvollen Blicken, vor allem dann, wenn ihm etwas
besonders gefiel. Sein Beifall erreichte seinen Höhepunkt

im Finale. Vor allem begeisterte ihn in den letzten Takten des Finales das mixolydische g anstelle des gis im hymnisch vergrößerten zweiten Thema (vgl. Notenbeispiel 69). Bei dieser Stelle, schreibt Grieg, *hielt er plötzlich ein, erhob sich in seiner ganzen Höhe, verließ das Klavier und schritt mit großartigen Theaterschritten und gehobenem Arm durch die große Klosterhalle, indem er das Thema förmlich brüllte. Bei dem erwähnten g streckte er wie ein Imperator gebietend seinen Arm aus und rief: „g, g, nicht gis! Famos! […]"*[159] Zum Schluß gab er dem jungen Komponisten sein Werk mit den Worten zurück: „*Fahren Sie so fort, ich sage Ihnen, Sie haben das Zeug dazu, und – lassen Sie sich nicht abschrecken."*[160]

Grieg betont, wie bedeutungsvoll diese Worte Liszts für ihn gewesen seien: *Manchmal, wenn Enttäuschungen und Bitterkeit kommen, werde ich an seine Worte denken, und die Erinnerung jener Stunde wird eine wunderbare Macht bewahren und mich in Tagen des Mißgeschickes aufrecht erhalten.*[161]

Noch eingehender äußert sich Grieg in seinem Rechenschaftsbericht an das Erziehungsministerium, dessen Stipendium ihm den Italienaufenthalt ermöglicht hatte, über die Bedeutsamkeit der Reise: *Was aber für mich persönlich von größter Bedeutung gewesen ist, war die Bekanntschaft und der Verkehr mit Franz Liszt. Ich habe in ihm nicht nur den genialsten aller Klavierspieler kennengelernt, sondern noch mehr: ein Phänomen von Geist und Größe, einen Herrscher im Reiche der Kunst. Ich brachte ihm mehrere meiner Kompositionen, er spielte sie, und es war für mich von größtem Interesse, zu beobachten, wie es das nationale Element in ihnen war, das ihn zuerst stutzen ließ – sodann aber in Begeisterung versetzte. Dieser Triumph meiner auf das Nationale gerichteten Bestrebungen und Ansichten ist allein die Reise wert […] Wenn es mir nun gelänge, ein wenig von dem, was die Reise in mir an Freudigkeit und Vertrauen in die Zukunft unserer Kunst geweckt hat, in die Heimat zu verpflanzen, so bin ich gewiß, daß das hohe Departement mit mir anerkennen wird, welche Bedeutung die Reise für mich und damit auch für die heimatliche Kunst gehabt hat.*[162]

Unter den Kompositionsskizzen, die Grieg aus Italien nach Hause mitbrachte, befanden sich wahrscheinlich auch die drei Klavierstücke seines op. 19 *Aus dem Volksleben*. Grieg vollendete das Werk im Sommer 1871 in Bergen und widmete es dem Komponisten J. P. E. Hartmann. Alle drei

Stücke vermitteln in klangfreudiger, erfindungsreicher melodischer und harmonischer Gestaltung und markanter Rhythmik die mit ihren Überschriften *Auf den Bergen, Norwegischer Brautzug im Vorüberziehen* und *Aus dem Karneval* angedeuteten Vorstellungen und Stimmungen, indem sie Elemente heimatlicher Volksmusik stilisieren, ohne originale norwegische Weisen zu zitieren oder zu verarbeiten. Aus dem ersten Stück klang dem französischen Komponisten Edouard Lalo der norwegische Volkston so deutlich entgegen, daß er sein Thema als vermeintliche originale Volksmelodie neun Jahre später (1881) in seiner „Rhapsodie norvégienne" op. 24 für Orchester verwendete; Grieg sah sich dazu gegenüber seinem Biographen H. Finck zu der ironischen Bemerkung veranlaßt, er *fasse diesen Diebstahl als Kompliment auf*.[163]

Das Stück *Auf den Bergen* läßt – ähnlich wie später *In der Halle des Bergkönigs* aus seiner *Peer-Gynt-Musik* – mit den aus der Tiefe aufsteigenden und sich dynamisch steigernden Unisono-Gängen seiner scharfkantigen Melodik deutlich werden, wie bei Grieg das Erlebnis der rauhen und zugleich majestätischen norwegischen Bergwelt musikalisch Gestalt gewann.

Norwegischer Brautzug im Vorüberziehen gehört zu den schönsten und zugleich populärsten Märschen Griegs, einem Genre, dem sich der Komponist immer wieder mit neuen musikalischen Ideen und originellen Gestaltungsweisen zugewandt hat. Der besondere Reiz dieses Marsches liegt in seiner dramaturgischen Anlage, die das Nahen und Vorüberziehen des Brautzuges, gestaltet als anmutig ornamentierte und tänzerisch rhythmisierte Melodie, erlebbar macht:

76   op. 19 Nr. 2, Takt 5–8

Grieg übernahm das Stück später in einer Orchesterfassung in die Hochzeitsszene des ersten Aktes von *Peer Gynt.*

Das dritte Stück von op. 19 *Aus dem Karneval* wurde, wie Grieg selbst in einem ursprünglich dem Werk beigegebenen Vorwort mitteilt, durch Eindrücke aus dem Fastnachtstreiben in Rom angeregt, gestaltet aber im wesentlichen doch einen norwegischen bäuerlichen Karneval, wobei das Trio auch Wesensverwandtschaft zu Robert Schumann aufklingen läßt. Seinen Springtanzrhythmen, die gegen Ende vom Thema des Brautzuges aus dem zweiten Stück von op. 19 unterbrochen werden, folgt im Prestissimo als übermütiger Bauerntanz das in A-Dur und im Rhythmus des Halling erklingende Thema aus dem ersten Stück. Über die letzten Takte, die einer mehrfach wiederholten leeren Quinte folgen, schreibt Grieg in jenem Vorwort: *Gegen Schluß kommt der fliegende Ritt, welcher sich mit der nach dem „Stretto" einsetzenden Quinte in A-Dur andeutet; die Situation ist an diesem Punkt des Karnevals in vollkommene Wildheit ausgeartet.*[164]

Derartige programmatische Hinweise Griegs sind zwar für das Verständnis des kleinen Klavierzyklus, dessen Gehalt sich dem Hörer ohne Kommentar erschließt, ohne Belang. Sie zeigen jedoch, wie sehr Grieg darum bemüht war, von breiten Hörerkreisen verstanden zu werden. Das geht auch aus seinem Bericht einer erfolgreichen Darbietung des Stükkes *Norwegischer Brautzug im Vorüberziehen* in einer Studentengesellschaft 1872 in Kristiania hervor, in dem es heißt: *Ich erklärte ihnen zuerst, was ich mir gedacht hatte, und dann spielte ich, und das Verständnis schlug unter ihnen wie ein Blitz ein. Das war ein Jubel: noch einmal! noch einmal! Und wie glücklich war ich! Denn das war Herzenssprache auf beiden Seiten.*[165]

Grieg hat sein op. 19 gern selbst und stets mit großem Erfolg bei vielen Konzerten im In- und Ausland interpretiert. Welche Ausdruckskraft und Individualität hierbei sein eigenes Klavierspiel zu entfalten vermochte, geht aus einem Bericht der „Times" nach Griegs Kammerkonzert am 16. Mai 1888 in der Londoner St. James Hall hervor; darin heißt es, daß „die Poesie und unbeschreibliche Anmut in seinem Spiel bei Stücken wie *Auf den Bergen* und *Brautzug* wieder so auf die Zuhörer wirkte, daß selbst diejenigen, die sie am allerbesten kennen, glaubten, sie nie zuvor gehört zu haben, so voll individuellen Lebens war die Interpretation"[166].

Zusammenarbeit mit Bjørnson

Im Jahre 1881 schreibt Grieg an seinen ersten norwegischen Biographen Aimar Grønvold: *Ich möchte nicht vergessen, einen Mann zu erwähnen, der mich in den musikalisch leeren Kristiania-Jahren 68–72 mit seiner mächtigen Persönlichkeit erfüllte: das war Bjørnson. Er war mir damals ein wahrer Freund und hat wesentlich dazu beigetragen, daß ich mich aufrecht erhielt. Obwohl er nichts von Musik verstand, glaubte er an das, was ich wollte, und das gab mir Mut.*[167]

Der norwegische Dichter hatte bereits zu jener Zeit, als Grieg in Kristiania wirkte, als Schriftsteller wie auch als kämpferischer Redner und Journalist, der stets für die Entrechteten und für die politische und geistig-kulturelle Unabhängigkeit Norwegens eintrat, hohes Ansehen errungen. In seinen Bauernerzählungen, die, wie „Arne" oder „Das Fischermädchen", zum festen Bestand der Weltliteratur gehören, gelingt es ihm, die äußeren Lebensbedingungen, die Sitten und Gebräuche sowie die seelischen Konflikte, die Kraft und das stolze Selbstbewußtsein, aber auch Züge na-

Grieg mit Bjørnstjerne Bjørnson

tionalistischer Beschränktheit des norwegischen Bauern realistisch zu gestalten. Bjørnsons tiefe Verbundenheit mit der Landbevölkerung, seine Überzeugung von der Kraft des einfachen Volkes, die sich im letzten Drittel des 19. Jahrhunderts in zunehmendem Maße auch auf die norwegische Arbeiterklasse erstreckte, spricht aus seinen schönen Worten: „Ich will mein Leben einsetzen für all das Feine, Zarte, Schöne, das es in ihnen gibt. Ich habe nicht eine Zeile geschrieben, ohne daß einer von ihnen, über den ich schrieb, zwischen den Zeilen auf mich blickte. Ich wollte herab bis zur Tiefe und das Stärkste in den Bauern zeigen, das, was fortdauern und weiterhin gelebt werden soll [...] Die Charaktere eröffnen mir täglich Tiefen, die ich früher nie gesehen habe; wohin ich den Blick wende, da stehen sie und warten."[168]

Als Theaterleiter in Bergen (1859/65), danach in Kristiania (1865 bis 1867 und 1870 bis 1872) gelang es ihm, das von Ole Bull begonnene Werk des Aufbaus einer nationalen norwegischen Bühne unter schweren Kämpfen erfolgreich weiterzuführen. Sein kulturpolitisches Wirken erstreckte sich auch in vielfältiger Hinsicht auf das Musikleben. So forderte er schon 1854 in einem Zeitungsartikel eine bessere Bezahlung der Orchestermitglieder, dichtete außer der norwegischen Nationalhymne „Ja, vi elsker dette landet", die sein Vetter und Freund Rikard Nordraak 1859 vertonte, die Texte einer Reihe von Massenliedern und hielt noch im Sommer 1903 beim großen norwegischen Sängerfest in Bergen eine begeisternde Rede über die nationale Bedeutung des Massengesangs. Besonders einprägsam drückt sich in der Erzählung „Das Hochzeitslied" mit dem Spielmann Ole Haugen, dem nach der Sage viele Volksweisen zugeschrieben werden, Bjørnsons hohe Wertschätzung des Volksliedes und Volksgesanges aus: „In einem Volke, in dem einmal, wenn auch vor vielen hundert Jahren, fast jeder Mann und jede Familie im Gesange den Ausdruck für alle starken Erlebnisse im Leben und Denken gesucht und gefunden hat, das sich selbst die Lieder dichtete, die diese seelischen Erlebnisse zum Ausdruck brachten – in solch einem Volke kann die Kunst des Gesanges nie so ganz aussterben."[169]

Diese Einsichten und Überzeugungen Bjørnsons erklären, daß der Dichter bald nach der Ankunft Griegs in der norwegischen Hauptstadt in dem Komponisten seinen Mitstreiter erkannte. Die erste künstlerische Verbindung zwischen beiden vermittelte 1868 Griegs Klavierstück *Vaterländisches Lied*, das letzte aus dem ersten Heft der *Lyrischen Stücke* op. 12. Die kraftvolle, hymnische Melodie dieses Stückes erweckte in Bjørnson sogleich die Vorstellung eines patriotischen Festgesanges und regte ihn zur Unterlegung eines Textes an, mit dem das Lied zu einem weitverbreiteten Nationallied wurde[170]:

77 op. 12 Nr. 8, Takt 1–8

„Frem-ad! frem-ad!" fedres høye hærtok var.   „Frem-ad! frem-ad!"Nordmenn også vi det far!

Grieg berichtet später sehr lebendig über die Entstehung dieses Liedes: *Ich hatte ihm* [Bjørnson] *das erste Heft meiner neuerschienenen „Lyrischen Stücke" verehrt. Unter diesen findet sich eines mit der Überschrift „Vaterländisches Lied." Dieses spielte ich Bjørnson vor. Es gefiel ihm so gut, daß er Lust bekam, einen Text dazu zu dichten. Ich freute mich, doch später sagte ich mir selbst: es wird wohl bei der Lust bleiben. Er hat an andere Dinge zu denken. Aber schon am Tag danach fand ich ihn zu meiner Überraschung in vollster Schöpferfreude: „Das geht ausgezeichnet. Es soll ein Lied für Norwegens ganze Jugend werden. Aber da ist zu Anfang etwas, was ich noch nicht recht gefunden habe. Eine bestimmte Wortfassung. Ich fühle, daß die Melodie diese fordert, und ich gebe da nicht nach. Es kommt noch." So schieden wir. Am nächsten Vormittag, als ich in meiner Dachstube in der Oberen Voldgate saß und einer jungen Dame Klavierstunde gab, höre ich es an der Eingangstür klingeln, als sollte der ganze Klingelapparat in Trümmer gehen. Darauf ein Gepolter wie von einbrechenden Horden und ein Gebrüll: „Vorwärts! Vorwärts! Hurrah! Nun habe ich's! Vorwärts!" Meine Schülerin zitterte wie Espenlaub. Meine Frau im Nebenzimmer war zu Tode erschrocken. Aber als nun die Tür aufflog und Bjørnson dastand, froh und strahlend wie eine Sonne, brach allgemeiner Jubel aus. Und nun bekamen wir das schöne, gerade fertig gewordene Gedicht zu hören:* […][171]

In den folgenden Jahren schuf Grieg die Musik zu einer Reihe von Gedichten und dramatischen Werken Bjørnsons. Die Vertonungen von Texten des großen Patrioten und Demokraten bereicherten nicht nur die norwegische Musik um eine Reihe wertvoller Werke, sondern förderten auch die Ausprägung von Griegs schöpferischer Individualität als führender Komponist seiner Nation.

Alle größeren Werke Griegs auf Texte Bjørnsons verwenden als thematische Grundlage altnorwegische Heldenepen aus den Dichtungen der Skalden. Als erstes Ergebnis dieser Zusammenarbeit entstand im Frühjahr 1871 die kleine Kantate *An der Klosterpforte* op. 20, die der Komponist Liszt widmete. Die Handlung spielt um das Jahr 1000 und ist ein Ausschnitt aus Bjørnsons Dichtung „Arnljot Gelline". Eine junge Frau, deren Geliebter ihren Vater erschlug, bittet um Einlaß in ein Kloster, um von ihren Seelenqualen befreit zu werden. Beeindruckend ist die dramatische Gestaltung des Werkes als durchgehender Dialog zwischen Sopran-Solo (junge Frau) und Alt-Solo (Äbtissin) mit abschließendem feierlichem vierstimmigem Chorgesang der Nonnen, mit dem die Bitte der jungen Frau um Aufnahme gewährt wird. Andererseits zeigen die Melodik der strophischen Vertonung des Dialogs sowie das mit zahlreichen Sequenzen und Chromatismen versehene Vor- und Zwischenspiel weniger Eigenständigkeit als die folgenden Werke Griegs auf Texte Bjørnsons. Das seinerzeit nicht nur in Norwegen, sondern auch im Ausland häufig – mitunter auch szenisch – aufgeführte Werk interessiert daher heute vorrangig als eine Station in der Entwicklung des Komponisten auf musikdramatischem Gebiet.

Das in dramaturgischer Hinsicht geschlossenste, zu Unrecht aber außerhalb Norwegens kaum bekannte Werk ist das Melodram *Bergliot* op. 42. Es geht auf die Sage von dem Weib des mächtigen Bauernführers Einar zurück, die von dem isländischen Skalden Snorre Sturleson (1178–1241) aufgezeichnet wurde. Bergliots Gatte und Sohn werden von König Harald hinterhältig ermordet, als sie im Namen von 500 Bauern von ihm Thingfrieden und Schutz der Gesetze fordern. Bergliot ruft daraufhin die Bauern zur Rache an dem königlichen Mörder auf, erkennt jedoch schließlich deren Zwecklosigkeit.

Ergreifend ist bereits in Bjørnsons Dichtung die Darstellung der in kurzen Abständen aufeinanderfolgenden leidenschaftlichen Gefühle des Stolzes, des Schmerzes, des

156

Hasses und der Rache, der Verlassenheit und gramvollen Verzweiflung Bergliots. Grieg gelingt es, sie bei straffer musikdramaturgischer Gestaltung und Gliederung mit prägnanten musikalischen Mitteln, insbesondere elementarrhythmischer Art, zu vertiefen. Das Melodram beschränkt sich auf drei selbständige instrumentale Abschnitte, die die musikalische Verallgemeinerung der Angelpunkte des inneren und äußeren Geschehens, zugleich auch die Geschlossenheit des Melodrams bewirken. Zu Beginn läßt ein kraftvoller Marsch die würdevolle Gestalt der Bergliot vor uns erstehen. Als Bergliot den Tod ihres Mannes und ihres Sohnes bestätigt sieht, erklingt ein choralartiges Andante im Sarabandenrhythmus, das altnorwegisches Kolorit durch modale Harmonisierungen erhält:

78 op. 42, Andante, Takt 3–6

Im Schlußteil, streckenweise als Begleitung der gramvollen Worte Bergliots, deren rhythmische Gliederung vom Komponisten hier bis ins kleinste vorgeschrieben wird, spielt das Orchester einen ergreifenden Trauermarsch. Seine eintönig kreisende ostinate Baßfigur wird zum Ausdruck auswegloser Trauer der Gattin und Mutter und zeichnet zugleich die Bewegung der Räder des mit den Leichen der beiden Ermordeten beladenen Wagens nach:

79 op. 42, Trauermarsch, Takt 3–6

In den zwischen diesen selbständigen musikalischen Abschnitten erklingenden Passagen verbinden sich Musik und Deklamation zu einer Einheit, die den Hörer am Geschehen teilnehmen läßt: Wir hören das Toben der Schlacht, wir sehen, wie sich Bergliot über die Leichen des Gatten und des Sohnes beugt, wir erleben, wie sie die Bauern zur Rache aufruft. Dabei vermeidet Grieg die musikalische Illustration von Details und gibt nur dort eine musikalische Schilderung szenischer Vorgänge, wo er zugleich die inneren Bewegung der Titelheldin gestalten will. Das Zitat des Schicksalsmotivs aus Richard Wagners „Walküre" während der Klage Bergliots, in neuerer Zeit auch von Schostakowitsch in seiner 15. Sinfonie verwendet, läßt den Einfluß des deutschen Komponisten erkennen, den Grieg hochschätzte. Andererseits unterscheidet sich Griegs Werk in seiner lapidaren, holzschnittartigen Gestaltung grundsätzlich von Kompositionen Wagners.

Grieg widmete das 1871 komponierte, aber erst 1885 instrumentierte Melodram der großen norwegischen Schauspielerin Laura Gundersen, die bei der erfolgreichen Uraufführung 1885 in Kristiania die Rolle der Bergliot mit der erforderlichen rhetorischen Meisterschaft gestaltete. Eine beeindruckende Interpretation aus unserer Zeit mit der Schauspielerin Rut Tellefsen und dem Norwegischen Opernorchester unter Per Dreier wurde 1983 innerhalb der vom Norwegischen Kulturrat initiierten Schallplattenreihe bedeutender norwegischer Musikwerke produziert.[172]

Größere Popularität erlangte die 1872 komponierte Musik Griegs zu einem anderen dramatischen Werk Bjørnsons, zu seinem historischen Drama *Sigurd Jorsalfar (Sigurd der Kreuzfahrer)*. Bjørnson entnahm den Stoff der alten isländischen Sage von den beiden königlichen Brüdern Sigurd und Eystein, die im 12. Jahrhundert gemeinsam Norwegen beherrschten und zur Blüte führten. Der Dichter wollte in seinem Werk das Ideal eines patriotischen Volksdramas verwirklichen, was ihm jedoch infolge der Schwäche der Konfliktgestaltung und Charakterzeichnung nicht gelang. Ein weit höheres künstlerisches Ergebnis erzielte Grieg mit seiner Bühnenmusik, so daß er zwei Chorgesänge als op. 22 gesondert herausgab und die drei wesentlichen instrumentalen Teile später zur Suite op. 56 zusammenstellte.

Mit dem dritten Stück dieser Suite, dem *Huldigungsmarsch*,[173] schuf Grieg eins der schönsten Beispiele volkstümlicher festlicher Musik. Im gesangvollen Hauptthema verbindet sich klassische Ausgewogenheit der Form mit wesentlichen Merkmalen norwegischer Volksmusik: dreifacher Terzen-aufbau des Anfangsmotivs, seine Wiederholung in der par-allelen Molltonart, rhythmische Auflockerung durch Trio-len:

80   op. 56 Nr. 3, Takt 6–9

Das Trio, das Grieg zusammen mit den einleitenden Fanfa-ren dem Marsch bei der Zusammenstellung der instrumen-talen Stücke als Suite hinzufügte, hält die norwegischen Synkopierungen seines schlicht-volkstümlichen, verträumt-anmutigen Themas fast durchgehend bei, weiß ihnen je-doch durch vielfältige harmonische Veränderungen immer wieder neue Seiten abzugewinnen, dadurch gleichsam die innige Verbundenheit mit der Heimat musikalisch verallge-meinernd:

81   op. 56 Nr. 3, Trio, Takt 3–6

Dieses verhaltene Trio sowie im Anfangs- und Schlußteil der zarte, mit einem Violoncello-Quartett weich instrumen-tierte Einsatz des Marschthemas, das sich erst ganz allmäh-lich in Dynamik und Instrumentation sowie durch Vergrö-ßerung zu strahlendem Glanz steigert, kennzeichnen die einzigartige Stellung des *Huldigungsmarsches* innerhalb dieser repräsentativ-festlichen Gattung. Der Marsch akzentuiert nicht vorrangig Kampfesmut und Macht, sondern verherr-licht die Schönheit und Würde des freien, in Frieden leben-den Vaterlandes.

Dem *Huldigungsmarsch* gehen zwei kürzere Instrumental-stücke voraus: *Vorspiel* und *Intermezzo.* Der besondere Reiz des *Vorspiels*[174] beruht auf der Verbindung norwegischer In-tonationen mit dem Stil einer Gavotte des 17. oder 18. Jahr-hunderts – eine Verbindung, die sich bereits im *Tempo di Menuetto,* dem zweiten Stück aus den *Humoresken* für Klavier op. 6 von 1865, vor allem aber später in der Klavier- bzw. Orchestersuite *Aus Holbergs Zeit* op. 40 von 1884/85 be-währte.

Das *Intermezzo (Borghilds Traum)*[175] bildet, wenngleich das schwächste Stück der Suite, mit seinem grüblerischen An-fangs- und Schlußteil und dem erregten mittleren Abschnitt einen wirkungsvollen Gegensatz zu den festlich-frohen Au-ßensätzen.

Die beiden vokalen Nummern des op. 22 sind kraftvoll-volkstümliche Gesänge, die den Vorstellungen Bjørnsons von einem nationalen norwegischen Massengesang entspra-chen.[176] Das *Königslied* kulminiert in einem schlichten vier-stimmigen Männerchor. *Das Nordlandvolk,* ein Preislied auf das tatenfrohe, kampferprobte Wikingervolk, ist ein einfa-ches Strophenlied, das durchweg einstimmig im Wechsel von Vorsänger und Männerchor gesungen wird. Als unbe-gleitetes Lied wurde es zu einer der populärsten Komposi-tionen Griegs. Daß es sogar von den Bergener Straßenjun-gen oft *mit entsetzlicher Roheit gebrüllt* wurde, war dem Komponisten ein Ärgernis.[177] Noch heute gehört es in Nor-wegen zum festen Bestand volkstümlicher Lieder:

82 *Das Nordlandvolk,* aus op. 22, Anfang[178] (Original C-Dur mit Instrumentalbegleitung)

Auch die 1872 für Männerchor, Baritonsolo und Orchester auf einen Text Bjørnsons komponierte kleine Kantate *Land-erkennung* op. 31 erfreut sich in Norwegen großer Beliebt-heit und wird noch heute als Standardwerk der zahlreichen Männerchöre des Landes bei nationalen Festen aufgeführt. Anlaß ihrer Entstehung und Uraufführung war ein Basar zugunsten der Restaurierung der berühmten Nidaroskathedrale in Trondheim, der zum Nationalfeiertag am 17. Mai 1872 in Kristiania durchgeführt wurde. Olav Trygvason, der in England erzogene Sohn eines norwegischen Königs, soll bei seiner Rückkehr nach Norwegen den Plan zum Bau der Kathedrale gefaßt haben. Das Chorwerk führt uns in das Jahr 995 zurück, als Olav Trygvason sich mit dem Schiff seiner alten Heimat nähert, von ihrer Schönheit überwältigt wird und die heilige Verpflichtung spürt, dieses Land unter seiner Herrschaft zum Christentum zu bekehren. Grieg gelingt es hier, auf engstem Raum und mit einfachsten Mitteln die erwartungsvolle Stimmung und frische Naturlyrik des Gedichtes in einer strophisch wiederholten volkstümlichen Melodie und einem klangvollen vierstimmigen Männerchorsatz einzufangen. Die große Schlußsteigerung setzt mit einem festlichen Baritonsolo im verlangsamten Tempo ein, das am Ende der kleinen Kantate vom Chor übernommen wird. Unter freiem Himmel singen die norwegischen Männerchöre das beliebte Chorwerk mitunter auch a cappella.

Nachdem sich die Zusammenarbeit Griegs mit Bjørnson zu Beginn der siebziger Jahre auf dem Gebiet des Melodrams, der Schauspielmusik und der Kantate erfolgreich verwirklicht hatte, stand noch das gemeinsame Werk einer Nationaloper aus. Zunächst hatte es den Anschein, daß auch dies gelingen würde. Der Dichter sandte dem Komponisten im Sommer 1873 die ersten drei Szenen zu einer Oper *Olav Trygvason,* deren Komposition Grieg mit Feuereifer in Angriff nahm. Das Libretto wurde jedoch trotz wiederholter Anfragen und Bitten Griegs von Bjørnson nicht vollendet, was zu einer langjährigen Verstimmung zwischen den Freunden führte. Bjørnson war im Herbst 1873 mit seiner Familie für mehrere Jahre nach Italien gereist und hatte Grieg gebeten, zur Vollendung des Werkes längere Zeit zu ihm zu kommen; darauf konnte Grieg aus beruflichen und finanziellen Gründen nicht eingehen. Der endgültige Abbruch der Arbeit an dem Libretto hing offensichtlich damit zusammen, daß der Dichter sich mit Beginn der siebziger Jahre – ähnlich wie sein großer Zeitgenosse Ibsen – aktuellen sozialkritischen Stoffen zuwandte und seitdem von diesen innerlich ausgefüllt war. Das Libretto-Fragment „Olav Trygvason" sollte sein letzter historischer Stoff sein. Ende der achtziger Jahre entschloß sich Grieg jedoch zu einer konzertanten Darbietung der drei Szenen und instrumentierte sie. Die Uraufführung fand am 19. Oktober 1889 unter Griegs Leitung in einem Konzert des Musikvereins in Kristiania statt und fand begeisterten Widerhall. Grieg berichtet seinem Verleger Abraham über die eine Woche danach erfolgte zweite Aufführung, bei der Bjørnson zugegen war: *Gestern Abend habe ich nach der Aufführung von den Szenen aus „Olav Trygvason" erlebt, was ich nicht für möglich gehalten hatte. Selbst London muß gänzlich erbleichen. Zuerst waren die Hervorrufe, wie viele, weiß ich nicht, aber dann machte das Publikum ein crescendo, das zu einem wahren Jubel stieg, die Taschentücher wehten durch die Luft, und die Hurras und Hochs accompagnierten. Zuerst brachte mir das Publikum ein Hoch, dann der Chor, und zuletzt Bjørnson, welcher auf das Dirigentenpodium stieg, nachdem ich ihm ein Hoch gebracht hatte. Dazu Blumenspenden, eine wundervolle, große Lyra und ein riesiger Lorbeerkranz (nicht selbst gekauft!!). Kurz, ich weiß wirklich nicht, wo ich war. Aber soviel weiß ich, daß es viel mehr war, als ich verdient hatte [...]*[179]

Das Wertvollste aber war für Grieg bei diesem Anlaß die Wiederbegegnung und Versöhnung mit Bjørnson. Darüber schreibt er seinem Freund Beyer: *Du hättest sehen sollen, wie erstaunlich gütig und liebenswürdig er gewesen ist. Mir ist es auf einmal, als sei ich 16 Jahre jünger geworden! So lange ist es her, daß wir miteinander sprachen! Wieviel habe ich versäumt! Aber das mußte wohl so sein!*[180]

Griegs und Bjørnsons Opernfragment ist in der norwegischen Hauptstadt nach Griegs Tode auch mehrmals szenisch aufgeführt worden, das erste Mal im Jahre 1908. Im Ausland hat es jedoch weder konzertant noch szenisch Fuß fassen können.

Die Handlung des *Olav Trygvason* setzt dort ein, wo *Landerkennung* geendet hatte. Die in dieser Kantate bereits gestaltete Titelfigur des Olav Trygvason tritt jedoch im Opernfragment noch nicht auf. Olav ist erst im Anzuge, um die Norweger zum Christentum zu bekehren. Wir hören und sehen eine gewaltige Volksmenge, die sich zusammen mit dem Opferpriester und der runenkundigen Wölwa vor einem altnordischen Tempel versammelt hat, um die Götter anzuflehen, den drohenden Einzug zu verhindern. Wilde Volkstänze und Sprünge über das Feuer bekräftigen den

Entschluß, dem Eindringling und damit dem Christengott mit allen Mitteln Widerstand zu leisten. Am Schluß des Fragments bekennt sich das Volk in leidenschaftlichen Anrufungen zur unumschränkten Macht der alten Götter und bringt seine Ehrfurcht vor den guten und bösen Fabelgeistern der Natur zum Ausdruck. Die drei vorliegenden Szenen stellen also gleichsam nur die Introduktion zu einer Oper dar, die den Zusammenprall der altnorwegischen heidnischen Kultur mit dem Christentum künstlerisch gestalten sollte.

Indem sich Bjørnson und Grieg dem altnorwegischen Stoff vom König Olaf zuwandten, griffen sie eins der seit alters her beliebtesten Themen aus den norwegischen Volkssagen und Volksliedern auf, das insofern besonders geeignet war, als Grundlage einer norwegischen Nationaloper zu dienen. Dabei ist bezeichnend, wie sie ihren Stoff behandelten: Es ging ihnen um eine realistische Gestaltung der altheidnischen Welt, wie sie in der Vorstellung des norwegischen Volkes lebt, frei von jeder romantischen Verklärung, aber auch von jeder subjektiven philosophischen Interpretation im Sinne Richard Wagners. Daß dies bewußt geschah, geht andeutungsweise aus einer Bemerkung in der Rede Bjørnsons zu einer Gedenkfeier für Rikard Nordraak hervor: „[...] ich finde, Wagner hat bei seiner Darstellung der germanischen Götterlehre nicht ganz das Richtige getroffen, indem er eine sinnliche Sentimentalität hineingebracht hat, die der germanischen Götterlehre fremd ist."[181]

Entsprechend dieser Konzeption gelingt es Grieg, den düsteren Heldenton der Wikingerzeit sowie den episch-erzählenden Stil der alten Saga musikalisch umzusetzen. Die musikalische Sprache zeichnet sich durch besondere Strenge und Einfachheit der melodischen Linie aus, wie im Gebet des Volkes an die Götter in der ersten Szene:

83   op. 50, 1. Szene, Takt 86–89

Die ihr aus dem Ur-dar-brunnen Le-benskraft ü-ber die Welt gießt,

Altnorwegisches Kolorit wird auch durch vielfältige Verwendung modaler Skalen, vor allem des Lydischen, erreicht, wie im Gesang der Wölwa in der zweiten Szene, der vom Chor aufgenommen wird:

84   op. 50, 2. Szene, Takt 238–241

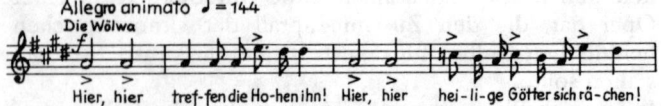

Dem episch-erzählenden Ton der alten Saga entspricht die vorwiegend rezitativische Gestaltung der solistischen Abschnitte und der häufige Wechsel von Vorsänger und Chor, der auch die Form alter norwegischer Volksgesänge bestimmt. Die monumentalen Chorszenen aus *Olav Trygvason* lassen in besonderem Maße den Einfluß erkennen, den Bjørnsons kraftvolle Dichterpersönlichkeit auf Griegs musikalisches Schaffen ausübte. Wenngleich die Herbheit der musikalischen Gestaltung, die bereits das Melodram *Bergliot* auszeichnet, in einigen Passagen zu fesseln und das altheidnische Zeremoniell realistisch widerzuspiegeln vermag, so ist doch die Melodik insgesamt zuwenig abwechslungsreich und wird mitunter auch durch übermäßigen Gebrauch von Sequenzierungen belastet. Die damit sowie durch die anhaltend düstere Atmosphäre dieser Opernintroduktion bewirkte Monotonie vermochte Grieg auch mit seiner phantasiereichen Nutzung aller klanglichen Möglichkeiten der Instrumentierung nicht zu überwinden.

Griegs Zusammenarbeit mit Bjørnson förderte während der Jahre seiner beruflichen Tätigkeit in Kristiania noch ein weiteres Gebiet seines kompositorischen Schaffens: das klavierbegleitete Sololied. Zu Griegs ersten Vertonungen von Gedichten Bjørnsons gehört das 1870 noch unter dem Eindruck seiner zweiten Romreise entstandene Lied *Vom Monte Pincio* op. 39 Nr. 1. Den wechselnden Stimmungen und Bildern, die der Dichter, vom Monte Pincio auf das nächtliche Treiben Roms hinabschauend, eingefangen hat, verleiht der Komponist mit farbiger Harmonik, Taktwechsel und ansteigenden Tempi südländisches Feuer und dramatischen Ausdruck.[182]

Die ein Jahr später entstandene Ballade *Die Prinzessin,* EG 133, bezieht, wie bis dahin kein anderes seiner begleiteten Sololieder, Elemente norwegischer Volksmusik ein. Das unbestimmte Sehnen, das der junge Schalmeienspieler in der Prinzessin auslöst, drückt sich musikalisch in einem um den Dominantton kreisenden ornamentierten Motiv aus, mit dem die Gesangsstimme in jeder der drei Strophen einsetzt und das zugleich als Vor-, Zwischen- und Nachspiel dient:

85   EG 133, Takt 3–6

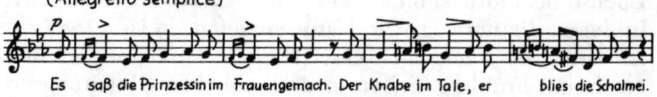

Bei aller Vielfalt und Originalität melodischer Gestaltung, mit der Grieg in seinen Werken Sehnsucht und Einsamkeit zum Ausdruck gebracht hat, zeigen sich – wie die beiden folgenden Beispiele aus späteren Jahren zeigen – gerade hierbei Entsprechungen zu anderen Kompositionen, die auf Griegs enger Beziehung zur Volksmusik seiner Heimat beruhen:

86   *Einsamer Wanderer. Lyrische Stücke* op. 43 Nr. 2, Takt 1–4

87   *Hirtenknabe. Lyrische Stücke* op. 54 Nr. 1, Takt 1–4

Von den Vertonungen der vier Gedichte Bjørnsons aus seiner Erzählung „Das Fischermädchen" von 1868, die Grieg in den Jahren 1870 bis 1872 schuf und zu seinem op. 21 zusammenfaßte, gehört das schlichte Lied *Erstes Begegnen* mit seiner zwischen Dur und Moll schwankenden innigen Melodie, die sich am Schluß in großem melodischem Bogen zu sehnsuchtsvollem Ausdruck steigert, zu Griegs bekanntesten Liebesgesängen:

88   op. 21 Nr. 1, Takt 4–9

Ebenso beeindrucken die beiden letzten Lieder von op. 21, in denen die norwegische Natur eingefangen ist. *Dem Lenz soll mein Lied erklingen* ist eine jubelnde Huldigung an den ersehnten Frühling. Schon in der lieblichen Einleitung erhält ein mehrfach wiederholtes und nach norwegischer Art mit Vorschlägen versehenes Dreitonmotiv durch ostinate Baßführung in Verbindung mit kunstvoller Chromatik der Mittelstimme Griegs unverwechselbare Handschrift:

89   op. 21 Nr. 3, Takt 1–5

Das schwungvolle Lied *Dein Rat ist wohl gut* drückt den Drang und die Liebe zur wildstürmenden See, zugleich auch das Verlangen nach einem freien und erfüllten Leben aus. Musikalisch wird dies mit lebhaften, echt norwegisch kantigen Punktierungen und zeitweise ostinater Begleitung sowie einer weitausladenden, die textliche Steigerung vertiefenden Harmonisierung gestaltet. Auch in dem 1873 vertonten Lied *Verborgene Liebe,* das von der unausgesprochenen tiefen gegenseitigen Liebe zweier Menschen berichtet,

166

an der das Mädchen zugrunde geht, entfaltet Grieg seine individuelle Sprache; ihr differenzierter deklamatorischer Gestus scheint hier den Vokalstil Hugo Wolfs vorwegzunehmen:

90   op. 39 Nr. 2, Takt 28–34

Leider wirkt bei diesem Lied, wie auch bei einer Reihe anderer begleiteter Sololieder Griegs, die Unzulänglichkeit der deutschen Textübertragung besonders störend und hat wesentlich dazu beigetragen, daß die Lieder im deutschen Sprachgebiet kaum verbreitet wurden. Grieg schuf zu einer Reihe seiner ursprünglichen begleiteten Sololieder, unter ihnen auch drei Vertonungen von Gedichten Bjørnsons, Klavierarrangements.[183] Hier entfallen zwar die textlichen Barrieren, doch gilt für sie, was bereits generell zu Griegs Klavierübertragungen eigener Lieder im ersten Kapitel ausgeführt wurde: Die Übertragung schmälert entscheidend ihren ästhetischen Wert. So wurde zum Beispiel aus dem poesievoll-verhaltenen Lied *Die Prinzessin,* dessen spezifischer Gehalt sich in der Einheit von Wort und Musik erschließt,

167

durch Einbeziehung von Oktavgängen, Arpeggien, vollgriffigen Akkorden und bravourösen Spielfiguren in op. 41 Nr. 5 ein virtuoses Klavierstück.

Mit der Vertonung von Gedichten Bjørnsons, in denen das Denken und Fühlen der Menschen seiner norwegischen Heimat poetisch gestaltet ist, entfaltete Grieg auch als Liedkomponist zunehmend seine eigene, unverwechselbare musikalische Sprache, hält die norwegische Natur Einzug in sein Liedschaffen und gewinnen Anklänge an norwegische Volksmusik, die der Komponist zuvor überwiegend in seiner Instrumentalmusik verarbeitet hatte, auch im Lied an Bedeutung.

5. An den Fjorden der Heimat (1874–1887)

Die Bewilligung des jährlichen Staatsstipendiums von 1600 Kronen im Jahre 1874 sowie der zunehmende Erfolg und Ertrag seiner vom Verlag Peters in Leipzig verlegten Werke[184] ermöglichte es Grieg, seine berufliche Tätigkeit in Kristiania einzuschränken und sich ab 1877 von seinen Verpflichtungen in der norwegischen Hauptstadt gänzlich zu lösen. Seit dem Sommer 1874 wechselte Grieg mehrfach seinen Wohnsitz und lebte hauptsächlich in Bergen oder in Lofthus am Hardangerfjord und schließlich ab 1885 in seinem neuerbauten Haus „Troldhaugen" wenige Kilometer südlich von Bergen. Als seine letzte feste berufliche Bindung hatte er in den Jahren 1880 bis 1882 noch einmal eine Dirigentenstelle angenommen, und zwar als Leiter des Musikvereins „Harmonien" in seiner Vaterstadt Bergen.

Das kompositorische Ergebnis dieser Schaffensperiode, die sich bis zum Jahre 1887 erstreckt, in dem Grieg, von Einladungen aus aller Welt überhäuft, seine bisher längste und erfolgreichste Auslandstournee unternahm, zeigt den Komponisten in einer Reihe von Werken auf dem Höhepunkt seiner Meisterschaft.

Es entsteht Griegs wichtigster musikdramatischer Beitrag, die *Musik zu Ibsens „Peer Gynt"*, die – vor allem in Gestalt der beiden Suiten op. 46 und op. 55 – neben den *Lyrischen Stücken* und dem *Klavierkonzert* Griegs internationalen Ruhm begründen und hinsichtlich. ihrer Breitenwirkung jene Werke noch übertreffen sollte.

Grieg komponiert in dieser Periode sein bedeutendstes Werk für Klavier, die *Ballade* g-Moll op. 24, sowie seine beiden inhaltsreichsten Kammermusikwerke, das *Streichquartett* op. 27 und die *3. Violinsonate* in c-Moll op. 45.

An wichtigen Vokalwerken entstehen ein populärer Zyklus origineller und inhaltlich vielseitiger Bearbeitungen norwegischer Volksmusik, das *Album für Männergesang* op. 30, sowie die Sammlung der zwölf *Vinje-Lieder* op. 33, die einige der schönsten und in den skandinavischen Ländern bekanntesten Grieg-Lieder enthält.

Unter den Instrumentalwerken aus dieser Periode sind darüber hinaus die weltweit beliebte *Holberg-Suite* op. 40 hervorzuheben sowie als wichtige und wirkungsvolle Beiträge zur häuslichen Klaviermusik die *Norwegischen Tänze* op. 35 für Klavier vierhändig und das dritte Heft der *Lyrischen Stücke* op. 43, neben dem ersten und fünften Heft op. 12 und op. 54 das populärste Heft dieser Reihe.

Grieg und Ibsen

Im Jahre 1874 begann Griegs Zusammenarbeit mit Henrik Ibsen. Der starke Eindruck, den der Dichter schon 1865 in Rom bei seiner ersten Begegnung mit Grieg von der Persönlichkeit und der musikalischen Begabung des jungen Komponisten gewonnen hatte, veranlaßte ihn zu einem historisch bedeutsamen Brief, den er am 23. Januar 1874 aus Dresden an Grieg sandte.

Ibsen hatte beschlossen, sein 1867 geschaffenes dramatisches Gedicht „Peer Gynt" für eine szenische Aufführung in Kristiania einzurichten, und machte Grieg den Vorschlag, hierzu die Bühnenmusik zu schreiben. Gleichzeitig legte er detailliert seine eigenen Vorstellungen über den musikalischen Anteil und die dramaturgische Stellung einzelner Musikabschnitte vor. Ibsen schreibt[185]:

„Lieber Herr Grieg!

Ich schreibe Ihnen diese Zeilen im Hinblick auf einen Plan, den ich auszuführen gedenke, und möchte Sie fragen, ob Sie sich an ihm beteiligen wollen.

Es handelt sich um folgendes: Ich habe die Absicht, ‚Peer Gynt', der nun bald in der dritten Auflage erscheint, für die Bühne einzurichten. Wollen Sie die Musik dazu komponieren? Ich skizziere kurz, wie ich mir die Sache denke.

Der erste Akt wird ganz beibehalten, nur mit einigen Kürzungen im Dialog. Peer Gynts Monolog [„So 'ne schnurrige Wolke ..."] möchte ich melodramatisch oder teilweise als Rezitativ behandelt haben. Aus der Szene auf dem Hochzeitshof [von Haegstad] muß mit Hilfe des Balletts viel mehr gemacht werden, als im Buch steht. Dazu ist eine eigene Tanzmelodie zu komponieren, die bis zum Schluß des Aktes gedämpft weiterklingt.

Den Auftritt der drei Sennerinnen [im zweiten Akt] soll der

Komponist in seinem Sinne musikalisch behandeln, doch Satanszeug muß darin sein! Den [danach folgenden] Monolog habe ich mir von Akkorden begleitet, also als Melodram, gedacht. Dasselbe gilt für die [anschließende] Szene zwischen Peer und der grüngekleideten Frau. Ebenso braucht der Auftritt in der Halle des Dovre-Alten mit wesentlich gekürzten Repliken eine Art Begleitung. Auch die Szene mit dem Krummen, die ganz bleibt, muß von Musik begleitet sein; die Vogelstimmen werden gesungen, Glockenläuten und Kirchengesang klingt in der Ferne.

Im dritten Akt brauche ich zu der Szene zwischen Peer, der Frau und dem Trolljungen sparsame Akkorde. Auch dachte ich mir eine leise Begleitung in [Åses Sterbeszene].

Der vierte Akt soll bei der Aufführung fast ganz wegfallen. Statt dessen dachte ich mir ein großes musikalisches Tongemälde, das Peer Gynts unstetes Wandern durch die weite Welt andeutet; amerikanische, englische und französische Melodien können als abwechselnd auftauchende und wieder verschwindende Motive hindurchklingen. Der Chor Anitras und der Mädchen soll zu Orchestermusik hinter dem Vorhang zu hören sein. Währenddessen geht der Vorhang auf, und man sieht wie ein fernes Traumbild Solveig als Frau mittleren Alters im Sonnenschein an der Hauswand sitzen und singen. Nach ihrem Liede senkt sich der Vorhang wieder langsam, indessen die Orchestermusik weiterspielt und dazu übergeht, den Sturm auf dem Meer zu schildern, mit dem der fünfte Akt beginnt.

Der fünfte Akt, bei der Aufführung als der vierte oder als Nachspiel bezeichnet, muß wesentlich gekürzt werden. Musikbegleitung wird [zu den Szenen auf dem Schiff] gebraucht. Die Szenen auf dem gekenterten Boot und auf dem Kirchhof werden gestrichen. [In der übernächsten Szene am Pfingstabend] singt Solveig; das Nachspiel begleitet Peer Gynts folgende Repliken und geht dann in den Chor über. Die Szenen mit dem Knopfgießer und dem Dovre-Alten werden gekürzt. [In der vorletzten Szene] singen die Kirchgänger auf dem Waldweg. Glockengeläute und ferner Kirchengesang werden im folgenden in der Musik angedeutet, bis Solveigs Lied das Stück abschließt; danach fällt der Vorhang, während der Kirchengesang wieder näher und stärker erklingt.

So habe ich mir ungefähr das Ganze gedacht. Wenn Sie darauf eingehen, wende ich mich gleich an die Leitung des Theaters in Kristiania, liefere ein eingerichtetes Textbuch und sichere uns im voraus die Aufführung des Stückes. Ich beabsichtige, ein Honorar von 400 Speziestalern zu beantragen, das zu gleichen Teilen zwischen uns geteilt werden soll. Zweifellos können wir auch mit Aufführungen des Stückes in Kopenhagen und Stockholm rechnen. Doch bitte ich Sie, die Sache bis auf weiteres geheimzuhalten und mir baldmöglichst zu antworten.

> Ihr freundschaftlichst verbundener
> Henrik Ibsen."[186]

Grieg nahm das künstlerisch und finanziell verlockende Angebot sofort an. Dabei dürften auch Ibsens Vorschläge zum Musikanteil äußerst anregend auf ihn gewirkt haben, wenngleich er nicht alle akzeptierte. Ibsens Erwiderung auf seine (leider verlorengegangene) briefliche Zusage trug ebenfalls dazu bei, Grieg zur kompositorischen Arbeit an *Peer Gynt* zu ermutigen. Der Dichter bedankt sich in diesem Brief vom 8. Februar 1874 für Griegs positive Antwort und fügt hinzu, er überlasse es natürlich ganz ihm, wieviel Musik und zu welchen Szenen er Musik schreiben wolle: „Ein Komponist muß ja darin vollkommen freie Hand haben", heißt es darin.[187]

Grieg begab sich im Sommer nach Sandviken bei Bergen, wo ihm der Schiffsreeder Rasmus Rolfsen einen kleinen Pavillon zur Verfügung gestellt hatte. In dieser idyllisch gelegenen, efeuumrankten Arbeitshütte, in der schon im Jahr zuvor die Musik zum Opernfragment *Olav Trygvason* entstanden war, vertiefte sich Grieg in die Komposition der *Peer-Gynt-Musik*. Die Arbeit erwies sich jedoch als weit komplizierter, als er angenommen hatte, so daß er sie nicht schon, wie geplant, Ende des Sommers in Sandviken, sondern erst ein Jahr später im Sommerhaus seines Freundes August Winding im dänischen Fredensburg abschließen konnte. Die Uraufführung fand am 24. Februar 1876 im Theater der norwegischen Hauptstadt statt und wurde zu einem so außerordentlichen Erfolg, daß das Stück in derselben Spielzeit sechsunddreißigmal gegeben werden mußte. Weder Komponist noch Dichter waren bei der Uraufführung anwesend, Ibsen befand sich im Ausland und Grieg in Bergen. Der Hauptgrund für Griegs Abwesenheit war offensichtlich der, daß er mit der ersten Fassung seiner *Peer-Gynt-Musik,* vor allem mit der Instrumentierung, bei der er die begrenzten Möglichkeiten des Theaterorchesters in Kristiania berücksichtigt hatte, nicht voll zufrieden war. Dies sollte ihn auch in späteren Jahren wiederholt veranlassen, eine Reihe von Verbesserungen vorzunehmen. Erst im November 1876 sah und hörte Grieg in Kristiania *Peer Gynt* zum ersten Male, worüber er Max Abraham berichtet: *Vorgestern habe ich zum ersten Mal einer Aufführung des „Peer Gynt" beigewohnt und hatte die Ehre, sowohl mitten im Stück (nach Solveigs Lied) als zuletzt stürmisch gerufen zu werden. Am Ende mußte ich meinen Parkettplatz verlassen, um auf der Bühne zu erscheinen.*[188]

Kurze Zeit danach vernichtete ein großer Theaterbrand alle Dekorationen und Kostüme der Inszenierung, so daß das Stück erst fünf Jahre später wieder auf der Bühne der Hauptstadt erschien.

Trotz des großen Erfolges in Kristiania und 1886 auch in Kopenhagen war Grieg unsicher, ob sich das Werk außerhalb Norwegens durchsetzen würde, da er meinte, Ibsens Dichtung sei *ebenso „national" wie genial und tiefsinnig.*[189] Das veranlaßte ihn, den wesentlichen Teil der Bühnenmusik in zwei Orchestersuiten zusammenzufassen. Sie erschienen als op. 46 (1888) und op. 55 (1893) mit je vier Instrumentalstücken im Leipziger Verlag Peters und haben seither die Namen Peer Gynt und Solveig in alle Welt getragen. Jedoch sollte nach der Jahrhundertwende auch Ibsens Drama mit Griegs Musik zahlreiche Aufführungen außerhalb Norwegens erleben. Die Erstaufführung in Moskau fand 1912, in Berlin 1913 im Beisein von Nina Grieg statt. Hier wurde das Stück zeitweise an zwei Theatern zugleich gegeben, so daß es bis zum ersten Weltkrieg allein in Berlin über tausend Vorstellungen des Stückes mit Griegs Musik gab. Es folgten Aufführungen an weiteren fünfzig deutschen Bühnen. In neuester Zeit war die Aufführung der dramatischen Dichtung Ibsens mit der Bühnenmusik Griegs in einer konzertanten Fassung mit Sprecher von Friedhelm Eberle und Kurt Masur 1988 im Neuen Gewandhaus Leipzig beachtenswert.[190] Die Fassung enthält außer der aus den beiden

Suiten bekannten Musik auch fast den gesamten übrigen Musikanteil des dramatischen Werkes und wird damit der Musik Griegs als Mitträger der Handlung gerecht.

Ibsens Drama „Peer Gynt", das Grieg als Kunstwerk hoch einschätzte und das er wiederholt als *genial* bezeichnete, stellte ihn als Komponisten vor eine schwierige Aufgabe. Schon im Spätsommer 1874 hatte er sich in einem Brief an Frants Beyer darüber von Sandviken aus geäußert: *Mit Peer Gynt geht es sehr langsam vorwärts, und es ist keine Rede davon, daß ich bis zum Herbst fertig sein könnte. Das ist ein verwünscht unzugänglicher Stoff, einzelne Stellen ausgenommen, wie zum Beispiel die, wo Solveig singt, die ich schon allesamt gemacht habe. Ich habe auch schon etwas zur Halle des Dovre-Alten gemacht, was ich aber buchstäblich nicht ertrage anzuhören, so klingt das nach Kuhfladen, nach Übernorwegertum [norsknorskhet] und Selbstzufriedenheit! Aber ich verspreche mir auch, daß man die Ironie heraushören kann. Besonders, wenn sich Peer Gynt später gegen seinen Willen gezwungen sieht zu sagen: „Tanz sowie Spiel war, laus mich der Affe, beides sehr schön."*[191]

Einen Monat später bezeichnet Grieg „Peer Gynt" gegenüber Bjørnson als *das unmusikalischste aller Sujets,* wenngleich er nicht umhinkönne, *darüber zu staunen, wie es von Anfang bis Ende von Witz und Galle strotzt.*[192] Wie stark Grieg den aktuellen sozialkritischen Gehalt des Werkes empfand, geht auch aus einem Brief hervor, den er Bjørnson wenige Wochen vor der Uraufführung schrieb, worin es heißt: *Übrigens – die Aufführung kann sich in Kristiania jetzt gut machen, wo der Materialismus hochkommen will und alles erstickt, was uns lieb und teuer ist; da ist, meine ich, ein Spiegel nötig, worin aller Egoismus sichtbar wird, und ein solcher Spiegel ist „Peer Gynt"; [...] die Menschen müssen ihre eigene Häßlichkeit sehen.*[193]

Ibsen hatte mit seinem „Peer Gynt" ein Seelendrama geschaffen, in dem er in phantastisch-symbolischer Verkleidung und aus sozialkritischer Sicht ein Problem aufwirft, das weit über seine Zeit hinausreichen sollte: das Problem der Selbstverwirklichung des Menschen. Sein negativer Held, der Bauernbursche Peer Gynt, der sich durch reiche Phantasie und unbändigen Tatendrang auszeichnet, stellt sich dieser Aufgabe in all der Widersprüchlichkeit seines Charakters. In ihm brennt das Verlangen, etwas Großes zu vollbringen, um die Enge und Armut seines Daseins und die Mißachtung der Dorfbewohner zu überwinden. Seine Vitalität äußert sich jedoch zunehmend in Hemmungslosigkeit, seine Phantasie in Phantasterei. Selbstverwirklichung bedeutet für ihn mehr und mehr Kampf um persönliche Vorteile, Lüge und Selbstbetrug. In schrankenlosem Egoismus jagt er nach Geld und Macht, scheitert schließlich in all seinen Unternehmungen und kehrt als greiser Schiffbrüchiger in die Heimat zurück, wo er in letzter Stunde in den Armen Solveigs, die in treuer Liebe auf ihn gewartet hat, Frieden mit sich selbst findet.

In der Gestaltung der wechselvollen Lebensstationen und Handlungen Peer Gynts richtet sich Ibsens Gesellschaftskritik sowohl gegen konservative Züge innerhalb der norwegischen Bauerndemokratie wie gegen Demoralisierungserscheinungen der bürgerlich-kapitalistischen Gesellschaft, die sich zu Ibsens Zeit bereits im internationalen Maßstab abzeichneten. Im Gegensatz zu seinem Landsmann und Freund Bjørnson, der in seinen Erzählungen den Bauern als Träger der nationaldemokratischen Traditionen im Kampf für Norwegens nationale Selbständigkeit und damit vor allem seine positiven Züge darstellt, betont Ibsen dessen negative Seiten, die sich seit den vierziger Jahren dem gesellschaftlichen Leben hemmend entgegenstellten: seinen kleinbürgerlich-patriarchalischen Lebensstil, seine engstirnige Überheblichkeit und im Zusammenhang damit auch den Nationalismus innerhalb der norwegischen Romantik.[194]

Bei aller philosophischen und gesellschaftskritischen Sicht ist Ibsens „Peer Gynt" ein Werk voller Poesie, das die Schönheit und Wildheit der norwegischen Landschaft und die Phantastik ihrer Naturgeister vor uns erstehen läßt und in dem schlichten norwegischen Bauernmädchen Solveig eine Frauengestalt geschaffen hat, die alles Edle, Erhabene und wahrhaft Humane im menschlichen Fühlen und Streben verkörpert.

Indem Grieg Ibsens Werk mit Musik versah, hob er einige Züge der dichterischen Vorlage besonders hervor. Er unterstrich vor allem die nationalen Züge und den lyrisch-emotionalen Gehalt des Werkes und betonte in Verbindung mit dem „phantastischen" zweiten Akt seine grotesken Situationen.

Nationale Klänge ziehen sich durch alle fünf Akte des Werkes, auch durch den außerhalb Norwegens spielenden vierten Akt, obwohl hier Ibsens Parodie auf die bürgerlich-kapitalistische Gesellschaft im internationalen Maßstab, die im Vergleich zu den drei ersten „norwegischen" Akten völlig veränderte Lebenssphäre, die exotische Landschaft sowie der Wechsel zur nüchternen Alltagsprosa nationales Kolorit in der Dichtung selbst ausschließen.

Dadurch, daß Grieg in allen Teilen des Dramas die Beziehung zur nationalen Musiktradition seines Landes wahrte, wirkte seine Musik der in Ibsens Stück vorhandenen stilistischen Zersplitterung entgegen, mit der der Dichter allerdings bewußt die Disharmonie im gesellschaftlichen Leben seiner Zeit veranschaulichen wollte. Die Betonung der nationalen Züge des Werkes äußert sich auch darin, daß Grieg den „phantastischen" zweiten Akt, der uns in die rauhe norwegische Felslandschaft mit ihren heimischen Naturgeistern, den ungestalten Trollen und ihrem Bergkönig, dem Dovre-Alten, führt, am reichlichsten mit Musik versehen hat. Die norwegische Natur mit ihren von der Volkspoesie geschaffenen phantastischen Gestalten, der sich Grieg von Jugend an innig verbunden fühlte, war stets der Bereich, der seiner künstlerischen Phantasie vielfältige Nahrung bot.

Die besondere Hervorhebung des lyrisch-emotionalen Gehalts der Dichtung durch Grieg ergibt sich vor allem daraus, daß in Griegs Musik die Gestaltung positiver Haltungen und Eigenschaften im Vordergrund steht. Nicht Peer Gynt, der negative Held Ibsens, ist Griegs Hauptgestalt, sondern die lichte Gestalt des Bauernmädchens Solveig steht im Mittelpunkt seiner musikdramatischen Konzeption. Nicht zufällig hatte er auch mit ihrem Lied die Komposition der *Peer-Gynt-Musik* begonnen, wie aus dem oben zitierten Brief an seinen Freund Beyer hervorgeht.

Solveigs Lied erhält geradezu die Funktion eines Leitthemas innerhalb der gesamten Musik. Es erklingt bereits im Vorspiel zum ersten Akt und kehrt dann im dritten, vierten und fünften Akt wieder. Im dritten Akt leitet es als Instrumentalstück die bedeutsame Szene vor der Hütte im Wald ein, in der Peer in der Gemeinschaft und mit Hilfe Solveigs ein neues Leben beginnen will. Im vierten Akt bildet die kurze Szene mit Solveigs Gesang vor der Hütte im norwegischen Hochwald den größtmöglichen Gegensatz zu Peers afrikanischen Abenteuern und seinen soeben geäußerten zynischen und menschenverachtenden Lebensmaximen: Mit ihrem Lied ist Solveig hier die Verkörperung der norwegischen Heimat und ihrer heilenden Kräfte, zugleich damit Symbol edlen Menschentums. Im fünften Akt führt der Gesang des Liedes Peer Gynt zu der Erkenntnis: „Hier war mein Kaisertum!"

Die Akzentuierung der lyrisch-emotionalen Seiten des Poems durch die Musik Griegs führt auch bei den anderen Frauengestalten des Stückes zur Betonung ihrer positiven Seiten, sei es in dem Vorspiel zum zweiten Akt *Brautraub*, *Ingrids Klage*, in *Åses Tod* oder in *Anitras Tanz*.

In der Betonung grotesker Szenen im zweiten Akt äußert sich Griegs Bestreben, dem sozialkritisch-satirischen Gehalt von Ibsens Poem zu entsprechen, wie er es in seinem Brief an Bjørnson angedeutet hatte: *die Menschen müssen ihre eigene Häßlichkeit sehen.* Zu diesem Zweck stellt er mitunter sogar das, was im Musikverständnis seiner Zeit als Musik im eigentlichen Sinne galt, zurück, wenn er etwa in bezug auf die Szene *Peer und die Säterinnen* (Sennerinnen) gegenüber dem Dirigenten der Uraufführung, Johan Hennum, bemerkt, daß hier *die Musik aufhört, Musik zu sein*.[195] In Wahrheit trug Grieg mit dieser gelungenen Szene wie auch mit den meisten anderen des zweiten Aktes dazu bei, seiner Epoche eine neue Dimension der Musik zu erschließen, die musikalische Groteske. Die wild-drastischen Rufe der Sennerinnen nach ihren Trollen in der genannten Szene, die Turbulenz der Bedrohung Peers durch die Berggeister mit der bis ins Dämonische reichenden Beibehaltung und Steigerung desselben eckig-täppischen Motivs im musikalischen Höhepunkt dieses Aktes *In der Halle des Bergkönigs,* der durch übertriebene Verwendung tonaler und harmonischer Eigenheiten norwegischer Volksmusik parodistisch wirkende *Tanz der Bergkönigstochter* – alle diese Szenen gestaltete Grieg als musikalische Groteske. Freilich erreichen sie nicht die in Ibsens Dichtung verwirklichte Schärfe der Satire auf die gesellschaftlichen Mißstände seiner Zeit. Die grotesken Gestaltungsweisen sind bei Grieg eng mit der Darstellung des Phantastisch-Märchenhaften der norwegischen Bergwelt verbunden, und damit auch mit der nationalen Volksmusiktradition. Sie äußern sich besonders eindrucksvoll in rhythmisch und tänzerisch profilierten Musiknummern. All das läßt in Griegs grotesken musikalischen Abschnitten humorvolle Vitalität gegenüber satirischer Schärfe überwiegen.

Das Vorspiel zum ersten Akt *Im Hochzeitshof* leitet unmittelbar in die Sphäre norwegischen Volkslebens, und damit in die drei ersten in Norwegen spielenden Akte. Zugleich nimmt es die für das Gesamtwerk entscheidende Szene der ersten Begegnung Peers und Solveigs im Hochzeitshof musikalisch vorweg. Es beginnt und schließt mit dem schwungvollen Motiv Peers, das ihn mit stampfenden Hallingrhythmen als übermütigen und kraftvollen Bauernburschen charakterisiert:

91   op. 23 Nr. 1, Takt 1–4

Im Mittelteil erklingt, von Holzbläsern vorgetragen, die zarte und innige Melodie Solveigs. Eingefügt sind Teile eines Hallings und eines Springtanzes, die ein Solobratschist hinter dem Vorhang spielt und die den bäuerlichen Hochzeitstanz andeuten. Später werden diese beiden Tänze, Originalkompositionen Griegs, bei der Hochzeit selbst in erweiterter Form von einem Hardingfele-Spieler oder Violinisten auf offener Szene wiederholt. Der Halling ist derselbe Tanz, den Grieg reichlich zehn Jahre später in das vierte Heft seiner *Lyrischen Stücke* als op. 47 Nr. 4 aufnahm (siehe Notenbeispiele 41 und 42).

Das andere Orchesterstück dieses ersten Aktes ist der *Norwegische Brautzug im Vorüberziehen*. Ursprünglich als zweites der Klavierstücke *Aus dem Volksleben* op. 19 komponiert, wurde es seit der Erstaufführung in Kopenhagen 1886 hier vor die Hochzeitsszene eingefügt. Die Instrumentation der in der gedruckten Partitur von 1908 enthaltenen Fassung, die auch die heute gültige ist und von Grieg als *vorzüglich* bezeichnet wurde, schuf im Jahre 1902 Johan Halvorsen, den Grieg als Kapellmeister und Instrumentator hochschätzte.[196]

Als Vorspiel zum zweiten Akt erklingt *Der Brautraub. Ingrids Klage* (*2. Peer-Gynt-Suite,* Nr. 1). Peer hat Ingrid, die Braut eines reichen Bauern, aus der Hochzeitsgesellschaft in die Berge entführt und will sich nun ihrer wieder entledigen. In ihm wirkt noch die zuvor erfolgte erste kurze Begegnung mit Solveig nach, die jedoch von seiner Wildheit erschreckt wurde und sich von ihm abwandte. Das Vorspiel erklingt vor der Szene, in der Ingrid Peer anfleht, bei ihr zu bleiben. Den thematischen Rahmen gibt auch hier – wie im ersten Vorspiel – das Peer-Motiv, das jedoch seinen Charakter verändert hat. Infolge gesteigerten Tempos, Verlagerung nach Moll und abrupter Unterbrechung durch Generalpausen spiegelt das Motiv hier die Wildheit und Zerrissenheit Peers wider sowie die Reaktion der Dorfbewohner auf Peers Brautraub. Hinzu treten mehrmalige, dunkle Vorahnungen assoziierende Horneinsätze. Einen starken Gegensatz dazu bildet das von Streichern intonierte, melodisch breit strömende *Andante doloroso* des Mittelteils, schmerzvolle Klage eines verlassenen Mädchens:

92   op. 23 Nr. 4, Takt 15–20

Hier zeigt sich deutlich eine von Ibsens Konzeption abweichende musikalische Gestaltung: Ibsens Ingrid ist keineswegs eine liebenswerte, bemitleidenswerte Frauengestalt, sondern der Dichter zeichnet sie in der diesem Vorspiel folgenden Szene – ganz im Sinne seiner Entlarvung negativer Züge in der zeitgenössischen norwegischen Bauernschaft – als eine berechnende, recht gewöhnlich argumentierende reiche Bauerntochter, die ihr Geld und Besitztum für Gynts Treue in die Waagschale wirft.

Den Hauptteil des zweiten Aktes bilden die wilden Aben-

teuer Peers mit den drei Sennerinnen und den Märchenge-
stalten der norwegischen Bergwelt, mit der Grüngekleideten, dem Dovre-Alten, seinen Trollen und dem Krummen.
Vier der insgesamt sechs Nummern dieses Aktes sind melodramatisch gestaltet und auf diese Weise besonders eng mit
der Handlung verbunden.

Überquellend von Vitalität und ganz im Sinne des Dichters
„teuflisch" („... doch Satanszeug muß darin sein!") hat
Grieg die Szene *Peer und die Säterinnen* gestaltet, die er 1893
als *das beste von meiner ganzen Peer-Gynt-Musik* bezeichnete.[197]
Die drei liebestollen Sennerinnen rufen nach ihren Trollen,
umringen begierig Peer, der alle drei Trolle ersetzen will,
und ziehen unter wildem Gelächter mit ihm davon. In diesem aus wirbelnden Tanzrhythmen, Rufen der Sennerinnen
und melodramatischen Einschüben der Worte Peers bestehenden Stück erweist sich in hohem Maße die – außerhalb
Skandinaviens relativ wenig bekannte – Fähigkeit Griegs
zu wirkungsvoller musikdramatischer Gestaltung. Wie sehr
es ihm selbst hier auf die dramatische szenische Wirkung
ankam, geht aus seinen Kommentaren für die bevorstehende Uraufführung in Kristiania hervor, die er an den Kapellmeister des dortigen Theaters Johan Hennum in einem
Brief sandte: *Dies ist ein gefährliches Stück, das entweder eine sehr*
schlechte oder eine ganz vortreffliche Wirkung hervorrufen wird,
wild und teuflisch und sinnlich – ganz wie die Darsteller s i n g e n
und s p i e l e n. Hier ist just eine der Stellen, wo die Musik, wie ich
meine, aufhört, Musik zu sein. Die Sennerinnen mögen das erste
„Trond im Waldgebirg" gleichsam durcheinanderschreien und dabei
nicht an das Publikum denken, sondern nur an die Bergnatur um
sie herum [...] Das nun folgende Gelächter muß ganz hexenartig
klingen und durch Mimik und Gesten unterstrichen werden [...]
Natürlich wird das mit dem Singen eine heikle Sache sein, denn pro-
fessionelle Sängerinnen halten es für unter ihrer Würde, so etwas zu
singen, weil keine Lorbeeren dabei zu ernten sind, und bei Schau-
spielerinnen reichen vielleicht die stimmlichen Mittel nicht aus.
Wenn nur Leben in das Ganze kommt! Das ist die Hauptsa-
che.[198]

Mit den mehrfach wiederholten Rufformeln der Sennerinnen, sei es als Quart- oder Oktavintervalle, als Dreiklangsbrechungen oder als Skalenausschnitte, knüpft Grieg in diesem Stück an die noch heute in einigen Gebieten

Westnorwegens lebendige volksmusikalische Tradition der Hirtenlockrufe an und läßt die norwegische Bergwelt vor uns erstehen:

93   op. 23 Nr. 5, Takt 9–13

Dem Presto-Stück *Schluß der Szene mit der Grüngekleideten,* einer sehr kurzen Begleitmusik zum Ritt Peers und der Grüngekleideten auf der großen Sau, folgt als Zentrum des zweiten Aktes die Musik zu der turbulenten Szene *In der Halle des Bergkönigs* (*1. Peer-Gynt-Suite,* Nr. 4). Die von Peer verführte Grüngekleidete hat sich als die Tochter des Dovre-Alten, des Bergkönigs, entpuppt, und die Trolle verfolgen und bedrohen Peer. Die Musik erklingt zunächst bei geschlossenem Vorhang. Wenn er sich hebt, verbindet sie sich

181

mit wildem Tanz und Gesang der Trolle, die Peer mit wü-
tenden Rufen, wie „Schlachtet ihn! Betört hat der Christ des
Dovre-Alten wonnigste Maid!" auf den Leib rücken.

Mit diesem Stück, dessen gesungener bzw. melodramati-
scher Anteil in der rein instrumentalen Fassung der *1. Peer-
Gynt-Suite* ohne Veränderung der musikalischen Substanz
entfallen konnte, dringt der Komponist in neue Bezirke
musikdramaturgischer Gestaltung vor. Ein und dasselbe
grotesk-eckige, täppisch-tänzerische viertaktige Thema, das
wechselnd in der Mollgrundtonart und in der Tonart der
Durdominante erklingt, bildet in ständiger Wiederholung,
aus der Tiefe aufsteigend, nach und nach in Dynamik, Instrumentation und Tempo gesteigert, das Material des gesamten Satzes:

94   op. 23 Nr. 7, Takt 2–5

Eine derartige Gestaltungsweise sollte erst in unserem Jahrhundert in Werken wie Honeggers „Pacific 231" (1924), Ra-
vels „Bolero" (1928) oder Chatschaturjans „Russischer
Tanz" aus dem Ballett „Gajaneh" (1942) ihre Entsprechung
bzw. Weiterentwicklung erfahren.

Den folgenden grotesken *Tanz der Bergkönigstochter* führt die
Grüngekleidete Peer Gynt und den Trollen auf Geheiß des
Dovre-Alten vor. Grieg schrieb an Hennum über das Stück:
*Die Musik soll betont Parodie sein, so daß das Publikum sie als sol-
che versteht. Nur dann wird die Wirkung komisch.*[199]

Das Parodistische erreicht Grieg in diesem Tanz damit, daß
er Eigenheiten norwegischer Volksmusik, wie stete Wiederholung derselben ostinaten leeren Quinten und der lydischen Quarte (in der Melodie sowie als Vorschlag der be-
gleitenden leeren Quinten) bis zum Übermaß einbezieht.
Zugleich liegt in dieser verwegenen Penetranz der Reiz dieses Stückes:

182

95   op. 23 Nr. 8, Takt 27–30

Die beiden letzten unmittelbar aufeinanderfolgenden Musiknummern des zweiten Aktes sind wiederum melodramatisch angelegt. Losgelöst von der Handlung besitzen sie keine musikalische Eigenständigkeit, tragen jedoch beeindruckend zur Turbulenz der Szenen bei.

In dem Melodram *Peer Gynt von Trollen gejagt* hat der Dovre-Alte seinen Trollen erlaubt, mit Peer zu „spielen", was diesen fast das Leben kostet. Auf Peers verzweifelten Ruf nach seiner Mutter ertönt jedoch der Klang einer Glocke, die Trolle flüchten unter Geheul und Getöse, und die Halle des Dovre-Alten bricht zusammen. Das Thema aus *In der Halle des Bergkönigs* wird in diesem Stück von den Streichern im Presto und im ³/₈-Takt gespielt, ergänzt durch Sforzato-Einwürfe der Bläser und des Schlagzeugs. Chromatische Auf- und Abwärtsgänge mit starken dynamischen Kontrasten illustrieren nach den eingefügten Glockenschlägen effektvoll den Zusammenbruch der unterirdischen Macht.

In der *Szene mit dem Krummen* stellt sich Peer ein unsichtbares, unheimliches Wesen in den Weg, das ihn lehrt, allen Schwierigkeiten auszuweichen. Peer kann den Krummen nicht aus eigener Kraft bezwingen und ruft hier nach Solveig; fernes Glockengeläute und Orgelmusik läßt den Krummen verschwinden. Die Musik betont wirkungsvoll das Unheimliche der Szene. Sie begleitet den gesprochenen Dialog Peers mit dem Krummen und die monoton gesungenen Worte der Vögel mit Tremolo-Intervallen übermäßiger Quarten in den Streichern und mit einzelnen Tönen der gestopften Hörner, beim eintönigen Gesang der Vögel zusätzlich mit schrillen, scharf rhythmisierten Holzbläsereinwürfen, und sie malt das Zusammensinken Peers mit einem chromatischen Abwärtslauf. Ausdrücklich ging es hier Grieg vor allem um die musikalische Dramatisierung des

Geschehens: *Hier ist natürlich nicht von Musik die Rede, sondern es geht nur darum, daß die Akkorde so hohl und dumpf wie möglich klingen"*,[200] schreibt er an Hennum.

Der kurze dritte Akt ist das lyrisch-emotionale Zentrum im Werk Ibsens wie Griegs. Wenngleich er nur drei Musikstücke enthält, so ist es doch gerade die Musik, die hier mit den Gestalten Solveig und Åse ihren wesentlichen Anteil am poetischen Gehalt des Werkes einbringt.

Der Gedanke an seine Mutter und an Solveig hat Peer zurück ins Menschenreich geführt. Er will ein neues Leben beginnen und schwingt sich das erste und einzige Mal zu produktiver Arbeit auf: er fällt Bäume und baut sich eine Hütte im Wald. Solveig kommt, um bei ihm zu bleiben. Aber als Peer beim Holzhacken den bösen Mächten der Vergangenheit in der Gestalt der Grüngekleideten und ihres häßlichen Jungen begegnet, findet er weder Mut noch Kraft zur Reue und Abrechnung mit seinem bisherigen Leben und verläßt Solveig, nachdem er sie gebeten hat, auf ihn zu warten.

Ein kurzes *Vorspiel* mit Streichern und Waldhörnern und dem szenischen Hinweis „Tief im Innern des Nadelwaldes" leitet die erste Szene des dritten Aktes ein, in der Peer Holz für die Hütte fällt. In seiner zarten und feierlichen Choralmelodie und den echoartigen Nachklängen der Waldhörner deutet es die friedliche Naturstimmung und auch Peers beabsichtigte Umkehr an.

Als Vorspiel der Wiederbegegnung Peers und Solveigs erklingt die instrumentale Fassung von *Solveigs Lied* (*2. Peer-Gynt-Suite,* Nr. 4), hier zum ersten Mal vollständig mit Vorspiel und Refrain, wobei die Vokalstimme durchgehend vom beseelten Klang der Violinen übernommen wird.

Wie erklärt sich die tiefe und weltweite Resonanz, die dieses Lied in seiner instrumentalen wie vokalen Fassung seit mehr als hundert Jahren auslöst?

Sie gründet sich darauf, daß in diesem Lied die edle Gestalt der Solveig in dem ganzen Reichtum ihrer Persönlichkeit musikalische Verallgemeinerung gefunden hat. Wir empfinden sowohl die Schlichtheit und Innigkeit ihres Wesens wie ihre zarte Anmut, vor allem im tänzerischen Refrain, und ihre herzbeklemmende Sehnsucht und Traurigkeit. Charakteristische Intonationen norwegischer Volksweisen und kunstvolle kompositorische Gestaltung, insbesondere des dramaturgischen Ablaufs und der harmonischen Struktur, wurden hier zu einer besonders glücklichen Einheit verschmolzen.

Das Lied baut sich aus drei unterschiedlichen Abschnitten auf, einem einrahmenden, von Streichern unisono vorgetragenen elegischen Teil:

96   op. 23 Nr. 11
a) Takt 1–4

der eigentlichen von Harfe und Streichern begleiteten Liedmelodie:

b) Takt 10–12

und dem zarten, im Rhythmus einem Springtanz ähnlichen Refrain, der bei vokaler Ausführung gesummt wird:

c) Takt 25–29

Die Liedmelodie besitzt in ihren ersten Takten Ähnlichkeit mit dem norwegischen Volkslied „Ich legte mich am Abend" („Jeg lagte mig sa sildig") aus Lindemans Sammlung von Volksweisen,[201] das Grieg zwei Jahre später in der ersten Nummer seines *Albums für Männergesang* op. 30 bearbeitet hat:

97   op. 30 Nr. 1, Takt 3–6

Beide Melodien weisen die für norwegische Volksweisen typische, später als „Griegmotiv" bezeichnete abwärts geführte Folge von kleiner Sekunde und großer Terz auf. Grieg vertiefte in Fortführung seiner Melodie diese in der zitierten Volksmelodie vorgefundene Eigenart auf kunstvolle Weise: durch absteigende Sequenzierung des „Griegmotivs" und chromatisch geführte Baß- und Mittelstimme, damit den elegisch-sehnsuchtsvollen Ausdruck vertiefend:

98   op. 23 Nr. 11, Takt 18–20

Harmonische Farbigkeit herrscht auch im Gesamtablauf des Stückes, wobei Grieg hier ebenfalls an die in der norwegischen Volksmusik enthaltenen tonalen Beziehungen anknüpft. So wird der gegensätzliche Charakter zwischen der elegischen Liedmelodie und dem anmutig tänzerischen Refrain durch den Wechsel von a-Moll nach A-Dur unterstrichen.

Das große lyrische Gegenstück zu *Solveigs Lied* ist das Andante doloroso *Åses Tod* (*1. Peer-Gynt-Suite,* Nr. 2). Es erklingt nach Anweisung des Komponisten bei der szenischen Aufführung von *Peer Gynt* zweimal, zuerst als Vorspiel zur Szene in Åses Stube, sodann während Peers Besuch bei seiner todkranken Mutter. Zu der betont munteren, phantasiereichen Erzählung Peers von seiner und Mutter Åses lustiger Schlittenfahrt mit dem Pferd Grane bildet das gleichzeitig erklingende Stück in seiner Strenge und seinem tiefen Ernst einen ergreifenden Kontrast. Die Tragik menschlichen Sterbens faßt der Komponist in eine knappe, äußerst schlichte zweiteilige Anlage der musikalischen Antithese Frage und Antwort, Spannung und Lösung, die als musikalisch umgesetzter und verallgemeinerter Gegensatz eines letzten Aufschwungs und langsamen Verlöschens, bohrenden Schmerzes und wehmutsvoller Trauer empfunden wird:

99   op. 23 Nr. 12, Takt 1–4

100   op. 23 Nr. 12, Takt 25–28

Die edle Trauermusik macht all die Schwäche und Inkonsequenz Åses gegenüber ihrem Sohn vergessen und läßt einzig und allein die Kraft und Zartheit ihrer mütterlichen Liebe gelten. Das Stück gehört in seiner lapidaren melodischen Gestaltung, deren Kern ein aus drei Tönen bestehendes Motiv bildet, mit seinen sanft absteigenden chromatischen Durchgängen, seiner konzentrierten Form und dem sensiblen Klang des ausschließlich von Streichern, streckenweise geteilt, besetzten Orchesters zu den schönsten Trauermusiken.

Den in verschiedenen Gegenden Afrikas spielenden vierten Akt, in dem Peer Gynt als skrupelloser Spekulant auftritt, er sich als Prophet und Gelehrter ausgibt und schließlich sein Traum von einem Kaisertum in einem Irrenhaus erfüllt wird, schuf Ibsen als beißende Satire auf die Demoralisierungserscheinungen in der bürgerlichen Gesellschaft. Der

187

Dichter hatte die Schwierigkeit einer musikalischen wie auch szenischen Gestaltung dieses Aktes, der sich außerdem einer nüchternen Alltagsprosa bedient, erkannt. Daher hatte er in seinem Brief an Grieg den Vorschlag gemacht, den vierten Akt zu streichen und an seine Stelle „ein großes musikalisches Tongemälde" zu setzen, das Peer Gynts Umherstreifen in der weiten Welt schildert. Außerdem hatte er vorgeschlagen, ein Lied für Solveig, die als „fernes Traumbild" erscheinen sollte, zu schaffen. Grieg komponierte zwar nicht ein solches „Tongemälde", jedoch übernahm er den Vorschlag der visionären Szene Solveigs und zeigt in seinen übrigen musikalischen Beiträgen zu diesem Akt, daß es auch ihm darum ging, Peers „unstetes Wandern durch die weite Welt" mit musikalischen Mitteln zu betonen. Charakteristisch für Grieg ist, w i e er es gestaltet.

Im Vorspiel zum vierten Akt *Morgenstimmung* (*1. Peer-Gynt-Suite,* Nr. 1) scheint der Komponist Peer Gynt eher als einen romantischen Irrfahrer zu sehen denn als prahlerischen Industriemagnaten, als der er in der nachfolgenden Szene, an der Küste Marokkos beim Mahle sitzend, gezeigt wird. Die Schönheit des erwachenden Morgens bezieht sich zwar in Verbindung mit dem Drama auf Afrika, erweckt aber in seiner musikalischen Gestaltung eher die Vorstellung eines Sonnenaufgangs in der norwegischen Heimat, mit der Peer Gynt auch in der Ferne verbunden bleibt. Grieg schrieb an Hennum über das Stück: *Es ist eine Morgenstimmung, in der ich mir beim ersten Forte vorstelle, wie die Sonne aus den Wolken bricht.*[202]

Im Thema selbst haben sich eine Reihe von Merkmalen alter norwegischer Volksmelodik verdichtet: litaneienmäßige, leicht variierte Wiederholung des gleichen pentatonischen Grundmotivs, Kreisen um einen Zentralton (gis), Einbeziehung von Vorschlägen:

101   op. 23 Nr. 13, Takt 1–4

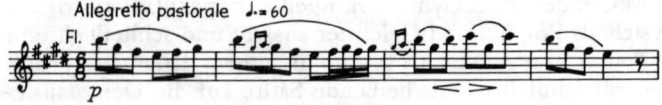

Wieder entfaltet Grieg den ganzen Zauber dieses Themas vor allem mit seiner Kunst der harmonischen Gestaltung und der Instrumentierung. So erhält das Thema seine zunehmende Leuchtkraft durch zweimalige Höherverlagerung um eine Terz (von E-Dur nach Gis-Dur und H-Dur). In der pastoralen Instrumentierung durch Holzbläser, Streicher und Hörner mit dem anfänglichen Wechselgesang von Flöte und Oboe, dem weichen Einsatz der Streicher beim ersten Forte *(wie die Sonne aus den Wolken bricht)* und der Aufnahme des Themas durch das Waldhorn gibt Grieg eine Impression der erwachenden Natur von bezwingender Eindringlichkeit.

Der kurzen Szene *Dieb und Hehler,* einem fast nur auf einem Ton gehaltenen Dialog zweier Baßstimmen mit einer leicht orientalisch gefärbten Orchesterbegleitung, folgt der *Arabische Tanz (2. Peer-Gynt-Suite,* Nr. 2). Mit ihm huldigt eine Schar arabischer Mädchen, angeführt von Anitra, der Tochter des Beduinenhäuptlings, Peer Gynt als ihrem „Propheten". Das orientalische Kolorit wird hier durch die Instrumentierung mit zwei Piccoloflöten, Triangel und Tamburin und die starken Akzentgebungen in der Melodie erzielt:

102   op. 23 Nr. 15, Takt 3–8

Vor allem scheint der eigenartig leere Klang eines im Unisono vorgetragenen Motivs, das nach C-Dur unerwartet in B-Lydisch, gleich danach ebenso unvermittelt in As-Lydisch erklingt, orientalischer Musik abgelauscht:

103   op. 23 Nr. 15, Takt 14–17

Wie sehr Grieg hier an der Herausarbeitung orientalischer Farbigkeit gelegen war, geht aus seinen Bemerkungen an

189

Hennum hervor: *Hoffentlich bekommt jedes tanzende Mädchen sein eigenes Tamburin* [...] *Die tiefen Fagotte und die große Trommel pp müssen richtig türkisch klingen.*[203] Auch bei diesem Stück konnten der Chor und Anitras Gesang, deren Stimmen ohnehin vom Orchester mitgespielt werden, ohne Eingriff in die Partitur bei der Übernahme in die *2. Peer-Gynt-Suite* entfallen.

In derselben Szene folgt *Anitras Tanz* (*1. Peer-Gynt-Suite,* Nr. 3). Auch Anitra, die Peer Gynt betört, ihm dann seinen Schmuck und seine Geldbörse entlockt und schließlich auf seinem Pferd davonreitet, zeichnet Grieg wie die anderen Frauengestalten des Dramas in ihren positiven Zügen. An Hennum schreibt er: *Das ist ein kleiner sanfter Tanz, von dem ich mir wünschte, daß er recht fein und schön klingt* [...] *Es wäre liebenswürdig von Ihnen, wenn Sie ihn wie einen kleinen Liebling behandeln würden.*[204] Orientalisches Kolorit wird hier lediglich durch ein dem Streichorchester hinzugefügtes Triangel angedeutet. Die Musik konzentriert sich ganz auf die Gestaltung Anitras in ihrer Geschmeidigkeit und Anmut, verbunden mit einem Anflug von Verschmitztheit. Hierzu dient der zarte und durchsichtige Klang der Streichinstrumente, die teils pizzicato, teils arco eine mit Vorschlägen, Trillern und leichter Chromatik geschmückte tänzerische Melodie begleiten:

104   op. 23 Nr. 16, Takt 7–14

Aus den exponierten, unaufgelösten Nonenakkorden des mittleren Abschnitts klingt verhaltene Leidenschaft:

Peer Gynts Serenade, die er des Nachts zu Anitras Preis vor ihrem Zelt singt, ist das letzte der im Orient erklingenden Musikstücke. Das Lied soll nach Griegs Angaben *halb sinnlich leidenschaftlich, halb ironisierend*[205] klingen. Entsprechend gestaltete er es in der Art traditioneller Singspiel- oder Opernständchen mit einer die Gitarre imitierenden Pizzicato-Begleitung in stereotypem Rhythmus. Die Melodie weist indessen mit einigen modalen Wendungen und abwärts geführtem Leitton eine leichte norwegische Färbung auf.

Als nächstes Musikstück erklingt *Solveigs Lied (Der Winter mag scheiden),* diesmal in der vokalen Fassung, in der es von Grieg entsprechend Ibsens Vorschlag für diese Szene geschaffen war. Mit diesem Lied wird die Vision der wartenden Solveig, die vor der von Peer gebauten Waldhütte sitzt und während des Spinnens im Gesang ihre Sehnsucht und Treue zum Ausdruck bringt, zum Höhepunkt des vierten Aktes.

Im fünften Akt kehrt Peer als alter Mann in seine Heimat zurück. Aber als sich sein Schiff der Küste nähert, wird es von einem Sturm erfaßt und versinkt mit Peers ganzer Habe. Nur er selbst kann sich retten. Das Vorspiel *Peer Gynts Heimkehr (Stürmischer Abend auf dem Meer)* (*2. Peer-Gynt-Suite,* Nr. 3) schildert das Unwetter auf dem Meer, die heftigen Windstöße, das Heulen des Sturmes, die aufgewühlte See. Von dem unheilvollen Geschehen künden bereits zu Beginn fanfarenhafte Motive der Bläser, die an Richard Wagners „Fliegenden Holländer" erinnern. Unruhige Tremoli der Streicher, auf- und abwärts jagende chromatische Gänge, plötzliche Sforzati sowie starke dynamische und klangfarbliche Kontraste unter Nutzung aller Möglichkeiten des großen Orchesters gestalten das Geschehen zu einem packenden Tongemälde.

Beim Durchstreifen des heimatlichen Waldes nähert sich Peer der Waldhütte und hört *Solveigs Gesang in der Hütte* auf die Worte: „Nun ist hier zur Pfingstfeier alles bereit ... ich warte, wie ich dir's versprach." Die bekannte Weise erklingt diesmal unbegleitet, ohne Vorspiel und Refrain. Erschüttert wendet sich Peer Gynt mit den Worten „Hier war mein Kaisertum" zurück in den Wald.

In der folgenden *Nachtszene*, einem Melodram mit Chor, bedrängt Peer die Stimme seines Gewissens. Knäuel, die am Boden rollen, welke Blätter, das Sausen in den Lüften, Tautropfen, gebrochene Halme und schließlich die Stimme seiner Mutter – alle klagen ihn an. Eigenartigerweise hat die Poesie des literarischen Vorwurfs jedoch hier nicht Griegs schöpferische Phantasie beflügeln können. Die musikalische Gestaltung erschöpft sich in mehrfachen Wiederholungen und Sequenzierungen desselben chromatischen Motivs. Nur das Erklingen des abfallenden Dreitonmotivs aus dem zweiten Abschnitt von *Åses Tod* (siehe Notenbeispiel 100), wenn die Stimme der Mutter ihre Klage vorbringt, läßt aufhorchen.

Der *Gesang der Kirchgänger,* ein auf dem Waldweg gesungener einstimmiger und unbegleiteter Choral, leitet zum Abschluß des Werkes über. Wiederum gelangt Peer zu der Hütte, weicht ihr aber diesmal nicht aus, wird von Solveig willkommen geheißen und findet in ihren Armen den Frieden mit sich selbst.

Mit *Solveigs Wiegenlied (Schlaf, du teuerster Knabe mein),* einer der schönsten Eingebungen Griegs, endet das Werk. Sein Vorspiel mit dem hellen Klang sordinierter Streicher in hoher Lage bei geteilten ersten und zweiten Violinen offenbart nochmals Griegs Kunst der Instrumentierung für Streichorchester. Im weiteren Verlauf wird die Helligkeit des Klanges, die mit Ibsens szenischer Anweisung „Die Sonne geht auf" korrespondiert, durch Harfenakkorde, eingefügt in die Pausen der Gesangsstimme, ergänzt. Die bereits im Vorspiel vorweggenommene Melodie des Liedanfangs ist mit ihren mehrfachen Tonwiederholungen und kleinen Intervallschritten sowie mit ihrer orgelpunktartigen Begleitung von tiefer Ruhe erfüllt. Zugleich repräsentiert das Lied mit seinen modalen Wendungen, vor allem des zweiten und dritten Melodieabschnitts, auf das schönste die nationalen Züge in Griegs Musik:

106   op. 23 Nr. 23

a) Liedmelodie, 1. Teil (Takt 17–21)

Schlaf, du teuerster Kna-be mein!   Jch will wie-gen mein Kind   und wachen.

b) Liedmelodie, 2. Teil (Takt 29–31)

An seiner MutterBrustmag gern es sein all sein Leb-ta-ge lang,

c) Liedmelodie, 3. Teil (Takt 37–40)

Schlaf, du teu-er-ster Kna-be mein!   Schlaf!   Schlaf!

Was an diesem Lied am meisten berührt, ist die Helligkeit
und Ruhe, die es ausstrahlt. Die Schlichtheit und menschli-
che Größe der lichten Gestalt Solveigs bildet hier einen
überaus starken Gegensatz zu den dunklen Gewalten, denen sich Peer verschrieben hatte. Die wilden Stürme seines
Lebens sind nun verebbt, die dunklen Gewalten haben ihre
Macht über ihn verloren – doch zu spät hat Peer die Nutz-
losigkeit seines Daseins erkannt. So läßt gerade dieses Lied
die Tragik des in Ibsens dramatischer Dichtung gestalteten
Geschehens in all seiner Tiefe und Schmerzlichkeit wirksam werden.
Solveigs Wiegenlied ließ Grieg zusammen mit *Solveigs Lied*
auch als Einzelgesänge sowohl mit Orchester wie mit Klavierbegleitung erscheinen. Aufgrund ihrer engen Verflochtenheit mit dem dramatischen Geschehen ist ihre Wirkung
wie die der in den beiden *Peer-Gynt-Suiten* zusammengefaß-
ten Stücke wesentlich tiefer, wenn sie als Teile einer szenischen Aufführung von Ibsens Werk erlebt werden oder
wenn zumindest ihre dramaturgische Funktion innerhalb
des Stückes dem Hörer bekannt ist. Entsprechend äußerte
sich Grieg selbst auch 1905 nach einer gelungenen szeni-

schen Aufführung in Kristiania gegenüber Henry Finck: *Hätten Sie Gelegenheit, einer Aufführung beizuwohnen, würden Sie entdecken, daß die musikalischen Intentionen erst bei der Bühnenaufführung klar herauskommen. Es ist sehr schade, daß das lokale Kolorit und der vielfach philosophische Dialog für die Popularität des Ibsenschen Werkes außer Skandinavien ein großes Hindernis ist. [...] Und doch halte ich es für Ibsens größte Schöpfung.*[206]

In der Tat gab Grieg jedem einzelnen Stück seiner *Peer-Gynt-Musik* einen dramaturgisch wichtigen Stellenwert innerhalb von Ibsens Drama, ist keins von ihnen lediglich eine entbehrliche musikalische Einlage. Das trifft für die lyrischen Teile, die Stimmungen und Gefühle gestalten oder Haltungen charakterisieren, ebenso zu wie für diejenigen Abschnitte, die zum unmittelbaren Mitträger von Ereignissen und Handlungen werden. Dennoch ermöglichte der hohe Eigenwert wie auch die Geschlossenheit einer Reihe von Stücken aus der *Peer-Gynt-Musik* ihre Zusammenstellung für den Konzertsaal in den beiden Suiten op. 46 und op. 55. Grieg wählte für sie je drei Sätze lyrischen Charakters und ein aktionsreiches Stück, für die *1. Peer-Gynt-Suite: Morgenstimmung, Åses Tod, Anitras Tanz* und *In der Halle des Bergkönigs,* für die *2. Peer-Gynt-Suite* in ihrer endgültigen Fassung: *Der Brautraub (Ingrids Klage), Arabischer Tanz, Peer Gynts Heimkehr (Stürmischer Abend auf dem Meer)* und *Solveigs Lied.*

Am Beispiel der Korrespondenz Griegs mit seinem Verleger Max Abraham zur Wirksamkeit der *Peer-Gynt-Suiten* zeigt sich das starke persönliche Engagement des Leiters der Firma Peters für Griegs Werke, aus dem sich schon seit der Mitte der siebziger Jahre ein weit über geschäftliche Interessen hinausreichendes Freundschaftsverhältnis entwickelt hatte. Das von Grieg im Januar 1888 abgelieferte Manuskript der ersten Suite lag noch im Herbst desselben Jahres im Druck vor, so daß das Werk bereits am 1. November 1888 im Gewandhaus unter der Leitung von Carl Reinecke zum ersten Male aufgeführt werden konnte. Umgehend teilt Abraham dem Komponisten den Erfolg telegrafisch und brieflich mit, legt zwei Kritiken bei – eine sehr gute vom „Leipziger Tageblatt" und eine nur zum Teil positive aus der Musikzeitung „Signale für die musikalische Welt" – und schließt seinen Bericht mit den Worten: „Mit dem Er-

Programm
des Konzertes
mit der Urauf-
führung der
1. Peer-Gynt-Suite

Fünftes

ABONNEMENT-CONCERT

im Saale des

Neuen Gewandhauses zu Leipzig

Donnerstag, den 1. November 1888.

ERSTER THEIL.

Orchester-Suite aus der Musik zu HENRIK IBSEN's „PEER GYNT" von EDVARD GRIEG. (Zum ersten Male.)
a) Morgenstimmung. b) Åses Tod. c) Anitras Tanz. d) In der Halle des Bergkönigs.

Concert für Violine von JOHANNES BRAHMS, vorgetragen von Fräulein *Marie Soldat.*
I. Allegro non troppo. — II. Adagio. — III. Allegro giocoso.

ZWEITER THEIL.

Entr'act und Balletmusik aus „Ali Baba" von LUIGI CHERUBINI.

Adagio und Rondo aus dem Concerte ‚E dur' für Violine von HENRY VIEUXTEMPS, vorgetragen von Fräulein *Soldat.*

Symphonie (D dur, Nr. 2 der Breitkopf & Härtel'schen Ausgabe) von JOSEPH HAYDN.
I. Adagio — Allegro. — II. Andante. — III. Menuetto. — IV. Allegro spiritoso.

Der Preis des Billets beträgt einschliesslich des Garderobegeldes: a) 3 Mark für Stehplätze, b) 3 Mark 50 Pf. für die Sperrsitze im Saale unmittelbar neben dem Orchester, c) 5 Mark für die übrigen Sperrsitze.

Einlass 6¹/₄ Uhr. Anfang des Concertes 7 Uhr. Ende 9 Uhr.

6. Abonnement-Concert: Donnerstag, den 8. November 1888.

folg haben wir um so mehr Grund zufrieden zu sein, als das Gewandhauspublikum Novitäten gegenüber gewöhnlich kühl bis ans Herz ist."[207] Der Unzufriedenheit Griegs mit der zweiten Rezension entgegnet Abraham wenige Tage später mit den folgenden herzlichen Worten: „Sie haben gewiß Grund, sich Ihres Daseins zu freuen. Wer so wie Sie die Überzeugung haben muß, Tausenden und aber Tausenden durch seine Schöpfungen die genußreichsten Stunden zu bereiten, wer so wie Sie in der ganzen Welt Anerkennung findet und verehrt wird, der hat gewiß allen Grund, zufrieden und heiter zu sein, und sollte sich nicht durch das, was die Leipziger ‚0' [Nullen] schreiben, verstimmen lassen. Bernsdorf hat übrigens nur den letzten Satz der Suite heruntergerissen und Anitras Tanz sogar gelobt, doch ist sein Lob ebenso gleichgültig wie sein Tadel. Ich kann Ihnen die Versicherung geben, daß die Suite überall, so zuletzt noch in London in Hentschel's 1. Konzert, sehr gefallen hat."[208]

195

[handschriftlicher Brief]

Abraham vermittelte auch die überaus erfolgreiche erste Aufführung von op. 46 mit Griegs eigenem Dirigat im siebenten Konzert des Philharmonischen Orchesters Berlin unter Hans von Bülow[209] sowie zahlreiche weitere Aufführungen in den Musikzentren der Welt.

Ein Schlaglicht vergnüglicher Art auf den Enthusiasmus des Verlegers für Griegs Musik wirft auch ein Brief vom Sommer 1890, mit dem der leidenschaftliche Reiter und Pferdeliebhaber Abraham dem Komponisten eine Freude machen will und der als einzige Mitteilung die folgende enthält: „Gestern gelangte ich in Besitz eines sehr hübschen Pferdes, welches unter Beobachtung aller bei so wichtigen und feierlichen Gelegenheiten üblichen Zeremonien Anitra genannt wurde."[210]

Als sachkundiger Berater erweist sich Abraham in einem brieflichen Meinungswechsel mit Grieg über die Zusammenstellung der Sätze in der *2. Peer-Gynt-Suite* op. 55. Grieg hatte diese Suite noch vor ihrer Drucklegung anläßlich der

Programm
eines Konzertes
des Musikvereins
Kristiania
mit der
Uraufführung der
2. Peer-Gynt-Suite

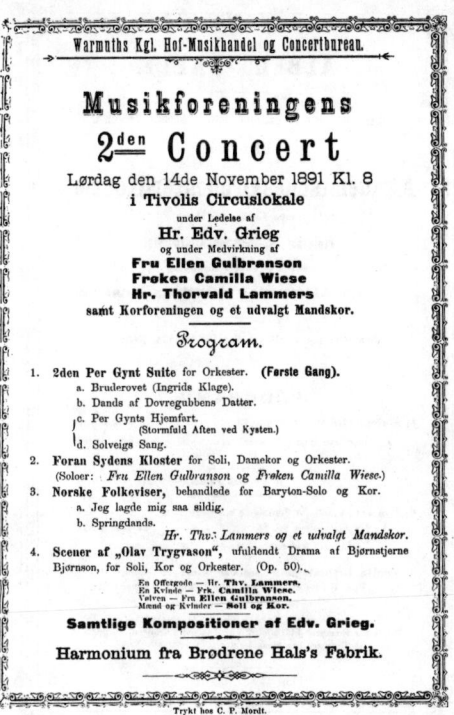

Festlichkeiten zu seinem fünfundzwanzigjährigen Jubiläum
als Konzertgeber in Kristiania am 14. November 1891 uraufgeführt.[211] Diese Fassung enthielt an zweiter Stelle statt
des *Arabischen Tanzes* den *Tanz der Bergkönigstochter*. Abraham
gab zu bedenken, daß die Suite in dieser Zusammenstellung zu kurz sei: „Die einzelnen Sätze desselben sind ent-
zückend, aber die ganze Suite dauert nur etwa 12 Minuten,
und das ist, bei einem aus mehreren Sätzen bestehenden
Orchesterwerk, für die großen Konzertinstitute in Berlin,
Wien, Leipzig, Dresden, München, Frankfurt, Hamburg,
London, Paris, New York, welche sich ganz besonders für
Ihre Werke interessieren, zu kurze Zeit."[212] Abraham
schlägt daher vor, entweder den breiteren *Arabischen Tanz*
oder den zweiten Satz aus den *Norwegischen Tänzen* op. 35
einzubeziehen. Grieg akzeptierte den Einwand der zu ge-

197

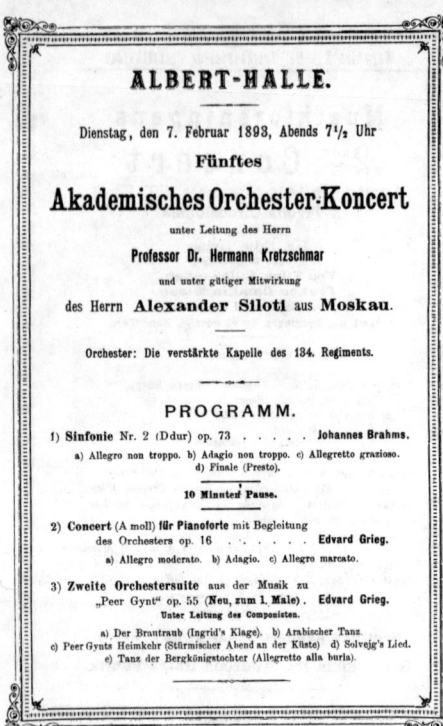

ALBERT-HALLE.

Dienstag, den 7. Februar 1893, Abends 7½ Uhr

Fünftes

Akademisches Orchester-Koncert

unter Leitung des Herrn

Professor Dr. Hermann Kretzschmar

und unter gütiger Mitwirkung

des Herrn **Alexander Siloti** aus **Moskau.**

Orchester: Die verstärkte Kapelle des 134. Regiments.

PROGRAMM.

1) **Sinfonie** Nr. 2 (Ddur) op. 73 . . . . . **Johannes Brahms.**
   a) Allegro non troppo. b) Adagio non troppo. c) Allegretto grazioso.
   d) Finale (Presto).

10 Minuten Pause.

2) **Concert** (A moll) **für Pianoforte** mit Begleitung
   des Orchesters op. 16 . . . . **Edvard Grieg.**
   a) Allegro moderato. b) Adagio. c) Allegro marcato.

3) **Zweite Orchestersuite** aus der Musik zu
   "Peer Gynt" op. 55 (Neu, zum 1. Male) . **Edvard Grieg.**
   Unter Leitung des Componisten.
   a) Der Brautraub (Ingrid's Klage). b) Arabischer Tanz.
   c) Peer Gynts Heimkehr (Stürmischer Abend an der Küste) d) Solvejg's Lied.
   e) Tanz der Bergkönigstochter (Allegretto alla buria).

ringen Dauer und entschloß sich nach längeren Überlegungen, bei denen er auch die Einfügung anderer als der vorge-
schlagenen Sätze erwog, für den von Abraham genannten
Arabischen Tanz. Interessant ist dabei seine Begründung für
die Ablehnung von Abrahams zweitem Vorschlag: *Nr. 2 aus
den Norwegischen Tänzen geht schon deshalb nicht, weil das Thema
nicht von mir ist, sondern einem Volkstanz entlehnt ist. In Peer
Gynt muß alles original sein.*[213]

Als Grieg am 7. Februar 1893 sein op. 55 innerhalb der von
Hermann Kretzschmar geleiteten Akademischen Orchester-
konzerte zum ersten Mal in Leipzig dirigierte, ließ er das
Orchester sowohl den *Arabischen Tanz* (an zweiter Stelle)
wie den *Tanz der Bergkönigstochter* (am Schluß) spielen.[214] Bei
dieser Gelegenheit stellte er jedoch fest, daß das letzte

Stück sich nur für eine szenische Aufführung eignete, und entfernte es vor der Drucklegung aus der Partitur, *mit allem Respekt und Liebe für alle Trold,*[215] wie er sich gegenüber Röntgen ausdrückte. Auch die *2. Peer-Gynt-Suite* sollte in dieser endgültigen Form weltweite Popularität erlangen. Zu beiden Suiten schuf Grieg ferner Fassungen für Klavier zu zwei und zu vier Händen, die ebenfalls zur Verbreitung der *Peer-Gynt-Musik* beitrugen.

Keins der Werke Griegs ist indessen dem Verschleiß und Mißbrauch durch übermäßigen Gebrauch und schlechte Arrangements in gleichem Maße ausgesetzt gewesen wie Griegs *Peer-Gynt-Musik.* So sah sich einmal der französische Komponist Saint-Saëns in bezug auf einige heute längst vergessene Ouvertüren zu der abwertenden Behauptung veranlaßt, es sei in ihnen „mehr Musik als in *Peer Gynt* von Grieg, mit dem man uns dauernd in den Ohren liegt"[216].

Grieg erlebte an seiner *Peer-Gynt-Musik* in besonderem Maße die widersprüchlichen Auswirkungen seiner Popularität. Schon im Jahre 1877 konnte er seinem Verleger mit Genugtuung schreiben: *Werden Sie nicht „Solveigs Lied" drucken? Dies gehört zu den besten und ist lächerlicherweise so populär geworden, daß es auf den Straßen gepfiffen, geblasen und gespielt wird.*[217] Später muß sich Grieg wiederholt über die vielen Bearbeitungen von anderer Hand ärgern. So heißt es 1886 in einem Brief an Abraham: *Ich hatte heute einen Brief aus Rom mit der Nachricht, daß „Solveigs Lied" aus Peer Gynt für Streichorchester arrangiert (von wem?) in Pinellis Konzert mit so enormem Succes gegeben ist, daß das Stück wiederholt werden mußte. Es ist doch zu dumm, daß solche Arrangements von anderer Hand erlaubt sein sollen. Ich habe mich oft darauf gefreut, die Arbeit selbst zu tun, weil ich wußte, daß das Stück in solcher Verarbeitung klingen würde, – und nun?*[218]

Auch die anderen Sätze der *Peer-Gynt-Musik* waren schon zu Griegs Lebzeiten zweitrangigen Arrangements und verfälschenden Interpretationen ausgesetzt. Seinem Freund Beyer berichtet er im April 1893 über eine Aufführung der *1. Peer-Gynt-Suite* mit dem Monte-Carlo-Orchester: *„Åses Tod" als Polka und „Anitras Tanz" als Hurtigwalzer, das geht zu weit. Das Seltsamste ist aber, daß die Menschen so etwas verdauen können und sogar Gefallen daran finden.*[219]

Auch die bereits im ersten Kapitel dieses Buches angeführten grundsätzlichen Bemerkungen Griegs gegenüber Beyer, Abraham und Röntgen zu den negativen Seiten seiner Popularität infolge ungekonnter Interpretationen oder verfehlter Bearbeitungen beziehen sich vor allem auf Teile seiner *Peer-Gynt-Musik.* In der ersten Hälfte unseres Jahrhunderts vermehrte sich noch die Zahl der Bearbeitungen einzelner Stücke aus dieser Musik um eine Flut weiterer Arrangements und Adaptionen für Salon- und Tanzorchester oder als filmische Hintergrundmusik. Jedoch haben bis heute weder sie noch der zeitliche Abstand zur Entstehung der Musik es vermocht, die Beliebtheit, die Griegs originale *Peer-Gynt-Musik,* namentlich in Gestalt der beiden Suiten, bei breiten Teilen der Bevölkerung in der ganzen Welt genießt, aufzuheben. Dabei hat sich das Schwergewicht ihrer Rezeption vom Konzertsaal in das medienvermittelte häusliche Musikhören verlagert.

Die Erfahrungen, die Grieg bei seiner Zusammenarbeit mit Bjørnson und Ibsen auf musikdramatischem Gebiet gewonnen hatte, und vor allem der Erfolg seiner Musik zu Ibsens „Peer Gynt" bestärkten ihn in dem Wunsch nach einem geeigneten Libretto zur Komposition einer Oper. Hierzu trug auch sein Besuch der ersten Bayreuther Festspiele im August 1876 bei, bei dem er die erste vollständige Aufführung von Richard Wagners Bühnenfestspiel „Der Ring des Nibelungen" erleben konnte. Grieg schrieb darüber sechs umfangreiche Artikel für die Zeitung „Bergenposten". Sie weisen ihn in der differenzierten und eigenständigen Beurteilung des Opernzyklus als einen Komponisten aus, der sich selbst schöpferisch mit dem musikdramatischen Genre auseinandergesetzt hat. Das zeigt sich bereits in den Bemerkungen, die er an „Bergenposten" nach dem Besuch des „Rheingold" sandte: *Ich gehe heim und sage mir: Trotz des vielen, was man aussetzen könnte, trotz der Unruhe, mit der die Götter gezeichnet sind, trotz der ständigen chromatischen Übergänge und des unaufhörlichen Harmoniewechsels, wodurch man nach und nach nervös gereizt und schließlich vollständig erschöpft wird, trotz der vielen Filigranarbeit und des gänzlichen Mangels an Ruhepunkten, trotz der Stellung des Ganzen an der äußersten Grenze der Schönheit – trotz alledem ist dieses Musikdrama das Werk eines Riesen, dem die Geschichte der Künste vielleicht nur in Michelangelo einen Ebenbürtigen zur Seite zu stellen hat.*[220]

Unmittelbar von Bayreuth reiste Grieg zu Ibsen in dessen damaligen Sommeraufenthalt Gossensass in Tirol, wohin ihn der Dichter herzlich eingeladen hatte, um „nach den anstrengenden Genüssen in Bayreuth" frische Bergluft zu atmen.[221] Ibsen schlug ihm hier sein Jugendwerk „Olav Liljekrans" (1856), das er innerhalb eines Jahres zu einem Libretto umarbeiten wollte, als Operntext vor. Leider blieb es beim Entwurf des Anfangs zu einem Opernlibretto, und auch diesen bekam Grieg niemals zu sehen. Zu Beginn der neunziger Jahre konnte Grieg nochmals auf ein Libretto aus Ibsens Feder rechnen. Der zweite Vorschlag des Dichters war wiederum ein Jugendwerk, sein Schauspiel „Nordische Heerfahrt" („Hærmændene på Helgeland") (1857), ein Stoff, der mit seinem altnordischen Saga-Charakter und seinen dramatischen Szenen Grieg sehr zusagte. Als er jedoch den Entwurf zum ersten Akt des Librettos erhielt, mußte er zu seiner Enttäuschung feststellen, daß Ibsen sich fast ganz an den Wortlaut des Schauspiels gehalten hatte, der als Operntext nicht verwendbar war, und so wurde der Plan fallengelassen.

Auch von anderer Seite sollte Grieg niemals einen ihm geeignet erscheinenden Operntext erhalten. Schon 1886 hatte er sich hierüber in einem Brief an Beyer, bezugnehmend auf dessen Erlebnis von „Tristan und Isolde", wehmutsvoll geäußert: *Nun kannst Du Dir denken, warum ich oftmals gehe und in die Wolken starre, als ob ich dort das norwegische Drama in norwegischer Musik finden könnte, von dem ich geträumt habe, von dem ich immer glaubte, ich könne es eines Tages schaffen, aber von dem ich jetzt zu glauben beginne, daß das Schicksal dafür einen anderen bestimmt hat [...] Das Streben des Menschen hat einen übermäßigen Drang, alles zu umfassen, und ich muß zugeben, ach! mit Wehmut sage ich das, daß meine Lebensumstände es mit sich gebracht haben, daß ich mich im Lyrischen aussinge. Aber davon abgesehen, und wie dem auch sei, ich habe niemals einen Text zu Gesicht bekommen, der meinen musikalischen Sinn in Glut versetzt hätte. Und erhalte ich nicht einen solchen, so weiß ich bestimmt, daß ich das Drama lieber ungeschrieben lasse, als es schlecht zu schreiben.*[222]

Sollte die Zusammenarbeit Griegs und Ibsens auch nicht in der norwegischen Nationaloper kulminieren, so brachte sie doch eine Nachlese auf einem anderen Gebiet, dem begleiteten Sololied.

Grieg komponierte im Frühjahr 1876 sechs Lieder, op. 25, auf Gedichte Ibsens. Mit ihnen gewann er sich auch in diesem Genre neue Ausdrucksbereiche. Das Gewicht und die Konzentration der Aussage sowie die lakonische Knappheit des sprachlichen Stils in Ibsens Gedichten führten Grieg zu einer Kompositionsweise, die auf die deklamatorische Umsetzung von Intonation und Rhythmus des gesprochenen Wortes zielt, zugleich aber auch die Plastizität der Gesangsmelodie berücksichtigt.

Die Orientierung der Gesangsstimme auf das dichterische Wort macht bei den Ibsen-Liedern die Übersetzung in eine Fremdsprache besonders problematisch, was Grieg selbst am Beispiel seines Liedes *Der Schwan* op. 25 Nr. 2 bedauernd feststellte.[223] Gerade dieses Lied verliert in der gedruckten deutschen Fassung einen wesentlichen Teil seiner Wirkung, so daß vor deutschsprachigem Publikum eine Darbietung in der Originalsprache bei gleichzeitiger schriftlicher Vorlage einer Prosaübersetzung vorzuziehen wäre.

Dem in Skandinavien viel gesungenen Lied *Der Schwan,* das Grieg zwanzig Jahre später auch als Orchesterlied in einer schönen Instrumentierung mit Harfe, Oboe und Streichern herausgab,[224] liegt die alte Legende von dem stummen Schwan zugrunde, der erst im Tode zu singen beginnt. Der tragische Gehalt des symbolträchtigen Gedichtes mit seinem Bekenntnis zur Kunst als der sich über alle Drangsal des Lebens erhebenden Macht inspirierte Grieg zu einem seiner wertvollsten Gesänge. Neben der ganz aus dem Duktus der Worte entwickelten Gesangsstimme und ihrer Steigerung in Dynamik und Tempo trägt die kunstvolle Einfachheit der akkordischen Begleitung wesentlich zur Gestaltung verhaltener und ausbrechender Leidenschaft bei, anfangs durch den eindrucksvollen Wechsel von d nach des und damit von Dur nach Moll im Septakkord der Subdominante:

107   op. 25 Nr. 2, Takt 1–4

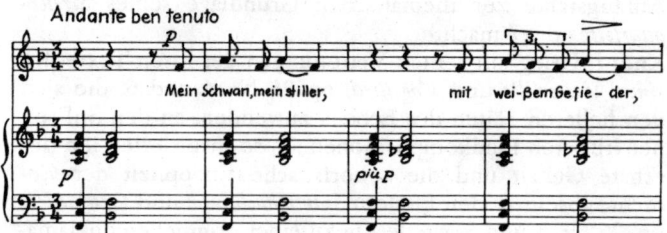

im mittleren Teil durch die statischen Klangsäulen eines Septnonenakkordes in Diskantlage:

108   op. 25 Nr. 2, Takt 17–21

Das *Spielmannslied*, op. 25 Nr. 1, reflektiert das Thema der Kunst mit einem ähnlich tragischen Stoff. Der Spielmann läßt sich vom bösen Geist des Wasserfalles, der in der norwegischen Sage beheimatet ist, in der Kunst des Gesanges unterweisen, um seine Liebste zu gewinnen, doch als er „sein Meister" geworden ist, hat er sein Glück verspielt: sie ist des Bruders Braut geworden. Beeindruckend ist hier der starke Gegensatz zwischen dem ruhigen balladesken Erzählton des Anfangs (siehe Notenbeispiel 19), der zum Abschluß wieder aufgenommen wird, und dem deklamatorischen mittleren Abschnitt, in dem das dramatische Geschehen mit mehrmaliger Höhersequenzierung der gleichen melodischen Phrase bis zum Kulminationspunkt geführt wird. Wie stark sich Grieg mit dem Gehalt dieses Liedes identifizierte, zeigt sich darin, daß er dessen Anfangstakte zur thematischen Grundlage seines *Streichquartetts* op. 27 machte.

Knüpft Grieg mit seinen Vertonungen der Ibsen-Texte *Mit einer Wasserlilie* und *Vogellied*, op. 25 Nr. 4 und 6, die sich den helleren Seiten des Lebens zuwenden, an den Stil seiner früheren Liedkompositionen an, so inspirierten ihn der ernste Gehalt und die aphoristische Knappheit der Gedichte Ibsens in den Liedern *Stammbuchsreim* und *Geschieden*, op. 25 Nr. 3 und 5, wiederum zu einer originellen deklamatorischen und zugleich äußerst konzentrierten Gestaltung. Der gramvollen Traurigkeit beider Gedichte, die in Intonation und Gehalt des Wortes zum Ausdruck kommt, entsprechen Melodiephrasen, die taktweise unterbrochen werden und in denen abwärts geführte Intervalle vorherrschen. Vertiefen in *Geschieden* chromatische Abwärtsgänge von Baß und Mittelstimmen den Ausdruck des Kummers, so verwendet Grieg in *Stammbuchsreim* wiederholt das Intervall der verminderten Quinte:

109   op. 25 Nr. 3, Takt 1–4

Nachdem die deklamatorische Gestaltung begleiteter Sololieder, die in Griegs früheren Liedkompositionen nur in Ansätzen oder als Ausnahme erscheint,[225] in seinen Gesängen auf Gedichte Ibsens ihre volle Ausprägung erfahren hatte, sollte sie auch für sein späteres Liedschaffen an Bedeutung gewinnen.

Das Zusammenwirken Griegs und Ibsens auf künstlerischem Gebiet, das die Musik Norwegens und der Welt bereicherte, zur Verbreitung von Ibsens Drama „Peer Gynt" beitrug und Griegs weiteres musikalisches Schaffen befruchten sollte, führte nicht zu einem engen Freundschaftsverhältnis. Der Hauptgrund hierfür ist nicht der langjährige Aufenthalt Ibsens im Ausland, von dem er erst 1891 zurückkehrte, wenngleich dadurch die Kommunikation erschwert war. Die entscheidenden Gründe dafür lagen in der ungleich schärferen sozialkritischen Haltung Ibsens[226] und – in Zusammenhang damit – in der Zurückhaltung und Verschlossenheit des Dichters, die sein Verhalten im Verkehr mit seinen Mitmenschen kennzeichnete. Aus einigen uns überlieferten Zeugnissen spricht jedoch die starke gegenseitige Hochachtung und warme Zuneigung der beiden großen Norweger. So schreibt Grieg von seiner dritten Italienreise im Jahre 1884 an seinen Freund Beyer nach einer Geselligkeit in Rom, bei der Ibsen anwesend war: *Gestern abend waren wir in einer Gesellschaft bei Ross zusammen mit Ibsen. Nina sang eine Menge, unter anderem fast alle meine Lieder auf Gedichte Ibsens, und denk Dir, nach „Klein Håkon" (Margaretens Wiegenlied) und besonders nach „Ich nannte Dich meinen Glücksboten" (Stammbuchsreim) und Der Schwan (!) schmolz der Eisklumpen, und er kam mit Tränen in den Augen zu uns ans Klavier, drückte uns die Hände, wobei er nicht imstande war zu sprechen. Er murmelte etwas, wie, daß das Verstehen war [...]*[227]

Nach der Nachricht vom Tode Ibsens faßte Grieg sein Verhältnis zu dem großen Dichter in seiner Tagebuchnotiz vom 23. Juni 1906 in die Worte: *Obwohl ich vorbereitet war, wirkte die Nachricht wie ein Schlag. Wieviel schulde ich ihm doch! Bedauernswerter, großer Ibsen! Er war nicht glücklich, denn es war ein Eisklumpen in ihm, der nie schmelzen wollte. Aber unter diesem Eisklumpen lag warme Menschenliebe.*[228]

Zwei künstlerische Bekenntnisse:
Klavierballade und Streichquartett

In den Jahren 1875/76 und 1877/78 schuf Grieg die *Ballade* op. 24, sein bedeutendstes Werk für Klavier solo, und sein *Steichquartett* op. 27, das den Höhepunkt seines Schaffens im Bereich der Kammermusik darstellt. In beiden Werken hatten schmerzvolle persönliche Erlebnisse Griegs in Verbindung mit seinem intensiven Ringen um die Verwirklichung seiner künstlerischen Ideale in der „großen Form", die ihm die Möglichkeit zu differenzierter Aussprache gab, zu Ergebnissen von Bekenntnischarakter geführt.

Im Herbst 1875 verlor Grieg seine beiden Eltern. Aus mehreren Briefen an seine Freunde spricht seine tiefe Betrübnis. An Bjørnson schreibt er im Mai 1876 von Bergen aus:

Seitdem Du zuletzt von mir gehört hast, sind schwere Wolken über
mich gezogen. Du hast vielleicht gehört, daß im Herbst meine beiden
Eltern plötzlich abberufen wurden und ich den Winter hier ver-
brachte. Der ist dunkel und schwer gewesen, und ich lebte, bedrängt
von Reflexionen verschiedenster Art. Was ich in dieser Zeit geschrie-
ben habe, ist auch davon geprägt.[229]

Das Werk, das ihn in jenem Winter am meisten beschäftigt
hatte, war die *Ballade* op. 24; im Frühjahr 1876 folgten die
Ibsenlieder op. 25. In beiden Werken dominieren die dunklen Töne.

Die *Ballade* ist Ausdruck leidenschaftlicher innerer Kämpfe.
Grieg selbst äußerte sich gegenüber Frank van der Stucken,
er habe die Ballade mit seinem *Herzblut in Tagen der Trauer*
und Verzweiflung geschaffen.[230] Iver Holter, der anwesend gewesen war, als Grieg im Sommer 1876 auf der Durchreise
zu den Bayreuther Festspielen im Leipziger Verlagshaus
Peters die *Ballade* selbst vorspielte, berichtet über den un-
vergeßlichen Eindruck: „Grieg legte seine ganze Seele in
die Interpretation, und als er geendet hatte, war er nicht
nur physisch so angestrengt, daß er in Schweiß gebadet war,
sondern auch so aufgewühlt, so erschüttert, daß er lange
Zeit kein Wort sagen konnte."[231]

Auch auf Max Abraham machte die *Ballade* bei diesem Vorspiel Griegs einen so starken Eindruck, daß er sie noch in
demselben Jahr publizierte. Seine Hochschätzung des Werkes teilt er Grieg in einem Brief vom Jahresbeginn 1883 mit.
Daraus geht hervor, daß merkantile Gesichtspunkte seinen
Blick für den Wert der *Ballade* nicht trüben konnten. In Zusammenhang mit einer kurzen Kennzeichnung der Verbreitung von Griegs Werken heißt es in dem Brief: „Am meisten werden op. 12, 3 und 6 gespielt, dann op. 19 und 28,
während op. 24, vielleicht Ihr bedeutendstes, mir nach
op. 19 das liebste Klavierwerk, noch vernachlässigt ist."[232]

Die geringe Nachfrage nach op. 24 im Vergleich zu den anderen von Abraham angeführten Klavierwerken erklärte
sich schon zu Griegs Lebzeiten aus den ungleich höheren
Anforderungen der *Ballade* an Technik und Gestaltungsfä-
higkeit des Interpreten, die bei Amateuren nur in seltenen
Fällen vorausgesetzt werden können. Wenn jedoch das
Werk heute auch im Konzertsaal nur selten erklingt, so beruht das offensichtlich auf ungenügender Kenntnis des tie-

fen Gehalts und der originellen sowie abwechslungsreichen Anlage dieses Werkes, das sich den wertvollsten und interessantesten Variationswerken für Klavier aus dem 19. Jahrhundert an die Seite stellt. Es sei deshalb hier näher auf das Werk eingegangen.

Die *Ballade* ist als Variationsreihe über die norwegische Volksweise „Den nordlanske Bondestand" („Der nordnorwegische Bauernstand") aus Valdres geschaffen, die Grieg in Lindemans Sammlung „Ältere und neuere norwegische Bergmelodien" gefunden hatte.[233] Der bei Lindeman beigefügte Liedtext lautet in deutscher Prosaübersetzung:

> Ich weiß so manches feine Lied ·
> über schöne ferne Lande,
> aber noch nie hörte ich ein Lied
> über das Land, das uns umgibt.
>
> Und deshalb will ich nun versuchen,
> eine Weise zu machen, die den Menschen sagt,
> daß es auch hier im nördlichen Land schön ist,
> wenngleich der Süden es verachtet.

Der Grundgedanke des Liedes – den Menschen zu zeigen, daß auch Komponisten aus dem hohen Norden einen gewichtigen Beitrag zur Musik leisten können – entsprach Griegs eigenem Streben. Vor allem aber waren es die Schönheit und der schwermütige Charakter der Melodie, die ihn gerade in jenen Tagen der Trauer besonders beeindruckten:

110 op. 24, Thema der Variationen
a) Takt 1–4

b) Takt 9–12

Grieg versah die g-Moll-Weise als Thema seiner vierzehn
Variationen mit einer überaus reichen Harmonisierung, die
sogar bei der Wiederholung der ersten vier Takte neue Akkordfolgen verwendet. Abwärts führende chromatische
Gänge von Baß und Mittelstimme vertiefen den wehmutsvollen Ausdruck der Liedweise. Besonders schön gelingt
Grieg die vorübergehende kontrastierende Auflichtung der
Melodie in den Takten 9 bis 12 durch Harmonisierung in
der Paralleltonart B-Dur und übergreifende Diskanttöne,
wonach die abschließende Wiederaufnahme der vier ersten
Takte der Melodie – wiederum mit Varianten in der Harmonisierung – einen um so traurigeren Ausdruck erhält.

In der reichen harmonischen Gestaltung des Themas seiner
Variationsreihe unterscheidet sich Grieg von früheren und
seinen zeitgenössischen Komponisten, einschließlich der
Großmeister dieser musikalischen Form Bach, Beethoven
und Brahms. Diese hatten die Harmonisierung des Themas
ihrer Variationswerke stets bewußt einfach gehalten, um sie
im weiteren Verlauf als eine Möglichkeit der Variierung zu
nutzen. Trotz der Vorwegnahme harmonischer Farbigkeit
im Thema selbst ist es jedoch Grieg in seinem op. 24 gelungen, jeder Variation ihre originelle, unverwechselbare Gestalt zu geben und einen dramaturgisch spannungs- und
kontrastreichen Gesamtablauf zu schaffen. Dabei zeigt sich,
daß Grieg seine eigene differenzierte Themenharmonisie-
rung zusätzlich zur Volksmelodie selbst als wichtigen
Impuls für die Gestaltung der einzelnen Variationen
nutzte. In einigen Variationen steht sie im Vordergrund, sei
es in ihrer Gesamtheit oder in Teilen ihrer chromatisch absteigenden Baßlinie, und vertieft den dunklen Ton des
Werkes; in anderen Variationen behauptet sich die Melo-

die, meistens in einzelnen ihrer Motive oder Teilmotive. Als weitere Möglichkeiten der Abwandlung nutzt Grieg Gegensätze in Tempo, Dynamik und insbesondere in genrespezifischen Merkmalen (Capriccio, Rezitativ, Springtanz u. a.).

Die 1. Variation wird von der chromatisch abwärts geführten Baßlinie des Themas beherrscht, womit Grieg gleich zu Beginn deren Gewicht und den tragischen Charakter der gesamten *Ballade* hervorhebt. Die 2. und 3. Variation umspielen Teile der Themenmelodie im Stile Robert Schumanns, hierbei als Allegro agitato und Adagio im Tempo und Ausdruck kontrastierend. Die 4. Variation, Allegro capriccioso, ist mit ihren schnellen chromatischen Abwärtsläufen – diesmal im Diskant –, ihren scharfen Dissonanzen und synkopierten Rhythmen als grotesker Tanz gestaltet. Als besonders originell erweist sich die 5. Variation mit ihrem Wechsel von nachdenklichen rezitativischen Fragen – Reminiszenzen der chromatischen Baßlinie – und schlicht harmonisierten Antworten aus der Melodie des Themas:

111   op. 24, 5. Variation, Takt 1–4

Die 6. und 7. Variation bilden zusammen ein Allegro scherzando grotesken Charakters, die 6. mit punktierten Simultanintervallen im Wechsel beider Hände, die 7. Variation mit jagenden Staccato-Sechzehnteln in kanonischer Folge. Hier wurden vom Thema nur noch das Sekundintervall des ersten Taktes sowie seine Gliederung und harmonische Grundstruktur übernommen. Dagegen erklingt in der 8. Variation über vollen Akkorden im Pianissimo und langsamen Tempo wieder die vollständige Themenmelodie. Der Ausdruck des Feierlichen wird verstärkt durch nachschlagende Oktaven im Diskant und Baß, die den Eindruck tönender Glocken vermitteln. Mit dem vorläufigen Höhepunkt dieser

Variation wird die Reihe derjenigen Variationen abgeschlossen, die dem symmetrischen Formschema des Themas folgten. Bereits die 9. Variation, Un poco Andante, zeigt mit Einschüben, die impressionistische Klanglichkeit entfalten, auch im Formablauf eine weit freiere Gestaltung. Die letzten fünf Variationen führen in zwei energiegeladenen Etappen zum endgültigen Höhepunkt. Die erste Etappe setzt mit dem Springtanz der 10. Variation ein, deren Spitzentöne den Beginn der Themenmelodie andeuten:

112   op. 24, 10. Variation, Takt 1–2

Sie kulminiert in einer kühnen Parallelführung unaufgelöster Septakkorde:

113   op. 24, 10. Variation, Takt 27–28

Die beiden folgenden Variationen übernehmen die Springtanzrhythmen. Die 11. Variation Più animato – erstmals in einer neuen Tonart, Des-Dur – führt das Thema in kühnen harmonischen Rückungen bis zum G-Dur der 12. Variation, wo es im Meno Allegro e maestoso in der Vergrößerung und im dreifachen Forte exponiert wird. Die 13. und 14. Variation der letzten Etappe, Allegro furioso und Prestissimo (beide wieder in g-Moll), führen das Thema in einem wilden, frenetischen Tanz, der sich in der Gewagtheit seiner harmonischen wie rhythmischen Gestaltung dem expressionistischen Stil nähert, zum endgültigen Höhepunkt: einer heftig angeschlagenen, lang ausgehaltenen tiefen Oktave auf dem Ton Es. Sie gleitet über den Dominantton D in das Variationsthema in seiner ursprünglichen Gestalt, das jedoch nur in seinen ersten acht Takten, ohne den aufgehellten mittleren Abschnitt, erklingt – ein erschütternder Abschluß in Resignation:

114   op. 24, 14. Variation, Takt 24–30

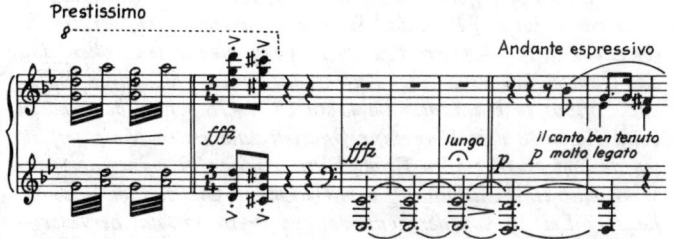

Über zwanzig Jahre später äußert sich Grieg nach einem Gewandhauskonzert, in dem Eugène d'Albert seine *Ballade* gespielt hatte, gegenüber Beyer zu diesem Abschluß des Werkes, wobei er wieder sein enges Verhältnis zu seinem op. 24 erkennen läßt. Er bezeichnet dabei d'Alberts Interpretation der *Ballade* als *so hervorragend, daß sie die Leute im Sturm nahm. Stell Dir vor, und was für Hörer! Er erfüllte ungefähr alle Bedingungen, sowohl die Zartheit als auch den großen Stil, die mächtige Steigerung bis zur reinen Raserei. Und so hättest Du danach die gewagte lange Fermate auf dem tiefen Es hören sollen. Ich glaube, er hielt sie eine Minute aus! Aber die Wirkung war kolossal. Und dann beschloß er die alte, traurige Weise so langsam, so still und schlicht, daß ich selbst ganz hingerissen war.*[234]

Grieg selbst fand sich niemals dazu bereit, seine *Ballade* öffentlich zu spielen. Der Hauptgrund dafür kann kaum in dem relativ hohen technischen Anspruch des Werkes gelegen haben, spielte doch Grieg sein nicht minder schwieriges *Klavierkonzert* bis zum Jahre 1888 häufig in öffentlichen Konzerten. Vielmehr mag der tiefe, bekenntnishafte Gehalt des Werkes ihn so stark bewegt haben, daß er sich scheute, ihn in eigener Interpretation der Öffentlichkeit zu vermitteln.

Über die Werkgeschichte des *Streichquartetts* in g-Moll ist uns seit kurzem eine konzentrierte, sachliche Mitteilung aus Griegs eigener Feder zugänglich, die er an Henri Hinrichsen, den Nachfolger von Max Abraham im Peters-Verlag, im Jahre 1903 mit der Bitte sandte, diesbezügliche Anfragen eines Briefschreibers von Verlagsseite beantworten zu wollen. Grieg schreibt: *Das Quartett hat zwar eine Geschichte. Ich mag aber dergleichen Reklame nicht. Auch bin ich noch nicht schreibfähig genug, um alle, jeden Tag einlaufenden Fragen, meine Werke betreffend, zu beantworten. Ich wäre Ihnen dankbar, wenn Sie – für den Fall, daß Sie es angemessen finden, bei der Sache etwas zu tun – Herrn Franquet [?] mitteilen lassen wollen, daß das Quartett während eines Aufenthalts in der großartigen Natur von Lofthus in Hardanger im Jahre 1877–78 geschrieben und in Köln Ende 78 vom Heckmann-Quartett zum ersten Male gespielt wurde und einen großen Erfolg hatte. Anfang 79 wurde aber das Werk nach einer Aufführung vom Heckmann-Quartett im Gewandhaus in Leipzig von der konservativen Presse so total heruntergemacht, daß es, soeben bei E. W. Fritzsch in Leipzig erschienen, einige Jahre wie gelähmt dalag. Nachher ist das Werk in den Peters'schen Verlag übergewechselt, und der Konservatismus in Leipzig ist unter dem neuen Gewandhausregime totgeschlagen. Das Quartett wurde von den modernen Geigenspielern entdeckt (Brodsky an der Spitze) und wird jetzt überall von den besten Quartettgesellschaften gespielt.*[235]

Zu der Anfrage des Briefschreibers nach einer Persönlichkeit, die sich kompetent über das Werk äußern könne, bemerkt Grieg, er wisse keine: *Ich weiß nur, daß das Stück zu meinen allerbesten gehört und daß ich es selbstverständlich gern von verständnisvoller Seite besprochen haben möchte.*

Am Schluß seines Briefes fügt er jedoch hinzu: *Wenn ich wüßte, daß Kretzschmar in das Werk „eingedrungen wäre", dann wäre er gewiß der rechte Mann. Sonst weiß ich keinen liberaleren und objektiveren Schriftsteller.* Griegs Hochachtung gegenüber dem Leipziger Musikwissenschaftler und Universitätsmusikdirektor, der ein einfühlsames Vorwort zur Gesamtausgabe seiner *Lyrischen Stücke* geschrieben und sich als Dirigent der Akademischen Konzerte für Griegs Werke eingesetzt hatte, war schon kurz zuvor darin zum Ausdruck

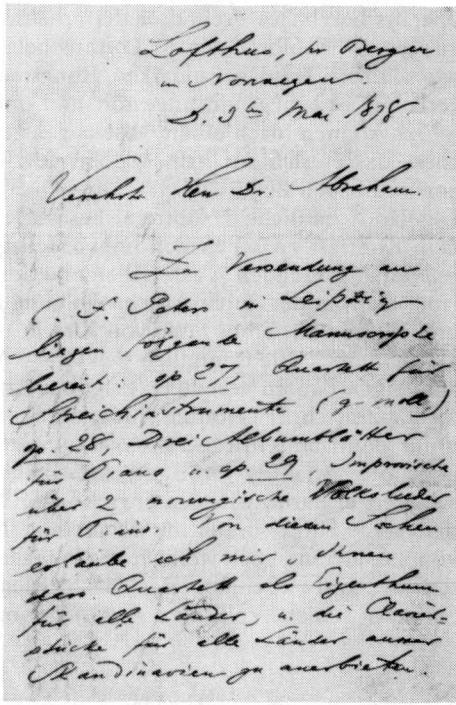

gekommen, daß er ihm sein op. 72, die *Slåtter*, widmete.[236]

Die *großartige Natur* im herrlich gelegenen Hardanger, wohin sich Grieg zu Beginn des Sommers 1877 begab und wo er sich in den folgenden Jahren wiederholt monatelang aufhielt, ist für sein *Streichquartett* wie auch für mehrere andere seiner Werke eine wichtige Inspirationsquelle gewesen. Bis zum Herbst 1877 wohnte Grieg mit seiner Frau hier auf einem Bauernhof in Børve am Sørfjord (Südfjord), einem Zweig des großen Hardangerfjords; danach wählte er das wenige Kilometer von Børve entfernte Lofthus als Aufenthaltsort. Hier waren sie Gäste der Bauersleute Brita und Hans Utne, die das Wirtshaus des Ortes innehatten. Zwischen den Griegs und ihnen, Eltern von zwölf Söhnen – bei einem Sohn stand Grieg Pate –, entwickelte sich ein

213

überaus herzliches Freundschaftsverhältnis, das wesentlich zu Griegs Wohlbefinden in Lofthus beitrug. Auch hier – wie schon in Landås, Sandviken, Rungstedt und Søllerod – verlangte es Grieg, um ungestört und unbeobachtet arbeiten zu können, nach einem abseits gelegenen Arbeitshäuschen, das er sich auf halber Höhe des Felsens über dem Sørfjord bauen ließ.[237]

Der landschaftliche Hauptreiz dieses Gebietes besteht in dem Kontrast zwischen den hohen, felsigen Ufern mit ihren herabstürzenden Wasserfällen und der lieblichen Fjordlandschaft, in der durch Anschwemmung fruchtbare Felder und Wiesen mit einer Fülle von Kirsch- und Apfelbäumen entstanden.[238] Wie freundlich sich Griegs Verhältnis zu den ansässigen Bauern gestaltete, zeigt ein Artikel, den er 1886 in der Zeitschrift „Norden. Illustrert Skandinavisk Revue" unter der Überschrift *Komposten* (so hatte man seine Arbeitshütte getauft!) veröffentlichte. In humorvoller Weise schildert er darin, wie sich etwa fünfzig Bauern bereit fanden, seine Hütte, in der ihn doch einige hatten belauschen können, an eine noch weniger zugängliche Stelle weiter unten am Fjord zu schleppen, wonach Grieg ihnen am neuen Standort seinen Volkstanz *Stabbelåten* op. 17 Nr. 18 vor-

Landschaft bei Lofthus in Hardanger, wo Grieg mehrere bedeutende Werke schuf. Foto aus den 90er Jahren des 19. Jahrhunderts

Die Hütte, die sich Grieg in Lofthus zum Komponieren errichten ließ

spielte.[239] Diese Hütte ist heute als Grieg-Museum en miniature eingerichtet.

Grieg hatte den Aufenthalt in Hardanger gewählt, weil er hoffte, in dieser Umgebung die Ruhe und Konzentration zur Komposition anspruchsvoller Werke zu finden. Der letzte Winter in Kristiania war kompositorisch unfruchtbar gewesen,[240] obwohl er außer der Leitung eines einzigen Konzertes und einigen Klavierstunden keinerlei Verpflichtungen gehabt hatte, so daß ernsthafte Zweifel an seinem Vermögen als Komponist in ihm aufgestiegen waren. Im August schreibt er aus Hardanger an Matthison-Hansen: *Ich muß etwas für meine Kunst tun. Tag für Tag werde ich mehr unzufrieden mit mir selbst. Nichts von dem, was ich gemacht habe, befriedigt mich [...] Das ist, um den Verstand zu verlieren – ich weiß wohl, woher das kommt. Das ist Mangel an Übung, auch Mangel an Technik, weil ich niemals anders als ruckweise komponiert habe.*

Aber das soll nun ein Ende haben. Ich will mich durch die großen
Formen kämpfen, koste es, was es wolle [...][241]

Die norwegischen Griegforscher Benestad und Schjelderup-Ebbe haben unter Auswertung von Briefen Griegs und
seiner Freunde darauf aufmerksam gemacht, daß der Komponist in jenen Jahren gleichzeitig mit der Krise in seinem
kompositorischen Schaffen auch eine Krise in seinem Verhältnis zu seiner Frau Nina durchlebte, die bis zu Beginn
des Jahres 1884 andauern sollte.[242] Auch Griegs fast zwanzig
Jahre später an seinen vertrauten Freund Iver Holter gerich-
teter Brief, in dem er auf Ibsens Worte zu seinem *Spiel-*
mannslied op. 25 Nr. 1 hinweist, dessen Anfangstakte er als
Leitmotiv seines Streichquartetts wählte, deutet darauf hin:
Ich weiß nicht, ob Dir ein Lied von Ibsen aufgefallen ist: „Zu ihr
gingen alle meine Gedanken in jeder hellen Sommernacht, aber der
Weg führte zum Fluß mit dem taufeuchten Erlengebüsch. Hej!
Graus und Lied, kennst du beides? Kannst du der Schönen Sinn be-
zaubern, daß sie dir in große Kirchen und Hallen zu folgen bereit
ist!" Das Motiv dieses Liedes (1876) habe ich 77 für das Streich-
quartett benutzt. Und darin liegt ja, wie Du verstehen wirst, ein
Stück Lebensgeschichte, und ich weiß, daß ich einen großen geistigen
Kampf zu bestehen hatte und viel Lebensenergie brauchte, um das
erste Stück des Quartetts zu formen, da drinnen zwischen den dunk-
len Bergen des Sørfjord und dem frischen Sommer und Herbst.[243]
Benestad und Schjelderup-Ebbe weisen in dieser Verbindung darauf hin, daß Nina, die in Kopenhagen aufgewachsen war, die Einsamkeit und Isoliertheit in der Bergland-
schaft von Hardanger bedrückte, daß jedoch Grieg um
seiner Kunst willen trotz ihrer Einwände immer wieder
hartnäckig auf dieser Zurückgezogenheit bestand und sich
sogar zeitweise für immer hier niederzulassen gedachte und
daß dies zu ständigen Reibereien zwischen den beiden starken und selbständigen Künstlernaturen führte.[244]
Grieg begann die Komposition seines *Streichquartetts* im
Sommer 1877 in Børve und beendete sie im Winter 1877/78
in Lofthus. Im März sandte er das Manuskript dem Violinisten Robert Heckmann in Köln (den er im Herbst 1875
zwei Sätze aus seiner *Violinsonate* op. 8 in Kristiania hatte
spielen hören) mit der Bitte, es in bezug auf eventuelle
streichertechnische Verbesserungen durchzusehen. Aus
Dankbarkeit für Heckmanns gewissenhafte Arbeit widmete

Programm
des Konzertes
in Köln mit der
Uraufführung
von Griegs
Streichquartett
op. 27

CÖLN.

Dienstag den 29. October 1878, Abends 7 Uhr,

im großen Saale des Conservatoriums

R. Heckmann's

Erste Soirée für Kammermusik,

unter freundlicher Mitwirkung der Concertsängerin, Frl. **Anna Lankow**,
sowie des norwegischen Componisten Herrn **Edvard Grieg** aus
Christiania.

Pianoforte: EDVARD GRIEG.
Violine: R. HECKMANN und OTTO FORBERG.
Viola: THEODOR ALLEKOTTE.
Violoncell: RICHARD BELLMANN.

Programm.

SÄMMTLICHE COMPOSITIONEN VON EDVARD GRIEG.

1. **Sonate** in G-moll op. 13 für Pianoforte und Violine.
   a. Lento doloroso — Allegro vivace.
   b. Allegretto tranquillo.
   c. Allegro animato.

2. **Lieder:** a. „Waldwanderung.'
   b. „Ich liebe Dich "
   c. „Ausfahrt."

3. **Clavierstücke:** a 3. Satz a d. Claviersonate op. 7 E-moll.
   b. Humoresken (op. 6 Nr 2 u. 3).
   c. „Aus dem Volksleben" (op. 19).
   1) Auf den Bergen.
   2) Norwegischer Brautzug im Vorüberziehen.

4. **Lieder:** a „Dem Lenz soll mein Lied erklingen."
   b. „Guten Morgen "
   c Herbststurm."

5. **Streichquartett** in G-moll (Manuscript)
   a. Un poco Andante — Allegro agitato
   b. Romanze, Andantino
   c. Intermezzo, Allegro molto marcato.
   d. Lento — Presto al Saltarello

Der Concertflügel von **Blüthner** ist aus der Niederlage des
Herrn Friedr. **Prein** hier

Text der Lieder siehe umstehend.

Cöln, Druck von Albert Ahn.

Grieg ihm das *Quartett*. Am 29. Oktober 1878 fand im großen Saal des Kölner Konservatoriums die Uraufführung des
Werkes durch das renommierte Heckmann-Quartett mit
großem Erfolg statt. Auch die Aufführung im Leipziger Gewandhaus am 30. November desselben Jahres fand – zumindest „bei einem erkennbaren Teil des Publikums", wie
sich Bernsdorf in seiner unrühmlichen Kritik (siehe 1. Kapitel dieses Buches) ausdrückte – starke Resonanz.[245] Dennoch gab es auch bei ernst zu nehmenden Kritikern, unter

217

ihnen Eduard Hanslick und sogar Max Abraham, eine Reihe von Einwänden. Sie bezogen sich in erster Linie auf die „nicht geigenmäßige"[246] und „unquartettmäßige"[247] Gestaltung des *Quartetts*, auf seine Tendenz zu orchestralen Wirkungen, die für dieses Genre neu war. Hanslick nahm außerdem Anstoß an dem „melodisch und harmonisch Bizarren", an den „verrenkten Rhythmen" und an dem im Quartett gezeigten „wahrhaft kindischen Vergnügen an allem, was häßlich ist". Dabei räumt er ein: „Jeder Satz seines Quartetts ist voll Leben und Bewegung, die in lieblichstem Volkston gehaltene *Romanze* sogar so reizend, daß wir selbst ihren unförmlichen wilden Mittelsatz mit in den Kauf nehmen."[248]

Von besonderem Interesse ist an all jenen Einwänden, daß sie durchweg gerade diejenigen Seiten des *Quartetts* betreffen, die eine emotional-gedankliche Zuwendung des heutigen Hörers zu dem Werk in hohem Maße begünstigen und in denen sich seine Originalität und innovative Funktion innerhalb des Genres Streichquartett offenbarte.

Der musikalische Hauptgedanke des *Spielmannsliedes* durchzieht das gesamte *Quartett*, sei es als ausgeprägtes Thema oder in seinem motivischen Kern, somit die konzeptionelle Einheit des Werkes fördernd. Zugleich deutet dies auf seinen Bekenntnischarakter, was sich in Griegs Bemerkung gegenüber Finck bestätigt: *Das Gedicht „Spielmannslied" (Album III, Nr. 34) beschäftigte meine Phantasie in so nachhaltiger Weise, daß ich den Anfang des Liedes als Hauptmotiv des kurz nachher komponierten Streichquartetts (op. 27, g-Moll) verwendete.*[249]

Die Spielmannsmelodie (siehe Notenbeispiel 19), vom Dur des Liedes nach Moll-Äolisch versetzt, erklingt als Einleitung und Mottothema gleich zu Beginn des 1. Satzes, die ernste Grundhaltung des Werkes von vornherein festlegend:

115   op. 27, 1. Satz, Takt 1–7

Nach sechzehn Takten folgt der Allegroteil des Sonaten-
hauptsatzes mit dem unruhigen Hauptthema, das – bei aller
Verschiedenheit des Ausdrucks – motivischen Bezug zum
Mottothema aufweist:

116   op. 27, 1. Satz, Takt 17–21

Erfüllt von Rastlosigkeit und Energie, steigert es sich bis zu
orchestralen Klangballungen mit kühnen harmonischen Zu-
sammenklängen (z. B. gleichzeitig fis und f) bei simultanen
Doppelgriffen aller vier Streicher:

117   op. 27, 1. Satz, Takt 53–57

Nach jähem Abbruch der klanglichen Steigerung mit Gene-
ralpause intonieren erste Violine und Bratsche ein stark gegensätzliches Seitenthema, das melodisch ausgesponnene
Mottothema in Dur-Gestalt, im Legato und Pianissimo, dessen lyrisch-kontemplative Stimmung jedoch im weiteren
Verlauf mehrmals durch plötzliche Fortissimo-Einschübe
unterbrochen wird:

118   op. 27, 1. Satz, Takt 95–106

Das Mottothema ist auch wesentliches Element der Coda, wo es in Vergrößerung und Verkürzung, in Dur und Moll sowie in wechselnder klanglicher Gestaltung unterschiedliche Haltungen verkörpert.

Noch mehr als der 1. Satz ist die Romanze des 2. Satzes durch krasse Gegensätze geprägt. Der sanft-träumerischen Melodie des Andantino, zuerst vom Violoncello vorgetragen:

119   op. 27, 2. Satz (Romanze), Takt 2–5

folgt im Allegro agitato des mittleren Abschnittes ein wild aufbegehrendes Thema in der Varianttonart b-Moll mit ostinat dissonierenden Bratschenfiguren. Auch hier ist die Beziehung zum Mottothema in Gestalt des „Griegmotivs" gewahrt:

120   op. 27, 2. Satz (Romanze), Takt 20–21

Lebensmut und Energie sprechen aus dem Intermezzo des 3. Satzes, in dem das Mottothema im vollstimmig homophonen Satz und mit synkopierten Rhythmen erklingt, deren tänzerischer Bewegungsimpuls den Hörer unmittelbar mitreißt:

220

121   op. 27, 3. Satz (Intermezzo), Takt 1–6

Im Più vivo e scherzando des mittleren Abschnitts tritt an die Stelle geballter Kraft der solistische Vortrag einer (von Grieg erfundenen) Hallingmelodie durch jeden der vier Instrumentalisten – wir befinden uns mitten unter den Bauernfiedlern von Hardanger:

122   op. 27, 3. Satz, mittlerer Teil (Trio), Takt 1–8

Wie im 1. Satz umrahmt die Spielmannsmelodie auch das Finale. Hier erklingt sie als langsame Einleitung in kanonischer Folge aller vier Streicher, durch dissonante Vorhaltsbildungen das Schmerzvolle ihres Ausdrucks intensivierend. Danach setzt mit dem stürmischen Saltarello das vitale Sonatenrondo ein:

123   op. 27, Finale, Takt 20–24

In immer neuer und verwegener harmonisch-klanglicher Zuspitzung seiner Volkstanzrhythmen führt es abschließend zur zweimaligen Wiederkehr des nach Dur gewendeten Mottothemas im Fortissimo über breiten Akkorden.
Wie in seiner *2. Violinsonate* ist es Grieg in diesem *Quartett* in besonderem Maße gelungen, den nationalen Eigenton in die motivisch-thematisch und dramaturgisch anspruchsvolle Gestaltung eines kammermusikalischen Werkes einzubringen. Zugleich überschreitet er in eigenständiger Weise die

charakteristischen Grenzen quartettmäßiger Setzweise seiner Zeit, indem er mit der differenzierten Nutzung der technischen und klanglichen Möglichkeiten von vier Streichern vielfältige orchestrale Wirkungen hervorruft. Schließlich bot ihm die originelle durchgehende Verwendung eines leitmotivischen Gedankens eine günstige Voraussetzung dafür, seinem Werk den Charakter eines persönlichen Bekenntnisses zu geben: Es ist das leidenschaftliche Bekenntnis des norwegischen Künstlers zu seiner Heimat und zu seinem rastlosen, von inneren Kämpfen erfüllten Streben nach Vervollkommnung.

Griegs *Streichquartett* hat offensichtlich Claude Debussy stark beeindruckt. Fünfzehn Jahre später (1893) schuf dieser sein Streichquartett, ebenfalls in g-Moll. Auch Debussy verwendet ein Mottothema, dessen erste vier Töne sogar mit dem Beginn von Griegs *Spielmannslied* identisch sind. Dieses Thema erscheint bei Debussy ebenfalls in allen vier Sätzen, und auch er bezieht wie Grieg in sein Quartett einige ausgesprochen homophone Abschnitte ein.[250] Die Wirkung von Griegs Werk auf den großen französischen Komponisten beleuchtet deutlich die innovativen Züge von Griegs *Streichquartett.*

Norwegische Volksmusik und Volkslyrik in kunstvoller Verarbeitung

Das Erleben der Natur und Landschaft am Sørfjord im herrlichen Hardanger, seiner Menschen und ihrer in diesem Gebiet besonders reichen Volksmusik sowie die Ruhe, die Grieg hier zur Arbeit fand, förderten außer der Komposition seines *Streichquartetts* auch die einer Reihe weiterer, zum Teil bedeutender Werke.[251] Ein Schlaglicht auf die starke Empfänglichkeit Griegs für lebendige volksmusikalische Eindrücke in jenen Jahren wirft sein eigener Bericht über die Entstehung des vierten seiner *Albumblätter* op. 28 von 1878. An Röntgen schreibt er, er habe, während er mit der Komposition dieses Stückes beschäftigt gewesen sei, in der Ferne Musik von Spielleuten gehört, die auf dem Fjord ruderten, und diese Klänge hätten den mittleren Abschnitt seines Stückes inspiriert.[252] Tatsächlich scheint dieser Teil mit seinen synkopierten Rhythmen im Pianissimo einer fernen Slåtter-Melodie abgelauscht zu sein:

124 op. 28 Nr. 4, Takt 25–28

Auch der Hauptteil dieses *Albumblattes*, ein Andantino serioso, besitzt den schwermütigen Ton norwegischer Volksweisen. Insgesamt übertrifft dieses *Albumblatt*, das als einziges in Hardanger entstand, an Originalität die anderen drei in früheren Jahren komponierten Stücke von op. 28.

Die in demselben Jahr entstandenen *Improvisata über zwei norwegische Volksweisen* op. 29 sind – mit Ausnahme des Presto aus Nr. 2 – Bearbeitungen norwegischer Volksmelodien aus Lindemans großer Sammlung. Sie sind wesentlich breiter und virtuoser als Griegs frühere Klavierbearbeitungen angelegt, eignen sich somit als effektvolle Stücke für den Konzertsaal, weisen darüber hinaus aber keine neuen Seiten von Griegs kompositorischer Entwicklung auf.

Zu den wertvollsten und originellsten Kompositionen Griegs gehört sein *Album für Männergesang* op. 30, das er etwa gleichzeitig mit seinem *Streichquartett* in Hardanger begann und im darauffolgenden Jahr abschloß. Auch hier bearbeitet Grieg originale norwegische Volksweisen und Volkstänze aus Lindemans Sammlung.

Das Männerchorwesen, auch heute in Norwegen noch ein wirksamer und weitverbreiteter Zweig volksmusikalischen Schaffens, hat in der Kulturgeschichte des Landes eine wichtige Rolle gespielt. Es entwickelte sich in den vierziger Jahren des 19. Jahrhunderts als ein Teil der kulturellen Bewegung, die in Norwegen als „nationalromantischer Durchbruch" bezeichnet wird.[253] Die Bewegung hatte ihre Wurzeln in der 1814 erfolgten politischen Befreiung von Dänemark, verband sich mit der geistigen Strömung der Romantik und zielte auf die Entwicklung einer selbständigen nationalen norwegischen Kultur. Die Sängertreffen der fünfziger und sechziger Jahre des 19. Jahrhunderts, bei denen auch Gedichte und Erzählungen bedeutender norwegischer Schriftsteller vorgetragen wurden, waren Volksfeste mit großem Zustrom. Männerchöre schufen vor Grieg vor allem der aus Deutschland stammende Friedrich August Reißiger, seit 1840 Kapellmeister am Theater in Kristiania, Ludvig Mathias Lindeman, der mehrere seiner Volksliedsammlungen für vier Männerstimmen herausgab, und Halfdan Kjerulf, der u. a. die berühmte Komposition „Brautfahrt in Hardanger" für Männerchor schuf.[254]

Die Eigenständigkeit von Griegs Zyklus für Männerchor zeigt sich schon in der Besetzung, mit der er für seine Zeit ganz neue klangliche Wirkungen hervorruft. Die norwegische Volksliedweise ist meist einem Solisten, einem Bariton oder (in Nr. 8) einem Tenor, in den Mund gelegt; hinzu tritt meist ein Doppelquartett, das auch von einem kleinen Chor übernommen werden kann, oder ein größerer Chor. Mit dieser Besetzung überrascht der Komponist in jeder der zwölf Nummern durch immer wieder neue Einfälle beim Einsatz der vokal-klanglichen und satztechnischen Mittel, stets mit dem Ergebnis, daß der Gehalt der jeweiligen Volksweise eindrücklich hervorgekehrt und vertieft wird. Hierzu gehören verschiedene Dialogformen zwischen Einzelsänger und kleiner oder größerer Vokalgruppe mit häufigem Chorparlando als Antwort oder als Begleitung des Solisten, das Nebeneinander homophoner und imitierender Abschnitte auf engstem Raum oder auch Gleichzeitigkeit beider Satztechniken sowie überaus wirkungsvolle Einbeziehung lautmalender Silben.

Weit ist der thematisch-inhaltliche Rahmen der zwölf Liedsätze gespannt. Er umfaßt sowohl humorvolle und burleske Nummern wie traurige, elegische Sätze und auch zwei Bearbeitungen geistlicher Volkslieder. Dieser das Werk auszeichnende Kontrastreichtum, den der Komponist durch die Anordnung der einzelnen Liedsätze unterstrich, entspricht Griegs eigener Charakterisierung des norwegischen Volksliedes im Vergleich zum deutschen Volkslied: *Der Grundzug des norwegischen Volksliedes, mit dem deutschen verglichen, ist aber eine tiefe Melancholie, welche plötzlich in wilden, aus-*

gelassenen Humor umschlagen kann. Geheimnisvolle Düsterkeit und unbändige Wildheit – das sind die Gegensätze des norwegischen Volksliedes.[255]

Voll von urwüchsigem Humor ist das *Kinderlied* (Nr. 2) mit seiner Geschichte von der Katze, die die Trommel schlägt, um die Mäuse tanzen zu lassen, und die mit ihren Töchtern nach Dänemark reisen will, damit ihre Pfoten nicht im norwegischen Winter erfrieren. In die von ostinaten leeren Quinten begleitete Kinderliedmelodie des Baritonsolisten fällt hier in jeder Strophe das lautmalende „Miau" einer solistischen Tenorstimme ein, die gewiß zur großen Popularität des Liedsatzes beigetragen hat:

125   op. 30 Nr. 2, Takt 69–74 (3. Strophe)

Von gleicher Vitalität sind auch die beiden ausgelassenen Sätze mit der Bezeichnung *Halling* (Nr. 4 und 8), die durchweg auf lautmalende Silben gesungen werden, ferner das groteske Trinklied im Springtanzrhythmus *Geh ich abends aus* (Nr. 6) und die humorvoll-lustige Zeichnung des lebensfrohen Burschen in *Seht den Knut* (Nr. 12), die den Zyklus beschließt.

Auf das übermütige Katzenlied läßt Grieg unmittelbar die ergreifende Ballade *Schön Torö* (Nr. 3) folgen, die von unglücklicher Liebe singt. Die Frage des Liebenden (Bariton-Solo), ob Torö mit ihm ziehen will, wird von einem Chorparlando begleitet, in dem banges Hoffen sich zu angstvoller Unruhe steigert; entscheidenden Anteil an der Ausdrucksgestaltung haben die chromatischen Stimmführungen und das übergangslose Nebeneinander des fis-Moll-Akkordes und des Septimenakkordes auf H-Dur:

126   op. 30 Nr. 3, Takt 15–19

Auch in dem Liedsatz *Ich legte mich am Abend* (Nr. 1), dessen Volksliedweise in ihren Anfangstakten fast mit denen von *Solveigs Lied* übereinstimmt,[256] und in *Jung Ole* (Nr. 7) geht uns der Kummer des verlassenen Liebhabers durch Griegs sensible und zugleich gänzlich unsentimentale musikalische Gestaltung unwillkürlich zu Herzen.

Der Zyklus, ein Höhepunkt nationalen norwegischen Chorschaffens, ist geeignet, das Männerchor-Repertoire auch außerhalb Norwegens zu bereichern. Im Unterschied zu den meisten deutschen Fassungen von Griegs Gesängen beeinträchtigt die vorliegende deutsche Übersetzung von op. 30 nicht seinen ästhetischen Gehalt.

Grieg fühlte sich in Hardanger nicht nur zur Volksmusik seiner norwegischen Heimat, sondern auch zur nationalen Volksdichtung besonders hingezogen. In der Sammlung norwegischer Volkspoesie „Norske Folkeviser", die der Lyriker und Folklorist Magnus Brostrup Landstad im Jahre 1853 herausgegeben hatte, fand er die altnorwegische Ballade „Den Bergtekne" (auf deutsch: „Der durch die Berge Entrückte"), die an den Tannhäuser-Stoff und auch an die Szene Peer Gynts mit der Tochter des Bergkönigs erinnert. Es ist die Sage von dem Jüngling, der sich im Walde verirrte, von der Tochter des Riesen betört wurde, damit sein Glück verspielt hat und nun als Einsamer durch das Leben geht. Grieg war in jener Zeit seiner persönlichen Konflikte von diesem Stoff stark berührt und vertonte die Ballade, die in der deutschen Fassung den Titel *Der Einsame* erhielt, als op. 32 für Bariton-Solo, zwei Hörner und Streichorchester in einer äußerst konzentrierten Form, worüber er sich gegenüber Henry Finck äußerte: *Ich habe hier die gedrungene Knappheit des Stils, welche in der altnorwegischen Poesie so erschütternd zum Ausdruck gelangt, auch in der Musik erstrebt, und was ich darunter verstehe, ist es mir vielleicht in diesem kleinen Stück am besten zu zeigen gelungen.*[257]

Beeindruckend gelingt es Grieg in diesem nur etwa sieben Minuten dauernden Stück, die Gefühle der Einsamkeit, des Unverstandenseins, der Sehnsucht nach menschlicher Wärme und Liebe musikalisch zu gestalten. Eine gewisse Isoliertheit dieser knappen Ballade hätte durch Hinzufügung weiterer Vertonungen von Dichtungen aus Landstads Sammlung, die Grieg beabsichtigt hatte, ausgeschlossen werden können. So bezeichnete der Komponist das kleine Werk, das er hoch einschätzte, in einem Bericht über die Entstehung an seinen Biographen Gerhard Schjelderup selbst nur als ein „Bruchstück": *Zwischen den Bergen des Sørfjords in Winterstimmung, als ich dies und viel anderes vom besten meiner Werke (z. B. das Streichquartett) schrieb, bekam ich Landstads Volkslieder in die Hand. Ich suchte nach weiterem Text von derselben Art wie der von mir als „Bergtekne" bezeichnete. Ich wollte einen Chor und größeres Orchester mit verwenden. Aber ich fand nicht den Text, den ich suchte, und so entstand nur das eine Bruchstück. Es war in den Jahren 1877 bis 1878, ein bedeutungsvoller Abschnitt meines Lebens, reich an Begebenheiten und seelischen Erschütterungen.*[258]

Einen Höhepunkt in Griegs Liedschaffen bilden die *Zwölf Melodien auf Gedichte von A. O. Vinje* op. 33. Auch in ihnen wirkte der Aufenthalt des Komponisten in Hardanger nach, wenngleich die meisten von ihnen nicht dort, sondern im

Frühling 1880 in Bergen geschaffen wurden. Aus fast allen diesen Gedichten des norwegischen Lyrikers und Journalisten Aasmund Olafsson Vinje spricht eine innige Verbundenheit mit der Natur und den einfachen Menschen seiner norwegischen Heimat, von der sich auch Grieg in jener Zeit in besonderem Maße getragen fühlte. Grieg selbst äußerte gegenüber Johan Paulsen, daß *auch die Hardanger-Natur in diesen Liedern versteckt liege,*[259] und an Henry Finck schrieb er, Bezug nehmend auf die Vinje-Lieder: *In dem Album Band IV weht die Luft der Heimat. In diesen Liedern, welche sich von allen meinen früheren unterscheiden, schlug ich einen damals neuen Ton norwegischer Volkstümlichkeit an. Ich war ganz begeistert, als ich im Frühjahr 1880 die von tiefster Lebensweisheit erfüllten Gedichte von Vinje kennenlernte [...] A. O. Vinje war ein Bauer von Geburt. Er versuchte, durch seine Prosaschriften das norwegische Volk aufzuklären, und erlangte durch dieselben sowohl wie durch seine Gedichte eine große nationale Bedeutung.*[260]

Vinjes engagierte demokratische Haltung und seine enge Verbundenheit mit der Landbevölkerung und den ärmsten Volksschichten hatten ihn dazu geführt, seine Gedichte in Landsmål („Landessprache") zu schreiben, der auf norwegischen Bauerndialekten beruhenden Sprache, die 1929 die offizielle Bezeichnung Nynorsk („Neunorwegisch") erhalten sollte.[261] Grieg begeisterte sich während seines Aufenthalts in Hardanger im Umgang mit der Landbevölkerung an der Schönheit dieser Sprache, an ihrem Klang, am Reichtum ihres Wortschatzes und ihrer grammatikalischen Formen. *Welche Welt von ungeborener Musik!* schreibt er 1898 an Hulda Garborg, Bezug nehmend auf Landsmål.[262] Die in Vinjes Gedichten enthaltene *Lebensweisheit* mußte ihn in dieser sprachlichen Gestalt besonders anziehen.

Zwei Jahre lang, seit Grieg im Herbst 1878 Hardanger verlassen hatte, um in Köln der Uraufführung seines *Streichquartetts* beizuwohnen, hatte er kein einziges neues Werk geschaffen, obwohl er sich nach längeren Aufenthalten in Leipzig und Kopenhagen im Mai 1879 wieder in die Ruhe von Lofthus in Hardanger begeben hatte. So waren in ihm verstärkt Zweifel an seinem Vermögen als Komponist aufgetreten. Aus den meisten der Vinje-Gedichte spricht im Gegensatz zu der tiefen Resignation, die der Volksdichtung von Griegs Ballade *Der Einsame* zugrunde liegt, eine dem

Aasmund
O. Vinje

Leben zugewandte Haltung, wie sie aus überwundenem Leiden erwächst. Sie war geeignet, Grieg aus seiner unproduktiven Phase zu befreien.

Schon das erste der zwölf vertonten Gedichte, *Der Bursche,* von dem jungen Menschen, dessen Blick sich erst weitet und dessen Schöpferkraft sich erst entfaltet, nachdem er durch tiefes Leid gegangen ist, mußte Grieg in besonderem Maße ansprechen. Einen ähnlichen Gedanken enthält das Lied *Der Verwundete,* verbunden mit dem Bild des Frühlings, in dem die Erde sich erneuert und „Blumen entblühn aus den Tränen". Schmerz und Erlösung sind in der Melodie des Anfanges und des Schlusses eingefangen:

127   op. 33 Nr. 3
a) Takt 2–4

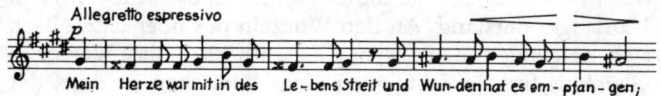

Mein Herze war mit in des Le – bens Streit und Wun-den hat es em – pfan – gen;

b) Takt 24–27 (Schluß)

Wie in dem sechs Jahre später entstandenen 3. Heft seiner *Lyrischen Stücke,* op. 43, hat schon in dieser Liedsammlung das Thema des Frühlings Grieg zu einer seiner schönsten Schöpfungen inspiriert. In dem Lied *Der Frühling* verleiht er der wehmutsvollen, dankbaren Freude eines Menschen Ausdruck, der noch einmal den Frühling in all seiner Schönheit erleben kann. In mehreren großen, breit strömenden Bögen steigert sich die Melodie bis zu ihrem Höhepunkt in den letzten Takten. Dabei wird die rhythmische Organisation der in sanfter Synkopierung ausschwingenden ersten vier Takte in den folgenden melodischen Phrasen beibehalten:

128 op. 33 Nr. 2
a) Takt 3–6 (Melodiebeginn)

Um so tiefer beeindruckt die Verlängerung der viertaktigen Phrase auf fünf Takte auf dem Kulminationspunkt:

b) Takt 24–28 (Ende der Melodie)

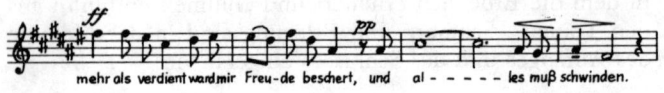

Eine gänzlich andere Schlußgestaltung erhält das Lied *An einem Bache,* das einzige dieser Liedreihe, das schon 1877 in Hardanger entstand. An den Wurzeln des über einen Bach sich neigenden Baumes nagt unaufhörlich das Wasser – Gleichnis für die Zuneigung eines Menschen zu dem, der ihm oft bitteres Leid verursacht. Der deklamatorische Anruf des Waldes, verbunden mit verhalten-schmerzvoller Harmonik, faßt dies zusammen:

129 op. 33 Nr. 5, Takt 26–31 (Schluß)

Die Popularität einiger der *Vinje-Lieder* in Norwegen beruht vor allem auf ihrer starken, vom Gehalt wie von der Betonung des Wortes bestimmten melodischen Substanz. Zwei von ihnen, das schon 1873 komponierte Lied *Die alte Mutter* (Nr. 7) und *Auf der Reise zur Heimat* (Nr. 9) werden sogar ohne Begleitung als Volkslieder gesungen.[263] Andererseits sind der Verbreitung der Lieder außerhalb Skandinaviens infolge ihrer starken Wortbezogenheit und ihrer aus dem Landsmål äußerst schwer übersetzbaren Texte Grenzen gesetzt.

Über seine für Streichorchester instrumentierten beiden Lieder *Der Frühling* und *Der Verwundete* und die Veränderung ihrer Titel in den *Elegischen Melodien* op. 34 schreibt Grieg im Jahre 1900 an Finck: *Die tiefe Wehmut der Gedichte erklärt die ernsten Klänge der Musik und veranlaßte mich, in der Bearbeitung für Streichorchester, wo die Gedichte nicht vorhanden sind, den Inhalt derselben durch ausdrucksvollere Überschriften zu verdeutlichen. Daher „Letzter Frühling", „Herzwunden".*[264]

Grieg hat die beiden klangvollen Stücke selbst oft mit großem Engagement und mit reichem Erfolg dirigiert. Über ihre erste deutsche Aufführung in Weimar schreibt er an Johan A. Budtz Christie, den mit ihm befreundeten Ortsgeistlichen von Lofthus: *Das erste Mal, daß ich sie vor einem deutschen Publikum aufführte, war in Weimar. Ich kann mich nicht erinnern, in meinem Leben oft so ergriffen gewesen zu sein. Ich*

231

wußte beinahe nicht, wo ich war, im Hoftheater in Weimar oder in
der wehmütigen, düsteren norwegischen Bergnatur. In Wahrheit war
ich an keiner der beiden Stellen, sondern schwebte im Raum auf den
Ätherschwingen der Harmonie.[265]

Während des Sommers 1881 schuf Grieg in Lofthus am
Sørfjord ein Werk, das noch einmal zum unmittelbaren
Ausdruck des Erlebens der Natur und der Volksmusik in
seinem geliebten Hardanger wurde: die *Norwegischen Tänze*
op. 35 für Klavier zu vier Händen. Schon im Dezember desselben Jahres kann ihm sein Verleger Abraham mitteilen:
„Ihre norwegischen Tänze werden schon jetzt, nachdem sie
kaum zwei Monate erschienen sind, ziemlich viel gespielt,
so daß an dem schließlichen Erfolg nicht zu zweifeln ist.
Die Stücke sind aber auch sehr charakteristisch und spielen
sich höchst angenehm, namentlich Nr. 2 ist entzük-
kend."[266]

„Höchst angenehm" betrifft sowohl den musikalisch reizvollen als auch den für das Spiel zu vier Händen außerordentlich günstig und klangvoll gestalteten Klaviersatz mittleren Schwierigkeitsgrades, womit die Tänze die vierhän-
dige Klaviermusik um ein wertvolles Werk bereichern. Wie
mit den *Lyrischen Stücken* hatte Grieg auch mit diesen Tänzen gute Unterrichtsliteratur schaffen wollen – *für bessere
Schüler,* wie er sich gegenüber Matthison-Hansen ausdrückte.[267] Er selbst spielte sie aber auch gerne mit seiner
Frau in öffentlichen Konzerten, so zum Beispiel auf seiner
großen England-Tournee im Jahre 1889 in London. Vor allem aber ging es Grieg um eine neue Art der Bearbeitung
originaler Volksmusik.

Alle vier Tänze bearbeiten Melodien aus Lindemans großer
Sammlung, das erste Stück den „Sinklar-Marsch" aus Vågå,
die drei übrigen Tänze haben Hallinge als Grundlage.
Durch Einbeziehung von Varianten des originalen Themas
oder eines seiner Teile und durch Hinzufügung frei erfun-
dener Abschnitte werden sie zu größeren Formen erweitert
und erhalten einen kontrastierenden mittleren Abschnitt.
Darüber hinaus hat die eigenständige harmonische Gestal-
tung Griegs wesentlichen Anteil an der Hebung dieser
Volkstänze in die Sphäre der Kunstmusik. Von besonderer
Anmut ist die von Grieg im zweiten Stück verwendete
Volkstanzmelodie:

130   op. 35 Nr. 2, Takt 1–4

Aus den letzten vier Takten dieses Themas entwickelt Grieg den kontrastierenden mittleren Abschnitt, indem er sie beschleunigt und von A-Dur nach fis-Moll versetzt. Besondere Ausarbeitung erhält das vierte Stück, dessen vital-widerborstiges Volkstanzthema in D-Dur mit synkopiertem Rhythmus erst nach einer längeren, von Grieg frei hinzugefügten Einleitung in d-Moll einsetzt:

131   op. 35 Nr. 4, Takt 39–46

Aus der Einleitung entwickelt der Komponist ein elegisches Kontrastthema in d-Moll mit lydischer Quarte, das im mittleren Abschnitt zusammen mit dem Hauptthema nach Art eines sinfonischen Satzes verarbeitet wird:

132   op. 35 Nr. 4, Takt 143–147

Grieg hat seine *Norwegischen Tänze* nicht selbst für Orchester bearbeitet, da er seine Fähigkeit zur Instrumentierung für großes Orchester in jener Zeit – vor allem im Vergleich zu Svendsen, den er hierin bewunderte – noch zu gering einschätzte. Am liebsten hätte er gesehen, die Instrumentierung wäre *von einem Franzosen, z. B. Lalo*,[268] übernommen worden, wie er an Abraham schrieb. Die im Jahre 1888 von dem tschechischen Bratschisten Hans Sitt vorgelegte wirkungsvolle Instrumentierung lehnte Grieg zwar nicht rundweg ab, fand aber, daß sie an einigen Stellen etwas grob wirke.[269] Sie wurde dennoch 1891 gedruckt, hat Griegs *Norwegische Tänze* in viele Konzertsäle der Welt getragen und verdiente Anerkennung gefunden.

Wirken in der Vaterstadt Bergen

Rückblickend schreibt Grieg im Jahre 1903 an seinen Biographen Gerhard Schjelderup: *Ich suchte Ruhe, Klarheit und Selbstvertiefung und fand dies alles im herrlichen Hardanger. Die Gegend wurde mir dermaßen lieb, daß ich mir eine kleine Arbeitshütte baute und in 4 bis 5 Jahren jeden Sommer immer wieder zurückkehrte. Aber endlich kam es mir vor, als ob die Berge mir nichts mehr zu erzählen hätten. Ich wurde dumm, wenn ich sie anschaute, und fand, daß es höchste Zeit war zu verschwinden.*[270]

Im Herbst 1880 war Grieg noch einmal eine feste berufliche Bindung eingegangen, die sich über zwei Jahre erstrecken sollte. Er übernahm die Dirigentenstelle der Konzertgesellschaft „Harmonien" in seiner Vaterstadt Bergen. Über diese Tätigkeit heißt es in dem angeführten Brief weiter: *Vom Herbst 1880 bis zum Frühling 1882 leitete ich, wie Sie wissen, „Harmonien". Es war ein Kontrast zum Leben in Lofthus! Wie unideal im Vergleich mit diesem, aber wie fördernd! Die Orchesterkräfte, vor allem die Bläser, waren schrecklich, und ich hielt es nach zwei Jahren nicht mehr aus. Ich hätte aber gewünscht, Sie hätten gehört, was wir in Schuberts C-Dur-Symphonie und einem Oratorium von Händel zustande brachten. Aus dem Chor machte ich wirklich etwas, ich geriet aber natürlicher Weise in Streit mit der Direktion, die mich weder verstehen konnte noch wollte, und ich watete förmlich in Dummheiten, anonymen Schweinereien und was alles dazu gehört.*[271]

Zu den angedeuteten Schwierigkeiten gehörte außer der anfänglichen geringen Qualität von Orchester und Chor ein mangelndes Verständnis, vor allem der Direktion, gegenüber Griegs durchgreifenden Maßnahmen bei Disziplinverstößen. So hatte Grieg einigen Chormitgliedern, die wegen eines Balles die Generalprobe zu einem Anthem von Händel versäumten, den Laufpaß gegeben und wurde deshalb heftig angegriffen. Ein andermal weigerte sich die Kirchenbehörde, die Genehmigung für die Aufführung von Mozarts Requiem in der Neuen Kirche zu erteilen, weil dies eine katholische Seelenmesse sei, die nicht in den evangelisch-lutherischen Gottesdienst gehöre. Das Werk mußte im Lokal des Arbeitervereins aufgeführt werden, einem für einen solchen Anlaß viel zu engen Raum, wie es in der Presse hieß. Griegs unbeugsame Energie und Zähigkeit sowie sein künstlerisches Verantwortungsbewußtsein führten dennoch zu einer Hebung des Konzertlebens in seiner Vaterstadt. Im Frühjahr 1881 schreibt er an Matthison-Hansen: *Ich sagte mir, wenn ich darauf eingegangen war, einen Winter meiner Vaterstadt zu schenken, so wollte ich auch mit all meinen Kräften dafür arbeiten, um in dieser Zeit den Kunstgeschmack einen Schritt nach vorn zu bringen.*[272]

Ein Unterschied zu Griegs Stellung und Wirken als Dirigent in Kristiania bestand jedoch darin, daß der Komponist inzwischen durch erfolgreiche Konzerte im In- und Ausland und durch die Verbreitung seiner Werke bereits internationales Ansehen erworben hatte. So wurde er schon vor Antritt seiner Dirigentenstelle in Bergen von der Zeitung „Bergenposten" mit Enthusiasmus als bedeutender Künstler begrüßt, von dessen Tätigkeit ein entscheidender Aufschwung im Musikleben Bergens zu erwarten sei. Auch trug dies dazu bei, daß Grieg in all seinem Ärger mit amtlichen Stellen auf stärkeren Rückhalt bei der Bevölkerung rechnen konnte.

Schon Griegs erstes Konzert am 22. Oktober 1880 wurde von der Presse mit hohem Lob bedacht. Hervorgehoben wurden die Präzision und das ausdrucksstarke Spiel des Orchesters, was noch nie zuvor ein Bergener Orchester gezeigt habe. Auch sei hier noch niemals ein so ausgezeichnet vorbereiteter Chor aufgetreten. Auf dem Programm dieses ersten Konzertes standen u. a. Beethovens Chorfantasie mit der hervorragenden norwegischen Pianistin Erika Lie-Nissen als Solistin und Svendsens „Norwegische Rhapsodie" Nr. 3. Als Einleitung spielte das Orchester zum Gedenken an den zwei Monate zuvor auf seinem Landsitz bei Bergen verstorbenen Ole Bull dessen in Norwegen noch heute oft gesungenes Lied „Seterjentens sondag" („Der Sennerin Sonntag").

Zum Abschluß der ersten Saison schreibt Grieg an Matthison-Hansen: *Nun habe ich 3 bis 4 Monate Sklavenleben hinter mir. Seit Neujahr 10 Konzerte, 3 „Harmonie"-Konzerte, 2 Wiederholungen, 3 Kammermusikabende und den Rest Sonderveranstaltungen für wohltätige Zwecke. Denn hier oben muß ein Künstler die Gelder herbeischaffen, mit denen herauszurücken die verdammte Pflicht und Schuldigkeit der Großkaufleute wäre.* Im übrigen zeigt der Brief, daß Grieg mit dem künstlerischen Ergebnis insgesamt zufrieden war: *Der Abschluß der Saison war ein vollständiger Triumph. Ich wurde mit Orchestertuschs empfangen, erhielt Lorbeerkränze und Blumen, und als ich nach Hause kam, eine schmucke Silberkanne vom Frauenchor.*[273]

Trotz der Sorge darüber, daß die anstrengende Dirigententätigkeit für seine kompositorische Arbeit keine Kraft übrigließ, verpflichtete sich Grieg noch zu einer zweiten Saison, die ebenso erfolgreich wie die erste wurde. Zu den größeren der aufgeführten Werke gehörten Svendsens Sinfonie in D-Dur, Saint-Saëns' „Danse macabre" und Griegs eigenes *Klavierkonzert.* Nach dem Abschlußkonzert mit Mendelssohns Oratorium „Elias", in dem Nina Grieg als Solistin mitwirkte, wurde Grieg vom Publikum stürmisch gefeiert, und die Musikgesellschaft „Harmonien" veranstaltete für ihn ein großes Abschiedsfest.

Wenn sich Grieg in Bergen aufhielt, wohnte er in der ehemaligen elterlichen Wohnung auf der Strandgate zusammen mit seinem drei Jahre älteren Bruder John. Dieser war wie Edvard Schüler des Leipziger Konservatoriums gewesen, hatte dort bei Friedrich Grützmacher und Karl Davidoff Violoncello studiert, wurde aber nicht Berufsmusiker, sondern trat als Teilhaber in die Firma seines Vaters ein. Während Griegs Dirigententätigkeit in Bergen musizierten die Brüder öfters zusammen und mit anderen Musikern der Stadt. Grieg widmete seinem Bruder die 1883 entstandene *Violoncellosonate* op. 36. Sie gehört jedoch – auch nach Griegs eigenem Urteil[274] – nicht zu seinen gelungensten Werken. Seine melodische und harmonische Substanz ist weit weniger phantasievoll als die der übrigen Kammermusikwerke Griegs. Dies betrifft vor allem den letzten Satz, der mit seinen zahlreichen Wiederholungen und Sequenzierungen ermüdend wirkt. Andererseits gibt das Werk dem Cellisten reiche Möglichkeiten seiner solistischen Entfaltung und eines klangvollen Zusammenspiels mit dem Klavier.

Zum wichtigsten Werk des Jahres 1883 wurde das zweite Heft der *Lyrischen Stücke,* op. 38, das mit seinen acht Nummern, unter ihnen als erste die berühmte *Berceuse,* die sechzehn Jahre zuvor mit op. 12 begonnene Reihe von Klavierstücken fortsetzte, die Griegs Namen in jedes musizierende Haus trug.[275]

Im Sommer 1883 reiste Grieg für längere Zeit nach Deutschland. Das Verhältnis zu seiner Frau hatte sich so zugespitzt, daß er beabsichtigte, von hier aus nach Paris zu gehen, um sich dort mit der sechsundzwanzigjährigen Malerin Leis Schjelderup zu treffen, mit der er zusammen in Bergen aufgewachsen war. Zunächst besuchte er die Uraufführung des „Parsifal" in Bayreuth, danach hielt er sich zwei Monate lang zusammen mit seinem belgischen Freund Frank van der Stucken in Rudolstadt in Thüringen auf, erhielt bei diesem täglich Unterricht in der französischen Sprache und übte Klavier, um sich auf seine bevorstehende Konzerttournee vorzubereiten, mit der er den Aufenthalt in Paris finanzieren wollte. Seine dreimonatige Konzertreise führte ihn nach Weimar[276], Dresden, Leipzig, Meiningen[277], Breslau, Köln, Frankfurt (Main), Karlsruhe und in mehrere holländische Städte. In Amsterdam wohnte er bei dem jungen Komponisten Julius Röntgen, der einer seiner besten Freunde werden sollte. Nach langen inneren Kämpfen, bei denen Grieg der intensive briefliche Austausch mit seinem Bergener Freund Frants Beyer eine Stütze war, gab Grieg jedoch die Reise nach Paris auf. Das Ehepaar traf sich zur Versöhnung zu Beginn des Jahres 1884 in Leipzig und fuhr danach für vier Monate nach Italien.[278]

Nach der Rückkehr in die Heimat erhielt Grieg von seiner Vaterstadt den Auftrag, anläßlich der Festlichkeiten zum 200. Geburtstag des Lustspieldichters Ludvig Holberg, des in Bergen geborenen „Molière des Nordens", zwei Kompositionen zu schreiben: eine Kantate für Männerstimmen, die bei der Enthüllung des Holberg-Denkmals am 3. Dezember 1884 auf dem Bergener Marktplatz erklingen sollte, und ein neues Instrumentalwerk. Zeigt die von Grieg nur als ein Pflichtstück betrachtete *Holberg-Kantate* nur wenig von Griegs Eigenart,[279] so schuf er mit der Suite *Aus Holbergs*

Holberg-Denkmal
in Bergen

Zeit op. 40 eins seiner reizvollsten Instrumentalwerke, das von seinem musikantischen Schwung und seiner Jugendfrische, seiner Grazie und anmutsvollen Besinnlichkeit auch heute, nach mehr als hundert Jahren, nichts eingebüßt hat.

Grieg wählte für das Werk, das er selbst scherzhaft als ein *Perückenstück* bezeichnete, stilisierte alte Tanzformen der französischen Suite aus der Zeit Holbergs, durchdringt sie aber mit seiner eigenen musikalischen Sprache. Die erste Fassung schuf Grieg für Klavier; er spielte sie selbst am 7. Dezember in Bergen. Kurz darauf instrumentierte er das Werk auch für Streichorchester. Im Frühjahr 1885 schreibt er Abraham über ein Konzert, das er in Bergen mit dieser Fassung der Holberg-Suite gegeben hatte: *Ich war sehr gespannt, das Perückenstück zu hören, und wie groß war meine Freude, daß es so gut gelang, daß ich das Konzert einige Tage nachher wiederholen mußte.*[280] An die ursprüngliche Klavierfassung erinnert noch die Widmung *An Frau Erika Lie-Nissen;* im übrigen aber könnte die alle Möglichkeiten des Streicherklanges nutzende Instrumentierung Zweifel darüber aufkommen lassen, welche der beiden Fassungen die ursprüngliche ist.

In den beiden Außensätzen, dem spielfreudigen Präludium und dem übermütigen Rigaudon, wird der laufenden Sechzehntel- bzw. Achtelbewegung erst in den kadenzierenden Schlußtakten mit kräftigen Viertelakkorden nach Händelscher Manier Einhalt geboten. In besonderem Maße zeigt sich Griegs individuelle Handschrift in der harmonischen Gestaltung der graziösen Gavotte, des dritten Satzes der Suite. Von großem Reiz, die Anmut und zugleich die Verhaltenheit des Satzes steigernd, ist bereits der ausgehaltene Akkord des zweiten Taktes, ein Septnonakkord der 7. Stufe mit Septime als Melodieton und None im Baß:

133   op. 40 Nr. 3 (Gavotte), Takt 1–4

Die beiden nachdenklichen Sätze der Suite, die Sarabande (Nr. 2) und das Air (Nr. 4), lassen vor allem durch ihre sparsam und zugleich ausdrucksstark eingesetzten chromatischen Fortschreitungen im Baß und in den Mittelstimmen Griegs Individualität erkennen. So entfaltet sich das an Bach erinnernde Air als eine der schönsten und ausdrucksstärksten Schöpfungen Griegscher Kunst:

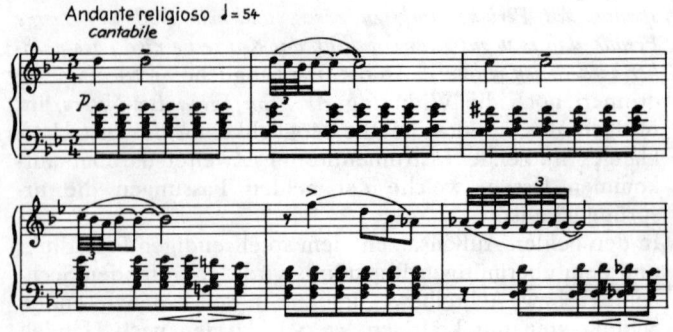

Dieses Stück wird in Norwegen als Streichersatz bei besonderen festlichen Anlässen dargeboten. So erklang es auch bei der feierlichen Verleihung des Weltfriedenspreises 1988 in Oslo.

Troldhaugen. Die 3. Violinsonate

Spätestens zu Beginn des Jahres 1884 wuchs in Grieg der Wunsch, durch den Bau eines eigenen Hauses das jahrelange unstete Wanderleben zu beenden. Im März 1884 schreibt er von Rom aus an Beyer: *Etwas schreit in mir: ein Heim, ein Heim! Nur mit ihm kann ich etwas vollbringen, und das ist höchste Zeit! Aber es geht mir damit wie so manches Mal in der Kunst: ich suche nach der Form. Ein Heim für nur ein oder zwei Jahre, das aufreibt, habe ich satt. Eine Reise kann gewiß weiterhin etwas Anziehendes haben, aber das unstete Leben als solches betrachtet nicht. Und ein festes Heim im Ausland, das glaube ich nicht, daß ich das lange aushielte. Die Sehnsucht würde mich verzehren [...]*[281]
Mit großem Interesse verfolgte Grieg aus der Ferne den Bau von Beyers Haus Næsset, das in jener Zeit auf einer Anhöhe am herrlichen Nordåssee in der Nähe von Bergen errichtet wurde. Zum Richtfest beglückwünschte Grieg den Freund: *Du Glücklicher! daß Du den Kranz auf Dein Haus setzen konntest! ja, was gäbe ich nicht für einen solchen Kranz! 10000 Lorbeerkränze!*[282]

Der Bau dieses Hauses bestärkte Grieg und seine Frau in ihrem Wunsch nach einem eigenen Heim. Schon im Sommer 1884 ergab sich die Möglichkeit zum Erwerb eines Grundstücks ebenfalls am Nordåssee, acht Kilometer südlich von der Stadtmitte Bergens. Es lag gegenüber von Beyers Haus, ebenfalls auf einem Hügel, umgeben von Trolddalen (Troldtal), einer Talsenke, und sollte daher den Namen Troldhaugen (Troldhügel) erhalten. Grieg war von der Umgebung begeistert. Abgesehen von der Nähe zu dem geliebten Freund, mit dem ihn in den kommenden Jahren eine kurze Bootsfahrt über den See fast täglich verbinden sollte, bestand ein besonderer Vorzug dieses Platzes im Vergleich zu dem relativ isolierten Hardanger in der Nähe zur Stadt Bergen.

Vom Spätherbst 1884 an überwachte Grieg von Bergen aus

Griegs Wohnhaus Troldhaugen bei Bergen. Foto um 1985

den Bau des Hauses, das im viktorianischen Stil der Zeit mit großer Veranda und Turm errichtet wurde und sich zugleich in unaufdringlicher Eleganz in die Landschaft einfügte. Im Frühling 1885 schreibt Grieg an Abraham: *In diesen Tagen weiß ich wahrhaftig nicht, ob ich Musiker oder Baumeister bin. Jeden Tag geht's mit der Bahn hinauf nach der Villa und zurück. Alle Ideen werden dort oben verbraucht, und ungeborene Werke werden massenhaft von dem Erdboden verschluckt. Wenn Sie einmal kommen, brauchen Sie nur zu graben, und norwegische Chor-, Orchester- und Klaviersachen quellen aus der Erde heraus! Daß sie wie Erbsen und Kartoffeln und Radieschen aussehen, darf uns nicht irremachen. Denn es steckt wirklich Musik darin.*[283]

Schon einige Wochen später konnten die Griegs ihr neues Haus beziehen, das von nun an die zentrale Stätte ihrer Arbeit und ihres geselligen Lebens werden sollte, wenngleich sie wegen des rauhen Klimas in den meisten Jahren nur die Sommermonate dort verbrachten.

Noch heute, nach mehr als hundert Jahren, läßt sich der Besucher Troldhaugens von der besonderen Atmosphäre dieses Hauses umfangen, von seinem idyllischen Ausblick auf eins der schönsten Gebiete norwegischer Seen- und Berg-

Wohnraum in Griegs Haus Troldhaugen

landschaft, von seiner aus Griegs Zeit erhaltenen Innenausstattung mit den Holzverkleidungen und dem noch immer funktionstüchtigen Steinway-Flügel, von der „Erinnerungsecke" mit vielen der persönlichsten Gegenstände Griegs, wie seinem strapazierten Reisekoffer und den ihm von aller Welt überreichten Lorbeerkränzen. Weiter unten am Wasser findet der Besucher auch das kleine Komponistenhäuschen, das Grieg 1891 bauen ließ, das sich jedoch bald als zugig und feucht erwies, so daß sich Grieg schon im Winter 1891/92 ein rheumatisches Leiden zuzog. Einige der Kammerkonzerte des jährlichen Internationalen Festivals der Stadt Bergen, vorwiegend mit Werken Griegs, finden noch heute in der Villa Troldhaugen statt, die allerdings nur eine kleine Besucherzahl erfassen kann. Im hundertsten Jahr des Bestehens von Troldhaugen, 1985, wurde daher unmittelbar neben Griegs Haus ein neues Gebäude, die Troldhalle (Troldsalen), fertiggestellt, in der seither die meisten Kammerkonzerte des Festivals, ebenfalls unter besonderer Berücksichtigung der Kompositionen Griegs, durchgeführt werden.[284]

So leidenschaftlich sich Grieg nach dieser schönen Heimstatt gesehnt hatte, so sollte sich doch sein Verhältnis zu ihr nicht durchweg glücklich entwickeln. Vor allem waren es das rauhe Klima und die Isoliertheit während der Wintermonate, die ihn immer wieder in die südlicher gelegenen Städte und Länder ziehen ließen. Wie stark jedoch letzten Endes seine Bindung an Troldhaugen war, geht aus seinen sehnsuchtsvollen Briefen hervor, die er vom Ausland aus in die Heimat, vor allem an seinen Freund Beyer, schrieb. So erhalten wir aus mehreren dieser Briefe auch Kenntnis davon, daß diese Sehnsucht und sein Erleben des Frühlings in Troldhaugen zur stärksten Triebkraft für die Komposition des dritten Heftes seiner *Lyrischen Stücke,* op. 43, von 1886 werden sollte, das zu den wertvollsten dieser Reihe gehört.[285]

Im Jahre 1886 schuf Grieg sein letztes vollendetes Kammermusikwerk, die *Violinsonate c-Moll* op. 45. Zwanzig Jahre waren seit seiner *2. Violinsonate* op. 13 vergangen. In Troldhaugen fand er die Ruhe und Konzentration, um sich nach einer so langen Zeit erneut dieser anspruchsvollen kammermusikalischen Gattung zu widmen. Aus einem Brief Griegs

Nina Grieg. Gemälde von Franz von Lenbach, 1884

an Abraham geht hervor, daß auch Teresina Tua, die damals zwanzigjährige ausgezeichnete italienische Violinistin, die als einer der vielen Besucher des gastfreien Troldhaugen im Herbst 1886 bei den Griegs weilte, die Komposition dieser Violinsonate befördert hat. Humorvoll schreibt Grieg in diesem Brief vom November 1886 über die von ihm als „Geigenfee" bezeichnete Virtuosin: *Diese Fee ist aber auch ein allerliebstes Wesen, und wenn ich wieder etwas für die Violine verbreche, ist sie schuld daran.*[286]

Gewidmet wurde das Werk jedoch dem deutschen Maler Franz von Lenbach, der Nina Grieg nach der Versöhnung der Eheleute während ihres Aufenthalts in Rom porträtiert hatte. Das schöne Gemälde hängt in der Villa Troldhaugen. Grieg hatte 1884 darüber an Beyer geschrieben: *Das soll eine Zierde für das Heim werden, von dem ich immerzu träume.*[287]

Griegs *3. Violinsonate* wurde am 10. Dezember 1887 im Leipziger Gewandhaus durch Adolf Brodsky und Grieg mit außerordentlichem Erfolg uraufgeführt.[288] Bereits kurze Zeit nach dem Druck seien schon 1500 Exemplare verkauft worden, berichtet Grieg seinem Freund im März des folgenden Jahres.[289]

Wenn Grieg die dritte seiner Violinsonaten im Vergleich zu den ersten beiden als die *mit dem weiteren Horizont*[290] bezeichnet, so bezieht sich das vor allem auf die breiter ausladenden Themen aller drei Sätze. Sie weisen auch nicht die gleiche Nähe zu Lied- und Tanzmelodien auf wie die beiden vorhergehenden Violinsonaten, sondern erscheinen von vornherein in noch höherem Maße aus der Spezifik eines kammermusikalischen Werkes mit Violine und Klavier konzipiert.

Schon das akkordbegleitete leidenschaftlich-düstere Thema zu Beginn des 1. Satzes bleibt nicht auf wenige Takte begrenzt, sondern weitet sich durch Sequenzierung wie durch Verwandlung in ein neues, von Klaviertremoli begleitetes Thema zu einem breiten Themenkomplex aus:

135 op. 45, 1. Satz
a) Takt 1–2

b) Takt 23–25

Auch das liebliche Seitenthema in Es-Dur, dem die nach-
schlagenden Klavierakkorde einen drängenden Ausdruck
verleihen, erhält eine breite Ausweitung:

136   op. 45, 1. Satz, Takt 59–66

Es wird anschließend nicht nur in kühner harmonischer
Rückung nach Ges-Dur wiederholt, sondern durch Absplit-
terung seiner Teilmotive in einem durchführungsähnlichen
Abschnitt verarbeitet. Einen noch größeren Atem besitzt
das dritte Thema in B-Dur, das vom ersten Motiv des ersten
Themenkomplexes abgeleitet wurde, jedoch in seinem dreifachen Piano, durch Versetzung in hohe Lage und harfen-
ähnliche Begleitung mit absteigender chromatischer Baßlinie einen ätherischen Charakter erhält:

137   op. 45, 1. Satz, Takt 145–151

Die Funktion der kurzen Durchführung mit Teilen des ersten und dritten Themas zielt auf eine große Steigerung;
beim Eintritt der Reprise, die mit der Wiederaufnahme aller drei Themen dem klassischen Formprinzip folgt, erreicht sie ihren Höhepunkt. Die nochmals das Anfangsmo-

tiv aufgreifende Coda holt im Presto zu einer kraftvollen Schlußsteigerung aus.

Der Tonartwechsel vom düsteren c-Moll des Kopfsatzes zum lichten E-Dur des 2. Satzes hat eine ähnlich faszinierende Wirkung wie der Übergang vom a-Moll des 1. Satzes zum entfernten Des-Dur des Adagios in Griegs *Klavierkonzert*. Der 2. Satz der *Violinsonate* besitzt die von Grieg besonders oft und vielfältig gestaltete dreiteilige Form ABA'. Im Unterschied zu den langsamen Sätzen der vorhergehenden Violinsonaten ist jedoch auch hier das ausdrucksstarke Thema des A-Teiles breit entfaltet. Allein das solistische Klavier widmet ihm zu Beginn 44 Takte:

138   op. 45, 2. Satz, Takt 1–8

Der schnelle, vorwärtsdrängende Mittelteil (B) bildet in Tempo, Artikulation und Harmonik sowie mit seinen synkopierten Begleitakkorden hierzu den größtmöglichen Gegensatz. Grieg schuf mit dieser Romanze einen seiner schönsten Instrumentalsätze.

Der 3. Satz gestaltet sein erstes Thema in einem ausgedehnten Frage-und-Antwort-Spiel zwischen der Violine und der linken Hand der Klavierstimme, begleitet von harfenartigen Dreiklangsbrechungen der rechten Hand:

139   op. 45, 3. Satz, Takt 3–6

Auch dieses Thema wird bereits verarbeitet, bevor das breit angelegte kantable zweite Thema einsetzt, das sich im Verlauf von 79 Takten bis zum dynamischen und klanglichen Höhepunkt steigert:

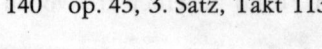

Der zweite Teil dieses Satzes konstituiert sich aus der etwas
veränderten Wiederholung des ersten und zweiten Themas.
Ihm folgt eine Prestissimo-Coda mit dem ersten Thema,
diesmal jedoch von c-Moll nach C-Dur versetzt, die sich
ebenfalls vom Pianissimo zum Fortissimo steigert.

Griegs *3. Violinsonate,* deren 1. Satz in einer kämpferisch-lei-
denschaftlichen Haltung endet, erhält somit einen sieghaften Ausgang. Im Gewicht und in der Intensität seiner Aussage, der Originalität seiner Thematik, die stets die
Handschrift des großen Norwegers erkennen läßt, und in
der souveränen Formgestaltung stellt sich das Werk neben
die in derselben Zeit entstandene Violinsonate in A-Dur
von César Franck.

6. Auf der Höhe internationalen Ruhmes (1887–1907)

Seit dem Ende der achtziger Jahre galt Grieg als einer der bedeutendsten Komponisten seiner Zeit. Er wurde mit Einladungen zu Konzerten im In- und Ausland überhäuft und mit Orden und Titeln aus aller Welt geehrt. Hierzu gehörten die Promotion zum Doctor honoris causa sowohl von Cambridge (1894) wie von Oxford (1906), die Ernennung zum Korrespondierenden Mitglied der Akademie der Schönen Künste in Paris (1891) und zum Mitglied der Akademie der Künste in Berlin (1897). Jubiläen Griegs, wie der 25. Jahrestag seiner Tätigkeit als Konzertgeber in Kristiania im Jahre 1891, seine Silberhochzeit 1892 oder sein 60. Geburtstag 1903, wurden durch vielfältige Ehrungen und große Beteiligung der norwegischen Bevölkerung zu Volksfesten.

Im Gegensatz zu der Aktivität, die Grieg als Interpret gerade in den letzten zwanzig Jahren seines Lebens entfaltete, steht jedoch die relativ geringe Anzahl neugeschaffener bedeutsamer Kompositionen dieses Zeitabschnitts. Der Hauptgrund dafür liegt in der abnehmenden körperlichen Leistungsfähigkeit Griegs. Sie äußerte sich vor allem in konstitutioneller Schwäche der Atmungsorgane als Folge der nie ausgeheilten Lungenerkrankung in seiner Jugend. Immer wieder klagt Grieg in den Briefen an seine Freunde über fieberhafte Katarrhe, die ihn oft wochenlang ans Bett fesselten, und mit zunehmendem Alter über asthmatische Beschwerden. Mangelnde Inspiration und geringere Fähigkeit zu konzentrierter schöpferischer Tätigkeit, die kompositorische Arbeit erfordert, waren in solchen Perioden die Folgen. Überdies zehrten die Anstrengungen der Konzertreisen an seinen körperlichen und geistigen Kräften. Andererseits waren sie es, in denen Grieg sein Verlangen nach erfolgreicher musikalischer Tätigkeit, nach neuen musikalischen Eindrücken und nach internationaler Anerkennung stillen konnte.

Griegs *3. Violinsonate* op. 45 von 1886 war sein letzter Beitrag zur großen Form. Die Nichtvollendung eines zweiten *Streichquartetts* in F-Dur (ohne Opusnummer), von dem nur

Grieg im Kreise norwegischer Musiker. Sitzend von links: die Sängerin Amalie G. Harloff, Agathe Backer Grøndahl, Edvard Grieg, Gerhard Schjelderup, Erika Lie-Nissen, Iver Holter; stehend von links: Ole Olsen, Thorvald Lammers, Christian Cappelen, Johan Halvorsen, Nina Grieg, Johan Svendsen, Christian Sinding

zwei Sätze aus dem Jahre 1891 vorliegen, belastete Grieg bis zum Ende seines Lebens. Ein von Bjørnson im gleichen Jahre geschaffener Text zu einem Friedensoratorium, den Grieg selbst enthusiastisch angeregt hatte, blieb – abgesehen von einer unbedeutenden Liedkomposition[291] – unvertont: *Ich habe die Aufgabe nicht bewältigt, teils, weil der Text breiter angelegt war, als ich ihn mir gedacht hatte, und vor allem, weil meine Gesundheit damals den ernsten Knacks erhielt, der meine schöpferische Energie von Grund auf erschütterte,* bekennt Grieg fünf Jahre später gegenüber Bjørnson.[292]

Eine Reihe wichtiger Orchesterbearbeitungen von früher geschaffenen Kompositionen entstehen seit dem Ende der achtziger Jahre, unter ihnen die beiden *Peer-Gynt-Suiten* op. 46 und op. 55, die *Szenen aus „Olav Trygvason"* op. 50 und die *Drei Orchesterstücke aus „Sigurd Jorsalfar"* op. 56.

Als neue Werke schuf Grieg zwischen 1888 und 1901 sieben weitere Hefte der *Lyrischen Stücke.* Zu den auf Vorschlag Griegs[293] 1902 in einem Band vereinigten nunmehr zehn Heften schreibt Hermann Kretzschmar ein Vorwort, das den hohen Wert der Sammlung zur Förderung einer niveauvollen Hausmusik unterstreicht.

Auf zwei weiteren Gebieten hat Grieg in diesem letzten Lebensabschnitt Bedeutendes geschaffen: in einer Reihe von Liedvertonungen, insbesondere seinem Liedzyklus *Das Kind der Berge (Haugtussa)* op. 67, und nochmals in der Bearbeitung norwegischer Volksmusik, vor allem den Klavierwerken *19 Norwegische Volksweisen* op. 66 und *Slåtter (Norwegische Bauerntänze)* op. 72, sowie in seinem letzten Werk, den *Psalmen* op. 74.

Konzerttriumphe und Ehrungen

Griegs Aufenthalt im Herbst und Winter 1887/88 in Leipzig mit der Uraufführung seiner *3. Violinsonate* bildete den Beginn der bisher längsten Kette überaus erfolgreicher Auslandsgastspiele. Innerhalb der folgenden zweieinhalb Jahre bis zum Frühjahr 1890 kehrte er nur zu kurzen Aufenthalten in die Heimat zurück. In dieser Zeit gastierte er zum ersten Mal in den Musikmetropolen London (1888), Berlin (1889) und Paris (1889/90), wirkte außerdem 1888 bei den

Musikfestspielen in Kopenhagen und Birmingham mit, trat 1889 in Zusammenhang mit einer zweiten Londoner Konzertreihe in Manchester auf, danach in Brüssel sowie zu Beginn des Jahres 1890 mit der Stuttgarter Hofkapelle und dem Leipziger Gewandhausorchester.

Den überwältigenden Erfolgen von Griegs Auftritten ging in den meisten Fällen eine stürmische Begrüßung durch das Publikum voraus, die erkennen ließ, daß seine Musik bereits weit über die Grenzen seines Vaterlandes gedrungen war und die Herzen der Musikliebhaber in aller Welt gewonnen hatte.

Über den Empfang bei seinem ersten Londoner Konzert mit der Royal Philharmonic Society am 3. Mai 1888 schreibt Grieg an Beyer: *Als ich mich in der Türöffnung zum Orchester zeigte, brach in der mächtigen, bis zum letzten Platz gefüllten Halle (St. James Hall) ein Jubel los, so stark und endlos – ich glaube, über drei Minuten lang –, daß ich nicht wußte, was ich machen sollte. Ich verbeugte mich immer wieder nach allen Seiten, aber das wollte nicht aufhören. Ist das nicht verwunderlich? In einem fremden Land.*[294]

Über sein erstes Auftreten in Paris am 22. Dezember 1889 mit dem Colonne-Orchester berichtet er: *Ich wurde wie ein lieber Freund mit lang anhaltendem Beifall empfangen,*[295] und im „Figaro" heißt es dazu: „Das Pariser Publikum begrüßte seinen Eintritt mit Rufen und Beifall, wie sie Mozart und Weber niemals hörten."[296]

Eine Besonderheit von Griegs Konzerten bestand darin, daß der Komponist in ihnen nicht nur als Dirigent seiner Werke, sondern auch pianistisch als Solist und Begleiter wirkte, und daß häufig mit ihm zusammen auch seine Frau Nina als Interpretin seiner Lieder auftrat, mitunter zusätzlich als Partnerin im vierhändigen Klavierspiel.[297] Die hierbei erreichte kompetente Interpretation und das historisch einmalige Zusammenwirken dieses Künstlerehepaares müssen auf die Zuhörer einen besonderen Reiz ausgeübt haben.

Griegs Klavierspiel fand bei seinen Zeitgenossen hohe Anerkennung. Über die Wiedergabe seines *Klavierkonzerts* bei seinem ersten Londoner Auftreten schreibt der „Daily Telegraph", sie sei im Hinblick auf Virtuosität zwar nicht sensationell gewesen, jedoch klar, ausdrucksstark und geistvoll und habe einen Künstler gezeigt, der in erster Linie Kom-

ponist und erst in zweiter Pianist sei.[298] Auch die „Times"
hebt die „voix de compositeur" (Stimme des Komponisten)
in der Interpretation hervor, die seinen Werken „einen besonderen Charme gibt [...], so daß die Wiedergabe des bekannten Werkes zu einer Offenbarung wurde"[299]. Frank van
der Stucken faßte in späteren Jahren seinen Eindruck von
Griegs Klavierspiel in die Worte: „Grieg ist der originellste
Pianist, den ich je gehört. Obgleich seine Technik dadurch
etwas gelitten hat, daß ein schwerer Wagen eine seiner
Hände fast zerquetschte und daß er seit seiner Jugend nur
mit einer Lunge atmen konnte, ist seine Vortragsweise
doch einzigartig. Während ihm die Breite, die die Virtuosen von Profession seinen Werken zu geben pflegen, fehlt,
ersetzt er dies durch eine sehr poetische Auffassung der lyrischen Teile und durch einen wunderbar scharfen und frischen Rhythmus."[300]

Grieg hat in Leipzig noch ein Jahr vor seinem Tode einige
seiner Klavierstücke in das damals modernste Aufnahmege-
rät Welte-Mignon eingespielt, darunter *Schmetterling* und
Vöglein aus op. 43, die auf Schallplatte übertragen wurden.[301]
Die Interpretationen beeindrucken noch heute durch die
Frische und zugleich Poesie ihres Ausdrucks, der sich vor
allem aus der Verbindung schneller Tempi mit relativ reicher Agogik ergibt.

Über Griegs Leistung als Dirigent schreibt der „Daily Telegraph" nach seinem ersten Londoner Konzert, man habe
kaum jemals ein besseres Zusammenspiel des Orchesters
gehört als unter dem „Wunder-Taktstock" Griegs. Vor allem
hebt der Rezensent den unmerklichen Übergang des all-
mählichen Decrescendo in die absolute Stille am Schluß der
Zwei elegischen Melodien op. 34 für Streichorchester hervor.[302]
Die hohe Wertschätzung Griegs als Dirigent spricht auch
aus den Worten von Sir George Grove nach einem Konzert
in Birmingham im Sommer 1888: „Sehr interessant war
Griegs Ouvertüre gestern abend und wie er sie dirigierte.
Wie er es fertigbrachte, sein Orchester so zu begeistern, solche kraftvollen Ausbrüche und so viel Gefühl aus ihm her-
auszuholen, weiß ich nicht." Die eigene Begeisterung führt
den Rezensenten sogar dazu, Grieg mit Beethoven zu ver-
gleichen: „Ich fand, daß er im Gesicht Beethoven sehr ähnlich sieht und daß seine Art zu dirigieren, wenn auch nicht

so extravagant, so doch an ihn erinnern dürfte."[303] Frank van der Stucken betont: „Als Dirigent bringt er aus jedem Orchester das heraus, was er zur guten Aufführung seiner Werke braucht."[304]

Zeit seines Lebens hielt Grieg seine Frau Nina für *die einzig wahre Interpretin*[305] seiner Lieder, für deren Komposition sie auch die stärkste Anregerin gewesen war. Da ihr leichter, heller Sopran und ihre unkonventionelle, in erster Linie auf den Wortgehalt gerichtete Vortragsweise nicht dem damals vorherrschenden Ideal einer Gesangsvirtuosin entsprach, war sie in früheren Jahren, vor allem in Kristiania und Stockholm, mitunter ungerecht beurteilt worden. Um so mehr erfreuten Grieg die Erfolge, die sie seit den achtziger Jahren errang. Begeistert berichtet er Beyer von dem Londoner Kammerkonzert am 16. Mai 1888, bei dem er zusammen mit Nina und der Violinistin Wilhelmine Norman-Neruda auftrat: *Der gestrige Abend war herrlich. Nina sang vortrefflich und machte unglaubliches Glück. Viele Lieder da capo, „Brautzug" da capo, im ganzen allgemeiner Jubel und massenweise Hervorrufe. Frau Norman-Neruda hervorragend* […][306]

Die „Times" schreibt über die Leistungen Nina Griegs in diesem Konzert, „daß die Sängerin in Liedern wie *Dem Lenz soll mein Lied erklingen* und *Guten Morgen* aus dem gleichen Grund und im gleichen Sinne wie Grieg am Klavier unübertrefflich war"[307].

Seinen Bericht aus London über die Ergebnisse der Englandtournee des folgenden Jahres 1889 beginnt Grieg mit den Worten: *Seit ich hier bin, habe ich, nein, haben w i r, meine Frau und ich, nur „kolossale Erfolge" zu verzeichnen* […] und beendet ihn: *Meine Frau ist so ein Liebling des Publikums geworden, daß ich ganz neidisch bin.*[308]

Das Besondere von Nina Griegs Sängerpersönlichkeit verdeutlicht ein anschaulicher Bericht des Pariser Korrespondenten der englischen Zeitung „Truth" nach dem Pariser Konzert vom 4. Januar 1890: „Stellen Sie sich eine Konzertsängerin vor, die alle die üblichen Kennzeichen der ‚Künstlerin von Profession' verschmäht hat: ohne ein Bukett, nicht geschminkt, gleichgültig gegenüber Krähenfüßen, mit kurzgeschnittenem Haar, irgendwie gekämmt, in einem hochgeschlossenen braunen Seidenkleid, das durch eine Halskette mit großem Anhänger aus silberner Filigranarbeit im nor-

ST. JAMES'S HALL.

※ ※ ※ ※

HERR

EDVARD GRIEG'S
～ Evening · Concert, ～

ON

WEDNESDAY, MAY 16, 1888,
AT HALF-PAST EIGHT O'CLOCK.

～→ Programme of Works by Edvard Grieg. ←～

PART I.

1. SONATA in F major, Op. 8, for Piano and Violin.
   - *a.* Allegro con brio.
   - *b.* Allegretto quasi Andantino.
   - *c.* Allegro molto vivace.

   Madame NORMAN-NERUDA and THE COMPOSER.

2. SONGS .... {
   "Two eyes of brown."
   "I love thee."
   "Wandering in the wood."

   Madame NINA GRIEG.

6. PIANO SOLO... {
   a. "On the mountains"
   b. Norwegian bridal procession passing by (from Op. 19)

   THE COMPOSER.

PART II.

4. ROMANCE and FINALE (Piano and Violin) (from Op. 45).

   Madame NORMAN NERUDA and the COMPOSER.

5. SONGS... .... {
   a. "My song shall be thine, sweet springtime"
   b. "In the summer evening"
   c. "Good morning"

   Madame NINA GRIEG.

6. PIANO SOLO {
   a. "Alla Menuetto" (from Op. 7)
   b. "Humoresken" (from Op. 6)
   c. Norwegian folk-songs and dances (from Op. 17)
   Jölstring—national dance.
   Lok—pastorale.
   Stabbe Låt—national dance.

   THE COMPOSER.

～→❀←～

Sofa Stalls, 10s. 6d.   *Stalls,* 7s. 6d.   *Balcony,* 3s.
Admission, One Shilling.

Tickets to be obtained of Stanley Lucas, Weber & Co., 84, New Bond Street ; Mitchell, Royal Library, 33, Old Bond Street ; Lacon & Ollier, 168, New Bond Street ; Bubb, 167, New Bond Street ; Ollivier, 38, Old Bond Street ; Edmund Dowling, 140, New Bond Street ; Keith, Prowse & Co., 48, Cheapside ; A. Hays, 4, Royal Exchange Buildings, and 26, Old Bond Street ; Grosvenor Gallery Library, New Bond Street ; and of

Chappell & Co., 50, New Bond Street, and at Austin's Ticket Office, St. James's Hall.

Programm eines Konzertes in London unter Mitwirkung von Edvard und Nina Grieg

Herzogliches Hoftheater.

Sonntag, 11. November 1883.

Zweites Abonnements-Concert

der

Hofcapelle.

unter Leitung des Herrn von Bülow und gefälliger Mitwirkung des Componisten und Pianisten Herrn Edvard Grieg aus Bergen (Norwegen).

Programm:

1) **Hector Berlioz**: Ouverture zu Shakspeare's Tragödie „König Lear"
2) **Edvard Grieg**: Concert für Klavier mit Orchester, Klavier: Der Componist. — Direction: Hofcapellmeister: **Mannstädt**.
3) **Edvard Grieg**: Zwei elegische Melodien für Streichorchester:
   a) Herzwunden, ⎫ unter Leitung des Componisten.
   b) Letzter Frühling. ⎭
4) **Edvard Grieg**: Aus dem Volksleben für Klavier:
   a) Auf den Bergen.
   b) Norwegischer Brautzug im Vorüberziehen.
5) **Joseph Rheinberger**: „Wallenstein" Sinfonisches Tongemälde für Orchester.

Anfang: 5 Uhr. Ende: 7 Uhr. Kasseneröffnung 4 Uhr.

Konzertankündigung im „Meininger Tageblatt" am 9. und 10. November 1883

wegischen Stil etwas belebt wird [...] Die Zartheit, Reinheit, das Pathos, womit sie ihren Gesang erfüllte, waren über alles Lob erhaben. Sie ging ganz im Lied auf und kümmerte sich nicht um Nina Grieg, wie sie aussah oder was die Leute von ihr dachten. Jede Nummer fand enthusiastischen Beifall."[309]

Grieg schreibt über dasselbe Pariser Konzert an Abraham: *Der englische Beifall ist allerdings was Einziges, aber hier war außer dem riesigen Applaus und den zahllosen Hervorrufen ein so sonderbares Entzücken mitten in den Stücken, – jedenfalls echt französisch. Meine Frau sang so innig und schön und hatte sich eines riesigen Sukzeß zu erfreuen, nach Brautzug mußte ich wieder ans Klavier [...] Nachher war eine Cour, noch größer als damals in Philharmonic Society in London [...].*[310]

Große Resonanz des Publikums hatte auch Griegs erstes Auftreten mit den Berliner Philharmonikern zu Beginn des Jahres 1889 ausgelöst. Wie bereits sechs Jahre zuvor bei ei-

Gratis.

* CONCERT-DIRECTION HERMANN WOLFF, BERLIN. *

Montag den 21. Januar 1889 Abds. 7½ Uhr sehr präcise.

VII. Philharmonisches Concert.

Dirigent: Dr. Hans von Bülow.

Solist: Herr Ernest van Dyck.

von der Hofoper in Wien.

PROGRAMM.

1. Ouverture für grosses Orchester . . . . *Jos. Joachim.*
   "Dem Andenken des Dichters Heinrich v. Kleist."

2. Arie des Pylades aus „Iphigénie en
   Tauride" . . . . *Ch. W. v. Gluck.*
   (Im franz. Originaltext.)
   Herr Ernest van Dyck.

3. Concert-Ouverture „Im Herbst" op. 11
   (z. 1. Mal) . . . . *Ed. Grieg.*
   unter Leitung des Componisten.

4. Arie aus „Joseph in Aegypten" . . . *E. N. Méhul.*
   (Im franz. Originaltext.)
   Herr Ernest van Dyck.

5. Orchestersuite zu „Peer Gynt", op. 46
   (z. 1. Mal) . . . . *Ed. Grieg.*
   1. Morgenstimmung. — 2. Ases Tod (spr. Oses
   Tod.) — 3. Anitras Tanz. — 4. In der Halle
   des Bergkönigs. (Die Kobolde hetzen Peer
   Gynt.)
   unter Leitung des Componisten.

6. Sinfonie No. 8, F dur, op. 93 . . . . *L. v. Beethoven.*
   Allegro vivace e con brio. — Allegretto scherzando. — Tempo di Menuetto. — Allegro vivace.

Concert-Flügel: Bechstein.

VIII. Concert: Montag den 4. Februar 1889.
Solist: Violoncellvirtuos Hugo Becker.

Das Verlassen des Saales nach Beginn der II. Theiles des Concerts kann — um
Störungen während der Sinfonie etc. zu vermeiden — von jetzt an nur
durch die rückwärtige Thür (bei den Stehplätzen) bewerkstelligt werden.
Während der Musik bleiben die Saalthüren geschlossen.

(linker Rand:) Programmbücher à 30 Pfennige.
(rechter Rand:) Programmbücher à 30 Pfennige.

Programm des Konzertes mit der Berliner Erstaufführung der Konzertouvertüre „Im Herbst" op. 11 und der 1. Peer-Gynt-Suite

nem Konzert mit der Meininger Hofkapelle teilte sich Grieg auch hier das Dirigat des ersten Konzertes mit Hans von Bülow, der schon in den siebziger Jahren nachdrücklich auf den großen Norweger hingewiesen und ihn zusammen mit Tschaikowski und Rimski-Korsakow als einen der jüngeren „Tonpoeten" bezeichnet hatte.[311] Grieg dirigierte seine Ouvertüre *Im Herbst* und seine *1. Peer-Gynt-Suite,* beide in Berlin zum ersten Male. Auf dem Programm des zweiten Konzertes, das Grieg zusammen mit Gustav Kogel leitete, standen sein *Klavierkonzert* mit Erika Lie-Nissen als Solistin, die *Zwei elegischen Melodien* für Streichorchester und noch-

257

Max Abraham, Griegs langjähriger Leipziger Verleger und Freund

mals die *Peer-Gynt-Suite.* Grieg schreibt an den englischen Komponisten Frederick Delius, es sei *ein Erfolg hohen Grades* gewesen, und im zweiten Konzert *war der Zustrom so enorm, daß Hunderte wieder nach Hause gehen mußten.*[312] Die führenden Zeitungen „Berliner Tageblatt" und „Nationalzeitung" brachten lobende, wenn auch nicht in gleichem Maße wie zuvor die englischen Blätter überschwengliche Rezensionen, dafür aber eingehende Charakterisierungen der einzelnen Stücke.[313] Grieg bemerkt in demselben Brief an Delius dazu: *Und so blasiert bin ich geworden, daß mir die Sympathien ei-*

Henri Hinrichsen,
ab 1900 Inhaber
des Verlages
C. F. Peters

nes unbeeinflußten Publikums mehr wert sind als sämtliche Kriti-
ker, sie mögen loben oder prügeln.[314]
Trotz der Anstrengungen der Konzertreisen, die bei Griegs
zunehmend labiler Gesundheit oft genug Erschöpfungszu-
stände zur Folge hatten, trotz seines ständig schlechten Gewissens, durch das Konzertieren von seiner wichtigsten
Aufgabe, dem Komponieren, abgehalten zu werden, und
der tiefen Sehnsucht nach der heimatlichen Natur, die ihn
stets schon nach kurzem Auslandsaufenthalt überfiel, setzte
Grieg auch nach der großen Tourneefolge der Jahre 1887
bis 1890 seine Auslandsgastspiele fort. Finanzielle Gründe
können hierfür keine Rolle mehr gespielt haben, war es
doch im August 1889 zu einem Generalkontrakt zwischen
Grieg und der Firma Peters gekommen, der dieser das al-
leinige Recht zur Veröffentlichung von Griegs Werken und

259

Generalvertrag zwischen Grieg und dem Verlag C. F. Peters vom
22. August 1889

dem Komponisten (nach dessen Tode auch seiner Frau
Nina) auf Lebenszeit ein gutes finanzielles Auskommen si-
cherte.[315]
Was Grieg in erster Linie dazu bewog, auch in den kommenden Lebensjahren immer wieder die Mühen der Kon-

zertreisen auf sich zu nehmen, wenige Jahre vor seinem Tode sogar noch erstmals nach Warschau (1902) und Prag (1903),[316] war das Verlangen, mit seiner Musik viele Menschen erreichen und erfreuen zu können. Das tiefe Gefühl des Glückes, die breite Resonanz seiner Werke erlebt zu haben, zieht sich wie ein roter Faden durch die zahlreichen Briefe, in denen er seinen Freunden von Konzerterfolgen berichtet, oft verbunden mit dem Stolz des Patrioten, einen *Sieg für Norwegen* errungen oder eine *nationale Mission* erfüllt zu haben.[317] In engem Zusammenhang damit steht ein weiteres Motiv seiner Konzerttätigkeit: die Freude, seine Werke von hervorragenden Klangkörpern und Solisten spielen zu hören und als Dirigent auf ihre Interpretation Einfluß nehmen zu können. Noch im Jahre 1906 antwortet Grieg auf die Frage des mit ihm freundschaftlich verbundenen Pianisten Oscar Meyer aus London, warum er noch immer Konzerte gebe: *Das öffentliche Auftreten ist mir das Entsetzlichste, was ich weiß. Und doch: Meine Werke meinen Intentionen entsprechend in wundervoller Ausführung zu hören, dem kann ich nicht widerstehen.*[318]

Zur Konzerttätigkeit im Ausland trieb Grieg außerdem sein Verlangen nach neuen musikalischen Eindrücken und Begegnungen mit bedeutenden Komponisten und Interpreten, die ihm seine norwegische Heimat zur damaligen Zeit nur in beschränktem Umfang ermöglichte. Wie sehr sich Grieg davon immer wieder Impulse für seine eigene kompositorische Arbeit erhoffte, geht schon aus einem Brief an Beyer vom Sommer 1888 hervor, in dem er von den *herrlichen Leistungen* auf dem ersten Nordischen Musikfest in Kopenhagen berichtet und mit den Worten schließt: *Alle diese Eindrücke müssen doch etwas Neues schaffen, das fühle ich.*[319]

Zu Griegs wichtigsten Auslandsbegegnungen gehörten sein erstes denkwürdiges Treffen mit Tschaikowski und Brahms zu Beginn des Jahres 1888 in Leipzig und seine mehrfachen Zusammenkünfte mit Brahms 1896/97 in Leipzig und Wien, über die ein eigener Abschnitt dieses Buches informiert.

Seine letzten Konzerte dirigierte Grieg im April 1907 in München, Berlin und Kiel, wenige Monate vor seinem Tode. Über diese Tournee schreibt er an Beyer: *Erstaunlich ist diese Reise gewesen. Das Publikum habe ich auf meiner Seite ge-*

habt. Es hat in Deutschland meiner Kunst zugejubelt wie nie zu-vor.[320] Als Höhepunkt bezeichnete Grieg die beiden umjubelten Auftritte mit dem Philharmonischen Orchester Berlin im Schillertheater,[321] dessen 3000 Plätze schon lange Zeit vorher ausverkauft waren. Auf dem anspruchsvollen Programm standen unter anderem das *Klavierkonzert* mit dem Norweger Halfdan Cleve als Solisten, das Melodram *Bergliot* und sechs Lieder, gesungen von Ellen Gulbranson und begleitet teils vom Orchester, teils vom Komponisten am Klavier. Am Schluß von Griegs Bericht an Beyer über die Resonanz seines Münchener Konzertes finden sich die bewegenden Worte: [...] *Auch kam eine ganze Familie, eine Mutter mit zwei Söhnen, die mir mit Tränen in den Augen erzählte, welche Freude ihnen meine Musik zu Hause gemacht habe und daß ich gar nicht ahnen könne, was ich für sie seit vielen Jahren bedeutet habe. Was sollte ich sagen? Ich konnte Gott sei Dank an mich halten, daß ich nicht selbst Tränen in die Augen bekam.*[322] Griegs Erwähnung dieser Episode läßt erkennen, wie tief der weltberühmte Komponist noch am Ende seines Lebens das Glück empfand, mit seiner Kunst die Menschen erfreuen zu können.

Seit dem Ende der achtziger Jahre wurden Grieg auch in steigendem Maße Konzerterfolge und Ehrungen in seiner Heimat zuteil. Anläßlich seines fünfundzwanzigjährigen Jubiläums als Konzertgeber in Kristiania leitete er im vollbesetzten Circus-Saal des Musikvereins zwei Konzerte, das erste mit der Uraufführung der *2. Peer-Gynt-Suite.* Bei einem großen Bankett zu Ehren Griegs nahm Ibsen das Wort und dankte dem Komponisten dafür, daß er mit sciner wunderbaren Musik ein Fürsprecher für sein eigenes Werk gewesen sei.[323] Begeistert berichtet Grieg selbst über den Abschluß des Festes an Abraham: *Unter Andrang von vielen Tausend Menschen kamen die Studenten mit einem großen, herrlichen Fackelzug, welcher in der stillen Winternacht von einer unglaublichen Wirkung war. Das ganze Fest war, wie ich es nie zuvor erlebt habe und nie wieder erleben werde. Ich hoffe nur, daß es mich nicht demoralisiert hat.*[324]

Zu einem weiteren Höhepunkt der Ehrungen Griegs durch seine Landsleute wurde seine Silberhochzeit im folgenden Jahr 1892. Griegs anschaulicher Bericht an Röntgen vermittelt einen überaus lebendigen Eindruck dieses Volksfestes, dessen unvergeßliches Erlebnis dazu angetan war, im Titel seines lyrischen Stückes *Hochzeitstag auf Troldhaugen* festgehalten zu werden:

Lieber Freund! [...] Jetzt muß ich Euch aber etwas von dem Festtag erzählen. Ein rätselhaftes Glück schien über den Tag zu scheinen. Nach einer langen Periode mit abscheulichem Wetter fing es am 10ten plötzlich zu modulieren an, und am 11ten früh, wie war es herrlich! Ehe wir noch das Schlafzimmer verlassen hatten, ertönte unten im Garten von der Brigademusik „Ein feste Burg", ich sage Euch, es lief mir kalt über den Rücken. Wir traten in unsere Stube, die von lauter Geschenken nicht zu erkennen war. Ein Blumenmeer umgab uns, da stand Frants [Beyer], draußen der Choral im stillen, sonnigen Morgen: es war ein Augenblick so unbeschreiblich, so voll Versöhnung über die 25 Jahre. Dann wurde noch eine vom Dirigenten komponierte Serenade für die Gelegenheit gespielt und dann, nach Abzug der Musiker, gefrühstückt. Um 12 Uhr kamen viel mehr als 100 Gratulanten, und ich darf sagen, daß, wenn ich die Ausstellung im Crystalpalace zu Sydenham ausnehme, habe ich nie so viele Blumen gesehen. Die Gratulanten mußten aber des Bahnzugs wegen bald wieder fort, noch ehe ich sie alle begrüßt hatte. Die ganze Gesellschaft wurde deshalb en bloc eingeladen, am Abend wieder zu erscheinen. Das war allerdings eine gefährliche Improvisation von mir, denn meine Frau war nur auf ca. 50 eingerichtet. Meine Freundin, Frau Beyer, ist aber ein häusliches Genie, und so wurde alles per Telefon aufs Beste besorgt. Abends stand alles wie im Märchen da. Im Garten waren viele Tische gedeckt, und nun ging in dem herrlichen Abend die Geschichte los (den Mittag hatten wir en famille bei Frants zugebracht). Erst kamen also ca. 150 Menschen (die Gäste), dann arrivierten um $9^1/_2$ Uhr 230 Sänger mit ihren Fahnen. Nun wurde gesungen, geredet und getoastet bis in die Nacht hinein, während die Kanonen donnerten und Feuerwerk, bengalische Lichter und Johannisfeuer sich im Fjord widerspiegelten. Es war herrlich. Der Fjord wimmelte von Booten, und alle Hügel und Aussichtspunkte in der Umgebung waren schwarz von Menschen. Die Abendzüge nach Hop beförderten mehr als 5000 Menschen. Für unsere Verhältnisse etwas einzig Dastehendes. Aus Kristiania waren Verwandte gekommen, auch mein Freund Holter (Dirigent des Musikvereins in Kristiania), welcher von Musikfreunden daselbst ein großes Gemälde (von Werenskiold gemalt) und von Musikern (auch daselbst) ein riesiges Bärenfell überbrachte. Musikfreunde in Bergen schenkten einen schönen Steinway-Flügel, jetzt

wird alles Zweiklavierige darankommen. Eine Musikschule in Lon-
don schickte ein silbernes Schreibzeug, Freunde in Kopenhagen ein
großes Album etc. etc. Schließlich ca. 130 Telegramme. Die Stim-
mung war auf der Höhe, das könnt Ihr Euch wohl denken. Ich
spielte auf dem Steinway, und meine Frau sang die Lieder, welche
sie vor 25 Jahren sang, und nie hat sie schöner gesungen. Es war für
uns beide sonderbar, diese Lieder aus der Verlobungszeit an diesem
Tage zu machen. Das war nun etwas viel vom Guten.
Etwas silberne Hochzeitsfeier mußtet Ihr aber doch mitmachen!
[...] Die Teelöffel grüßen vielmals! Meine Frau noch viel mehr! Am
meisten aber

Dein Edvard Grieg.

Das muß ich noch erzählen: Sinding schickte ein wunderschönes Lied
zu einem nicht weniger schönen Gedicht von Jonas Lie, das abends
von dem Sänger Herrn Schjött zu Frants' Begleitung vorgetragen
wurde.[325]

Die Verehrung, die Grieg bei seinen Landsleuten genoß,
sollte jedoch im Jahre 1898 noch einmal auf eine harte
Probe gestellt werden. Als für den Sommer dieses Jahres in
Bergen eine Fischerei- und Industrieausstellung geplant
wurde, entstand in Grieg die Idee, gleichzeitig ein großes
Musikfest durchzuführen. Hauptgesichtspunkt war für ihn
dabei, seinen Landsleuten das Erlebnis norwegischer Musikwerke in hervorragenden Interpretationen zu ermöglichen. Er nahm daher Verbindung mit dem Concertgebouw-
Orchester Amsterdam unter Willem Mengelberg auf,
dessen Leistungen ihn 1897 bei seiner Konzertreise nach
Holland begeistert hatten. Gegen diesen Entschluß der
Wahl eines ausländischen Orchesters für ein norwegisches
Musikfest gab es aus einer borniert chauvinistischen Haltung scharfe Proteste. Der Dichter Christian Morgenstern,
der sich in dieser Zeit in Norwegen aufhielt, notierte dazu:
„Man kann sich denken, wie die Stockpatrioten da über
Grieg herfielen."[326] Grieg argumentierte, es gelte, mit norwegischen Musikwerken die Herzen der Menschen zu erreichen, und dabei sei es gleichgültig, ob sie von Norwegern, Deutschen, Japanern oder Holländern dargeboten
würden. Schließlich konnte sich Grieg doch durchsetzen,
und das Fest wurde ein voller Erfolg. Alle wichtigen norwegischen Tonsetzer standen auf den Programmen, unter ih-

Grieg-Denkmal
in Bergen

nen Svendsen, Selmer und Sinding mit großen Orchester-
kompositionen. Grieg selbst hatte nur mit seinem
Klavierkonzert, der Musik zu *Olav Trygvason* und drei Orche-
sterliedern vertreten sein wollen. Begeistert schreibt er an
Abraham: […] *nur einige Zeilen, um Ihnen zu sagen, wie dankbar
ich bin. Dankbar gegen die ganze Welt! Denn das Fest war in jeder Beziehung ideal! Alles klappte! Ich habe nie bessere Aufführungen gehört, das Gewandhaus nicht ausgenommen. Alles ist voll
Jubel, und alle geben mir recht. Jetzt sagen die Leute, in Bergen wie
in Kristiania: wir müssen ein besseres Orchester haben! Das ist*

265

für mich der größte Triumph! […] Ich bin 10 Jahre jünger gewor-
den, Svendsen ebenfalls! Alle norwegischen Komponisten sind glück-
lich. Denn sie haben alle gefallen.[327]

Das Bergener Musikfest von 1898 gilt in Norwegen als der
erste bedeutsame Schritt für die Entwicklung des heute
jährlich stattfindenden Internationalen Festivals der Stadt
Bergen, das sich 1951 konstituierte.

Im Jahre 1903 gab Griegs 60. Geburtstag den Anlaß zu einer ebenso herzlichen wie offiziellen Würdigung in seiner
Vaterstadt unter breiter Beteiligung der Bevölkerung Ber-
gens und vieler Gäste des In- und Auslandes, über die „Ber-
gens Tidende" in einer Grieg-Sonderausgabe berichtete.[328]
Das Orchester des Nationaltheaters Kristiania war mit sei-
nem Dirigenten Johan Halvorsen dazu eigens nach Bergen
gekommen. Drei volle Tage dauerten die Festlichkeiten mit
Empfängen und Konzerten einschließlich eines großen
Volkskonzertes im Freien und mit einem Ausflug auf den
Berg Fløyen bei Bergen. Höhepunkt war eine glänzende
Festrede Bjørnsons, in der er Griegs Bedeutung in die
Worte faßte: „Ja, es ist herrlich, was Du für uns im Ausland
bewirkt hast, aber es ist nichts gegen das, was du hier in der
Heimat bewirkt hast, indem du aus unseren schönsten und
höchsten Gefühlen schöpftest und sie uns verklärt und so
nahe dem Vollkommenheitsideal, wie du es vermocht hast,
zurückgabst. Und schließlich: Das sage ich, weil es meine
Überzeugung ist – will man einen großen Mann messen, so
soll man nicht nur messen, was er gemacht hat, sondern
auch, was er möglich gemacht hat."[329]

Grieg hielt vor sämtlichen Gesangsvereinen Bergens, die
sich zu einer musikalischen Huldigung Griegs zusammen-
geschlossen hatten, selbst eine Rede. Aufgrund der ge-
spannten politischen Situation jener Jahre, die mit der zunehmenden Einschränkung der politischen Rechte Norwegens durch Schweden entstanden war, wies Grieg hierbei
auf die Notwendigkeit der Einigkeit des Vaterlandes: *Möge*
dies ein Symbol für Norwegens Zusammenschluß sein, denn wir sind
noch nicht ein einiges Volk. Aber wir haben – so im Jahre 1814 –
gezeigt, daß wir es sein können. Laßt das Norwegen, das sich zu-
sammenschließt, leben! Das ist es, was wir haben müssen, und das
ist es, wonach wir streben! Es lebe Norwegen![330]

Am Neujahrstag 1888 kam es in Leipzig im Hause des Violinisten Adolf Brodsky, mit dem Grieg einige Wochen zuvor seine *3. Violinsonate* erfolgreich uraufgeführt hatte, zu einer denkwürdigen Begegnung dreier führender Komponisten verschiedener Nationen. Grieg traf hier mit Johannes Brahms und Peter Tschaikowski zusammen.

Tschaikowski hat dieses erste Zusammentreffen mit Grieg noch im selben Jahr anschaulich beschrieben:

„Während der Probe des neuen Trios von Brahms, bei welcher ich mir in bezug auf die Zeitmaße einige Bemerkungen erlaubte, die vom Komponisten sehr gütig aufgenommen und befolgt wurden, trat ein Herr in mittleren Jahren, von sehr kleinem Wuchs und schwächlichem Aussehen, mit ungleichmäßigen Schultern, hochwallenden, blonden Locken und spärlichem, beinahe jünglingshaftem Bartwuchs ins Zimmer. Die Gesichtszüge dieses Mannes, dessen Äußeres sofort meine Sympathie erweckte, hatten nichts Besonderes, man konnte sie weder hübsch noch regelmäßig, wohl aber ungewöhnlich anziehend nennen. Mittelgroße Augen, die an den Blick eines unschuldigen Kindes erinnerten, nahmen den Beschauer sofort gefangen. Ich war überglücklich, als ich bei der gegenseitigen Vorstellung erfuhr, daß dieser mir auf den ersten Blick so sympathische Mensch ein Musiker war, dessen tiefempfundene Melodien schon lange mein Herz gewonnen hatten – Edvard Grieg, der norwegische Komponist, der sich schon seit etwa fünfzehn Jahren großer Popularität erfreute und [...] sich die russischen Herzen für immer erobert hat."[331]

Im weiteren Verlauf des Berichts kennzeichnet Tschaikowski einige wesentliche Züge von Griegs Musik, die seine weltweite Popularität begründeten, und schließt seine Charakterisierung mit den Worten: „Vorerst möchte ich lediglich sagen, daß mir die freundschaftlichen Gefühle von seiten Griegs überaus teuer sind und daß ich meinem Schicksal für die Begegnung und persönliche Bekanntschaft mit ihm ewig dankbar sein werde."[332]

Tschaikowski wendet sich sodann einer ebenso anschaulichen Beschreibung Nina Griegs zu: „Zugleich mit Grieg trat eine leicht ergraute, äußerlich ihm sehr ähnliche,

Peter
Tschaikowski
im Jahre
seiner Begegnung
mit Grieg, 1888

ebenso kleine, zarte und sympathische Dame ins Zimmer. Es war seine Frau und zugleich seine Kusine, wodurch sich die Ähnlichkeit erklärt. In der Folge hatte ich Gelegenheit, die vielseitigen wertvollen Eigenschaften von Frau Grieg schätzenzulernen. Erstens erwies sie sich als vortreffliche Sängerin, obgleich sie keine Ausbildung gehabt hatte; zweitens entpuppte sie sich als eine hochgebildete Frau, die sich unter anderem auch in der russischen Literatur vorzüglich auskennt, für die übrigens auch Grieg selbst sich lebhaft interessiert; und drittens konnte ich mich sehr bald davon überzeugen, daß sie ebenso seelensgut, sanftmütig und kindlich offen ist wie ihr berühmter Gatte."[333]

Tschaikowski berichtet weiter, er habe an einem der folgenden Tage unmittelbar nach der Generalprobe seiner Orchestersuite Nr. 1, op. 43, im Gewandhaus in seiner Wohnung eine Karte von Grieg vorgefunden, auf der dieser ihm mit warmen, begeisterten Worten seinen Eindruck davon wiedergegeben habe, und bemerkt dazu: „Eine aufrichtige Anerkennung von einem Mitstrebenden, wie es Grieg ist, bildet das größte Labsal, das einem Künstler zuteil werden kann."[334]

Über ein weiteres Treffen mit Tschaikowski vier Wochen später schreibt Grieg an seinen Freund Beyer: *Ich komme gerade von Brodsky, wo wir zum Mittagessen zusammen mit Tschaikowski waren, der wieder hier ist, mit einem äußerst genialen russischen Pianisten Sapelnikow; außerdem waren Sinding und Halvorsen dabei. Wir machten die ganze Zeit Musik. Zuerst spielte ich mit Brodsky auf Verlangen von Tschaikowski meine neue Sonate, dann wurde Sindings Quintett mit Sapelnikow probiert und schließlich mein Streichquartett. Das sind Burschen, die können spielen! Mein Gott, wie das klang! [...] In Tschaikowski habe ich einen wahren Freund meiner Kunst gefunden. Er hat ebensoviel Sympathie für mich wie ich für ihn, sowohl als Künstler wie als Mensch. Du wirst ihn kennenlernen, wenn er vielleicht nach Troldhaugen kommt.*[335]

Im Bericht von seinem Konzert mit den Berliner Philharmonikern Anfang Februar 1888 erwähnt Tschaikowski wiederum eine Begegnung mit Grieg, „der eigens zu meinem Konzert aus Leipzig gekommen war". Am Vorabend war er mit Grieg bei der französischen Opernsängerin Desirée Artôt, seiner ehemaligen Verlobten, zum Souper eingeladen: „Ich verbrachte bei Madame Artôt zusammen mit Freund Grieg einen Abend, der zu den angenehmsten Erinnerungen meines Berliner Aufenthaltes gehört."[336] Grieg seinerseits erzählt Beyer ausführlich von diesem *höchst originellen Abend* mit einer *Menge Musik-Elite,* an dem viele Schüler von Madame Artôt mit Liedern von ihm auftraten, die er selbst begleiten mußte, an dem auch Nina sang *(Es war wirklich ein Triumph für sie, über den ich mich innig freute),* und schließlich *Karnevalsstimmung* aufgekommen sei, als Madame Artôt Grieg zum Tanz aufforderte – aber: *Sie wollte Polka haben und ich Galopp!*[337]

Nach diesem fröhlichen Beisammensein ist es trotz gegenseitiger Einladungen zu keinem weiteren Treffen der Freunde gekommen. Sie sandten sich jedoch Kompositionen zu, sämtlich mit handschriftlichen Zueignungen versehen, die ebenso wie ihre Korrespondenz Zeugnis von ihrer gegenseitigen herzlichen Verehrung ablegen.[338] Tschaikowski sandte Grieg seine Ouvertüre „Romeo und Julia" und seine Orchestersuite Nr. 3 – diese mit dem melodisier-

Klin, neben Moskau,
Frolowskie

24 April 1888
6 Mai

Mein lieber, guter Freund!
Ich war ungeheuer froh
Ihr Brief erhalten zu haben!
Wie Sie gut, liebenswürdig
und freundlich sind und
wie ich stolz bin daß
ich Ihre Freundschaft
erworben habe! Schade daß
es mir so fürchterlich schwer
ist deutsch zu schreiben,
sonst hätte ich noch sehr
vieles gesagt über meine
Liebe und Verehrung!
Haben Sie einige Zeilen von

Brief Tschaikowskis an Grieg vom 6. Mai 1888 (Anfang)

270

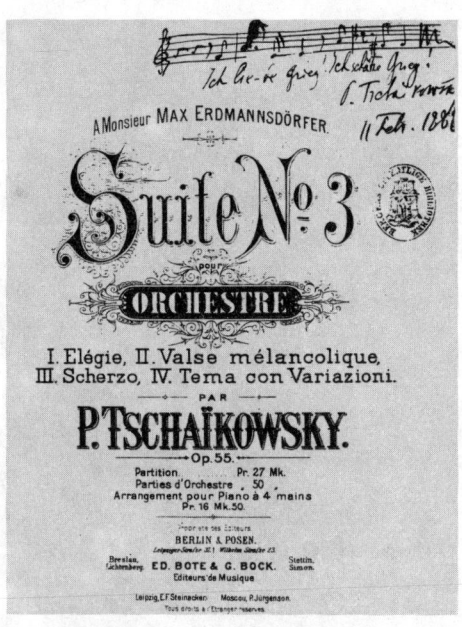

Titelblatt der Partitur der 3. Orchestersuite von Tschaikowski mit
eigenhändiger Widmung an Grieg

ten Gruß „Ich liebe Grieg! Ich schätze Grieg!" (siehe Abbildung oben) –, ferner sein Klavierkonzert b-Moll und seine
Ouvertüre „Das Jahr 1812", beide in Erinnerung an diese
gemeinsam im Konzert der Berliner Philharmoniker unter
Tschaikowskis Leitung erlebten Werke. Schließlich dedi-
zierte Tschaikowski Grieg eine seiner Kompositionen, die
Ouvertüre „Hamlet" – eine Wahl, die sich wahrscheinlich
aus dem skandinavischen Stoff des Shakespeare-Dramas erklärt. Grieg sandte Tschaikowski seine Ouvertüre *Im Herbst*,
seine *1. Peer-Gynt-Suite,* seine *Zwei elegischen Melodien* für
Streichorchester sowie die beiden Kammermusikwerke
(sein *Streichquartett* und die *3. Violinsonate*), die Tschaikowski
bei ihrem Zusammensein im Hause Brodsky in Leipzig gehört hatte. Zu der von Grieg beabsichtigten Dedikation eines Werkes an Tschaikowski ist es nicht gekommen, konnte
er doch keines seiner wenigen nach der Begegnung mit

271

Edvard Grieg. Foto 1888 mit eigenhändiger Widmung an Tschaikowski

Tschaikowski im Jahre 1888 entstandenen Instrumentalwerke dazu für geeignet erachten.[339]
Grieg hat sich auch in späteren Jahren immer wieder zu der Persönlichkeit und dem Werk Tschaikowskis hingezogen gefühlt, äußerte sich wiederholt tief beeindruckt über seine „Symphonie pathétique" und studierte noch gegen Ende seines Lebens Tschaikowskis „Leben und Briefe" in einer englischen Ausgabe: *Es ergreift mich in meiner innersten Seele. Oft ist es mir dabei, als schaue ich in meine eigene. Da ist so viel,*

was ich von mir selbst wiedererkenne [...], schreibt er an Beyer.[340] Und als Grieg im Jahre 1904 erfährt, es solle seine Büste im Gewandhaus aufgestellt werden, schreibt er seinem Verleger in scherzhaftem Ton: *Was macht die Büste? Ist dieselbe neben Reinecke aufgestellt? Das fehlte nur! Nun, das wäre wenigstens eine Versöhnung in Marmor! Sehr bezeichnend für unser gegenseitiges Verhältnis. Doch, ich hoffe, ich habe das Glück, in der Nähe meines verehrten Freundes Tschaikowski zu stehen. Das ist ein Meister nach meinem Sinn.*[341]

Die starke Sympathie, die Tschaikowski für den Komponisten und Menschen Grieg empfand, sollte wesentlich zur frühen Verbreitung und hohen Wertschätzung der Werke des norwegischen Meisters in Rußland beitragen.[342] Tschaikowskis Einladung an Grieg, Ende des Jahres 1888 in Moskau zu konzertieren, „namentlich Ihr Klavierkonzert selbst zu spielen und auch etwas von Ihnen zu dirigieren"[343], folgten nach seinem Tode zahlreiche weitere Einladungen aus Moskau und Petersburg. Im Namen der Russischen Musikgesellschaft schrieb César Cui zwischen 1897 und 1903 vier Einladungsbriefe. In einem davon heißt es, daß das russische Publikum „seit langem Ihre Musik zu bewundern pflegt"[344]. Vierzehn weitere Briefe mit gleichem Anliegen sandte der russische Pianist Alexander Siloti an Grieg zwischen 1902 und 1904. Obwohl Grieg die große Reise immer wieder ernsthaft ins Auge faßte, hinderten ihn sein labiler Gesundheitszustand, terminliche Überschneidungen mit anderen Konzertverpflichtungen und nach der Jahrhundertwende vor allem die politischen Verhältnisse in Rußland während des Russisch-Japanischen Krieges daran, den Einladungen nachzukommen.[345] In einem seiner Antwortbriefe an Siloti bringt er jedoch zum Ausdruck, wie stark er sich zur russischen Musik hingezogen fühlt: *Nun, ich kann, ohne Rußland besucht zu haben, mit Ruhe die Erde verlassen, die russische Kunst, welche für mich in ihrer großartigen Konzeption, Farbenreichtum und fortgeschrittenen Technik so viel bedeutet, kann mir nicht genommen werden. Ich trage sie im Herzen mit unendlicher Dankbarkeit.*[346]

Die „Geistesverwandtschaft zweier musikalischer Naturen verschiedener Nationalität"[347], die Tschaikowski als die Grundlage seiner freundschaftlichen Verbundenheit mit Grieg kennzeichnete, offenbart sich uns deutlich in der Mu-

Le 14 Décembre 1902.
Fontanka – 38

Très honoré Maître

Ne voudriez-Vous pas venir diriger un
concert, composé exclusivement de Vos œuv-
res, le 4 Avril (nouveau style) à Petersbourg
et le 10 Avril à Moscou?

Vous trouverez un superbe orchestre, un
public très intelligeant et chaleureux, qui
depuis longtemps est habitué à admirer
Votre musique.

Venez, cher Maître, Vous procurerez à nous
tous un immense plaisir.

Votre bien dévoué admirateur

C. Cui.

sik beider Meister. Beiden gelang es in ihren Werken, hohen künstlerischen Anspruch mit emotionaler Unmittelbarkeit und Verständlichkeit für breite Hörerkreise zu
verbinden und den nationalen Klängen ihrer Musik weltweite Resonanz zu gewinnen. Dabei wandten sie sich häufig auch kleineren Instrumentalformen unterhaltsamen Charakters zu, wie der Suite oder der Klavierminiatur, in deren
schlichten Formstrukturen sich das ausgeprägt lyrisch-ex-
pressive Element ihres Schaffens voll verwirklichte.
Griegs Begegnung mit B r a h m s an jenem Neujahrstag
1888 dürfte nicht ihr erstes Zusammentreffen gewesen sein.
Schon zu Beginn des Jahres 1879 hatte Brahms nach der
(wahrscheinlich gemeinsam erlebten) Uraufführung seines
Violinkonzertes in Leipzig mit Joseph Joachim an Grieg einen Gruß mit den ersten Takten des Adagios aus diesem

Johannes Brahms.
Gemälde von
Fedor Enke, 1887

Werk gesandt. Die Wahl des lieblichen Themas mit seinem Oboenklang und der liedhaft-eingängigen Melodie, die auf ein Naturerlebnis hinzuweisen scheint, vermag mehr als Worte das Verständnis und die Sympathie des deutschen Meisters für die Eigenart Griegs auszudrücken.

Beide Meister hatten bereits seit mehreren Jahren das Schaffen des anderen mit Interesse verfolgt. Brahms schließt am 15. Dezember 1878 in einem Brief an Elisabeth von Herzogenberg aus der negativen Kritik von Griegs *Streichquartett* in der „Allgemeinen Musikalischen Zeitung" auf ein gelungenes Werk: „[...] Ferner war Grieg ja in Leipzig. Wie hat er sich denn gemacht? Ich lese eben in der Rieterschen schlecht von ihm, und das sollte ja Gutes hoffen lassen."[348]

Grieg ließ sich bei seiner ersten Konzertreise nach Amsterdam 1883, wo er bei dem holländischen Pianisten und Komponisten Julius Röntgen wohnte, einem Freund von Brahms, der auch bald Griegs Freund werden sollte, von diesem „viel von Brahms vorspielen"[349]. Bei einem Gegenbesuch Röntgens ein Jahr später in Lofthus zusammen mit dem Sänger Johannes Messchaert sang dieser neue Lieder von Brahms, und Grieg gehörte von dieser Zeit an „zu den wärmsten Verehrern der Lieder"[350]. Zu Beginn des Jahres

Erinnerungsblatt von Brahms für Grieg: Beginn des 2. Satzes aus Brahms' Violinkonzert

1885 schreibt er aus Bergen an Röntgen: *Da ich glücklicherweise die Partitur des Requiems von Brahms besitze, habe ich es in der Weihnachtszeit fleißig studiert und genossen – ich gebe Ihnen ganz recht. Ich schwärme dafür, und es ist für mich ohne Vergleich das Schönste, was Brahms geschrieben hat.*[351] In demselben Brief erwähnt er, daß er mit seiner Frau das Finale von Brahms' c-Moll-Sinfonie vierhändig musiziere. Immer wieder begeisterte sich Grieg an den Klavierquartetten von Brahms, vor allem an seinem g-Moll-Quartett, das er als ein *geniales Werk* bezeichnete.[352]

Röntgen berichtet, daß Brahms vor allem Griegs *Ballade* für Klavier op. 24 schätzte.[353] Den großen Meister der Variation mag an diesem Variationswerk Griegs außer dem schwermütigen Thema besonders die kühne harmonische Gestaltung gefesselt haben sowie das Gewicht, das der Baßlinie des Themas für die Gestaltung der einzelnen Variationen beigemessen ist.[354]

Trotz dieser gegenseitigen Hochachtung und eines erneuten Treffens im Hause der gemeinsamen Freunde Heinrich und Elisabeth von Herzogenberg 1890 in Leipzig entwik-

Edvard und Nina Grieg mit Julius Röntgen

kelte sich erst 1896, ein Jahr vor dem Tode von Brahms, zwischen den beiden Meistern ein herzliches Verhältnis. In Leipzig und Wien besuchten sie gemeinsam die Konzerte, in denen ihre Werke aufgeführt wurden, freuten sich an den eigenen Erfolgen wie an denen des anderen und trafen sich in ausgedehnten geselligen Zusammenkünften. Über das gegenseitige Verständnis trotz unterschiedlicher Schaffensrichtungen äußert sich Grieg gegenüber Beyer anläßlich des Zusammenseins mit Brahms bei der Aufführung von dessen vierter Sinfonie am 16. Januar 1896 unter Arthur Nikisch: *In der vorigen Woche waren wir viel mit Brahms zusammen, der Leipzig für einige Tage besuchte, und wir hatten viel Freude am Beisammensein. Ich verstehe nicht, wie eine so einseitige, ich meine in seiner Größe einseitige Natur wie Brahms Sympathie für meine Kunst haben kann, die, soviel ich sehe, in eine ganz andere Richtung geht. Aber, so wortkarg er ist, zeigte er mir doch, daß er sie hat. Seine 4. Sinfonie in e-Moll wurde im Gewandhaus aufgeführt, ein Werk, das ich zuvor nicht kannte und dessen erster Satz zu den schönsten gehört, die er geschrieben hat.*[355]

Einige Monate später reiste Grieg mit Julius Röntgen zum ersten Mal nach Wien, wo ihr erster Besuch Brahms galt, der sie in seiner Wohnung in der Karlsgasse „mit großer Herzlichkeit" empfing, in sein Lieblingsrestaurant „Der rote Igel" einlud und auch an den folgenden Tagen alles tat, „um uns Wien im vorteilhaftesten Licht zu zeigen".[356] Bei einem Liederabend, den Röntgen mit dem Sänger Messchaert im Bösendorfer-Saal gab und bei dem Brahms' „Feldeinsamkeit" mehrmals wiederholt werden mußte, saßen Brahms und Grieg zusammen auf dem Podium. Den Erfolg dieses Abends und den des Orchesterkonzertes am 23. März unter Griegs Leitung feierte Brahms mit Grieg und vielen Konzertteilnehmern bis zum frühen Morgen. Röntgen berichtet, daß Grieg an diesem Abend auf Brahms eine Rede hielt, „so warm und schön, daß wir alle tief berührt waren. Kein Wort kam über seine Lippen zu seinen eigenen Triumphen, unter deren Eindruck wir doch noch alle standen. Brahms lauschte mit gebeugtem Haupte, und als Grieg geendet hatte, stand er still auf, ging zu ihm und drückte ihm schweigend die Hand."[357] Am folgenden Morgen unternahmen Röntgen und Grieg bei strahlendem Wetter eine Tour ins Hochgebirge zum Semmering. Begeistert berichtet Grieg seinem Freund Beyer über diesen ersten Wiener Aufenthalt: *Ja, diese acht Tage werde ich nicht vergessen. Von dem künstlerischen Erfolg hast Du wahrscheinlich durch die Blätter gehört [...] Was dem Ganzen das Relief gab, das war das Zusammensein mit Röntgen, Messchaert und – Brahms. Wir kneipten ständig zusammen, und Brahms war mit uns in der Nacht nach dem Konzert bis zum Schluß auf dem Fest im Hotel.*[358]

In einem Dankesbrief vom 1. April 1896 lädt Grieg Brahms

nach Norwegen ein: *Kämen Sie nur einmal nach Norwegen!
Dann würde ich Ihnen zwar nicht eine „tolle", aber etwas noch Besseres, eine „helle Nacht" zeigen können. Und ganz sicher […] noch
etwas: den geheimen Ort, wo der Schatz – Ihre V. Symphonie – ver-
borgen liegt! Also bitte, bitte, kommen Sie! Die norwegische Natur
ist groß und ernst wie Ihre schönsten Inspirationen. Sie muß Ihnen
sympathisch sein!*[359]

Brahms antwortet in ebenso herzlichem Ton: „Wenn man
Jemand so gern gesehen hat wie Sie hier, ist ein nachträgli-
cher freundlicher Gruß wie der Ihre überaus willkommen.
So bin ich Ihnen denn sehr dankbar für alles Freundliche
und Fröhliche, was Sie von Wien und dem Semmering
schrieben, und Ihre verlockende Schilderung läßt mich gar
sehnsüchtig nach Ihrem schönen Heimatlande aus-
schauen […]"[360]

Das letzte Zusammensein der beiden Komponisten fand
um die Jahreswende 1896/97 in Wien statt, wo Grieg meh-

279

Concert-Direction Albert J. Gutmann
Wien, k. k. Hof-Opernhaus.

Samstag den 19. December 1896, Abends ¹/₂8 Uhr
im Großen Musikvereins-Saale:

Concert

Edvard Grieg.

Mitwirkende:
Herr **Ferruccio Busoni.**

Herr **Anton Sistermans,** Concertsänger aus Frankfurt am Main.
Fräulein **Olga Vandero,** Sopransolo } in dem Gesangwerke: „Vor
Fräulein **Marianne Geyer,** Altsolo } der Klosterpforte".
Der **Frauenchor der Wiener Singakademie.**
Orchester: Größtentheils aus **Mitgliedern des Hof-Opern-Orchesters** bestehend.
Violindirigent: Herr **J. Grün,** Concertmeister am k. k. Hof-Operntheater.
Harmonium: Herr **Karl Führich.**
Dirigent: Der Componist.

Programm:
Compositionen von **Edvard Grieg.**

1. **Im Herbst,** Concert-Ouverture für Orchester.
2. **Lieder mit Orchester.** Henrik Wergeland. Ein Schwan. (Gesungen von Herrn Anton Sistermans.)
3. **Aus Holberg's Zeit*),** Suite im alten Style für Streich-Orchester, op. 40.
   Prélude.
   Sarabande.
   Gavotte.
   Air.
   Rigaudon.
4. **Vor der Klosterpforte,** für Solostimmen, Frauenchor und Orchester. (Sopransolo: Frl. **Olga Vandero,** Altsolo: Frl. **Marianne Geyer.** Der Frauenchor der Wiener Singakademie. Harmonium: Herr Karl Führich.)
5. **Lieder:** Der Bursch. Mit einer Primula veris. Dereinst, Gedanke mein. Mit einer Wasserlilie. (Gesungen von Herrn Anton Sistermans, begleitet von Herrn **Edvard Grieg.**)
6. **Concert A-moll,** für Clavier mit Orchester.
   Allegro molto moderato.
   Adagio.
   Allegro moderato molto e marcato.
   (Herr **Ferruccio Busoni.**)

*) Ludwig Holberg (1684—1754), der Molière des Nordens, ist der Schöpfer der neueren dänisch-norwegischen Literatur.

Clavier: Bösendorfer. — Harmonium: Kotykiewicz.

☛ **Die Dichtungen der vorgetragenen Gesänge befinden sich auf den folgenden Seiten.**

Gesangstexte: Preis 10 kr.

rere Konzerte gab, von denen ein Kammerkonzert mit seiner *3. Violinsonate* und seinem *Streichquartett* und ein Orchesterkonzert unter seiner Leitung mit Busoni als Solist des *Klavierkonzertes* besonders erfolgreich waren. Über Brahms schreibt Grieg an Beyer: *Er war, krank wie er nun ist, der Arme, überaus liebenswürdig zu uns.* Während einer Bronchitis, die sich Grieg zugezogen hatte, erkundigte Brahms sich dreimal persönlich nach Griegs Befinden, ohne von ihm empfangen werden zu können, und am Orchesterkonzert nahm er von Anfang bis zum Ende teil, *was er in letzter Zeit nie mehr tut,* ebenfalls am anschließenden geselligen Beisammensein. *Das gab meinem Wiener Aufenthalt seinen größten Wert, denn wenn ich auch nicht ein so großer Bewunderer des letzten Brahms bin, so doch um so mehr einer des frühen Brahms. Vor allem ist er in unserer Zeit Deutschlands erste, ja leider vielleicht einzige wirklich große Persönlichkeit,*[361] beendet Grieg seinen Bericht. Kurz danach äußerte sich Grieg auch enthusiastisch über eins der späteren Werke von Brahms, sein Streichquintett in G-Dur op. 111 von 1890, das er am 2. Januar 1897 in einer überaus erfolgreichen Aufführung im Beisein des schwerkranken Brahms miterleben konnte.[362]

Drei Monate darauf starb Brahms. Erschüttert schreibt Grieg an Abraham: *Wie arm ist Deutschland jetzt an Musik geworden!*[363] und an Röntgen: *Jetzt erst sehe und empfinde ich, wie ganz er gewesen ist, als Künstler wie als Mensch, so viel ich ihn kannte. Wie froh bin ich, daß ich so glücklich war, ihn kennen zu lernen! Aber gerne hätte ich ihn noch einmal gesehen.*[364] Sieben Jahre später schreibt er nach einer gerade überstandenen Krankheit aus Kristiania: *Ich will heute Abend zum ersten Mal versuchen, nach der Stadt zu fahren, um Brahms' Requiem zu hören. Sollte es mir nachher schlechter gehen, nun, dann habe ich wenigstens in Tönen, welche mir wunderbar sympathisch sind, die alte Wahrheit von der Vergänglichkeit alles Irdischen aufs neue aussprechen hören.*[365]

Aus einigen Entsprechungen im Werk des deutschen und des norwegischen Meisters kann auf gegenseitige Anregungen im kompositorischen Bereich geschlossen werden. Sie treten mehrfach in der Melodiegestaltung zutage, so etwa in der Übereinstimmung des zweiten Themas aus der Rhapsodie op. 79 Nr. 1 von Brahms (1879) mit dem Hauptmotiv aus *Åses Tod* (1875) oder in der schon erwähnten Ähnlichkeit zwischen Themen aus den 2. Sätzen der Violinsonaten von Brahms und Grieg (op. 100 von Brahms, 1886, und op. 13 von Grieg, 1867). Der Brahmsforscher Max Kalbeck findet in allen Sätzen der Violinsonate op. 100 „einen Gruß an Grieg"[366].

Bei der Komposition der klavierbegleiteten Sololieder Griegs, die die Strophenform bevorzugen und in den meisten Fällen das Schwergewicht auf eine melodiöse Gesangsstimme legen, hinter der die Klavierbegleitung zurücktritt, mag das Vorbild von Brahms, vor allem seiner Volksliedbearbeitungen, mitgewirkt haben. Auch ist anzunehmen, daß Grieg für die Komposition seiner Variationswerke, insbesondere der *Ballade* für Klavier op. 24, aus den Gestaltungsprinzipien des reichen Variationsschaffens von Brahms Anregungen gewann, vor allem in der Nutzung der Baßlinie des Themas als konstruktive Grundlage für die Variationsgestaltung.[367]

Die tiefe Verehrung, die Grieg sowohl für Brahms empfand wie für Tschaikowski (der seinerseits zwar den Menschen Brahms hochschätzte, sich aber für seine Musik nicht erwärmen konnte), weist auf die Weite des musikalischen Horizontes von Grieg. Gleichzeitig zeigte sie sich auch in seiner von allen kulthaften Einseitigkeiten freien Bewunderung der Größe Richard Wagners.[368] Sie bewährte sich – trotz des Schmähartikels Debussys von 1903[369] – in der Hochachtung, die Grieg gegenüber dessen Orchesterwerk „L'aprèsmidi d'un faune" nach der Aufführung 1906 in Kristiania bekundete,[370] sowie gegenüber allen anderen vorwärtsweisenden Entwicklungstendenzen in der Musik seiner Zeit, wie er sie in Werken von Smetana und Dvořák, in Verdis Opern „Aida" und „Otello", in Bizets Oper „Carmen", in Hugo Wolfs Liedern, in den sinfonischen Dichtungen „Tod und Verklärung" von Richard Strauss und „Frühlingslied" von Jean Sibelius sowie in Werken der Franzosen César Franck und Edouard Lalo erkannte.[371]

Mannigfaltiges Liedschaffen

Während sich Grieg in seiner letzten Schaffensperiode umfangreicheren musikalischen Gattungen nur mit der Bearbeitung bereits früher entstandener Werke zuwandte, hat er sich zur Komposition von Liedern ebenso wie von lyrischen Klavierstücken auch in dieser Zeit immer wieder anregen lassen. Insgesamt entstanden von 1888 bis zum Jahre 1900, seinem letzten Liederjahr, neun Hefte begleiteter Sololieder.

In Zusammenhang mit dieser im Vergleich zu anderen Werkgruppen relativ starken Produktivität im Bereich des Liedes muß die enge Beziehung Griegs zur Lyrik hervorgehoben werden. Die Fülle von Wortzitaten, vor allem aus Liedern von Schubert und Schumann, die wir in Griegs in deutscher Sprache geschriebenen Briefen an Abraham und an Röntgen finden, legen davon beredtes Zeugnis ab. Indem sie sich nahtlos in seine brieflichen Äußerungen einfügen und fast niemals als Zitate gekennzeichnet sind, lassen sie deutlich werden, daß Grieg mit dieser Lyrik lebte, daß sie Teil seiner geistigen Existenz geworden war. Aus der großen Zahl der Zitate seien einige beispielhaft angeführt:

Im Anschluß an eine kurze Einschätzung des von ihm im Frühjahr 1896 in Kopenhagen geleiteten Konzertes mit den Berliner Philharmonikern heißt es im Brief an Röntgen: *Aber nun muß sich alles, alles wenden! Wie freue ich mich 1. auf Troldhaugen, 2. auf unser Wiedersehen* […] (Zitat aus Schuberts „Frühlingsglaube").[372]

In einem Brief an Abraham vom Herbst 1899 sind die Worte: *Ich unglückseliger Atlas!* der Stoßseufzer über seine mangelnde körperliche Leistungsfähigkeit (Zitat aus Schuberts „Der Atlas").[373]

In Verbindung mit einer Unstimmigkeit über das Programm eines bevorstehenden Konzertes in Amsterdam 1897 heißt es im Brief an Röntgen: *Da* [nun] *hast Du mir den ersten Schmerz getan, – der aber traf!* (Zitat der Anfangsworte des letzten Liedes aus Schumanns Zyklus „Frauenliebe und -leben").[374]

Im Herbst 1900 schreibt Grieg an Abraham, auf ein Wiedersehen hoffend: *Ein bißchen Briefgeplauder ist zwar eine große Freude, – aber: ich trage weit besseres Verlangen!* (Zitat aus Schumanns „Die beiden Grenadiere").[375]

Fast alle eigenen bedeutsamen Beiträge zum begleiteten Sololied schuf Grieg auch in dieser Periode auf Worte norwegischer Lyriker. Doch ließ er sich in seinen *Sechs Liedern* op. 48 von 1888 auch noch einmal von deutschen Dichtern zu Liedvertonungen anregen, die zu den besten dieser Jahre gehören. Grieg widmete sie der norwegischen Sängerin Ellen Nordgren, der späteren bedeutenden Wagner-Interpretin Ellen Gulbranson, an deren Lieddarbietungen er sich ein Jahr zuvor beim ersten Nordischen Musikfest in Kopenhagen begeistert hatte. Die Lieder enthalten weniger als die meisten seiner anderen Gesänge Intonationen norwegischer Volksmusik, weisen jedoch deutlich auf Griegs Handschrift, vor allem in ihrer harmonischen Gestaltung und in der Konzentriertheit von Form und Aussage. Im Unterschied zu Griegs Jugendwerken auf deutsche Texte, op. 2 und 4, zeichnen sie sich auch alle durch eine ausdrucksvolle, den Gehalt des Gedichtes vertiefende Gesangsmelodie aus, die dem Sänger reiche Entfaltungsmöglichkeiten bietet, ohne ihn zu überfordern.

Reizvoll ist ein Vergleich der Vertonung des Heine-Textes *Leise zieht durch mein Gemüt* (Nr. 1) mit der desselben Gedichtes von Mendelssohn Bartholdy. Grieg fängt die Stimmung des Gedichts nicht in einer strophischen Vertonung ein, die bei Mendelssohn zu einer unübertroffenen Einheit von volksliedhafter Schlichtheit und Ausdrucksintensität führt, sondern wählt die durchkomponierte Form. Diese ermöglicht ihm andererseits bei den Schlußworten „... sag, ich lass' sie grüßen!" eine jubelnde Schlußsteigerung. Ein schnell aufsteigendes Begleitmotiv, das auch als Vor- und Nachspiel erklingt, trägt zur heiteren Grundstimmung des Liedes bei.

Einen Vergleich ermöglicht auch Geibels *Dereinst, Gedanke mein* (Nr. 2), das Hugo Wolf als Nr. 22 seines „Spanischen Liederbuchs" 1889/90 ebenfalls vertonte. Während Hugo Wolf in seinem durchkomponierten Lied den gedankenschweren Text vertieft, indem er Gehalt und Gestik jedes Wortes in einer breit strömenden Melodie musikalisch auslotet, vermittelt Griegs Strophenlied vor allem den Ausdruck der Stille und Geborgenheit. Dabei bewegt sich die Melodie der beiden Strophen, der textlichen Gliederung gleichsam rezitativisch folgend, über ruhigen Begleitakkorden vom gis-Moll des Anfangs bis zum lichten Dis-Dur.

Das melodienfrohe, beschwingte Liebeslied Uhlands *Lauf der Welt* (Nr. 3) führt in eine neue Ausdrucksebene heiterer Unbeschwertheit, wobei sich auch hier der reife Meister vernehmen läßt, insbesondere mit Ostinati, die zu den Mittelstimmen stark dissonieren.

In dem innigen Ausdruck des Liedes von Walther von der Vogelweide *Die verschwiegene Nachtigall* (Nr. 4) traf Grieg den Ton des älteren deutschen Volksliedes, wobei er die Melodie durch Verzierungen bereicherte, wie sie in norwegischen Volksweisen auftreten. Beeindruckend ist der

Wechsel von der geschlossenen Melodie zum rhythmisch gelösten, rezitativischen „Tandaradei" des Refrains:

141 op. 48 Nr. 4
a) Takt 3–6

b) Refrain (Takt 23–27)

Eine durch große Intervallsprünge gekennzeichnete, ausdrucksstarke melodische Gestaltung und wirkungsvolle, vom Textgehalt bestimmte Gegensätze des mittleren Abschnitts mit kühnen harmonischen Fortschreitungen weisen Goethes *Rosenzeit* (Nr. 5) und Bodenstedts *Ein Traum* (Nr. 6) auf. Das letzte Lied, ein Liebesgesang, wurde mit seiner großen Schlußsteigerung zum ausgehaltenen as" als beliebtes Tenorlied das bekannteste von den sechs Gesängen des op. 48, birgt aber bei nicht genügender Beachtung der differenzierten Vortragsbezeichnungen Griegs und übertriebener Schlußsteigerung in sich die Gefahr theatralischen Ausdrucks.

In den Jahren 1893/94 ließ sich Grieg von der neuromantischen Naturlyrik des norwegischen Dichters Vilhelm Krag zur Vertonung von fünf Liedern (op. 60) anregen, deren poetischen Anteil er mit der Bezeichnung *Gedichte* unterstrich. Grieg entfaltet in diesen kurzen Liedern sein Vermögen, Erlebnisse in Verbindung mit Natureindrücken in konzentriertester Form melodisch ausdrucksstark und harmonisch farbig umzusetzen.

Voller Leuchtkraft und Leichtigkeit ist die Vertonung des Liedes *Im Kahne* (Nr. 3), in dessen Natur- und Stimmungsbild die Wellenbewegung, die sonnige Meeres- und Schärenlandschaft mit Möwen und Enten und die Freude auf das geliebte Mädchen eingefangen sind. Der Schluß jeder

der drei Verse des Strophenliedes beeindruckt in der Unge-
zwungenheit, mit der Grieg von der fernverwandten Tonart
Fis-Dur bei den Klangsilben „Wo-wo-wille" nach der
Grundtonart G-Dur und damit zum Klaviermotiv des Anfangs zurückkehrt, das die Schaukelbewegung des Kahnes
imitiert:

142   op. 60 Nr. 3, Takt 21–26

Das Lied *Ein Vogel schrie* (Nr. 4) ist eins der schönsten Beispiele impressionistischer Gestaltung von Natureindrük-
ken. Grieg verwendet hierzu als Vor- und Nachspiel ein
Motiv, das er in einem seiner Notizbücher mit der Bemerkung *Möwenschrei, gehört im Hardangerfjord* festgehalten
hatte[376]:

143   op. 60 Nr. 4, Takt 2–5

In der aus nur 14 Takten bestehenden Gesangsmelodie ist
es Grieg gelungen, die Stimmung des Gedichtes von dem
Vogel, der draußen über dem Meer seinen schmerzvollen
Schrei *in den herbstgrauen Tag* vernehmen läßt, einzufangen.
Wiederum hat die Harmonik hieran wesentlichen Anteil, so
mit den abschließenden Begleitakkorden zur Gesangsstimme, einer Folge unaufgelöster paralleler Septakkorde:

Grieg widmete die *Krag-Lieder,* die am 20. Januar 1894 in Kopenhagen uraufgeführt wurden, dem holländischen Sänger Johannes Messchaert.

In die Jahre 1894/95 fällt auch die Komposition der *Kinderlieder* op. 61 auf Gedichte des von Nordahl Rolfsen zusammengestellten Lesebuches für die norwegischen Volksschulen, um deren Vertonung Grieg im Sommer gebeten worden war. In ihrer herben Schlichtheit – fern jeder kindertümelnden Süßlichkeit, die vielen Schulkinderliedern des 19. Jahrhunderts und darüber hinaus eigen ist – gehören sie zu den besten in jener Zeit für Kinder geschaffenen Liedern. Die meisten der Texte verfaßte Rolfsen selber, dessen *lyrisches Talent* Grieg noch 1906 hervorhebt, wobei er hinzufügt: *Wo seine Phantasie in der Kinderwelt weilt, ist er immer glücklich.*[377]

Rolfsen sind die Lieder auch gewidmet. Grieg komponierte die Lieder für eine Singstimme mit Klavier und schuf danach auch eine dreistimmige Bearbeitung a cappella (2 Soprane, 1 Alt). Die meisten der Lieder werden jedoch auch heute noch von den norwegischen Kindern einstimmig ohne Begleitung gesungen und sind in norwegischen Schulliederbüchern enthalten. Somit ging Griegs Wunsch in Erfüllung, den er 1894 gegenüber Abraham äußerte: *Die eitle Hoffnung, diese Schullieder von norwegischen Kindern singen zu hören, begeisterte mich.*[378]

In kindgemäßer, anschaulicher Weise besingen die sieben Lieder das Leben der Seeleute und Fischer (Nr. 1: *Das Meer,* Nr. 4: *Fischerweise*), den glitzernden Weihnachtsbaum (Nr. 2: *Der Weihnachtsbaum*) und preisen die Schönheit des

287

norwegischen Berglands (Nr. 6: *Die norwegischen Berge*) und das Vaterland (Nr. 7: *Vaterlandslied*). Der *Lockruf* (Nr. 3) und das *Abendlied für den Falben* (Nr. 5) entsprechen besonders der Erlebniswelt von Kindern der untersten Schulklassen. Im *Lockruf* (auf Verse von Bjørnson) gestaltet Grieg die Rufe, mit denen die verschiedenen Tiere auf die Wiese gelockt werden, mit Dreiklangstönen, denen er auch einen munteren Septsprung eingefügt hat:

145   op. 61 Nr. 3, Takt 3–12

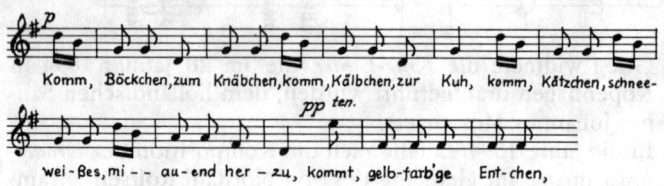

Komm, Böckchen, zum Knäbchen, komm, Kälbchen, zur Kuh, komm, Kätzchen, schneeweißes, mi – – au-end her – zu, kommt, gelb-farb'ge Ent-chen,

Im *Abendlied für den Falben* wird der Falbe, der sich müde gelaufen hat, mit liebevollen Worten in einem vom Trott des Pferdes bestimmten Rhythmus angesprochen, gefüttert und zur Ruhe gebracht:

146   op. 61 Nr. 5, Takt 3–6

Freu dich nun, mein Fal – – ber! Fal-ber ist nun tüch-tig matt,

Die Sequenzierung dieser pentatonisch aufsteigenden Melodie bringt die Zärtlichkeit zum müden Pferdchen besonders schlicht zum Ausdruck. Das ursprünglich variierte Strophenlied wurde von den norwegischen Kindern aufgrund seiner Beliebtheit zu einem Strophenlied zurechtgesungen und ist in einem norwegischen Musikbuch für die 4. Klasse sogar als zweistimmiger Kanon enthalten (Einsatz der zweiten Stimme nach dem ersten Takt).[379] Auch modale Skalenausschnitte begegnen uns in diesen Liedern, so gleich im ersten Lied *Das Meer* die lydische Quarte, die, wie Grieg in einem Brief schrieb, *wie Meeressalz*[380] klingen sollte:

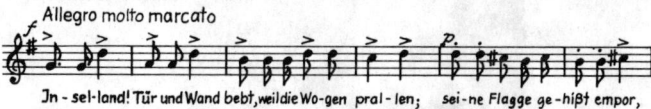

Allegro molto marcato

Jn - sel-land! Tür und Wand bebt, weil die Wo-gen pral - len;   sei-ne Flagge ge-hißt empor,

Im Jahre 1895 schreibt Grieg begeistert an Röntgen: *In den letzten Tagen stecke ich in einer ganz eigentümlichen Lyrik: es ist ein neu erschienenes Buch in „Landsmål" von Arne Garborg, genannt „Haugtussa". Ein ganz geniales Buch, wo die Musik eigentlich schon komponiert ist. Man braucht sie nur niederzuschreiben.*[381]
Wie fünfzehn Jahre zuvor die Poesie des Bauerndichters Vinje war Grieg nun Garborgs Gedichtzyklus zum tiefen Erlebnis geworden. Auch war es in Einheit mit dem Inhaltsreichtum der Dichtung wiederum die Klangschönheit des in Landsmål gedichteten Werkes, die ihn begeisterte. Innerhalb nur eines Monats vertonte er zwölf Gedichte daraus. Da er jedoch anfangs mit dem Gedanken umging, die Lieder in ein größeres Werk für Orchester einzubeziehen, außerdem zunächst auch ihrer Wirkung nicht sicher war, ließ er die Komposition drei Jahre lang liegen, ohne letzte Hand an sie zu legen. Erst 1898 entschloß er sich zu der Veröffentlichung von acht Liedern als Liedzyklus *Das Kind der Berge* op. 67, den er der in Stockholm lebenden norwegischen Sängerin Dagmar Møller widmete.
Im Mittelpunkt steht die Gestalt der jungen Hirtin Haugtussa[382] mit ihrer reichen Phantasie, ihrer Liebeserwartung und -erfüllung, ihrem Liebesleid und ihrer Verlassenheit. Zugleich sehen wir sie im fröhlichen Umgang mit ihren Herden und erleben die Schönheit der norwegischen Natur mit den Hängen voller Heidelbeeren, den weidenden Tieren und den herabstürzenden Bächen.
Im ersten Lied *Lockung* (op. 67 Nr. 1) hört das Mädchen süßen, lockenden Gesang in tänzerischem Rhythmus, begleitet von harfenähnlichen Arpeggien, der sie in die Welt der Berggeister entführen soll. Im Lied *Das Kind der Berge* (Nr. 2) zeichnet Grieg in einer schlichten, den norwegischen Volkston treffenden Mollmelodie das Bild der schmächtigen, verträumten und zugleich leidenschaftlichen Haugtussa. Das volkstümliche *In den Heidelbeeren* (Nr. 3) gestaltet die Fröhlichkeit des Beerensuchens in einer weitaus-

Der Dichter
Arne Garborg

ladenden Melodie mit mehrmaligem Quartaufschwung zum
f" und in den lebhaften, spielerisch hüpfenden Klangfigu-
ren des Nachspiels zu jeder der fünf Strophen:

148   op. 67 Nr. 3
a) Takt 3–6

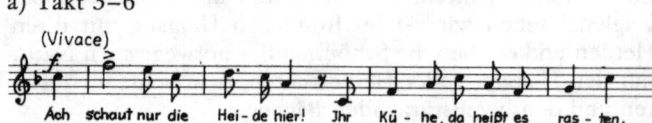

b) Nachspiel (Takt 19–23 u. a.)

Das dramatische Zentrum des Zyklus bilden *Stelldichein* (Nr. 4) und *Liebe* (Nr. 5). In *Stelldichein* wechseln spannungsvolle Erwartung mit ekstatischem Jubel; sie finden ihre musikalische Entsprechung in verstärkter Chromatik und dynamischen Kulminationspunkten mit farbiger Harmonik. Die Melodie des Liedes *Liebe*, in dem das Mädchen über seine Liebe nachsinnt, scheint mit den nach oben gewendeten und auf einer Fermate ausgehaltenen Phrasenenden dem bang fragenden Unterton der Worte nachgestaltet:

149   op. 67 Nr. 5, Takt 2–5

Dieses Lied ist zusammen mit dem letzten des Zyklus das einzige, das nicht in einfacher, sondern in variierter Strophenform komponiert wurde. Die Melodie der ersten Strophe wird in den folgenden drei Strophen entsprechend den leidenschaftlichen Gefühlsaufwallungen des Mädchens plötzlich und übergangslos in andere Tonarten geführt und abgewandelt, in der zweiten und dritten Strophe zu sehr schnellen Variationen mit Springtanzcharakter, in der vierten Strophe zu einem hymnischen Liebesgesang. Die letzte Strophe nimmt die nachdenkliche Melodie des Anfangs wieder auf.

Zickeltanz (Nr. 6), ein Pendant zum fröhlichen Lied *In den Heidelbeeren,* führt mit seinen Hallingrhythmen noch einmal in die Unbeschwertheit und Heiterkeit des Hirtenlebens. Seine Rufmelodik und kindliche Ausgelassenheit erinnern an den *Lockruf* aus den *Kinderliedern* op. 61; die polytonale Verbindung der spritzigen A-Dur-Triolen in der Mittelstimme der Begleitung mit dem G-Dur-Ostinato des Basses deutet auf den Meister der musikalischen Groteske:

Das Lied *Böser Tag* (Nr. 7), das den Gram des Mädchens über die Untreue seines Geliebten zum Ausdruck bringt, knüpft melodisch an die Gesangsstimme von *Stelldichein* an, die hier nach Moll gewendet ist, somit beziehungsreich das verlorene Glück reflektierend.

In ihrem Schmerz sucht die Hirtin – wie der Müllerbursch im letzten Lied von Schuberts Zyklus *Die schöne Müllerin* – Zuflucht und Ruhe am unaufhörlich strömenden Bach. Die in den fünf Textstrophen ausgedrückten schmerzvoll-sehnsüchtigen Wünsche des Mädchens, am Bach verweilen und träumen zu können (Strophe 1 und 2), hier des Geliebten zu gedenken (Strophe 3), ihn aber wiederum auch vergessen zu können (Strophe 4) und schließlich Ruhe zu finden (Strophe 5), erhalten in der musikalischen Gestaltung als variiertes Strophenlied eine unmittelbar zu Herzen gehende Vertiefung. Bewegtheit der Natur, hier im Bilde des strömenden Baches, und Bewegtheit des menschlichen Herzens sind in diesem Lied zu einer Einheit verschmolzen, wie sie nur Meisterwerke der Liedkunst aufweisen. Die auf den musikalischen Impressionismus weisende, fast durchgehende Mehrdeutigkeit tonaler Bezüge kommt der Gestaltung des Unaufhörlichen der Bewegung wie des Schmerzvollen entgegen. Sie zeigt sich in der Klavierstimme schon zu Beginn in der Gleichzeitigkeit von A-Dur und fis-Moll sowie in den übermäßigen Dreiklängen, die Grieg in der dritten Strophe zur Ausdrucksintensivierung einsetzt:

Unterbrechungen der laufenden Bewegung der Klavierstimme (vor dem Einsatz der dritten Strophe) und der Gesangsmelodie (in der fünften Strophe) werden zum Ausdruck von Traurigkeit, bei der das Herz zu stocken
scheint.

Wenn Grieg über Garborgs Verserzählung „Haugtussa" an
Oscar Meyer schreibt: *Es ist ein Meisterwerk voll Ursprünglichkeit, Einfachheit und Tiefe und von einer ganz unbeschreiblichen
Farbe,*[383] so ist damit auch das musikalische Meisterwerk des
Komponisten gekennzeichnet. Die Verbreitung des Liedzyklus ist wie bei den *Vinje-Liedern* infolge der aus dem Landsmål nur unzulänglich übersetzbaren Texte erschwert. Die
Lieder Nr. 3, 6 und 8 werden auch in deutscher Sprache
ihre Wirkung nicht verfehlen, jedoch kann die in der alten
Petersausgabe vorliegende deutsche Übertragung als Ganzes weder in bezug auf den Wortsinn noch auf den Wort-
klang einen hinreichenden Ersatz für die Originalfassung
geben. Der sich erst in der Gesamtheit seiner acht Lieder
voll erschließende Zyklus liegt in hervorragender Interpre-

293

Autograph des Liedes „Zickeltanz" op. 67 Nr. 6

tation auf Schallplatte in der Originalsprache vor.[384] Bei
Kenntnis des oben angedeuteten textlichen Gehalts kann
sich auch derjenige Hörer, der die norwegische Sprache
und Landsmål nicht versteht, dem besonderen Reiz des
Werkes in seiner nationalen Eigenständigkeit und emotio-
nalen Allgemeingültigkeit, in der Originalität, Konzentriertheit und Schlichtheit seiner musikalischen Sprache, in seinem Bilderreichtum und seiner dramaturgischen Geschlossenheit nicht entziehen.

Brief von Christian Morgenstern an Grieg vom 12. August 1899 aus Hop bei Bergen

Im Herbst 1898, als einige Lieder des soeben publizierten Zyklus *Das Kind der Berge* in einem Konzert in Kristiania zum ersten Mal gesungen wurden, befand sich der deutsche Dichter Christian Morgenstern in der norwegischen Hauptstadt, um Ibsens Dramen „Brand" und „Peer Gynt" ins Deutsche zu übersetzen. Es ist nicht bekannt, ob er das Konzert besuchte und ob er von der sehr positiven und relativ ausführlichen Rezension im „Morgenbladet"[385] Kenntnis erhielt. Auf jeden Fall ist anzunehmen, daß den Dichter der Schöpfer der *Peer-Gynt-Musik* nicht nur als kühner Initiator der ersten Bergener Musikfestspiele interessierte,[386] sondern auch als Komponist lyrischer Gedichte seiner norwegischen Dichterkollegen Vilhelm Krag und Arne Garborg.

295

Am 12. August 1899 sandte Morgenstern von Hop aus, einer Vorstadt von Bergen in unmittelbarer Nähe von Troldhaugen, wo er sich einige Wochen während des Sommers aufhielt, an Grieg einen Brief mit der Bitte, ihn besuchen zu dürfen, und legte fünf Gedichte bei, „einige Erdbeeren aus meinem Privatgarten – norwegische Ernte 1898 –", wie er sie nannte. Das Deckblatt der Gedichte enthält die Worte: „Fünf Lieder aus ‚Ein Sommer', Edvard Grieg verehrend zugeeignet von Christian Morgenstern."[387] Der Dichter hatte aus seinem umfangreichen Gedichtzyklus eine Auswahl klangvoller Natur- und Liebeslyrik, teilweise volksliedhafter Prägung, getroffen, von der er hoffen konnte, daß sie den norwegischen Meister zur Vertonung anregen würde. Grieg lud Morgenstern zwei Tage später brieflich zu sich nach Troldhaugen ein, wo die Begegnung am 16. August 1899 stattfand.[388] Daß es dennoch nicht zu einer Vereinigung der Lyrik Griegs und Morgensterns kam, ist zu bedauern. Indessen bleiben Brief und Zueignung ein Zeichen der tiefen Verehrung, die Grieg im internationalen Maßstab, auch von progressiven Dichtern der jüngeren Generation, entgegengebracht wurde, und überdies ein freundliches Beispiel deutsch-norwegischer Beziehungen.

Noch einmal: Norwegische Volksmusik als Quelle der Inspiration

In Griegs letzter Schaffensperiode ragen als komplex angelegte Werke neben dem Liedzyklus *Das Kind der Berge* op. 67 einige Kompositionen hervor, zu denen Grieg wiederum unmittelbar durch norwegische Volksmusik angeregt wurde. Sie lassen sich auf drei Quellen zurückführen.

Die erste Quelle bildet nochmals Lindemans unerschöpfliches Sammelwerk norwegischer Volksweisen, aus dem Grieg Melodien für seine *Altnorwegische Romanze* op. 51, die *Nordischen Weisen* op. 63, die *Symphonischen Tänze* op. 64 und für sein letztes Werk, die *Vier Psalmen* op. 74, entnahm.

Als zweite Quelle für Griegs Schaffen auf der Grundlage norwegischer Volksmusik treten in dieser letzten Schaffensperiode die vor allem von seinem Freund Frants Beyer im

Gebiet Gudbrandsdal nach dem Gehör aufgezeichneten Liedmelodien hinzu. Grieg verarbeitete sie in seinen *Norwegischen Volksweisen* op. 66 für Klavier.

Zur dritten Quelle für Griegs intensiven kompositorischen Umgang mit norwegischer Volksmusik werden nach der Jahrhundertwende die als Slåtter bezeichneten Bauerntänze, die der Volksmusikant Knut Dahle auf der Hardingfele dem Violinisten und Dirigenten Johan Halvorsen vorgespielt hatte, der sie auf Bitten Griegs auf die Violine übertrug. Grieg seinerseits bearbeitete sie in seinen *Slåtter* op. 72 für Klavier.

Grieg schuf nach der Heimkehr von der langen Folge seiner Auslandsgastspiele 1887 bis 1890 in Troldhaugen ein Werk, das seiner Freude am eigenen häuslichen vierhändigen Musizieren, diesmal für zwei Klaviere, entsprach: die *Altnorwegische Romanze* op. 51. Es ist eine Variationsreihe über die schöne altnorwegische Liedweise „Sjugur og Trollbrura" („Sigurd und die Hexenbraut") aus Lindemans Sammlung:

152   op. 51, Takt 22–25

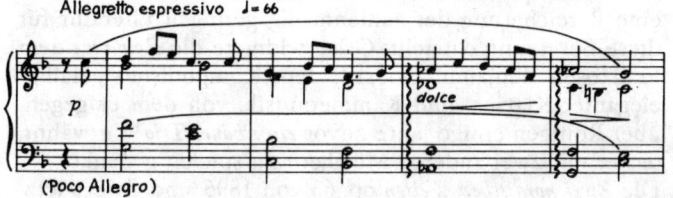

Die ausdrucksstarke Melodie mit der zweimal absteigenden typischen Folge von oberem Grundton über den Leitton zur Quinte und dem für norwegische Volksmusik ebenfalls bezeichnenden Schwanken zwischen Groß- und Kleinterz (a und as) appellierte an Griegs Vermögen vielfältiger Herausarbeitung ihrer latenten Harmonik. Allerdings erwies sich die Melodie mit ihrem auffälligen as im dritten Takt – zumal dieses von Grieg durch Harmonisierung mit der Untermediante Des-Dur besonders stark exponiert wurde – als Variationsthema nicht allzu günstig. Sosehr diese Harmonisierung beim ersten Erklingen gefällt, so nutzt sie sich doch gerade aufgrund ihrer Exponiertheit bei häufiger Wiederkehr in den vierzehn Variationen ab. Nachdem sowohl Halvorsen wie Svendsen 1904 bzw. 1905 das Werk in Griegs erster Orchesterfassung aufgeführt hatten, schlugen sie eine Kürzung vor. Grieg strich daraufhin die 10. Variation und einen Teil des Finales vor der Drucklegung der Orchesterversion.[389] Anregungen für Aufbau und Stil der *Romanze* scheint Grieg von Schumanns „Andante und Variationen" op. 46 für zwei Klaviere (1843) und von Saint-Saëns' „Variationen über ein Thema von Beethoven" (1874) gleicher Besetzung, die er mit seiner Frau musiziert hatte,[390] erhalten zu haben. Jedoch ist die *Romanze* ein Werk, das Griegs individuelle Klangsprache im reizvollen Wechselspiel der beiden Instrumente voll zur Geltung bringt, so im „Tempo di valse" der 13. Variation mit seiner pikanten Harmonisierung oder in den Springtanz- und Hallingrhythmen der 9. und 12. Variation. Trotz des vollgriffigen, das gesamte Klangspektrum des Instruments nutzenden Klaviersatzes, der den Einfluß Liszts erkennen läßt, ist der technische Schwierigkeitsgrad nicht erheblich, so daß die *Romanze* auch von fortgeschrittenen nichtprofessionellen Klavierspielern mit Genuß musiziert werden kann und eine Bereicherung der zahlenmäßig geringen Literatur für diese Besetzung darstellt. Grieg widmete die *Romanze* dem Franzosen Benjamin Godard, dem Komponisten gefällig-eleganter Klavier- und Kammermusik, von dem er gegenüber Röntgen einige Jahre zuvor *ein schönes Trio*[391] erwähnt, das er mit zwei anderen Musikern zu spielen gedenke.

Die *Zwei nordischen Weisen* op. 63 von 1895 sind Griegs letzter Beitrag zur Musik für Streichorchester, für dessen differenzierte Klang- und Ausdrucksmöglichkeiten er schon mehrfach zuvor in Sätzen wie *Åses Tod* aus der *Peer-Gynt-Musik*, in seinen Liedbearbeitungen der *Zwei elegischen Melodien* op. 34 und der *Zwei Melodien* op. 53 und vor allem in seiner *Holberg-Suite* op. 40 besondere Sensibilität entfaltet hatte.

Dem ersten Stück *Im Volkston* liegt eine schwermütige Melodie zugrunde, die der norwegisch-schwedische Gesandte in Paris, Fredrik Due, dem Komponisten nach ihrer Begegnung in Paris 1894 anläßlich von Griegs dortigem Konzertaufenthalt zugesandt hatte. Grieg komponierte zu dieser

Melodie vier klangvolle Cantus-firmus-Variationen mit stets neuer Harmonisierung und klanglicher Steigerung. Das zweite Stück ist eine Streichorchester-Bearbeitung der beiden schon in den Klavierstücken op. 17 als *Kuhreigen* (Nr. 22) und *Stabbelåten* (Nr. 18) enthaltenen Volksmelodien aus Lindemans Sammlung. Im Vergleich zu dieser Fassung ist die Streicherbearbeitung harmonisch und klanglich reicher und farbiger gestaltet. Strawinsky verwendete 1942 die Melodie des hier als *Bauerntanz* bezeichneten zweiten Teils von op. 63 Nr. 2 für seine „Vier norwegischen Stimmungen"[392].

Im Herbst des folgenden Jahres 1896 entstanden Griegs *Symphonische Tänze* op. 64, zunächst in vierhändiger Version; die gleich danach begonnene und von vornherein geplante Orchestrierung wurde 1898 vollendet. Das Erlebnis dreier führender Sinfonieorchester der Welt – des Gewandhausorchesters, der Wiener und Berliner Philharmoniker –, die er in den vorangegangenen Monaten gehört bzw. dirigiert hatte, wirkte noch in Grieg nach und beflügelte ihn dazu, erstmalig norwegische Volkstänze in einem Werk für großes Orchester zu bearbeiten.

Jeder der vier Tänze besitzt eine einfache dreiteilige Form (ABA), und seine schlichten Melodien werden – analog volksmusikalischer Praxis – häufig wiederholt, wobei ihre abwechslungsreiche farbige Instrumentierung besonders reizvolle Wirkungen auslöst. Hierzu gehört der solistische Einsatz von Holzbläsern, sparsam begleitet nur vom Pizzicato der Streicher (Nr. 1) oder von Harfe mit Streichern im Pianissimo und einzelnen Schlägen des Triangels (Nr. 2). Eine in der Vergangenheit mitunter getroffene Abwertung des Werkes wegen mangelnder motivisch-thematischer Arbeit und Entwicklung geht an der Spezifik dieser auf Reihung und Kontrastierung orientierten volksmusikalischen Tanzsätze vorbei. Soweit Abwandlung melodischer Phrasen hier sinnvoll ist, wird sie eingesetzt, so etwa mit der rhythmisch-melodischen Umformung des Hallingthemas von Nr. 1 (Teil A) oder der Springtanzmelodie von Nr. 3 (Teil A) im jeweiligen mittleren Abschnitt (B), womit der Gegensatz gewonnen wird.

Das anspruchsvollste Stück der vier Tänze ist das letzte, das nacheinander zwei Melodien aus Lindemans Sammlung in mehrfacher Wiederholung und Sequenzierung, auch von Teilmotiven, verarbeitet. Das düstere erste Thema in a-Moll

153   op. 64 Nr. 4, Takt 23–30

wird in vielfältiger Instrumentierung vom Pianissimo des Anfangs zum dynamischen Höhepunkt mit starkem Blechbläsereinsatz geführt. Im Mittelteil (B) erklingt als Gegensatz die liebliche Melodie eines Hochzeitsliedes aus Valders in A-Dur bei starker Dominanz des gedämpften Holzbläser- und Streicherklanges:

154   op. 64 Nr. 4, Teil B, Takt 3–6

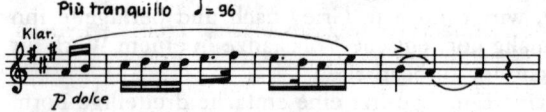

Grieg war ursprünglich sehr daran gelegen, daß die Stücke im Zusammenhang gespielt wurden, und protestierte daher – erfolgreich – bei seinem Verleger gegen die beabsichtigten Einzelveröffentlichungen.[393] Später hat er auf einer zusammenhängenden Aufführung nicht mehr bestanden. Grieg widmete das Werk dem belgischen Pianisten Arthur de Greef, einem der bedeutenden Interpreten seines *Klavierkonzertes*. Es wurde 1899 von Svendsen in Kopenhagen uraufgeführt.

Einen Höhepunkt in der Bearbeitung norwegischer Volksmelodien bilden Griegs 1897 entstandene 19 *Norwegische Volksweisen* op. 66 für Klavier. Wie zuvor in keinem anderen Werk ist er hier den *ungeahnten harmonischen Möglichkeiten* den *verborgenen Harmonien* norwegischer Volksweisen nachgegangen.[394] Es sind durchweg Liedweisen, die mit Ausnahme der Melodie des letzten Stückes, *Gjendinens Wiegenlied,* sämtlich von Beyer nach dem Gehör aufgezeichnet und gesammelt worden waren.

An die von Grieg selbst notierte Wiegenliedweise knüpfte sich das unvergeßliche Erlebnis einer seiner großen Touren in das Jotunheim-Gebirge, die er im Sommer 1891 mit seinen Freunden Röntgen und Beyer unternommen hatte. Auf einer der Gebirgshöhen sang ihnen die damals neunzehnjährige Sennerin Gjendine Slaalien aus Lom, das neugeborene Kind ihrer Schwester im Arm wiegend, dieses Lied ausdrucksvoll vor, „sehr rhythmisch, und doch mit einem natürlichen, freien Vortrag, gegen Schluß immer langsamer und leiser werdend, bis es ganz erstarb", wie Röntgen später berichtete.[395]

Grieg zeigt bei der Bearbeitung dieses schlichten, nur 20 Takte umfassenden Wiegenliedes wie auch in anderen Stücken von op. 66 mit der Verwendung lang ausgehaltener Orgelpunkte, sinnvoller Alterationen und chromatischer Verbindungen seine den Gehalt der Melodie vertiefende satztechnische Kunst. Dem aus einer Viertaktgruppe und ihrer Wiederholung bestehenden achttaktigen Vordersatz der originalen Volksweise folgt als Nachsatz eine ebenfalls zweimal erklingende Fünftaktgruppe. Grieg erweitert deren Wiederholung um zwei zusätzliche Takte mit geringer, in den Mittelstimmen chromatischer Intervallbewegung über einem Orgelpunkt, damit den stillen Ausklang in der Liedinterpretation der Volkssängerin gleichsam instrumental vertiefend und das kleine Kunstwerk durch satztechnischen Rückgriff auf seinen Anfang abrundend:

155 op. 66 Nr. 19, Takt 1–4: Vordersatz (Anfang)

Einen Teil der von Beyer notierten Melodien bearbeitete Grieg im Sommer 1896 während eines zweiwöchigen Aufenthalts mit Nina im Touristenhotel Fossli oberhalb des mächtigen Wasserfalles Vøringsfoss, östlich vom Hardangerfjord, die übrigen anschließend in Troldhaugen. Aus einem Brief an Röntgen geht hervor, daß Grieg selbst die Kühnheit seiner Bearbeitungen mit der Stärke seines Naturerlebnisses in Verbindung brachte. Er habe *haarreißende harmonische Kombinationen zu Papier gebracht,* heißt es darin, und weiter: *Wenn man den Vøringsfoss unter sich hat, fühlt man sich unabhängiger und wagt mehr als unten im Tal.*[396] Griegs Begeisterung für die Liedweisen und ihre Bearbeitung war so groß, daß sich deswegen die Orchestrierung seiner *Symphonischen Tänze* op. 64 verzögerte, wie aus seinem Brief an Abraham hervorgeht: *Dagegen bin ich leider nicht ohne Schuld, daß sich die Vollendung der norwegischen Tänze so sehr verzögert. Ich bekam nämlich diesen Sommer im Hochgebirge eine Menge noch ungedruckte, weil unbekannte Volkslieder, die so wunderbar sind, daß daß mir einen wahren Genuß daraus machte, die für Klavier zu setzen.*[397]

Die Liedweisen von op. 66 sind äußerst vielgestaltig und reichen von kurzen Lockrufen über Wiegen-, Kinder- und Scherzlieder, Liebes- und Abschiedslieder bis zur Ballade nachdenklichen Inhalts. Der hohe Anteil von Lockrufen, Kinder- und Wiegenliedern dürfte sich aus ihrer relativ beständigen Gebrauchsfunktion erklären, die der Sammeltätigkeit Beyers im Gebiet von Gudbrandsdal erleichterte Bedingungen schuf. Die Kürze dieser Liedweisen scheint Griegs schöpferische Phantasie bei der Bearbeitung besonders herausgefordert zu haben. So weitet er das dem *Lockruf*, Nr. 1, zugrunde liegende Melodiefragment zu einer impressionistischen Klavierminiatur aus. Den mit Vorschlägen versehenen, hellen *Lockruf*, Nr. 8, stellt er in größeren Zusammenhang, indem er ihn als Kontrast auf das *Wiegenlied,* Nr. 7, mit seinen langen Notenwerten in tiefer Lage unmittelbar (attacca) folgen läßt. Dem Andante tranquillo des *Wiegenliedes,* Nr. 15, im ruhigen $^2/_4$-Takt wird als Mittelteil ein beschwingtes Kindertanzlied im $^3/_4$-Takt eingefügt. Einleitungstakte und kurze Nachspiele sowie kühne, den Ausdrucksgehalt der jeweiligen Melodie ausschöpfende und vertiefende Akkordverbindungen bereichern die Sätze, so in dem scherzhaften Kinderlied *Klein Astrid,* Nr. 16:

157 op. 66 Nr. 16, Takt 1–4

158 op. 66 Nr. 16, Takt 28–31

159 op. 66 Nr. 16, Takt 41–46 (Nachspiel)

Zu den schönsten der nachdenklichen Sätze gehört die Bearbeitung des Liebesliedes *Gedankenvoll ich wandere,* Nr. 18. Seine breit strömende Melodie wird dreimal mit unterschiedlichen Klaviersätzen vorgetragen, wobei jeder zur Vertiefung ihres innigen Ausdrucks beiträgt:

160   op. 66 Nr. 18, Takt 1–5

Das Frants Beyer gewidmete Werk entbehrt zugunsten der Ausdrucksintensität, satztechnischen Originalität und Gediegenheit aller seiner Stücke jedweden virtuosen Anspruchs und setzt in einigen seiner Sätze sogar nur geringe klavieristische Fähigkeiten voraus. So gehört es zu denjenigen Klavierwerken, die auch den nichtprofessionellen Pianisten zu bereichern und zu fördern vermögen.

Griegs letztes bedeutendes Klavierwerk, die *Slåtter (Norwegische Bauerntänze)* op. 72 von 1902/03 unterscheiden sich von den Bearbeitungen der einstimmigen vokalen Volksweisen in op. 66 bereits in der ihnen zugrunde liegenden Genrespezifik instrumentaler Volkstänze, die auf der Hardingfele mehrstimmig musiziert wurden.[398] Von den Besonderheiten dieser originalen Slåttermusik ausgehend, entwickelte Grieg in diesen Bearbeitungen einen Stil, der in der Härte seiner exponierten dissonanten Zusammenklänge wie auch in der elementaren Kraft seiner leeren Quinten und Quarten, in seiner rhythmischen Vitalität und seinen starken, die schlagzeugartigen Klangmöglichkeiten des Klaviers nutzenden Akzentuierungen bereits auf die Volksmusikbearbeitungen Béla Bartóks weist.

Die Originale dieser Tänze gehörten zum Repertoire von Knut Dahle, einem Spielmann aus Telemark, der in jungen Jahren einige dieser Bauerntänze und ihre Spielweise von dem berühmten Hardingfelespieler Torgeir Augundson, genannt Myllargguten („Müllerbursch"), übernommen hatte. Knut Dahle hatte seit 1888 in mehreren Briefen bei Grieg angefragt, ob er nicht daran interessiert sei, einige der Slåtter aufzunotieren, damit sie der Nachwelt erhalten blieben. Obwohl Grieg die Notwendigkeit erkannte, die Slåtter vor dem Vergessen zu bewahren, antwortete er zuerst zögernd, wußte er doch, daß es sehr schwer sein würde, alle Feinheiten der traditionellen Fiedelmusik in die Notenschrift zu übertragen. Außerdem bedurfte es zur Niederschrift eines erfahrenen Geigers. Nachdem Dahle jedoch im Herbst 1901 seine Bitte nochmals eindringlich wiederholt hatte, veranlaßte Grieg ein Zusammentreffen Knut Dahles mit Johan Halvorsen in Kristiania, wo dieser noch im selben Jahr siebzehn von Dahles schönsten Bauerntänzen für Violine aufzeichnete und Grieg zur Klavierbearbeitung zusandte. Grieg war von Halvorsens Arbeit begeistert und schrieb an Röntgen, er habe *die Aufgabe der sehr komplizierten Aufzeichnung ganz einzig feinfühlig, verständnisvoll, ja ganz meisterhaft gelöst.*[399]

Wie hoch Grieg den Wert dieser Notierung aus nationaler und kulturhistorischer Sicht einschätzte und welche Bedeutung er seinen eigenen Klavierbearbeitungen der Slåtter beimaß, geht aus vielen brieflichen Äußerungen gegenüber seinem Verleger hervor, die an Häufigkeit und Gewicht schriftliche Bemerkungen zu anderen seiner Werke übertreffen.

Zu Beginn seiner Bearbeitung schreibt er: *Ich habe mich in letzter Zeit mit einer sehr interessanten Arbeit beschäftigt, nämlich Bearbeitung neu aufgefundener norwegischer Volksmusik von der größten Originalität.*[400] Einige Monate später berichtet er: *Ich bin mit einem Vorwort zu den norwegischen Slåtter beschäftigt. Es ist sehr schwierig, für gewisse norwegische Worte deutsche Bezeichnungen zu finden, welche allgemein verständlich sind. Ich konferiere mit Fachleuten […].*[401] Im nächsten Brief fordert er: *Die Originalaufzeichnung Johan Halvorsens für die Geige – eine Entdekkung, ja ein Leckerbissen für die Geiger – soll gleichzeitig mit meiner freien Bearbeitung erscheinen,* und hebt hervor: *Da das kulturhistorische Interesse bei diesen Sachen eine Hauptrolle spielt, halte ich die Vorrede sowie sämtliche Notizen und Bemerkungen für unentbehrlich.*[402] Mehrmals wiederholt er gegenüber dem Verlag seinen Wunsch, seine Bearbeitungen der *Slåtter* dem Musikwissenschaftler Hermann Kretzschmar zu widmen, damit ebenfalls die kulturhistorische Bedeutung des Werkes unterstreichend.[403] Allen diesen Bitten wurde entsprochen.

Grieg betont in einem seiner Briefe an den Verlag auch die künstlerische Eigenständigkeit dieser Bearbeitungen, in denen *meine Individualität ihre Sprache deutlich – ja deutlicher vielleicht, wie viele es wünschen – vernehmen läßt.*[404] Entsprechend ist ihm auch das Neue seiner Tonsprache in op. 72 voll bewußt, wenn er später schreibt: *Ich darf ein sofortiges allgemeines Verständnis dieser Stücke nicht voraussetzen, um so mehr, als dieselben eine anfangs etwas befremdende Technik zur Schau tragen.*[405] Deshalb hält er die öffentliche Aufführung dieses Werkes für besonders wichtig. Im Mai 1905 heißt es im Nachsatz eines Briefes: *Daß die Slåtter noch nicht mehr verlangt werden, tut mir zwar leid, überrascht mich aber nicht. Diese Sachen müssen erst in guter Ausführung öffentlich interpretiert werden, und die Künstler finden sich dafür noch nicht so ohne weiteres. Ich hoffe aber auf die Zukunft.*[406] Nach seiner Rückkehr von der großen Konzerttournee des Jahres 1906, die ihn zum letzten Mal nach England geführt hatte, wo er von der Universität Oxford die Ehrendoktorwürde erhielt, kann Grieg seinem Verleger berichten, daß der junge australische Pianist Percy Grainger in London die *Slåtter* mit großem Erfolg spiele. Auch habe er erfahren, daß die Stücke ebenfalls in Paris von einigen jungen Musikern entdeckt worden seien, die nun für *„le nouveau Grieg"* [„den neuen Grieg"] schwärmten.[407]

Zu der Art und Weise seiner „freien Bearbeitung" von Halvorsens Aufzeichnungen gibt Grieg in seinem Vorwort zu op. 72 selbst klare Hinweise: *Meine Aufgabe bei der Übertragung für das Pianoforte war ein Versuch, durch eine, ich möchte sagen stilisierte Harmonik diese Volkstöne auf ein künstlerisches Niveau zu erheben. Es liegt in der Natur der Sache, daß das Klavier auf viele der kleinen Verzierungen, welche im Charakter der Bauernfiedel sowie in der eigentümlichen Bogenführung zu suchen sind, verzichten mußte. Dafür hat aber das Klavier den großen Vorteil, durch dynamische und rhythmische Mannigfaltigkeiten sowie durch neue Harmonisierung der Wiederholungen eine zu große Einförmigkeit vermeiden zu können. Ich habe mich bestrebt, klare, übersichtliche Linien aufzuziehen, überhaupt eine feste Form zu schaffen. Die wenigen Stellen, wo ich es als künstlerisch berechtigt empfunden habe, über die vorliegenden Motive freie Zwischensätze einzufügen, wird man durch Vergleichung meiner Bearbeitung mit dem Original mit Leichtigkeit herausfinden. Dieses gleichzeitig in demselben Verlage erschienene, von Johan Halvorsen aufgezeichnete Original ist durchaus als Quellenschrift zu betrachten.*[408]

Die innovativen Züge von Griegs op. 72 äußern sich vor allem in der harmonischen Gestaltung, deren stark dissonierende Partien durch die herbe Klanglichkeit des Spiels auf der Hardingfele mit ihren mitschwingenden Resonanzsaiten und dem durch flachen Steg und Saitenstimmung begünstigten Gebrauch sowohl konsonanter wie dissonanter Zusammenklänge und Liegetöne angeregt wurde. Die funktionale Harmonik wird in Griegs Stücken in einem Maße mit nichtfunktionalen Dissonanzen angereichert, die über damalige harmonikale Konventionen und auch über die von Grieg selbst bisher gezeigten harmonischen Kühnheiten hinausgehen, wie drei Varianten des zweitaktigen Grundmotivs aus *Knut Lurasens Halling II*, op. 72 Nr. 11, erkennen lassen:

161   op. 72 Nr. 11
a) Takt 1–3

b) Takt 26–28

c) Takt 45–46

Die Beispiele demonstrieren auch die aus der originalen Slåttermusik auf die Spezifik des Klavierklanges übertragenen scharfen Akzente, ferner die vielgestaltige rhythmisch-metrische Binnenstruktur der einzelnen Takte mit reicher Ornamentik und Wechsel von $^6/_8$- und $^3/_4$-Takt. Im zweiten Beispiel führt rhythmisch-metrische Vitalität sogar zu einer Erweiterung des zweitaktigen Grundmotivs auf drei Takte mit Wechsel vom $^6/_8$- zum $^3/_8$-Takt.

Jeder der 17 Slåtter aus Griegs op. 72 besitzt seine unverwechselbare Eigenart, die bei einigen durch die von Grieg hinzugefügten textlichen Erläuterungen zu seiner ursprünglichen Funktion oder zu der dem Tanz zugrunde liegenden Sage noch unterstrichen wird. In einigen Tänzen dominieren phantasievolle ornamentale Melodik und rhythmische Geschmeidigkeit über die Härte des Klanges, so im *Brautmarsch (nach dem Müller), Nr. 8,* und in *Die Mädchen aus dem Kivletal. Springtanz, Nr. 16.* In zwei Tänzen, *Halling aus dem Hügel, Nr. 4,* und *Halling aus dem Hallingtal, Nr. 7,* gestaltet Grieg aus dem Grundmotiv des Anfangs einen stark kontrastierenden Mittelteil mit exponiert modal gefärbter Melodik.

Es kann als gesichert gelten, daß Béla Bartók Griegs *Slåtter* op. 72 schon in den ersten Jahren seiner eigenen umfangreichen Folkloreforschung kennenlernte. Bereits 1911 verwendet er in seiner Abhandlung „Die Folklore der Instrumentalmusik in Ungarn" den spezifisch norwegischen Begriff Slåtter, was nach Meinung der norwegischen Griegforscher Benestad und Schjelderup-Ebbe zu jener Zeit ohne Kenntnisnahme von Griegs *Slåtter* op. 72 noch nicht möglich gewesen wäre; später hebt Bartók mehrfach Grieg als einen der Wegbereiter für das Nationale in der Musik hervor. Auf Vorschlag des mit Grieg befreundeten englischen Komponisten Frederick Delius unternahm Bartók im Jahre 1912 eine vierwöchige Reise durch Norwegen, wo er sich eine Hardingfele kaufte.[409] Aus all dem ist anzunehmen, daß Griegs Beitrag zur Erforschung und künstlerischen Verarbeitung originaler norwegischer Bauerntänze und vor allem sein vorwärtsweisendes, kühnes Bestreben, den Gehalt dieser Musik in künstlerisch wertvollen Klavierstücken voll zur Entfaltung zu bringen, Bartók in seinen eigenen weitreichenden Aktivitäten und Leistungen als Forscher und Komponist angeregt und bestärkt hat.

Im Gegensatz zu den *Norwegischen Volksweisen* op. 66 sind Griegs *Slåtter* op. 72 technisch anspruchsvolle Konzertmusiken. Sie erfordern vom Interpreten Einfühlung in das Wesen norwegischer Bauerntänze, um die sie auszeichnende überaus reizvolle und differenzierte Kombination von ornamentaler Leichtigkeit und klanglich-harmonikaler Härte voll zur Geltung zu bringen. Offensichtlich wirkte sich das starke Interesse, das der australische Pianist und Komponist Percy Grainger, durch Grieg bestärkt, der Volksmusik mehrerer Länder Nordeuropas entgegenbrachte, auf seine von Grieg so enthusiastisch gewertete Interpretation der *Slåtter* besonders günstig aus. Percy Graingers Besuch in Troldhaugen wenige Wochen vor Griegs Tod und seine einfühlsamen Darbietungen der *Slåtter* sollten ein letzer Lichtpunkt im Leben Griegs sein.[410]

Auf Griegs 1903 abgeschlossenes op. 72 folgten als sein letztes Klavierwerk im Jahre 1905 nur noch die *Stimmungen* op. 73, deren künstlerischen Wert Grieg selbst nicht hoch einschätzte, bezeichnenderweise – und zu Recht – mit Ausnahme wiederum der von norwegischer Volksmusik angeregten Stücke *Volkston*, Nr. 4, und *Gebirgsweise*, Nr. 7.[411]

Die vier *Psalmen* op. 74 für gemischten Chor a cappella mit Bariton-Solo, sein letztes Werk, begann Grieg im August 1906 in Troldhaugen und beendete sie im November in Kristiania. Es sind freie Bearbeitungen von vier norwegischen Volksliedern, die Grieg wiederum Lindemans Sammlung entnahm. Die Schönheit der alten Volksweisen hatte Grieg zur Komposition angeregt; mit dem religiösen Überschwang ihrer Texte, zum Beispiel *Wie bist du doch schön, du Gottessohn* (Nr. 1), konnte er sich kaum identifizieren. Nina äußerte später gegenüber Percy Grainger: „Einen Ausschlag

Edvard und Nina Grieg auf Troldhaugen, 1907

gab bei den Psalmen nicht das, was man ‚Religiosität' nennt.
Grieg war so weit von Orthodoxie entfernt."412 In einem
streng christlichen Hause aufgewachsen, hatte sich Grieg
seit den siebziger Jahren mehr und mehr von den Dogmen
des Christentums befreit, die seiner Ansicht nach den Intel-
lekt einschränkten. Er hielt zwar den Unsterblichkeitsge-
danken aufrecht, bekannte sich auch weiterhin zur christli-

chen Ethik, neigte aber mit zunehmendem Alter mehr und mehr zu einem pantheistischen Gottesbegriff, einem entpersönlichten Gott als der Urkraft des Universums.[413] Hieraus erklärt sich, daß Grieg außer seinem op. 74 nur drei religiöse Lieder vertont hat, zwei davon in seinem *Album für Männergesang* op. 30 von 1877/78.[414]

Grieg hat die vier geistlichen Volkslieder in phantasievoller Freizügigkeit bearbeitet. Zur Vertiefung ihres musikalisch-textlichen Gehalts fügt er ihnen freie Chorabschnitte hinzu und gestaltet, anknüpfend an den alten respondierenden Kirchengesang, verschiedene Formen des Wechselgesanges zwischen Bariton-Solisten und Chor. Neben durchgehend homophoner Setzweise, wie im letzten Chorsatz *Im Himmelreich* (Nr. 4), begegnen imitatorische und auch kontrapunktische Abschnitte, wie in *Jesus Christ ist aufgefahren* (Nr. 3). Die Kühnheit der herben, dissonanzreichen Harmonik verstärkt sich an Höhepunkten des dramaturgischen Verlaufs, so in der Coda des Satzes *Wie bist du doch schön* (Nr. 1):

162   op. 74 Nr. 1, Takt 62–69 (Schluß)

Am tiefsten beeindrucken die beiden mittleren Chorsätze des op. 74, die in ihrer Gegensätzlichkeit zugleich die stilistische Spannweite des Zyklus kennzeichnen. Mit dem Satz *Jesus Christ ist aufgefahren* (Nr. 3) zeigt Grieg seine schon zuvor mehrfach bewiesene Fähigkeit, sich in einen vergangenen Stil tief einzufühlen, ihm aber zugleich seinen indivi-

311

duellen Stempel aufzudrücken. Der Solist trägt die vorreformatorische, modal geprägte Liedweise, die sich durch reiche Melismatik auszeichnet, entsprechend alter liturgischer Praxis abschnittsweise und unbegleitet vor, der Chor wiederholt sie im strengen und zugleich harmonisch reichen vierstimmigen Satz.

Mein Jesus macht mich frei (Nr. 2), durchgehend im zügigen Marschrhythmus eines Allegro animato vorgetragen, überrascht in der zweiten Strophe mit seiner bitonalen Zwiesprache zwischen dem Solisten, der die Volksweise in B-Dur vorträgt, und dem Chor (kleiner Männerchor oder Soloquartett), der seine (frei erfundenen) Partien in b-Moll singt. Glaubenszuversicht und Zweifel stehen hier im Widerstreit:

163   op. 74 Nr. 2, Takt 114–119

Grieg widmete die *Psalmen*, einen der bedeutendsten Vokalzyklen spätromantischer Kirchenmusik, seinem Freunde Johann Budtz Christie, mit dem er sich seit den Jahren in Lofthus, wo Christie Ortsgeistlicher war, oft über religiöse und weltanschauliche Fragen ausgetauscht hatte.

Das letzte Lebensjahr brachte Grieg noch die Höhepunkte seiner überaus erfolgreichen Konzerte in München, Berlin und Kiel. Danach schreibt er an Röntgen im Mai 1907: *Ich fühle mich mit einmal 2000 Jahre alt und wünsche nicht einmal zu komponieren! Nur Ruhe, Ruhe wünsche ich!*[415]

Die Freude des Besuches seiner Freunde Röntgen und Grainger gab ihm nochmals einen physischen Aufschwung, aber danach verschlechterte sich sein Gesundheitszustand aufgrund der zunehmenden Atemnot ständig. Dennoch bereitete er sich mit unglaublicher Willenskraft auf sein beabsichtigtes Auftreten beim Musikfest in Leeds (England) vor, korrespondierte mit seinem Verlag über das dort benötigte Aufführungsmaterial[416] und übte die *Lyrischen Stücke,*

Grabstätte von Edvard und Nina Grieg bei ihrem Haus Troldhaugen

die er dort vortragen wollte. Am 2. September fuhr er nach
Bergen ins Hotel, um am kommenden Morgen von dort aus
nach England zu reisen, mußte jedoch statt dessen wegen
seines bedenklichen Zustands in das Bergener Krankenhaus
eingeliefert werden. Am 4. September erlag er einer Herz-
lähmung, die durch ein stark entwickeltes Emphysem seiner rechten Lunge als Folge der Zerstörung seiner linken
Lunge während seiner Jugend verursacht worden war.

Die Trauerfeierlichkeiten fanden unter Beteiligung von
Tausenden seiner Landsleute und vielen Gästen des Auslandes, unter ihnen Brodsky und Röntgen, statt. Schulen
und Geschäfte blieben geschlossen. Johan Halvorsen dirigierte den *Letzten Frühling* aus op. 34 und den *Trauermarsch
für Rikard Nordraak,* den Grieg auf seinen letzten Tourneen
für den Fall seines Todes immer mit sich geführt hatte.
Griegs Asche ruht in einer Felswand nahe dem Hause
Troldhaugen, von wo aus man den Nordåssee und die Berg-
landschaft seiner geliebten Heimat überblickt.

Erleben und Schaffen – Weltsicht und Werk

Die Beziehungen zwischen Erleben und Schaffen, von
Weltsicht und Werk offenbaren sich in Griegs Gesamtwerk
in überraschender Deutlichkeit. *Ohne innere Verblutung keine
gute Musik,* schreibt er 1894 an Oscar Meyer,[417] damit seine
Forderung nach echter Empfindung und Wahrhaftigkeit in
der Kunst zum Ausdruck bringend. In demselben Jahr heißt
es in einem Brief an Röntgen: *Ich frage mich immer in den letzten Jahren, was ist die sogenannte Originalität, die sogenannte Neu-
heit? Denn das Wichtigste ist sie nicht. Denn das Wichtigste ist die
Wahrheit. Die Wahrheit der Empfindung.*[418]

Daß Grieg selbst dieser Forderung entsprach, wird am Bekenntnischarakter einer Reihe seiner Werke, verbürgt
durch autobiographische Hinweise in Briefen an seine
Freunde, besonders deutlich. Das gilt für sein *Streichquartett*
op. 27 – *ein Stück Lebensgeschichte*[419] –, seine *Klavierballade*
op. 24 und seine Bariton-Ballade *Der Einsame* op. 32, beide,
wie Grieg schreibt, mit seinem *Herzblut* geschaffen.[420] Es gilt
nicht weniger für seine *Slåtter* op. 72, über die er bekennt:
[...] *die Arbeit ist mit meiner ganzen Liebe gemacht.*[421] Auch zu

314

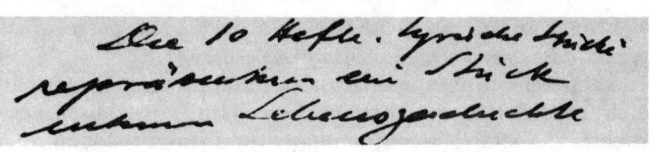

Ausschnitt aus dem Brief Griegs an Henri Hinrichsen vom 13. Dezember 1901

den *Lyrischen Stücken* heißt es in einem Brief Griegs an seinen Verleger Hinrichsen: *Die zehn Hefte Lyrische Stücke repräsentieren ein Stück meiner Lebensgeschichte,*[422] damit seinen Vorschlag bekräftigend, alle zehn Hefte in einem Band erscheinen zu lassen. Die sich über fünfunddreißig Jahre seines Lebens erstreckende Produktion dieser Stücke und ihre Erlebnisfülle rechtfertigen diese Kennzeichnung, auch wenn sie sich nur in Einzelfällen biographischer Entwicklung zuordnen lassen und mit ihren 66 Nummern auch nicht durchweg ein gleich hohes, für Griegs Schaffen repräsentatives künstlerisches Niveau für sich in Anspruch nehmen können.

Echtheit und Wahrhaftigkeit der Empfindung spricht auch aus fast allen übrigen Werken Griegs. Für viele seiner Kompositionen wurde die Liebe zur Natur seiner norwegischen Heimat, das Erleben ihrer Schönheiten zum mächtigen Inspirator, oft zugleich auch zu ihrem Gegenstand. An den norwegischen Dichter Jonas Lie schreibt Grieg 1888: *Meine westländischen Gebirgszüge ziehen mich mit unwiderstehlicher Macht beständig zurück. Es ist, als hätten sie mir so viel, viel zu sagen.*[423]

Besonders intensiv erlebt Grieg die heimatliche Natur in Gemeinschaft mit seinen Freunden, so vor allem mit dem ihm eng verbundenen Frants Beyer. Ihm gegenüber gibt er in seinen Briefen aus der Fremde immer wieder seiner Sehnsucht nach der Heimat Ausdruck. Aus Leipzig schreibt er 1890 an ihn: *Norwegen zu umarmen ist für mich das Höchste, und das mache ich jeden Tag in Gedanken. Keinen großen Geist kann man so umfassend und so rein lieben wie die Natur! Sie lebe! Aber nicht ohne Dich!*[424]

Aus Kopenhagen heißt es ein Jahr später: *Möchten uns noch glückliche Stunden in der Natur vorbehalten sein. In diesem Leben, in diesem Zusammenleben liegt all die Musik, von der etwas zu Papier kommt [...],* und weiter: *Das Etwas, das von der wunderba-*

315

ren Natur und den Freundschaftsbanden inspiriert ist, pflegt gut zu sein. Anders hier unten in diesem fremden Land [...][425]

In zahlreichen Instrumentalstücken und Liedern Griegs hat sich das Erleben der norwegischen Natur musikalisch verdichtet. Es sind Naturstimmungen und -impressionen, die diese Musik vermittelt; illustrative Elemente, wie das Nachgestalten von Bewegungs- oder akustischen Vorstellungen in *Schmetterling* oder *Vöglein* aus op. 43, sind dem Erlebnis untergeordnet. Wie sehr es Grieg stets in erster Linie um die musikalische Umsetzung menschlichen Erlebens, nicht um Nachahmen äußerer Erscheinungen geht, zeigt sich besonders darin, daß er in seinen Liedern, deren Texte reichliche Möglichkeiten illustrativer Gestaltung geboten hätten, zur Herausarbeitung der Grundstimmung das Schwergewicht auf die Gesangsstimme legt und strophische bzw. variiert strophische Vertonung gegenüber der durchkomponierten Form vorzieht.

Griegs Liebe zur heimatlichen Natur ist Bestandteil der tiefen Verbundenheit mit seinem Vaterland und dem Leben seines Volkes, seinen Sagen und Märchen, seiner Dichtung, seinen Liedern und Tänzen. Er selbst hebt hervor, *daß der Geist des Vaterlandes, welcher in den Volksliedern von jeher Ausdruck fand, über meinem gesamten Schaffen schwebt,*[426] und bekennt: *Norwegisches Volksleben, norwegische Sagen und Geschichten und vor allem norwegische Natur übten seit meiner Jugend einen großen Einfluß auf mein Schaffen aus.*[427]

Mehrfach hat sich Grieg jedoch überzeugend gegen eine Kritik, vor allem von deutscher Seite, verteidigt, die seiner Musik ein zu eng begrenztes Norwegertum vorwarf. Dabei äußert er grundlegende Gedanken zur Frage des Nationalen in der Kunst:

Die Kulturgeschichte zeigt uns, daß jede Kunst, die am Leben bleibt, national gewesen ist. Ich stehe, wie jeder moderne Künstler, der etwas will, bewußt oder unbewußt, – auf nationalem Boden und empfinde, ganz besonders wo ich mit nationalen dichterischen Stoffen zu tun habe, selbstverständlich auch national.[428]

In einem ausführlichen Interview, das Grieg dem „Berliner Lokalanzeiger" im April 1907 in Vorbereitung seines letzten Berliner Konzerts gab, kennzeichnet er die Volksmusik als Grundlage für die Kunstmusik und ihre weltweite Ausstrahlung in j e d e m Lande:

Ich selbst bin in der deutschen Schule erzogen, ich habe in Leipzig studiert und bin musikalisch ganz deutsch. Dann ging ich nach Kopenhagen und lernte Gade und Hartmann kennen. Da ist mir der Gedanke gekommen, daß ich mich nur auf nationaler Grundlage weiterentwickeln könnte. Da war unser norwegisches Volkslied, das mir die Wege gab. In Deutschland behandelten mich die Kritiker schlecht, weil ich nicht in die Rubriken paßte, in die man die Komponisten sortiert. In Deutschland sagt man gern: „Er norwegert!" Gewiß schöpfe ich aus dem norwegischen Volkslied, aber selbst Mozart und Beethoven wären nicht das geworden, wenn sie nicht das Vorbild der alten Meister gehabt hätten. Das hehre deutsche Volkslied lag ihrem Schaffen zugrunde, und ohne dies wäre jede Kunstmusik unmöglich. Das sah ich auch für mich ein [...] Wie unsere Dichter aus der alten Sage immer wieder neu schöpfen, so darf und muß auch der Komponist in musikalischen Quellen seiner Kunst nachspüren.[429]

Griegs Liebe zu seinem Vaterland, sein Patriotismus war frei von jeder nationalistischen Begrenztheit, der er im eigenen Land, zeitweise in Frankreich in Verbindung mit dem Dreyfusprozeß und bei einigen deutschen Kritikern begegnete.

Nationalistische Selbstzufriedenheit und Borniertheit seiner Landsleute, die er vor allem während seiner Dirigententätigkeit in Kristiania kennengelernt hatte, hat Grieg sogar mit musikalischen Mitteln als Groteske in seiner *Musik zu „Peer Gynt"* satirisch gestaltet – allerdings ein einmaliger Fall musikalischer Gesellschaftskritik bei Grieg, der ihm durch Ibsens entsprechende dichterische Vorlage ermöglicht wurde.[430] Um so öfter setzte sich der Komponist in Wort und Tat mit Nationalismus und Chauvinismus auseinander.

Einen erbitterten Kampf gegen chauvinistisch-bornierte Einstellungen führte er in Verbindung mit seinem Konzept des ersten Bergener Musikfestes 1898, für das er – um seinen Landsleuten norwegische Musik in hervorragender Interpretation zu bieten – einen ausländischen Klangkörper, das Concertgebouw-Orchester aus Amsterdam, engagiert hatte.[431] Aus Briefen Griegs an Röntgen geht die Härte der Auseinandersetzungen und die Zähigkeit, mit der Grieg sie ausfocht, hervor. Zugleich sind diese Äußerungen Zeugnis seiner vertieften, dialektischen Auffassung des Nationalen und der nationalen Kultur, die zu ihrer vollen Entfaltung Weltoffenheit einschließt. In Vorbereitung des Musikfestes schreibt Grieg: *Ich habe keine Idee gehabt, was es heißt, „ein Volksfeind" zu sein. Jetzt geht es schon in den Zeitungen los. Wenn es zu arg werden sollte, werde ich antworten, und die Stimmung wird jedenfalls bald anders werden. Frants [Beyer] ist natürlich ängstlich besorgt, daß ich die Liebe meines Volkes verlieren soll. Nun – wenn die Liebe nicht tiefer steckt, da ist auch nichts zu verlieren. Es würde mich schmerzen, ja, aber ich könnte deshalb meine Ansichten über die nationale Frage nicht ändern.*[432] [Hervorhebung: H. B.]

Kurz vor dem Fest heißt es in einem Brief: *Man hat mich so furchtbar totgeprügelt, daß mit mir nichts mehr zu machen ist. Ich sterbe, lasse meinen Leib verbrennen – steige aber zum Musikfest wie Vogel Phoenix aus der Asche empor zum Schrecken meiner Feinde.*[433]

Nach erfolgreichem Abschluß des Musikfestes resümiert Grieg: *Jetzt erheben sich aber auch wichtige Stimmen für meine Ansicht, und es ist sehr interessant, aus der ganzen Geschichte zu ersehen, daß die Frage allgemein wird: Was ist national? und hier angelangt, kann ich die Hände reiben. Dann gibt es einen Fortschritt in der Volksauffassung: in der Tat nicht das kleinste Resultat des Musikfestes.*[434]

Ein Jahr später, nachdem Grieg ein Konzert mit dem Colonne-Orchester in Paris aus Empörung über die ungerechtfertigte Verurteilung des französischen Offiziers Dreyfus abgesagt hatte,[435] schlug ihm in Schmäh- und Drohbriefen französischer Chauvinisten eine Welle des Hasses entgegen, auf die Grieg gegenüber dem Dirigenten Colonne u. a. mit folgenden Worten reagierte: *Mir sind sie* [die Briefe] *nur Beweise eines schlechten Gewissens und der Unschuld des unglücklichen Dreyfus. Gestern erhielt ich von Herrn Henri Rochfort sein „nobles" Journal, den „Intransigeant", adressiert an den „jüdischen Komponisten Ed. Grieg". Da haben Sie es! Ich bin stolz darauf! Ein Hurra für Mendelssohn!* [...] *Ich glaube jedoch, daß die leicht erregbare Leidenschaft der französischen Nation bald wieder einer vernünftigen Auffassung Platz machen wird, die den von der französischen Republik im Jahre 1789 proklamierten Rechten der Menschheit mehr gleichkommt.*[436]

Jedoch noch im Jahre 1903, als Grieg eine erneute Einladung Colonnes angenommen hatte, erlebte er an den

Programm eines
Grieg-Konzertes
in Paris

CONCERTS-COLONNE
THÉÂTRE DU CHATELET

Dimanche 19 Avril 1903, à 2 h. 1/4
(Vingt-Quatrième et dernier Concert de l'abonnement)

SOUS LA DIRECTION DE M.

EDVARD GRIEG

AVEC LE CONCOURS DE Mme

ELLEN GULBRANSON
du Théâtre de Bayreuth

ET DE M.

RAOUL PUGNO

EN AUTOMNE, Ouverture de concert, op. 11..... ED. GRIEG.
  1re Audtion).

TROIS ROMANCES avec accompagnement d'orchestre... ED. GRIEG.
  a) Berceuse de Solveig (Ibsen).
  b) De Monte-Pincio (Bjornson).
  c) Un Cygne (Ibsen).
    Mme Ellen GULBRANSON.

CONCERTO EN LA MINEUR pour piano, op. 16   ED. GRIEG.
  I. Allegro moderato.
  II. Adagio.
  III. Allegro, presto, maestoso.
    M. Raoul PUGNO.

DEUX MÉLODIES ÉLÉGIAQUES.............. ED. GRIEG.
  Pour instruments à cordes.
  D'après des poésies norvégiennes de A. O. Vinje.
  a) Blessures au cœur.
  b) Dernier printemps.

A LA PORTE DU CLOITRE (1re Audition)........ ED. GRIEG.
  Poème de Bjornson pour soprano et alto soli,
  Chœur de femmes, orchestre et orgue (op. 20).
    Mme Ellen GULBRANSON.
    Mlle CLAMOUS.
    Chœur de Nonnes.

PEER GYNT, 1re suite d'Orchestre (Op. 46)...... ED. GRIEG.
  Musique pour le poème dramatique de Ibsen.
  I. Le matin.
  II. La mort d'Aase.
  III. La danse d'Anitra.
  IV. Chez le Roi des Montagnes (Les Cobolds poursuivent Peer Gynt)
    Sous la direction de M. Ed. GRIEG.

LE CRÉPUSCULE DES DIEUX.............. R. WAGNER.
  Scène finale (Mort de Brunnhilde).
    Brunnhilde : **Mme Ellen GULBRANSON.**
    Sous la direction de M. L. LAPORTE.
    PIANO PLEYEL

CE PROGRAMME EST DISTRIBUÉ GRATUITEMENT

Prière de ne pas entrer ni sortir pendant l'exécution des morceaux.

Schmährufen, an dem Pfeifen und Zischen, das sich in die
stürmischen Ovationen vor seinem Auftreten und nach
dem überaus gelungenen Konzert mischte, daß ihm die
französischen Chauvinisten sein mutiges Eintreten für den
zu Unrecht Verurteilten nicht verziehen hatten.[437] Von den
vielen giftigen Rezensionen der chauvinistischen Pariser
Presse war es jedoch in erster Linie die infame Kritik seines

319

Komponisten-Kollegen Debussy, die ihn verletzte, vor allem wegen des beleidigenden, verächtlichen Tones gegenüber seinem Werk und seiner Person, die sich nur aus einer feindlich-chauvinistischen Gesinnung erklären ließ.[438] Grieg mußte diese Kritik besonders schmerzen, da er selbst Debussys Musik hochschätzte.

Griegs Eintreten für Gerechtigkeit zeigte sich nicht nur im Einzelfell des Dreyfusprozesses. Es war Ausdruck seiner aktiven humanistisch-demokratischen Haltung, die er gegenüber den politischen Kämpfen seiner Zeit einnahm. Der bedeutende dänische Literaturkritiker Georg Brandes schreibt 1908 an Griegs Biographen Finck: „Ich war mit Grieg persönlich bekannt und habe mich oft mit ihm unterhalten, aber wir sprachen nie über Musik, sondern stets über politische und nationale Themen. Sie wissen, daß er ein begeisterter Norweger ist. Er stand immer auf der Seite der Linken."[439]

Erstaunlich weitblickend sind Griegs Beobachtungen, Einsichten und Überlegungen zum Leben und zu den Perspektiven der unterdrückten Bevölkerung in den europäischen Staaten. Zugleich spricht aus ihnen seine warme Menschlichkeit.

Aus Leipzig schreibt Grieg an Beyer in Verbindung mit der Staatstrauer um den deutschen Kaiser im März 1888: *Es ist ganz rührend zu sehen, wie die Deutschen an ihrem Königshaus zu hängen scheinen. Aber ich sage mir: der Teufel traue dem. Und warte nur: Die Zukunft wird zeigen, daß ich Recht bekomme. Hier von diesem Lande wird die Revolution gegen den großen Eisendruck kommen, denn kein Land leidet in gleichem Maße darunter wie Deutschland. Der Augenblick muß kommen, da die arme Bevölkerung einfach nicht mehr ihre Steuern zahlen kann, und da beginnt das Spektakel; aber das wird erst geschehen, wenn die Verzweiflung schreit, denn es ist unglaublich, wie servil und gut dressiert die Bevölkerung ist.*[440]

Im Jahre 1898 äußert Grieg gegenüber Abraham unter Anführung eines Briefes des russischen Anarchisten Peter Kropotkin an Georg Brandes noch deutlicher seine Gedanken über notwendige revolutionäre Veränderungen: *Eine Stelle in diesem Brief ist beachtenswert. Er [Kropotkin] sagt: Wenn die höheren und höchsten Schichten der Gesellschaft kein Bedenken tragen, Tausende, ja Hunderttausende von Menschen unter den Bauern und Arbeitern niederzuschlachten, um die in diesen höchsten Schichten erwünschten ruhigen und guten Zustände herbeizuführen, wie kann es Wunder nehmen, wenn die unteren ganz und gar bildungslosen Schichten das Verhältnis umkehren und sagen: „Es ist mir gleichgültig, wen ich von der höheren Gesellschaft totschlage. Es gibt den Menschen was zu denken, und vielleicht werden die von uns gewünschten besseren Zustände einmal dadurch erreicht." Kropotkin meint, das eine ist so falsch wie das andere. Aber die Bildung muß anfangen: Also zuerst muß das Schlachten mit Genehmigung von oben aufhören. Utopien! Nicht wahr? Aber glauben Sie mir: Es wird eine andere Zeit kommen. Ob durch Blut oder Intelligenz? Hoffentlich durch das letztere.*[441]

Mit Abscheu reagiert Grieg im Jahre 1901 in einem Brief an Hinrichsen auf die brutalen Maßnahmen des deutschen Imperialismus in Verbindung mit der blutigen Niederschlagung des revolutionären Boxeraufstandes in China: *Seitdem er [Kaiser Wilhelm II.] es durch seine so maßlos unüberlegte Äußerung von „keinen Pardon geben" dahin gebracht hat, daß Deutschland in der Barbarei den Rekord aller Nationen der Welt geschlagen hat (die Engländer in Afrika sind ja im Vergleich die reinen Kinder!), hat er bei jedem modernen, tiefer denkenden Menschen alle Sympathie verloren. Er hat für sich und sein Volk durch diese Roheit ein drohendes Urteil angestiftet. Verzeihen Sie, es muß heraus! Wie denkt man doch in Deutschland über diese Sache?*[442]

Mit gleicher Schärfe verurteilt Grieg einige Jahre später die Unterdrückungsmaßnahmen der zaristischen Regierung. Die letzten Worte eines Briefes an den russischen Geiger Brodsky lauten: *Lebe wohl! Wir Norweger küssen nicht! Ich würde aber gerne mit dem ganzen armen, geplagten russischen Volk eine Ausnahme tun. Der gesamten Regierung und Beamtenschaft mit den Großfürsten und dem Zaren an der Spitze möchte ich aber eine Dynamitbombe auf die Nase setzen! Das sind jetzt die Hauptverbrecher der Menschheit!*[443]

Griegs aktiv-politisches Engagement als Patriot und Demokrat äußerte sich vor allem während des Kampfes der Norwegens um die Auflösung der Union mit Schweden, den Lenin als die „norwegische Revolution von 1905" bezeichnete.[444] Die wiederholten Einschränkungen der Selbständigkeit Norwegens durch die schwedische Regierung, insbesondere in Fragen der außenpolitischen Vertretung, hatten dazu geführt, daß das norwegische Volk mit all seinen Kräf-

Edvard Grieg in seinen letzten Lebensjahren

ten danach strebte, das Joch der schwedischen Aristokratie abzuschütteln, und schließlich die Aufhebung der Union mit Schweden durchsetzte.

In zahlreichen Briefen äußert Grieg seine Empörung über die schwedischen Übergriffe, die *immer wiederholten Kränkungen unseres Rechts,* und seine Besorgnis über ein mögliches Blutvergießen: *Zum Glück sind wir gerüstet und vorbereitet.*

*Die Völker entsetzen sich gegen den Krieg. Nur eine kleine Partei in
der schwedischen Regierung hetzt den König und ist wie besessen von
Größenwahn [...]*[445] Am 20. Juni 1905 schreibt er an Röntgen:
*Heute ist der große Tag, wo der schwedische Reichstag zusammen-
tritt, welcher es bestimmen soll, ob das Blut in Strömen fließen soll
oder nicht. Ist es nicht unglaublich, daß wir noch nicht weitergekom-
men sind, als daß ein solch namenloses Verbrechen wie Krieg zwischen Norwegen und Schweden überhaupt möglich ist?*[446]
Grieg wendet sich während der abschließenden Verhand-
lungen zwischen Norwegen und Schweden sogar telegrafisch an den deutschen Kaiser und den englischen König
mit dem Ersuchen, sich dafür einzusetzen, daß der Krieg
verhindert wird, erhält jedoch keine Antwort.[447]
Selbständigkeit und Gleichberechtigung seines Vaterlandes,
errungen ohne Blutvergießen, waren für Grieg das wichtigste Ergebnis des Kampfes um die Lösung der Union. Die
anschließend durch Volksabstimmung beschlossene Monar-
chie nahm er – als überzeugter Republikaner – aus politischen und ökonomischen Gründen in Kauf, zumal sie sich
mit der in Norwegen seit 1884 bestehenden Regierungs-
form des demokratischen Parlamentarismus verband: [...]
*Und wie sehr ich die Idee der Republik auch liebe, bezweifle ich kei-
nen Augenblick, daß jetzt das Königtum eine Notwendigkeit ist,
das uns allein von einer sonst sicheren ökonomischen und politischen
Misère retten kann,*[448] schreibt er an seinen Biographen Gerhard Schjelderup.
Im Umgang mit den Monarchen, die ihm Beachtung
schenkten, zeigte Grieg stets die freimütige, selbstbewußte
Haltung des Republikaners. Dies betrifft auch sein Zusammensein mit dem deutschen *Reise-Kaiser* im Sommer 1904,
wenngleich sich Grieg über dessen Musikinteresse und aus-
gesuchte Liebenswürdigkeit gegenüber „dem nordischen
Sänger"[449] positiv äußerte. Wilhelm II. hatte Grieg anläßlich
einer seiner Norwegen-Fahrten, bei der er im Bergener Hafen ankerte, zum deutschen Konsul und auf seine Jacht
„Hohenzollern" eingeladen, ließ Grieg von seinem mitgebrachten etwa 40 Mann starken Orchester mehrere seiner
Kompositionen vorspielen und bezeichnete Griegs Menuett aus der *Klaviersonate* nach dessen Vorspiel als *„sehr germa-
nisch und mächtig aufgebaut"*. Grieg hatte die Einladung einge-
denk der kurz zuvor erfolgten Hilfe Deutschlands bei der

großen Brandkatastrophe in Ålesund angenommen. *Ich bin,
wie Sie wissen,* schreibt er an Hinrichsen, *wenig „hoffähig". Ich
sagte aber zu mir selbst: „Ålesund nicht vergessen!" und das Pflicht-
gefühl siegte.*[450]

Für die Krönung des norwegischen Königs eine Kantate zu
schreiben, lehnte Grieg ab, denn es *interessiert mich die Sache
gar nicht, ja sie hat nicht einmal meine entfernteste Sympathie.
Denn ich sehe gar nicht ein, was die norwegische Kunst mit der Krönung in Drontheim zu tun hat,* heißt es in einem Brief an Hinrichsen.[451] Schon 1901 hatte Grieg die Bitte Englands abge-
lehnt, einen Krönungsmarsch für Edvard VII. zu komponieren.[452] Über diesen sollte sich Grieg im Jahre 1906 nach
seinem Empfang im englischen Königspalast anläßlich seiner Oxforder Doktorpromotion äußerst unwillig äußern. Da
der König sich während Griegs Klaviervorspiel unentwegt
unterhielt, hatte dieser es zweimal unterbrochen und dabei,
wie er in seinem Tagebuch notiert, *fast einen Skandal im Buk-
kingham Palace verursacht.*[453]

Die progressive Haltung, die Grieg gegenüber den politischen Kämpfen und Problemen seiner Zeit einnahm, bestimmte auch seine kompositorische Arbeit. Wenn er *die
Wahrheit der Empfindung* in der Musik über ihre *sogenannte
Originalität* stellte, so richtete er sich damit gegen eine Neu-
heit um ihrer selbst willen, keineswegs gegen originelle,
neue musikalische Lösungen, gegen musikalische Progres-
sion. Diese betrachtete er im Gegenteil als unabdingbaren
Bestandteil künstlerischer Wahrheit.

Ich bin bange vor der Möglichkeit, schreibt Grieg 1891 an Beyer,
*ich könnte nicht mehr fühlen, was wahr und groß ist an den geistigen
Neuerungen, die sich uns überall in den Weg drängen, wenn wir äl-
ter werden. Darum habe ich einen instinktiven Drang, alle Schattie-
rungen des geistigen Lebens, die sich jetzt mehr als je bemerkbar machen, kennenzulernen. Denn wenn man etwas Bedeutendes an sich
vorübergehen läßt, ohne es in sich aufzunehmen, so ist es, ehe man
sich dessen versieht, eine Macht geworden, die man nicht versteht,
weil man das Neue nicht von Anfang an verfolgt hat. Halbvergessen
am Wege liegen zu bleiben, indessen die Zeit über meinen sündigen
Leichnam wegschreitet: das scheint mir das Jämmerlichste zu sein,
was einem Menschen widerfahren kann [...] Wenn er [der Künst-
ler] sich rückschrittlich einstellt, ist er rettungslos verloren.*[454]

Entsprechend verfolgt Grieg bis zum Ende seines Lebens

mit leidenschaftlichem Interesse die neuesten Entwicklungstendenzen der Musik, erbittet sich vom Peters-Verlag die letzten Lieder von Hugo Wolf und Richard Strauss,[455] studiert die „Carmen"-Partitur,[456] die 5. Sinfonie von Gustav Mahler[457] und den Klavierauszug von Debussys „Pelléas et Mélisande"[458].

Grieg war sich in seinen späteren Lebensjahren sogar bewußt, daß der Komponist in seinem Streben, sich neue Bereiche zu erobern, mitunter den unmittelbaren Publikumserfolg zurückstellen müsse. Nach der Enttäuschung über die mangelhafte Resonanz, die seine erste Interpretation der *Slåtter* in Kristiania fand, schreibt Grieg bedauernd in sein Tagebuch, die Bevölkerung in der Heimat könne seine Entwicklung als Komponist nicht nachvollziehen und zehre noch immer von seinen Jugendwerken. *Aber*, so fährt er fort, *das soll mich nicht hindern. Dürfte ich mich nur so lange entwickeln, wie ich lebe. Das ist mein höchster Wunsch. Das allgemeine Verständnis wird kommen, wenn die Zeit reif ist.*[459] In den weitaus meisten Fällen ist es jedoch für Griegs Musik charakteristisch gewesen, daß sie Originalität sogleich mit Allgemeinverständlichkeit verband, was ihre weltweite Popularität schon zu Lebzeiten des Komponisten, wie sie vor allem im ersten Kapitel dieses Buches dargestellt wurde, beweist.

Die angeführten Musikbeispiele konnten verdeutlichen, daß Grieg im harmonikalen Bereich, der ihn von Kindheit an gefesselt hatte, am weitesten in Neuland vorgestoßen ist. In Leipzig hatte er die Harmonik der deutschen Romantik mit ihrer erweiterten Terzverwandtschaft, Einbeziehung enharmonischer Modulation und reicher Chromatik studiert. Entscheidend für die Ausprägung seiner Individualität und Schöpferkraft wurde jedoch seine Begegnung mit skandinavischer Musik, insbesondere mit norwegischer Volksmusik seit den Kopenhagener Jahren. Verwegenes Musizieren über ein- und mehrstimmigen Orgelpunkten oder leeren Quinten, dabei scharfe Dissonanzen nicht scheuend, Schwanken zwischen Dur und Moll und modaler, häufig lydischer Tonalität, unkonventionelle Fortschreitungen von parallelen Sekundintervallen, Sept- und Nonenakkorden, oft unterschiedlicher Tonalität, sowie Einbeziehung auch bitonaler und ganztonharmonikaler Zusammenklänge – all dies kennzeichnet Grieg als einen Wegbereiter der Musik des 20. Jahrhunderts, insbesondere des musikalischen Impressionismus.

Griegs fortgeschrittene Harmonik, geniales Ergebnis der Suche nach den *ungeahnten harmonischen Möglichkeiten,* den *verborgenen Harmonien*[460] norwegischer Volksliedweisen und Volkstänze, sowie seine ebenfalls hieraus abgeleiteten neuen klanglichen Mittel ließen seine Bearbeitungen norwegischer Volksmusik für Klavier, insbesondere op. 66 und op. 72, sowie für Chor, op. 30 und op. 74, zu Kunstwerken werden, die den Volksmusikbearbeitungen Bartóks und anderer Komponisten des 20. Jahrhunderts vorauseilten. Auch in fast allen übrigen Werken Griegs erwiesen sich seine originelle Harmonik und die breite Nutzung klanglicher Möglichkeiten, sei es im Klaviersatz oder im sensiblen, differenzierten Einsatz des Streicherklanges, als wesentliche Komponenten musikalischen Ausdrucks.

In der dramaturgischen Anlage der Werke Griegs zeigt sich eine Bevorzugung von Wiederholung und Kontrastierung gegenüber motivisch-thematischer Arbeit und Entwicklung.

Grieg-Konzerthalle in Bergen. Foto um 1985

In der immer erneuten Wiederholung seines meist originellen melodischen Einfalls – sei es notengetreu oder in veränderter Harmonisierung, Klanglichkeit, dynamischer Steigerung oder Zurücknahme oder auch in leichter melodischrhythmischer Veränderung – und in seiner Konfrontierung mit einem stark gegensätzlichen musikalischen Gedanken hat Grieg seine Forderung nach *Wahrheit der Empfindung* eindringlicher verwirklichen können als in der Metamorphose von Themen und Motiven. Seine vielfältige Kultivierung und Anwendung von Wiederholung und Kontrastierung bewährte sich vor allem in zahlreichen Instrumentalstücken der kleinen Form und trug wesentlich zur Präzisierung und Ausgewogenheit ihres musikalischen Gehalts bei.

Die internationale Ausstrahlung des großen Norwegers auf Komponisten seiner Zeit und der nachfolgenden Generation ist vielfältig gewesen. Sie ist nachweisbar bei den Deutschen Johannes Brahms und Max Reger, den Franzosen Claude Debussy und Maurice Ravel, den Russen Peter Tschaikowski, Igor Strawinsky und Sergej Prokofjew, dem Ungarn Béla Bartók und dem Finnen Jean Sibelius, den Engländern Frederick Delius und Edvard MacDowell, dem Australier Percy Grainger, den Norwegern Sparre Olsen und Øistein Sommerfeldt sowie vielen anderen Komponisten der skandinavischen Länder.[461]

Griegs bedeutendste Leistung war jedoch die Ausstrahlung seiner Musik auf breite Kreise der Bevölkerung in aller Welt. Sie ist das Schaffensergebnis einer Künstlerpersönlichkeit, in der sich die Liebe zum Vaterland und zur heimatlichen Volksmusik mit tiefer Menschlichkeit und Weltoffenheit verband und die sich gegen jede Exklusivität der Kunst wandte. Breite Verständlichkeit der Musik sollte beitragen zum Glück der Menschen: *Ich wollte, wie es Ibsen in seinen letzten Dramen ausdrückt, Wohnstätten für die Menschen bauen, in denen sie sich heimisch und glücklich fühlen,*[462] äußert er 1907 in einem Interview.

Breite Verständlichkeit der Musik war für Grieg auch eine Voraussetzung dafür, daß sie als Brücke zwischen den Völkern dienen könne. In einem seiner Briefe an den russischen Pianisten Siloti heißt es unter Bezugnahme auf den Russisch-Japanischen Krieg im Jahre 1904: […] *Und da sitzen nun wir Künstler und reden von Kultur und Zivilisation! Wie we-*

nig haben wir angerichtet! Schlachtengesänge und Requiems mögen sehr schön sein. Und doch ist die Aufgabe der Kunst eine noch viel höhere. Sie sollte den Völkern so verständlich werden, daß sie als Friedensbote wirkte, daß ein Krieg als unmöglich empfunden würde. Dann wären wir erst Menschen geworden. Jetzt tappen wir als Barbaren herum.[463]

ANHANG

Anmerkungen

In den Anmerkungen werden folgende Abkürzungen von Buchtiteln verwendet. Ausführliche bibliographische Angaben siehe Literaturverzeichnis.

B/Schj Benestad/Schjelderup-Ebbe: Edvard Grieg, Oslo 1980
Gau Gaukstad (Hrsg.): Edvard Grieg. Artikler og taler, Oslo 1957
GB Beyer (Hrsg.): Breve fra Edvard Grieg til Frants Beyer, Kristiania 1923
GR Röntgen: Grieg, 's-Gravenhage [1930]
Fi Finck: Edvard Grieg, Stuttgart 1908
Jo Johansen: Edvard Grieg, Oslo 1934
Sch/N Schjelderup/Niemann: Edvard Grieg, Leipzig 1908
ZT Zschinsky-Troxler (Hrsg.): Edvard Grieg, Briefe an die Verleger der Edition Peters, Leipzig 1932

1. Griegs Popularität

1 Felix Weingartner: Lebenserinnerungen, Bd. II, Zürich 1929, S. 306.
2 „Musical News", 16. 2. 1907.
3 Arthur M. Abell: Gespräche mit berühmten Komponisten, Garmisch-Partenkirchen 1962, S. 219.
4 Abraham an Grieg, 22. 5. 1877, unveröff. Brief.
5 Abraham an Grieg, 25. 8. 1898, unveröff. Brief.
6 Abraham an Grieg, 5. 12. 1900, unveröff. Brief.
7 Grieg an Abraham, 18. 2. 1897, ZT, S. 63. Zu *Olav Trygvason* siehe Werkverzeichnis, Abschnitt Dramatische Musik, op. 50. Näheres über dieses Werk siehe S. 161–164.
8 Siehe u. a. Grieg an Oscar Meyer, 24. 4. 1902, „Die Musik", 8. Jg. 1908/09, Bd. 30, S. 339; Grieg an Hinrichsen, 26. 5. 1902, ZT, S. 92; Grieg an Ollendorff, 27. 3. 1903, ZT, S. 95.
9 Zur Beliebtheit und zum Absatz der *Lyrischen Stücke* siehe Abrahams Briefe an Grieg (sämtlich unveröff.): 23. 1. 1883 und 21. 5. 1886 (zu op. 12), 25. 10. 1886 (zu op. 43), 10. 10. 1888 und 30. 10. 1888 (zu op. 47), 22. 12. 1891 (zu op. 54), 9. 3. 1897 und 29. 9. 1897 (zu op. 65).
10 Der 17. Mai wird noch heute in Norwegen als Nationalfeiertag festlich begangen.
11 Siehe Friedrich Engels an Paul Ernst, London, 5. 6. 1890, in: Marx/Engels, Werke, Bd. 37, S. 411–413.
12 Grieg an Holter, 9. 2. 1897, übers. nach B/Schj, S. 133.

13 Siehe Griegs Bemerkungen in seinem Brief an Finck, 17. 7. 1900, Gau, S. 53 und 55 (Originalbrief in deutscher Sprache).

14 Ebenda, S. 56.

15 Siehe u. a.: Mads Berg, Skolens Sangbok, 25. Ausgabe, 3. Aufl., Oslo 1970; Arnfinn Klakegg/Finn Lunde (Hrsg.): Musikk 4 [Schulmusikbuch], 4. Aufl., Oslo 1984; Andresen/Klakegg/ Nesheim (Hrsg.): Velg musikk. Sang- og spillbok, Skien 1981.

16 Grieg an Finck, 17. 7. 1900, Gau, S. 56f.

17 Grieg an Abraham, 27. 1. 1892, ZT, S. 42.

18 Abell, a. a. O., S. 212.

19 Titelfassung in der von Gaukstad redigierten 4. Aufl. (Reprint in einem Band, Oslo 1983): Ældre og nyere norske Fjeldmelodier, samlet og bearbeidet for piano [Ältere und neuere norwegische Bergmelodien, gesammelt und für Klavier bearbeitet].

20 Der Name Slåtter weist auf eine frühe Zeit hin, in der die Saiten nicht gestrichen, sondern geschlagen wurden (slå = schlagen).

21 Grieg an Finck, 17. 7. 1900, Gau, S. 52.

22 Aus Griegs Kritik der ersten Gesamtausgabe der Lieder von Kjerulf, „Musikalisches Wochenblatt", 10. Jg. 1879, S. 55.

23 Grieg an Beyer, 4. 5. 1888, übers. nach GB, S. 100.

24 Grieg an Beyer, 27. 3. 1894, übers. nach GB, S. 132.

25 Grieg an Röntgen, 7. 11. 1896, GR, S. 57.

26 Grieg an Beyer, 5. 11. 1896, übers. nach GB, S. 150.

27 Grieg an Colonne, 12. 9. 1899, zit. nach Fi, S. 79.

28 Grieg an Siloti, 29. 10. 1904, zit. nach dem Originalbrief in deutscher Sprache im Staatl. Wiss. Forschungsinstitut für Theater, Musik und Kinematographie in Leningrad.

29 Grieg an Röntgen, 22. 12. 1899, GR, S. 80.

30 Tagebucheintragung Griegs, 27.(?) 3. 1906, übers. nach B/Schj, S. 310.

31 Grieg an Beyer, 27. 8. 1886, übers. nach GB, S. 74.

32 „Signale für die musikalische Welt", 45. Jg. 1887, S. 1127.

33 „Signale für die musikalische Welt", 46. Jg. 1888, S. 263.

34 Rudolf Breithaupt: Musikalische Zeit- und Streitfragen. Gesammelte Skizzen und Aufsätze, 2. Bd., Artikel: Edvard Grieg, Berlin o. J., S. 44 (Abdruck aus: „Die Musik", 3. Jg. 1903/04, Bd. 12, S. 264–271).

35 Hans Joachim Moser: Die Epochen der Musikgeschichte, Stuttgart und Berlin 1930, S. 163.

36 Peter I. Tschaikowski: Erinnerungen und Musikkritiken, RUB, Leipzig 1974, S. 49. Tschaikowski schrieb seine Erinnerungen

an Grieg nach seinem Leipziger Aufenthalt zu Beginn des Jahres 1888, wo er auch mit Grieg zusammentraf.

37 Abraham an Grieg, 16. 4. 1890, unveröff. Brief. Bei dem angeführten Stück handelt es sich um Nr. 2, *Allegretto tranquillo e grazioso,* aus den *Norwegischen Tänzen* op. 35 (Original für Klavier zu vier Händen.)

38 Grieg an Abraham, 5. 4. 1892, ZT, S. 43 (hier ist irrtümlich als Datum der 5. 8. angegeben).

39 Grieg an Beyer, 27. 12. 1896, übers. nach GB, S. 155.

40 Grieg an Abraham, 22. 9. 1896, ZT, S. 60. Grieg bezieht sich hier auf die Bearbeitung der Klavierstücke *Vier Albumblätter* op. 28 für Violine und Klavier durch Hans Sitt und (wahrscheinlich) auf die Bearbeitung der *1. Peer-Gynt-Suite* op. 46 für zwei Klaviere zu acht Händen von Adolf Ruthardt.

41 Grieg an Röntgen, 25. 5. 1906, GR, S. 108.

42 Grieg an Hinrichsen, 21. 11. 1902, unveröff. Brief.

43 Nina Grieg erzählt von ihrem Verlobungsjahr 1864: „Wir spielten Schumanns B-Dur-Symphonie – und waren verlobt!" Übers. nach Jo, S. 85. Die Bitte um die achthändige Ausgabe von Beethovens Sinfonien in Griegs Brief an Abraham, 1. 11. 1888, ZT, S. 20.

2. *Kindheit und Studienjahre (1843-1862)*

44 Aus Griegs Rede an die Bergener anläßlich seines 60. Geburtstages 1903, übers. nach B/Schj, S. 10.

45 Edvard Grieg: Mein erster Erfolg, in: Edvard Grieg. Verzeichnis seiner Werke mit Einleitung: Mein erster Erfolg, Leipzig [1910], S. 3f.

46 Albert Methfessel war im Jahre 1813, die Gitarre im Arm, den aus Rudolstadt in den Befreiungskampf ziehenden Freiwilligen mit dem vielgesungenen schwungvollen Lied „Hinaus in die Ferne mit lautem Hörnerklang!" vorangeschritten.

47 Mein erster Erfolg, a. a. O., S. 4.

48 Ebenda, S. 4.

49 Als unbegleitetes Lied ist es in zahlreichen skandinavischen Volksliedsammlungen enthalten, so auch in dem weitverbreiteten norwegischen Schulliederbuch „Skolens Sangbok" (siehe Anm. 15), S. 106.

50 Nähere Ausführungen zu den norwegischen Schulverhältnissen, der Tankschen Schule und ihren Einwirkungen auf Grieg in: J. Reisaus: Grieg und das Leipziger Konservatorium (siehe Literaturverzeichnis), S. 57ff.

51 Mein erster Erfolg, a. a. O., S. 7.

52 Ebenda, S. 8.

53 Ebenda, S. 9; zu der folgenden Begründung dieses zeitweiligen Berufswunsches vgl. Reisaus, a. a. O., S. 66f.

54 Abell, a. a. O., S. 211f.

55 Landås bei Bergen war der Sommeraufenthalt der Familie Grieg.

56 Mein erster Erfolg, a. a. O., S. 10.

57 In der Zeit von 1843 bis 1883 studierten am Leipziger Konservatorium: aus Europa: 2 129 Deutsche, 439 Briten, 197 Russen, 113 Norweger, 106 Schweizer, 28 Schweden, 12 Dänen; aus außereuropäischen Staaten: 458 Nordamerikaner, 11 Westinder, 7 Australier, 7 Südamerikaner.

58 Auch der größte norwegische Komponist vor Grieg, Halfdan Kjerulf, studierte 1850/51 am Leipziger Konservatorium, erscheint aber nicht in den Immatrikulationslisten. Mit Grieg zusammen wurden 1858 immatrikuliert: Christian F. E. Horneman aus Kopenhagen, John Francis Barnett aus London, Arthur S. Sullivan aus London.

59 Mein erster Erfolg, a. a. O., S. 11/12.

60 Louis Plaidy: Technische Studien für das Pianofortespiel, Leipzig 1852. – Derselbe: Der Klavierlehrer, Leipzig 1874.

61 Mein erster Erfolg, a. a. O., S. 12.

62 Ebenda, S. 14f.

63 Übers. nach Gau, S. 128.

64 Mein erster Erfolg, a. a. O., S. 15.

65 Eduard Hanslick: Am Ende des Jahrhunderts (1895–1899), Berlin 1899, S. 222.

66 Grieg an Grønvold, 25. 4. 1881, übers. nach B/Schj, S. 42.

67 Grieg an Röntgen, 30. 10. 1884, GR, S. 21.

68 Siehe hierzu die ausführliche Studie von D. Schjelderup-Ebbe: Edvard Grieg 1858–1867, Oslo/London 1964, S. 31ff.

69 Ernst Friedrich Richter: Lehrbuch der Harmonie, Leipzig 1853.

70 Mein erster Erfolg, a. a. O., S. 16.

71 Siehe hierzu die ausführlichen Darlegungen und Notenbeispiele bei Schjelderup-Ebbe, a. a. O., S. 43ff.

72 Mein erster Erfolg, a. a. O., S. 17.

73 Ebenda, S. 18.

74 Ebenda, S. 19.

75 Ebenda, S. 22.

76 Grieg schreibt in seinem Brief an Finck, 17. 7. 1900: *Eine Eigentümlichkeit unserer Volksmusik war mir zwar immer sehr sympathisch: die Behandlung des Leittons, und ganz besonders der Schritt desselben abwärts nach der Quinte. Eine solche Fortschreitung findet sich aber auch bei anderen Komponisten.* Gau, S. 50. Vgl. auch die Notenbeispiele 17 bis 20 u. a.

77 Originale des Abschlußzeugnisses und der Gutachten in der Öffentlichen Bibliothek Bergen. Abbildung des Gutachtens von Moritz Hauptmann bei B/Schj, S. 46.
78 Finck berichtet, Grieg habe in Leipzig vierzehn Vorstellungen von Wagners „Tannhäuser" hintereinander besucht. Fi, S. 161.
79 Mein erster Erfolg, a. a. O., S. 19f.
80 Siehe hierzu die ausführlichen Begründungen bei Reisaus, a. a. O., bes. S. 70ff.
81 Abell, a. a. O., S. 212.

3. Durchbruch zu nationaler Eigenart (1863–1866)

82 Kopenhagen zählte damals schon 170000 Einwohner, Bergen dagegen 25000 und Kristiania 30000.
83 Grieg an Beyer, 10. 3. 1900, übers. nach GB, S. 176.
84 „Musikbladet", Kopenhagen, 14. 5. 1885, übers. nach B/Schj. S. 53.
85 Interview von Robert Henriques mit Grieg in „Dannebrog", Kopenhagen, 26. 12. 1893, übers. nach Schjelderup-Ebbe, a. a. O., S. 140.
86 Ebenda.
87 Grieg an Matthison-Hansen, 8. 10. 1867, übers. nach B/Schj, S. 61.
88 Grieg an Holter, 9. 2. 1897, übers. nach B/Schj, S. 52.
89 Grieg an Holter, 8. 1. 1897, übers. nach B/Schj, S. 72.
90 Abell, a. a. O., S. 221.
91 Ebenda.
92 „Illustreret Nyhedsblad", Kristiania, 19. 10. 1862, übers. nach Jo, S. 31.
93 Siehe 1. Kapitel, S. 23.
94 Ebenda, S. 28f.
95 Siehe Anm. 76 und S. 63.
96 Aus Griegs Kritik der ersten Gesamtausgabe der Lieder von Halfdan Kjerulf, „Musikalisches Wochenblatt", Leipzig, 10. Jg. 1879, S. 55.
97 Aus Bjørnsons Erinnerungen an Nordraak, die der Dichter während eines Krankenlagers in Aulestad im Jahre 1900 Rosenkrantz Johnsen diktierte, übers. nach Jo, S. 68.
98 Grieg an Grønvold, 18. 3. 1883, übers. nach B/Schj, S. 54. Das Datum des Briefes wurde übernommen von Schjelderup-Ebbe, a. a. O., S. 214 (2. Fußnote).
99 Gründungsmitglieder waren außer Grieg und Nordraak die dänischen Komponisten Louis Hornbeck, Emil Horneman und Gottfred Matthison-Hansen. Der Name „Euterpe" wurde von

dem gleichnamigen Musikverein in Leipzig übernommen, der 1829 als ein auf breitere Hörerkreise gerichtetes Unternehmen neben die exklusiven Gewandhauskonzerte trat.

100 Außer der Nationalhymne sind in „Skolens Sangbok" (siehe Anm. 15) von Nordraak noch drei Lieder enthalten.

101 Grieg an Holter, 9. 2. 1897, übers. nach Schjelderup-Ebbe, a. a. O., S. 216.

102 Auf diese Ähnlichkeit wies bereits Erik Eggen hin, vgl. Schjelderup-Ebbe, a. a. O., S. 227.

103 Grieg an seine Eltern aus Rom, 17. 2. 1870, übers. nach B/Schj, S. 126.

104 Tagebucheintragung Griegs in Rom, 23. 3. 1866, übers. nach Schjelderup-Ebbe, a. a. O., S. 233.

105 Tagebucheintragung Griegs in Rungstedt, 1. 8. 1865, übers. nach Schjelderup-Ebbe, a. a. O., S. 254.

106 Abraham an Grieg, 7. 4. 1879, unveröff. Brief.

107 Hans von Bülow: Briefe und Schriften, hrsg. von M. v. Bülow, 8 Bde., Leipzig 1896–1908, Bd. VI, S. 155 (Brief vom 16./28. 3. 1874 aus Charkow).

108 Grieg an Grønvold, 25. 4. 1881, übers. nach Schjelderup-Ebbe, a. a. O., S. 180.

109 Zit. nach Sch/N, S. 49 f.

110 Bezeichnenderweise gab Grieg den Liedern den Originaltitel *Seks digte (Sechs Gedichte)*, damit das Gewicht der Worte hervorkehrend.

111 Tagebucheintragungen Griegs von seiner ersten Romreise 1865/66, übers. nach B/Schj., S. 86-88, und Schjelderup-Ebbe, a. a. O., S. 282-284.

112 Tagebucheintragung vom 23. 3. 1866 (siehe Anm. 104).

113 Deutsche Nachdichtung von Max Bamberger in der autorisierten deutschen Ausgabe: Henrik Ibsen, Sämtl. Werke, hrsg. von Julius Elias und Paul Schlenther, S. Fischer Verlag Berlin, 83.–89. Aufl. 1921, Bd. 1, S. 102.

114 Den Empfang vermerkte er in einer Tagebucheintragung vom 12. 3. 1866; siehe B/Schj, S. 90.

115 Grieg an Holter, 8. 1. 1897, übers. nach B/Schj, S. 90.

116 Grieg an Beyer, 24. 1. 1896, übers. nach GB, S. 145.

117 Tagebucheintragung Griegs vom 6. 4. 1866, übers. nach B/Schj, S. 91.

118 Adelina Hagerup äußerte diese Worte gegenüber einer Freundin; nach einem Bericht von G. Schjelderup in: Sch/N, S. 35.

119 „Morgenbladet", Kristiania, 14. und 16. 9. 1866.

120 Grieg an Matthison-Hansen, 12. 12. 1866, übers. nach B/Schj, S. 97.

121 Grieg und Winter-Hjelm im „Morgenbladet", Kristiania, 12. 12. 1866, übers. nach B/Schj, S. 98.

122 Grieg an Finck, 17. 7. 1900, Gau, S. 59 f.

123 Friedrich Engels: Der Status quo in Deutschland, in: Marx/Engels, Werke, Bd. 4, S. 48. Vgl. zu diesem Abschnitt auch: Horst Bien: Henrik Ibsens Realismus, Berlin 1978, S. 25 ff.

124 Davon schreibt Grieg in seiner Rezension eines Konzertes mit Svendsens D-Dur-Sinfonie, „Aftenbladet", 15. 10. 1867, übers. nach B/Schj. S. 106.

125 Grieg an Winding, 3. 1. 1872, übers. nach B/Schj, S. 134.

126 Vgl. Anm. 9.

127 Vgl. die Schallplattenaufnahme ETERNA 8 26801: Grieg, *Lyrische Stücke* (Auswahl), gespielt von Emil Gilels.

128 S. Prokofjew berichtet von dem großen Eindruck, den der *Zug der Zwerge* als Kind in einem Konzert auf ihn machte, siehe: Sergej Prokofjew: Dokumente, Briefe, Erinnerungen, Leipzig (1965), S. 111.

129 Grieg an Abraham, 25. 7. 1886, ZT, S. 19.

130 Abraham an Grieg, 3. 8. 1886, unveröff. Brief.

131 Grieg an Abraham, 18. 8. 1886, unveröff. Brief. Grieg schlug schon beim ersten Heft den Titel „Lyrische Stückchen" vor. Am 9. 3. 1874 schrieb er an Abraham: *Als Titel auf op. 12 in seiner Anspruchslosigkeit ist mir „Lyrische Stückchen" doch lieber.* Unveröff. Brief.

132 Grieg an Beyer, 26. 4. 1886, übers. nach GB, S. 67 ff. (mit dem Faksimile des Notenautographs von op. 43 Nr. 3).

133 Grieg an Beyer, 26. 4. 1886, übers. nach GB, S. 70.

134 Übersetzt nach B/Schj, S. 300.

135 Grieg an Beyer, 29. 4. 1906, übers. nach GB, S. 247.

136 Vgl. zum Stück *Glockengeläute* auch die Ausführungen auf S. 121.

137 Grieg an Bjørnson, 16. 1. 1900, übers. nach B/Schj, S. 75.

138 Heinrich von Herzogenberg schreibt am 9. 1. 1887 an Brahms, Bezug nehmend auf dessen Violinsonate A-Dur op. 100: „Und das Andante der Violinsonate! Das war doch ein Verlieben auf den ersten Blick! Anfangs wollte es mir nicht behagen, daß dieses liebliche F-Dur-Gesicht schon einen Bräutigam mitbrachte, einen munter-traurigen Norweger – na, wenn sie nur glücklich werden miteinander und recht viele Kinder kriegen!" In: Briefwechsel von Johannes Brahms mit Heinrich und Elisabeth

von Herzogenberg, hrsg. von Max Kalbeck, Berlin 1907, Bd. II, S. 147. Kalbeck konkretisiert in einer Fußnote zu diesem Brief den Bezug zu Griegs op. 13, 2. Satz, unter Anführung von Notenbeispielen.

139 Grieg an Matthison-Hansen, 30. 7. 1867, übers. nach B/Schj, S. 102.

140 Vgl. Griegs Brief an seine Eltern vom 9. 4. 1870, zit. auf S. 150 des vorliegenden Buches.

141 Neupert an Grieg, 6. 4. 1869, übers. nach B/Schj, S. 110.

142 „Signale für die musikalische Welt", 30. Jg. 1872, S. 178.

143 Hugo Wolfs musikalische Kritiken, hrsg. von R. Batka und H. Werner, Leipzig 1911, S. 136 (Kritik vom 18. Jänner 1885). – Vgl. auch die negative Kritik des *Klavierkonzerts* von Debussy in „Gil Blas" vom 16. 3. 1903, deutsch in: Claude Debussy: Monsieur Croche. Sämtliche Schriften und Interviews, Stuttgart 1982, S. 129.

144 E. Hanslick, Am Ende des Jahrhunderts (1895–1899), Berlin 1899, S. 220.

145 Melodia C 10 – 16399-400 und ETERNA 827068 (Swjatoslaw Richter), ETERNA 825689 (Annerose Schmidt), ETERNA 720161 (Halina Czerny-Stefańska).

146 Grieg an Finck, 17. 7. 1900, Gau, S. 51f. Vgl. Zitat S. 27.

147 Grieg an Beyer, 19. 3. 1884, übers. nach GB, S. 35.

148 Skolens Sangbok (siehe Anm. 15), S. 215.

149 *Norges Melodier* erschienen nicht in der alten Peters-Ausgabe, und es liegen auch keine deutschen Übersetzungen vor. – Die norwegische Schriftsprache entwickelte sich aus der seit etwa 1400 in Norwegen eingeführten dänischen Sprache und ist somit dieser sehr ähnlich.

150 Grieg an Matthison-Hansen, 7. 3. 1878, übers. nach B/Schj, S. 154.

151 Grieg an Röntgen, 22. 12. 1899, GR, S. 80.

152 Grieg an G. Schjelderup, 24. 11. 1905, übers. nach B/Schj, S. 155.

153 Liszt an Grieg, 29. 12. 1868, übers. nach dem französischen Originaltext in: Sch/N, S. 39.

154 Franz Liszt: Chopin (1852), in: F. Liszt: Schriften zur Tonkunst, RUB, Leipzig 1981, S. 163.

155 Grieg an Grønvold, 1881 (kein genaueres Datum), übers. nach B/Schj, S. 118. Daß Grieg Liszt um die Befürwortung g e b e - t e n hatte, läßt er in diesem Brief unerwähnt, er kann aber auch zu diesem Zeitpunkt, 13 Jahre später, den genauen Hergang vergessen haben.

156 Grieg an seine Eltern, 17. 2. 1870, übers. nach dem bei B/Schj, S. 126, abgedruckten Originalbrief.

157 Grieg an seine Eltern, 17. 2. 1870, zit. nach Sch/N, S. 43. Dieser
bei B/Schj nicht wiedergegebene Abschnitt des Briefes ist von
Gerhard Schjelderup offensichtlich aus der Zeitschrift „Samtiden", Kristiania 1892, S. 219 ff., entnommen; Grieg ließ hier
seine beiden Rombriefe an die Eltern publizieren, wobei er einige Ergänzungen und geringfügige Änderungen vornahm.
158 Ebenda.
159 Grieg an seine Eltern, 9. 4. 1870, zit. nach Sch/N, S. 45. Diese
bemerkenswerte Ergänzung ist nur in der Brieffassung, die
Grieg in der Zeitschrift „Samtiden" 1892 drucken ließ, enthalten. Vgl. B/Schj. S. 126.
160 Grieg an seine Eltern, 9. 4. 1870, zit. nach Sch/N, S. 45.
161 Ebenda.
162 Griegs Bericht über seine Romreise an das Ministerium, übers.
nach B/Schj, S. 126.
163 Grieg an Finck, 17. 7. 1900, Gau, S. 50.
164 Vorwort zur ersten Ausgabe von op. 19 bei Horneman und
Erslev, Kopenhagen 1872, übers. nach B/Schj, S. 130.
165 Grieg an Beyer, 18. 4. 1872, übers. nach GB, S. 8.
166 „Times", 17. 5. 1888, übers. nach D. M. Johansen: Edvard
Grieg, Princeton 1938, S. 286.
167 Grieg an Grønvold, 25. 4. 1881, übers. nach B/Schj, S. 131.
168 Zit. nach: Horst Höhne: Bjørnstjerne Bjørnson, Halle 1960,
S. 35. Hierauf fußen auch die biographischen Angaben des folgenden Textes.
169 B. Bjørnson: Das Hochzeitslied (Erzählungen), Rostock 1962,
S. 177 f.
170 Enthalten u. a. in: Berg: Skolens Sangbok (siehe Anm. 15),
S. 220.
171 Der Textanfang lautet in der autorisierten deutschen Fassung:
Vorwärts! vorwärts! Schall der Ahnen Losungswort.
Vorwärts! vorwärts! Pflanzen wir den Schlachtruf fort!
Griegs Bericht über die Entstehung des Liedes in: Bjørnstjerne
Bjørnson [Festschrift], Kopenhagen 1902, übers. nach Jo,
S. 133 f.
172 Langspielplatte NKF 30055.
173 Im Drama markiert der Huldigungsmarsch die Versöhnung
der beiden Brüder im 3. Akt.
174 Im Drama leitet das Vorspiel den 2. Akt ein. Teil A charakterisiert den kampfesmutigen Sigurd, Teil B den stilleren, aber
weisen Eystein.
175 Im 1. Akt des Dramas illustriert das Stück den unruhigen,
angstvollen Traum Borghilds, die Eystein liebt, aber erfahren
hat, daß er einer anderen angetraut ist. Am Schluß des Stückes
heiratet sie Sigurd.

176 Das *Königslied*, in dem beiden Königen gehuldigt wird, bildet den Abschluß des Dramas, *Das Nordlandvolk* erklingt am Ende des 2. Aktes.
177 Grieg an Abraham, 5. 4. 1892, ZT, S. 43 (hier ist irrtümlich als Datum der 5. 8. angegeben).
178 So in: Berg: Skolens Sangbok (siehe Anm. 15), S. 216f.
179 Grieg an Abraham, 27. 10. 1889, ZT, S. 27f.
180 Grieg an Beyer, 31. 10. 1889, übers. nach B/Schj, S. 149.
181 Aus der Gedenkrede Bjørnsons anläßlich der Enthüllung von Nordraaks Grabdenkmal auf dem Jerusalemer Friedhof in Berlin, 1906, zit. nach Sch/N, S. 163.
182 Vgl. auch Griegs besonders gelungene farbige Instrumentierung des Liedes in seiner Fassung für Gesang und Orchester von 1894/95, ohne Opusnummer.
183 Zu Liedern auf Texte Bjørnsons: *Erstes Begegnen* (als op. 52 Nr. 2), *Dem Lenz soll mein Lied erklingen* (als op. 41 Nr. 6) und *Die Prinzessin* (als op. 41 Nr. 5).

5. An den Fjorden der Heimat (1874–1887)

184 Schon 1863 hatte Max Abraham vom Verlag C. F. Peters in Leipzig mit dem damals noch kaum bekannten Grieg Verbindung aufgenommen und dessen op. 1 und 2 drucken lassen. Besondere Erfolge hatte der Verlag in den kommenden Jahren mit Griegs op. 6, 8 und 12. Dabei entwickelte sich aus dem anfangs rein geschäftlichen Verhältnis allmählich eine warme Freundschaft, die Grieg mit Abraham bis zu dessen Tode (8. 12. 1900) verbinden sollte und über die eine intensive, über fast vier Jahrzehnte geführte Korrespondenz – zugleich ein aufschlußreiches kulturgeschichtliches Zeugnis – einen lebendigen Eindruck vermittelt. Grieg nannte Abraham seinen *zweiten Vater,* ließ ihn an seinen künstlerischen Erfolgen teilhaben, wohnte wiederholt bei ihm in der Talstraße 10 (wo ihm Abraham ein ungestörtes Arbeitsstübchen zur Verfügung stellte), traf sich mit ihm auch mehrfach außerhalb Deutschlands, wurde von ihm bei seinen Konzertplanungen beraten und erhielt von ihm die neuesten Musikalien zeitgenössischer Komponisten. Auch offenherziger Austausch über unterschiedliche Standpunkte zu einzelnen von Griegs Werken (z. B. zum Streichquartett oder zu Griegs Mozart-Bearbeitungen) konnte die Freundschaft nicht trüben. Nach und nach erwarb Abraham das Verlagsrecht über fast sämtliche Werke Griegs, auch über die zuvor in Dänemark oder Norwegen verlegten. Spätestens vom Jahr 1874 an datieren Abrahams Bemühungen, das Verlagsrecht für alle Werke Griegs zu bekommen (vgl. Griegs Briefe an Abraham vom 9. 3. 1874, 18. 5., 12. 11.

und 3. 12. 1876, 31. 1. und 11. 2. 1877; Abrahams Briefe an Grieg vom 11. 3. und 1. 7. 1876 und 13. 6. 1881, sämtlich unveröff.). Parallel dazu erhöhte der Peters-Verlag die Honorare für Griegs Werke (vgl. Abraham an Grieg, 22. 5. 1877), beteiligte ihn ab 1883 zunehmend am Gewinn (Abraham an Grieg, 9. 5. 1883) und veranlaßte zusätzliche finanzielle Zuwendungen an den Komponisten (Abraham an Grieg, 22. 2. 1886; alle diese Briefe unveröff.). Aufschlußreich für die finanzielle Situation Griegs gegen Ende der in diesem 5. Kapitel dargestellten Periode und zugleich für das Vertrauensverhältnis zwischen Komponist und Verleger ist Griegs Brief vom 18. 2. 1886, ein knappes Jahr nach dem Bau seines Hauses Troldhaugen, mit dem er Abrahams Sorgen über eventuelle Schulden zerstreuen will:

Lieber Herr Doctor! Zwischen den Zeilen Ihrer liebenswürdigen letzten Zeilen lese ich, daß Sie sich etwas gar Schlimmes gedacht haben. Aber Gott sei Dank, so große Dummheiten habe ich nicht gemacht. Meine Villa ist nämlich nicht für geborgtes Geld gebaut. Aus dem Nachlaß meiner Eltern habe ich 18000 Mark, welche aber jetzt in der Villa stecken. Meine Gage vom Storting ist 1800 Mark, und nun also, wo ich zu dem Anteile am Ertrag meiner Werke noch 2000 Mark beziehe, habe ich somit 3800 Mark festes Einkommen. Wenn ich dann auch komponiere, kann die Sache schon ganz hübsch aussehen. Aber wenn das Reisen losgeht – und darauf kann ich nicht verzichten –, dann muß ich allerdings durch Konzerte außergewöhnliche Anstrengungen machen. Und das tue ich auch bisweilen ganz gern, wenn es nur meine Gesundheit erlaubte, aber diese macht mir in den letzten Jahren immer mehr zu schaffen. Im ganzen bin ich doch nicht so unzufrieden, wie es mir eine schlechte Laune hin und wieder in die Feder diktiert.
(Bei ZT beginnt ein kurzes Zitat aus diesem Brief erst mit dem letzten angeführten Satz, S. 17; der hier zitierte Anfang des Briefes ist unveröff.)

185 Ibsen weist in seinem Brief durchgehend auf Buchseiten der norwegischen Ausgabe hin, die dem deutschen Leser nichts sagen. An die Stelle der Seitenangaben sind hier in den eckigen Klammern Stichworte des Textes oder knappe Hinweise auf die betreffende Szene gegeben.

186 Ibsen an Grieg, Dresden, 23. 1. 1874, zit. nach: Dichter über ihre Dichtungen, hrsg. von Rudolf Hirsch und Werner Vodtriede, Bd. 10/I, Henrik Ibsen, München 1972, S. 155 ff.

187 Ibsen an Grieg, Dresden, 8. 2. 1874, a. a. O., S. 158.

188 Grieg an Abraham, 12. 11. 1876, ZT, S. 4 (nur Auszug).

189 Grieg an Abraham, 3. 2. 1886, nach der ersten Aufführung von *Peer Gynt* in Kopenhagen: *Die geniale Dichtung Ibsens mit meiner Musik ging also am 17. Januar über die Bretter* [...]; ZT, S. 16.

Grieg an Abraham, 12. 2. 1886: *Sollte „Peer Gynt" wirklich den Weg nach Deutschlands Bühnen finden, würde sich gewiß der Dichter ebensosehr freuen wie Komponist und Verleger zusammen. Ich glaube es aber kaum, denn das Werk Ibsens ist ebenso „national" wie genial und tiefsinnig.* ZT, S. 17.

190 Erstaufführung in dieser Fassung am 24. März 1988, Neues Gewandhaus Leipzig. Kurt Masur äußert sich im Programmheft zu dieser Aufführung und zur *Peer-Gynt-Musik:* „... Natürlich ist sie berühmt geworden durch ihre eingängige Melodik, aber fast unbekannt sind die dramatische Kraft, auch die vielfach hintergründig dämonischen Töne, besonders im Reich der Trolle, und Griegs Fähigkeit, die beiden herausragenden Frauengestalten – die ‚tief und ernst liebende‘ Solveig und auf der anderen Seite die verführerische Anitra – musikalisch zu charakterisieren.

Unsere Fassung entstand in der Erkenntnis, daß erst im Zusammenhang mit Ibsens dramatischer Dichtung die Meisterschaft Edvard Griegs voll zur Geltung kommen kann. So bekannte Stücke wie *Solveigs Lied, Anitras Tanz* oder die *Morgenstimmung* erhalten dadurch neue Dimensionen."

191 Grieg an Beyer, 27. 8. 1874, übers. nach GB, S. 12 f.

192 Grieg an Bjørnson, 1. 10. 1874; übers. nach B/Schj, S. 147.

193 Grieg an Bjørnson, 2. 1. 1875; übers. nach B/Schj, S. 158.

194 Vgl. hierzu H. Bien in seinem Nachwort zu Ibsens „Peer Gynt", RUB, Leipzig 1965, S. 186 f.

195 Grieg an Hennum, 14. 12. 1875, übers. nach B/Schj, S. 165.

196 Vgl. die Briefe Griegs an Abraham, 18. 6. 1896, ZT, S. 58, und an Hinrichsen, 23. 2. 1903, unveröff.

197 Aus einem Interview in „Dannebrog", 26. 12. 1893, übers. nach B/Schj, S. 165.

198 Grieg an Hennum, 14. 12. 1875, übers. nach Jo, S. 192 ff.

199 Grieg an Hennum, 14. 12. 1875, übers. nach B/Schj, S. 166.

200 Ebenda, S. 166.

201 Lindeman (siehe Anm. 19), Nr. 300.

202 Grieg an Hennum, 14. 12. 1875, übers. nach B/Schj, S. 168.

203 Ebenda, S. 169.

204 Ebenda, S. 169.

205 Ebenda, S. 170.

206 Grieg an Finck, 30. 7. 1905, Fi, S. 53 f.

207 Abraham an Grieg, 3. 11. 1888, unveröff. Brief.

208 Abraham an Grieg, 10. 11. 1888, unveröff. Brief.

209 Abraham an Grieg, 17. 11. 1888, unveröff. Brief. Das VII. Philharmonische Konzert fand am 21. 1. 1889 in Berlin statt. Grieg dirigierte hier außer seiner *1. Peer-Gynt-Suite* seine Konzertouvertüre *Im Herbst* ebenfalls zum ersten Male.

210 Abraham an Grieg, 26. 6. 1890, unveröff. Brief.

211 Der *Tanz der Bergkönigstochter* bildete bei der Uraufführung nicht den Abschluß der Suite, wie B/Schj, S. 163, vermuten lassen, jedoch in der Leipziger Aufführung am 7. 2. 1893.

212 Abraham an Grieg, 4. 2. 1892, unveröff. Brief.

213 Grieg an Abraham, 12. 2. 1892, unveröff. Briefstelle (der übrige Brief bei ZT, S. 42).

214 5. Akademisches Konzert am 7. 2. 1893 in Leipzig; in diesem Konzert spielte Alexander Siloti (Moskau) außerdem Griegs *Klavierkonzert.*

215 Grieg an Röntgen, 19. 2. 1893, GR, S. 42.

216 Saint-Saëns in „L'Echo de Paris", 10. 3. 1912, deutsch in: Charles-Camille Saint-Saëns: Musikalische Reminiszenzen, RUB, Leipzig 1978, S. 116.

217 Grieg an Abraham, 27. 5. 1877, unveröff. Brief (ein anderer Abschnitt dieses Briefes bei ZT, S. 5).

218 Grieg an Abraham, 25. 2. 1886, ZT, S. 18.

219 Grieg an Beyer, 2. 4. 1893, übers. nach B/Schj, S. 163.

220 Grieg in „Bergenposten", 7. 8. 1876, übers. nach B/Schj, S. 181.

221 Ibsen an Grieg, 4. 8. 1876, übers. nach B/Schj, S. 172.

222 Grieg an Beyer, 27. 8. 1886, übers. nach GB, S. 73 f.

223 Grieg an Abraham, 19. 5. 1897, unveröff. Brief.

224 *6 Lieder mit Orchester* (ohne Opusnummer), Nr. 4, 1894/95.

225 Vgl. Das Lied *Der Soldat* (Andersen) von 1865 (siehe S. 94 f.) und *Verborgene Liebe* (Bjørnson) von 1873 (siehe S. 166 f.).

226 Siehe die ausführlichen Darstellungen zur weltanschaulichen Entwicklung Ibsens in: H. Bien: Henrik Ibsens Realismus, Berlin 1970 (vor allem S. 25 ff.).

227 Grieg an Beyer, 19. 3. 1884, übers. nach GB, S. 35 f.

228 Griegs Tagebuchnotiz, 23. 6. 1906, übers. nach B/Schj, S. 174.

229 Grieg an Bjørnson, 2. 5. 1876, übers. nach Jo, S. 208. Vgl. auch Grieg an Abraham, 27. 10. 1875, ZT, S. 3.

230 Bericht von Frank van der Stucken an Finck, in: Fi, S. 70.

231 Übers. nach Dag Schjelderup-Ebbes Einführungstext zur *Ballade* op. 24 auf der Schallplatte NKF 30056.

232 Abraham an Grieg, 23. 1. 1883, unveröff. Brief.

233 Lindeman (siehe Anm. 19), Nr. 337.

234 Grieg an Beyer, 27. 3. 1898, übers. nach B/Schj, S. 178.

235 Grieg an Hinrichsen, 16. 9. 1903, unveröff. Brief.

236 Siehe Griegs Briefe an Hinrichsen, 29. 8. 1903 und 4. 9. 1903, unveröff. Die Widmung an H. Kretzschmar ist auch auf dem Titelblatt der Peters-Ausgabe vermerkt. Kretzschmar leitete u. a. am 7. 2. 1893 das 5. Akademische Orchester-Konzert mit

Griegs *Klavierkonzert* (A. Siloti) und der *2. Peer-Gynt-Suite* (diese unter Leitung des Komponisten). Siehe das S. 198 abgebildete Programm.

237 Reisaus kennzeichnet die übermäßige Scheu Griegs, beim Komponieren beobachtet zu werden, als Ausdruck seiner ausgeprägten Introversion. Reisaus, a. a. O., S. 24 ff. (Abschnitt „Introversion als dominierendes Persönlichkeitsmerkmal").

238 Vgl. die Darstellung der Fjordlandschaft von Sara Bull, die mit ihrem Mann Ole Bull im Sommer 1879 Grieg in Lofthus besuchte, siehe Fi, S. 55 f.

239 Griegs humorvoller Bericht aus der Zeitschrift „Norden, Illustrert Skandinavisk Revue" von 1886 ist zum großen Teil bei B/Schj, S. 184 ff., abgedruckt.

240 Ein mageres Ergebnis war die Bearbeitung von vier Mozart-Sonaten für zwei Klaviere, mit der sich Grieg scharfer Kritik seitens seines Verlegers wie auch anderer Zeitgenossen aussetzte. Grieg machte geltend, er habe sie für pädagogische Zwecke geschaffen; zufällig seien sie auch in den Konzertsaal gekommen und hätten dort *überraschend gut* geklungen. (Brief an Abraham, 27. 5. 1877, ZT, S. 5.) In seinem Artikel über Mozart von 1897 räumt er ein, es habe für die Übertragung zwar keine Notwendigkeit vorgelegen, aber er habe Mozart die notwendige Pietät erwiesen, indem er keine seiner Noten verändert habe; mit dem zweiten Klavier habe er den Sonaten eine Klangprägung hinzufügen wollen, die sich *an unsere modernen Ohren wendet*. (Übers. nach B/Schj, S. 182.) Indessen enthalten Griegs Mozart-Bearbeitungen eine Reihe hinzugefügter Wendungen und Umspielungen. In Sicht auf die Klassik-Adaptionen in unserer Zeit erscheinen seine Bearbeitungen dennoch nicht nur verzeihlich, sondern sind ein erneuter Beweis für Griegs Bestrebungen zur Popularisierung wertvoller Musik. Die Bearbeitungen wurden 1879 bei E. W. Fritzsch in Leipzig gedruckt.

241 Grieg an Matthison-Hansen, 13. 8. 1877, übers. nach B/Schj, S. 188.

242 Siehe B/Schj, S. 188 ff. und 217 ff.

243 Grieg an Holter, 8. 1. 1897, zit. nach: Edvard Grieg: Gesamtausgabe, Bd. 9 (Kammermusik), S. 155.

244 B/Schj, S. 190.

245 Siehe Anm. 33. Vgl. auch Griegs Bericht an Beyer über die außerordentlich erfolgreiche Aufführung seines *Streichquartetts* durch das Brodsky-Quartett in Leipzig am 19. 2. 1888, Brief vom 20. 2. 1888, GB, S. 95 f.

246 Grieg wendet sich gegen diesen Einwand in seinem Brief an Abraham, 28. 10. 1878, ZT, S. 7. Abraham antwortet Grieg am

30. 10. 1878: „Irre ich mich über Ihr Streichquartett, so wird sich niemand mehr freuen als ich, ganz gleich, ob Sie mir dasselbe jetzt noch anvertrauen wollen oder nicht. Ich bitte Sie aber doch, es zu tun [...]" Unveröff. Brief.

247 E. Hanslick: Aus dem Tagebuche eines Musikers, Berlin 1892, S. 354.

248 Ebenda.

249 Grieg an Finck, 17. 7. 1900, Gau, S. 55.

250 Hierzu wie zu weiteren Entsprechungen zwischen Griegs und Debussys Streichquartett siehe Gerald Abraham (Hrsg.): Grieg. A Symposium, London 1948, S. 8. Vgl. auch die Bemerkungen bei John Horton: Grieg, London usw. 1974, S. 163 f.

251 Hierzu gehören: Nr. 4 der *Albumblätter* op. 28; *Improvisata über zwei norwegische Volksweisen* op. 29; *Album für Männergesang* op. 30; *Der Einsame* op. 32; *12 Melodien auf Gedichte von A. O. Vinje* op. 33; *Norwegische Tänze* op. 35.

252 Nach Aussage von Röntgen, GR, S. 19.

253 Zur Männerchorbewegung in Norwegen vgl. Nils Grinde: Norsk Musikkhistorie, Oslo ³1981, S. 139.

254 Ebenda, S. 142, 146, 154 f.

255 Grieg an Finck, 17. 7. 1900, Gau, S. 54.

256 Siehe die Notenbeispiele 96 b und 97.

257 Grieg an Finck, 17. 7. 1900, Gau, S. 58.

258 Grieg an G. Schjelderup, 18. 9. 1903, übers. nach B/Schj, S. 202.

259 Grieg an Paulsen, 4. 6. 1905, übers. nach B/Schj, S. 204.

260 Grieg an Finck, 17. 7. 1900, Gau, S. 55.

261 Vinje hatte 1851 zusammen mit Ibsen die politisch-literarische Zeitschrift „Andbrimner" herausgegeben, die als Organ des linken Flügels der demokratischen Intelligenz scharfe Kritik sowohl an den Konservativen als auch an den Halbheiten der liberalen Politiker übte und auch die damaligen Arbeiterführer wegen ihrer unrealistischen Politik nicht verschonte. Vinje gilt als einer der Begründer der Landsmål-Literatur. 1858 bis 1870 gab er allein das Wochenblatt „Dolen" („Der Talbewohner") heraus, in dem viele seiner in Landsmål (Nynorsk) geschriebenen Gedichte erschienen. Vgl. Bien, a. a. O. (siehe Anm. 226), S. 64; ferner den Artikel über Vinje (ebenfalls von H. Bien) in Meyers Taschenlexikon Nordeuropäische Literaturen, Leipzig 1978, S. 331 f. und 254 f.

262 Grieg an Hulda Garborg, 18. 8. 1898, übers. nach B/Schj, S. 293 f. Grieg bezieht sich hier auf den ebenfalls in Landsmål gedichteten Zyklus „Haugtussa" von A. Garborg, den er als op. 67 vertont hatte.

263 Siehe Anm. 15.

264 Grieg an Finck, 17. 7. 1900, Gau, S. 55.
265 Grieg an J. A. B. Christie, 28. 12. 1883, übers. nach B/Schj, S. 208. Bei diesem Weimarer Konzert war auch Franz Liszt anwesend. Grieg schreibt an Beyer: ... *Ich hörte Liszts Grunzen, den bekannten Laut, den er nur von sich gibt, wenn ihm etwas gefällt.* 17. 10. 1883, übers. nach GB, S. 22.
266 Abraham an Grieg, 19. 12. 1881, unveröff. Brief.
267 Grieg an Matthison-Hansen, 1881, übers. nach B/Schj, S. 212.
268 Grieg an Abraham, 5. 7. 1890, ZT, S. 31.
269 Grieg an Delius, April 1888, übers. nach B/Schj, S. 213.
270 Grieg an G. Schjelderup, 18. 9. 1903, zit. nach Sch/N, S. 54.
271 Ebenda; siehe auch B/Schj, S. 210.
272 Grieg an Matthison-Hansen, 29. 4. 1881, übers. nach B/Schj, S. 210.
273 Ebenda, S. 212.
274 Grieg an G. Schjelderup, 27. 12. 1903, siehe B/Schj, S. 214.
275 Vgl. die Ausführungen zu den *Lyrischen Stücken* im 4. Kapitel dieses Buches, S. 111–127.
276 Hier spielte Grieg sein *Klavierkonzert* und dirigierte seine *Elegischen Melodien,* op. 34. Vgl. Anm. 265.
277 Grieg musizierte hier mit der unter Hans von Bülows Leitung stehenden berühmten Meininger Hofkapelle. Siehe die S. 256 abgebildete Anzeige.
278 Vgl. hierzu B/Schj, S. 217 ff.
279 Grieg selbst versah die *Holberg-Kantate* nicht mit einer Opusnummer.
280 Grieg an Abraham, 24. 3. 1885, ZT, S. 14. Das Konzert hatte am 15. 3. 1885 in Bergen stattgefunden.
281 Grieg an Beyer, 1. 3. 1884, übers. nach GB, S. 32.
282 Grieg an Beyer, 16. 3. 1884, übers. nach GB, S. 34.
283 Grieg an Abraham, 24. 3. 1885, ZT, S. 14.
284 Konzerte mit sinfonischen Werken finden in der Grieg-Halle in Bergen statt, die etwa 1600 Plätze umfaßt.
285 Vgl. den zweiten Abschnitt des 4. Kapitels, S. 111–127.
286 Grieg an Abraham, 1. 11. 1886, ZT, S. 20.
287 Grieg an Beyer, 30. 4. 1884, übers. nach GB, S. 44.
288 Zu der dennoch abwertenden Kritik durch E. Bernsdorf vgl. das 1. Kapitel, S. 32 f.
289 Grieg an Beyer, übers. nach B/Schj, S. 241.
290 Siehe das vollständige Zitat im 4. Kapitel, S. 128.

291 Das Lied *Ich liebte (Jeg elsket)* fand sich im Nachlaß des Komponisten und wird heute unter der Werknummer EG 154 geführt. Es ist in der alten Peters-Ausgabe „60 ausgewählte Lieder für eine Singstimme und Klavier" (Edition Peters Nr. 3208a/b) als Nr. 58 enthalten.

292 Grieg an Bjørnson, 1. 7. 1896, übers. nach B/Schj, S. 270.

293 Grieg an Hinrichsen, 13. 12. 1901, unveröff. Brief.

294 Grieg an Beyer, 4. 5. 1888, übers. nach GB, S. 100.

295 Grieg an Beyer, 26. 12. 1889, übers. nach GB, S. 109.

296 Übers. nach Johansen: Edvard Grieg, Princeton 1938, S. 290.

297 Nina Grieg spielte u. a. bei einem der Londoner Konzerte im Frühjahr 1889 mit ihrem Mann die vierhändigen *Norwegischen Tänze* op..35. Siehe B/Schj, S. 253.

298 Übers. nach Johansen, a. a. O., S. 284 f.

299 Übers. nach Johansen, a. a. O., S. 285.

300 Aus den Erinnerungen an Grieg, die Frank van der Stucken Finck für dessen Grieg-Biographie übermittelte. Fi, S. 69 f.

301 Die Schallplatte „Der unbekannte Grieg", Beilage zu B/Schj, enthält diese beiden Einspielungen von 1906.

302 Siehe Johansen, a. a. O., S. 285.

303 Siehe: C. L. Graves: Life of Sir George Grove, London 1903; übers. nach: John Horton: Grieg, London usw. 1974, S. 74 f.

304 Frank van der Stucken in: Fi, S. 70.

305 Grieg an Finck, 17. 7. 1900, Gau, S. 60.

306 Grieg an Beyer, 17. 5. 1888, übers. nach GB, S. 102; siehe hierzu das S. 255 abgebildete Programm des Londoner Kammerkonzertes vom 16. 5. 1888.

307 Übers. nach Johansen, a. a. O., S. 286.

308 Grieg an Abraham, 2. 3. 1889, ZT, S. 25.

309 Übers. nach Johansen, a. a. O., S. 291.

310 Grieg an Abraham, 5. 1. 1890, ZT, S. 28 f.

311 Hans von Bülow: Ausgewählte Schriften, hrsg. von Marie v. Bülow, 2. Abteilung, Leipzig 1911, S. 186.

312 Grieg an Delius, 4. 2. 1889, übers. nach B/Schj, S. 252.

313 „Berliner Tageblatt" und „Nationalzeitung" vom 22. 1. 1889.

314 Grieg an Delius, 4. 2. 1889, übers. nach B/Schj, S. 252.

315 Die im Generalvertrag vom 22. 8. 1889 festgelegte jährliche Rente Griegs auf Lebenszeit (die im Falle seines Todes auf Nina Grieg übergehen sollte) betrug 4000 Mark, zahlbar in vierteljährlichen Raten von 1000 Mark. Die Rente wurde im Juli 1901 auf jährlich 6000 Mark erhöht.

316 Im Jahre 1903 unternahm Grieg noch eine zweite, ebenso er-

folgreiche Konzertreise nach Warschau. Auch Griegs zweites Auftreten in Prag im Jahre 1906 hatte großen Erfolg.

317 Vgl. hierzu Griegs Konzertberichte im 1. Kapitel des vorliegenden Buches.
318 Grieg an Oscar Meyer, 12. 2. 1906, „Die Musik", 8. Jg. 1908/09, Bd. 30, S. 340.
319 Grieg an Beyer, 16. 6. 1888, übers. nach GB, S. 103f.
320 Grieg an Beyer, 3. 5. 1907, übers. nach GB, S. 267.
321 Grieg an Beyer, 19. 4. 1907, übers. nach GB, S. 263.
322 Ebenda.
323 Vgl. B/Schj, S. 274.
324 Grieg an Abraham, 25. 11. 1891, ZT, S. 40.
325 Grieg an Röntgen, 19. 6. 1892, GR, S. 39ff.
326 Christian Morgenstern: Schriften aus dem Nachlaß, 1894–1913 (Kritische Schriften), in: Chr. Morgenstern: Werke und Briefe. Kommentierte Ausgabe, Bd. VI, hrsg. von Helmut Gumtau, Stuttgart 1987, S. 331.
327 Grieg an Abraham, 6. 7. 1898, ZT, S. 67.
328 Siehe B/Schj, S. 305 (ohne genaue Datumsangabe).
329 Übers. nach B/Schj, S. 305.
330 Ebenda.
331 Tschaikowski, a. a. O., S. 48f.
332 Ebenda, S. 50; vgl. auch die im 1. Kapitel, S. 34, angeführte Äußerung Tschaikowskis über Grieg.
333 Ebenda, S. 50f.
334 Ebenda, S. 56.
335 Grieg an Beyer, 29. 1. 1888, übers. nach GB, S. 90.
336 Tschaikowski, a. a. O., S. 72 und 73.
337 Grieg an Beyer, 13. 2. 1888, übers. nach GB, S. 92f.
338 Vgl. Jon-Roar Bjørkvold: Peter Čajkovskij og Edvard Grieg (siehe Literaturverzeichnis).
339 Die Instrumentalwerke, die hierfür in Frage gekommen wären, schuf Grieg erst nach Tschaikowskis Tod (1893).
340 Grieg an Beyer, 6. 1. 1906, übers. nach GB, S. 242.
341 Grieg an Hinrichsen, 12. 1. 1904, ZT, S. 103.
342 Olga Lewaschowa bezeichnet Tschaikowski als den „ersten Propagandisten der Musik Griegs in Rußland". O. Levaševa: Edvard Grig, Moskva 1962, S. 64.
343 Tschaikowski an Grieg, 17. 9. 1888, zit. nach dem Originalbrief in deutscher Sprache in der Öffentlichen Bibliothek Bergen.
344 Cui an Grieg, 14. 12. 1902, übers. nach dem Originalbrief in französischer Sprache in der Öffentlichen Bibliothek Bergen.
345 Vgl. 1. Kapitel, S. 31, und 6. Kapitel, S. 321.
346 Grieg an Siloti, 25. 9. 1902, zit. nach dem Originalbrief in

deutscher Sprache im Staatl. Wiss. Forschungsinstitut für Theater, Musik und Kinematographie in Leningrad.

347 Tschaikowski, a. a. O., S. 48.

348 Brahms an Elisabeth von Herzogenberg, 15. 12. 1878, in: Briefwechsel von Johannes Brahms mit Heinrich und Elisabeth von Herzogenberg, hrsg. von Max Kalbeck, Berlin 1907, Bd. I, S. 84. Mit der „Rieterschen" meint Brahms die „Allgemeine Musikalische Zeitung", die im Verlag von Rieter-Biedermann erschien.

349 Übers. nach GR, S. 13 (biographischer Zwischentext von Röntgen, niederländisch).

350 Ebenda, S. 19.

351 Grieg an Röntgen, 1. 2. 1885, GR, S. 23.

352 Grieg an Röntgen, 2. 7. 1885, GR, S. 26.

353 Übers. nach GR, S. 25 (biographischer Zwischentext von Röntgen, niederländisch).

354 Vgl. Brahms' Äußerungen zur Komposition von Variationen in einem Brief an Adolf Schubring 1869, zit. nach: Walther Siegmund-Schultze: Johannes Brahms, Leipzig 1966, S. 98.

355 Grieg an Beyer, 24. 1. 1896, übers. nach GB, S. 145 f.

356 Übers. nach GR, S. 50 f. (biographischer Zwischentext von Röntgen, niederländisch).

357 Ebenda, S. 51.

358 Grieg an Beyer, 2. 4. 1896, übers. nach GB, S. 147.

359 Grieg an Brahms, 1. 4. 1896; zit. nach Karl Geiringer: Johannes Brahms, Zürich/Stuttgart 1955, S. 207.

360 Brahms an Grieg, undatiert (1896 oder 1897), unveröff. Brief (Autograph in der Öffentlichen Bibliothek Bergen, dort außerdem zwei weitere Brahmsbriefe).

361 Grieg an Beyer, 27. 12. 1896, übers. nach GB, S. 155.

362 Grieg an Röntgen, 3. 1. 1897, GR, S. 60.

363 Grieg an Abraham, 4. 4. 1897, ZT, S. 64.

364 Grieg an Röntgen, 3. 4. 1897, GR, S. 68.

365 Grieg an Röntgen, 16. 4. 1904, GR, S. 99.

366 Alfred Ehrmann: Johannes Brahms, Leipzig 1933, S. 379.

367 Vgl. Anm. 354.

368 Vgl. Griegs Artikel über Wagners „Der Ring des Nibelungen" in der Zeitung „Bergenposten" 1876; siehe auch 5. Kapitel des vorliegenden Buches, S. 200.

369 Debussy schrieb schon vor Griegs Ankunft in Paris eine verletzende Kritik über Griegs *Klavierkonzert*, das Teresa Carreño gespielt hatte. Sie gipfelte darin, daß die Pianistin mehr Talent habe als der Komponist. „Gil Blas", 16. 3. 1903, deutsch in: Claude Debussy: Monsieur Croche. Sämtliche Schriften und Interviews, Stuttgart 1982, S. 129. Auch in Debussys Kritik des

von Grieg dirigierten Colonne-Konzertes wird der Pianist, Raoul Pugno, hoch gelobt: „Mit unwahrscheinlichem Geschick überspielt er die faulen und hohlen Stellen." Die feindliche Haltung Debussys kommt noch mehr als in den kritischen Bemerkungen zu Griegs Musik (von der er die *Peer-Gynt-Suite* op. 46 sogar gelten läßt) in Bemerkungen zum Ausdruck, die Griegs Person betreffen: „Frankreich mußte also Herrn Grieg entbehren, aber anscheinend kann Herr Grieg nicht auf Frankreich verzichten, da er heute gern verzeihen und die Grenzen überschreiten will, um das französische Orchester zu dirigieren, das seinerzeit Gegenstand skandinavischer Verachtung war […]" „Von vorn sieht er aus wie ein genialer Photograph; von hinten läßt ihn seine Haartracht jenen Pflanzen ähneln, die bei den Papageien beliebt sind und die Gärten der kleinen Provinzbahnhöfe schmücken […]" „Gil Blas", 20. 4. 1903, deutsch a. a. O., S. 157 ff.

370 Siehe Grieg an Röntgen, 6. 2. 1907, GR, S. 113.

371 Siehe zu Smetana: Grieg an Beyer, 24. 1. 1896, GB, S. 144 f. – Zu Dvořák: Grieg an Abraham, 30. 1. 1891, ZT, S. 34. Grieg traf Dvořák 1896 flüchtig in Wien, wobei es zu keiner näheren Bekanntschaft kam. – Zu Verdis „Aida" und „Otello" vgl. Griegs ausführlichen Artikel *Gedanken über Verdi* in der Zeitung „Verdens Gang", Februar 1901. – Zu Bizets „Carmen": Grieg an Hinrichsen, 26. 9. 1905, ZT, S. 119. – Zu Hugo Wolfs Liedern: Grieg an Hinrichsen, 12. 1. 1904, ZT, S. 103, und Grieg an Beyer, 2. 12. 1906, GB, S. 254. – Zu Richard Strauss' „Tod und Verklärung": Grieg an Röntgen, 6. 1. 1902, GR, S. 85; siehe ferner das Interview mit Grieg im „Berliner Lokalanzeiger" vom April 1907, 25. Jg., Nr. 189 (hier erwähnt Grieg auch positiv „Till Eulenspiegels lustige Streiche"). – Zu Jean Sibelius' „Frühlingslied": Grieg an Beyer, 2. 12. 1906, GB, S. 254. – Zu César Francks „Les Béatitudes": Grieg an Röntgen, 17. 11. 1895, GR, S. 50; zu seinem Streichquartett: Grieg an Röntgen, 31. 10. 1902, GR, S. 89. – Zu Edouard Lalo: Grieg an Abraham, 5. 7. 1890, ZT, S. 31. Vgl. auch 5. Kapitel, S. 233.

372 Grieg an Röntgen, 2. 5. 1896, GR, S. 53.

373 Grieg an Abraham, 12. 10. 189, unveröff. Brief.

374 Grieg an Röntgen, 22. 1. 1897, GR, S. 61. Das hier in eckige Klammern gesetzte Wort ist der originale Wortlaut des Liedes.

375 Grieg an Abraham, 21. 11. 1900, ZT, S. 83.

376 Übers. nach B/Schj, S. 278. Vgl. auch die Aussage von Finck: „… wie mir der Komponist mitteilte, enthalten die Einleitungstakte dieses Lieds ein melodisch-rhythmisches Motiv, das er einer Seemöve im Sognefjord ablauschte." Fi, S. 156.

377 In: Aus Briefen Edvard Griegs an einen Schweizer, Brief vom 3. 7. 1906, „Die Musik", 7. Jg. 1907/08, Bd. 25, S. 75.

378 Grieg an Abraham, 31. 12. 1894, unveröff. Brief.

379 Arnfinn Klakegg/Finn Lunde: Musikk 4, 4. Aufl., Oslo 1984, S. 6.

380 Grieg an Koppang, 7. 9. 1895, übers. nach B/Schj, S. 279.

381 Grieg an Röntgen, 29. 3. 1895, GR, S. 48.

382 Ihr eigentlicher Name ist Veslemøy („Junges Mädchen"). Sie erhielt den Beinamen Haugtussa („Bergkind").

383 Grieg an Oscar Meyer, 7. 6. 1898, „Die Musik", 8. Jg. 1908/09, Bd. 30, S. 336.

384 Schallplatte NKF 30059, Oslo 1984, mit Edith Thallaug, Mezzosopran. Die Schallplatte enthält außer op. 67 auch die Lieder auf Gedichte von Vilhelm Krag op. 60.

385 „Morgenbladet", 23. 10. 1898, übers. nach B/Schj, S. 290.

386 Vgl. weiter oben in diesem Kapitel und Anm. 326.

387 Unveröffentlichte Widmung; Autograph in der Öffentlichen Bibliothek Bergen. Der gesamte Zyklus „Ein Sommer" in: Christian Morgenstern, Werke und Briefe, Bd. I, Lyrik 1887–1905, hrsg. von Martin Kießig, Stuttgart 1988, S. 311–373.

388 Terminangabe mit Uhrzeit („nachm. von 5–6 Uhr") in: Morgenstern, a. a. O., Bd. VI, Stuttgart 1987, S. 794.

389 Grieg an Hinrichsen, 6. 1. 1906, unveröff. Brief.

390 *Vor einigen Monaten spielte ich mit meiner Frau die Variationen von Saint-Saëns … Der Kerl weiß, wie 2 Klaviere zu schreiben sind, damit sie gut zusammen klingen.* Grieg an Röntgen, 1. 2. 1885, GR, S. 24.

391 Grieg an Röntgen, 2. 7. 1885, GR, S. 26.

392 Erschienen 1942 als „Four Norwegian Moods". Ursprünglich waren sie für einen Film geplant, der vom Einfall der deutschen Truppen in Norwegen berichtet. Strawinsky verzichtete jedoch auf das Filmangebot und schuf statt dessen die vorliegende viersätzige Sinfonische Suite. Vgl. Boris Jarustowski: Igor Strawinsky, Berlin 1966, S. 138 f.

393 Grieg an Hinrichsen, 6. 1. 1900, ZT, S. 78.

394 Siehe Anm. 146.

395 Übers. nach GR, S. 36 (biographischer Zwischentext von Röntgen, niederländisch).

396 Grieg an Röntgen, 22. 8. 1896, GR, S. 56.

397 Grieg an Abraham, 22. 9. 1896, ZT, S. 60.

398 Vgl. die Ausführungen zur norwegischen Volksmusik im 1. Kapitel, S. 23–27.

399 Grieg an Röntgen, 5. 9. 1902, GR, S. 88.

400 Grieg an Hinrichsen, 30. 9. 1902, unveröff. Brief.

401 Grieg an Hinrichsen, 23. 2. 1903, unveröff. Brief.

402 Grieg an Hinrichsen, 28. 2. 1903, ZT, S. 93 f.

403 Grieg an Hinrichsen, 15. 8. 1903, ZT, S. 99.
404 Grieg an Hinrichsen, 28. 2. 1903, ZT, S. 94.
405 Grieg an Hinrichsen, 23. 10. 1903, unveröff. Brief.
406 Grieg an Hinrichsen, 29. 5. 1905, unveröff. Nachsatz.
407 Grieg an Hinrichsen, 29. 6. 1906, ZT, S. 126.
408 Alte Peters-Ausgabe (Edition Peters Nr. 3097).
409 Siehe B/Schj, S. 311. Ferner: Béla Bartók: A hangszeres zene folkloreja Magyarországon [Die Folklore der Instrumentalmusik in Ungarn], „Zeneközlöny", Budapest, 1911; Béla Bartók jr.: Béla Bartók i Norge [Béla Bartók in Norwegen], „Norsk musikktidskrift", 1978. Es gab auch einen Briefwechsel zwischen Bartók und Percy Grainger, vgl.: Béla Bartók replies to Percy Grainger, „The Music News", Januar 1934, S. 9.
410 Grieg an Hinrichsen, 8. 8. 1907, ZT, S. 133: [Percy Grainger] *ist einer der großartigsten Spieler, die ich je gehört, und überhaupt ein Künstler und Mensch von erstaunlicher Tiefe und vielseitiger Begabung [...] Er hat unsere Sagen studiert, spricht norwegisch, isländisch und färöisch und hat die Volkslieder dieser Länder studiert. Für meine bescheidene Kunst ist er ein Dolmetscher sondergleichen. Wie er z. B. die „Slåtter" spielt, ist phänomenal.* – Grieg an Röntgen, 23. 8. 1907, GR, S. 119: *Grainger war ein herrlicher Mensch! W i e hat er noch gespielt und w i e lieb und gut war er!*
411 Vgl. Grieg an Matthison-Hansen, 29. 8. 1905, übers. nach B/Schj, S. 314.
412 Nina Grieg an Percy Grainger, 5. 2. 1929, übers. nach B/Schj, S. 323.
413 Vgl. die Ausführungen in Sch/N, S. 77, und in B/Schj, S. 321 ff. Grieg schrieb an den Schweizer Pastor Louis Monastier-Schroeder am 28. 8. 1907 aus dem Krankenhaus Bergen: *Den Gottesbegriff muß ich aufrecht halten, obgleich derselbe mit dem Begriffe des Gebets nur zu oft in Kollision gerät.* In: Aus Briefen Edvard Griegs an einen Schweizer, „Die Musik", 7. Jg. 1907/08, Bd. 25, S. 75.
414 Das dritte geistliche Lied vor op. 74 ist das wenig bedeutende *Ave, maris stella,* EG 150, von 1893.
415 Grieg an Röntgen, 7. 5. 1907, GR, S. 116.
416 Grieg an Hinrichsen, 13. 8. und 26. 8. 1907, unveröff. Briefe.
417 Grieg an Oscar Meyer, 3. 12. 1894, „Die Musik", 8. Jg. 1908/09, S. 331.
418 Grieg an Röntgen, 3. 5. 1904, GR, S. 100.
419 Grieg an Holter, 1891 (keine genauere Datumsangabe), übers. nach B/Schj, S. 189.
420 Zu op. 24 vgl. oben, S. 206–211 (5. Kapitel). – Zu op. 32: Grieg an Matthison-Hansen (dem er das Werk widmete), 18. 9. 1881, übers. nach B/Schj, S. 202.

421 Grieg an Hinrichsen, 16. 9. 1903, unveröff. Brief.
422 Grieg an Hinrichsen, 13. 12. 1901, unveröff. Brief.
423 Grieg an Lie, 18. 10. 1888, übers. nach B/Schj, S. 285.
424 Grieg an Beyer, 10. 3. 1890, übers. nach GB, S. 113.
425 Grieg an Beyer, 9. 2. 1891, übers. nach GB, S. 16.
426 Grieg an Finck, 17. 7. 1900, Gau, S. 50.
427 Ebenda, S. 49.
428 Ebenda, S. 51.
429 Interview vom 4. 4. 1907 im „Berliner Lokalanzeiger".
430 Vgl. im 5. Kapitel den Abschnitt „Grieg und Ibsen".
431 Vgl. in diesem Kapitel S. 264.
432 Grieg an Röntgen, 13. 2. 1898, GR, S. 72.
433 Grieg an Röntgen, 25. 5. 1898, GR, S. 74.
434 Grieg an Röntgen, 28. 8. 1898, GR, S. 75.
435 Vgl. dazu im 1. Kapitel, S. 30 f.
436 Grieg an Colonne, 4. 10. 1899, zit. nach Fi, S. 81.
437 Vgl. Griegs drastische Berichte in seinen Briefen an Röntgen,
    22. 4. 1903, GR, S. 90 f.; an Beyer, 21. 4. 1903, GB, S. 199 ff.
438 Siehe Anm. 369. Der Bemerkung Frank Schneiders: „... man
    darf dem Komponisten nicht unterstellen, nationale Sympa-
    thien oder Antipathien hätten seine Urteile über die entspre-
    chend zugehörige Musik entscheidend präjudiziert", kann
    nicht zugestimmt werden. Siehe den Artikel über Debussy in:
    Frank Schneider: Welt, was frag ich nach dir? Politische Por-
    träts großer Komponisten, RUB, Leipzig 1988, S. 241.
439 Zit. nach Fi, S. 66.
440 Grieg an Beyer, 21. 3. 1888, übers. nach GB, S. 98.
441 Grieg an Abraham, 30. 9. 1898, ZT, S. 69 f.
442 Grieg an Hinrichsen, 20. 8. 1901, unveröff. Brief.
443 Grieg an Brodsky, 24. 4. 1905, „Norsk musikktidskrift", Oslo
    1967, S. 43 (Originalbrief in deutscher Sprache).
444 W. I. Lenin: Werke, Ergänzungsband 1896 – Oktober 1917,
    Berlin 1969, S. 321. Zu Lenins Einschätzung der Auflösung
    der Union vgl. auch: Werke, Bd. 20, Berlin 1968, S. 429 (Ab-
    schnitt „Die Lostrennung Norwegens von Schweden" im Arti-
    kel „Über das Selbstbestimmungsrecht der Nationen").
445 Grieg an Hinrichsen, 14. 6. und 25. 6. 1905, ZT, S. 114 und
    116.
446 Grieg an Röntgen, 20. 6. 1905, GR, S. 101.
447 Vgl. B/Schj, S. 318.
448 Grieg an G. Schjelderup, 26. 10. 1905, zit. nach Sch/N, S. 95.
449 Ausführlicher Bericht über seinen Besuch beim deutschen
    Kaiser im Brief an Hinrichsen, 21. 7. 1904, ZT, S. 104 ff. Grieg
    erwähnt den Reise-Kaiser schon im Brief an Abraham, 4. 7.
    1892, ZT, S. 46. Wilhelm II. sandte „dem nordischen Sänger"

1905 ein Neujahrstelegramm. Siehe Nina Grieg an Hinrichsen, 21. 1. 1905, ZT, S. 111.

450 Grieg an Hinrichsen, 21. 7. 1904, ZT, S. 105.

451 Grieg an Hinrichsen, 14. 4. 1906, unveröff. Brief. Vgl. auch Grieg an Hinrichsen, 10. 2. 1906, ZT, S. 123.

452 Vgl. B/Schj, S. 315.

453 Griegs Tagebuchnotiz vom 12. 6. 1906, übers. nach B/Schj, S. 325. Vgl. auch Griegs Bericht an Röntgen, 7. 7. 1906, GR, S. 108 f.

454 Grieg an Beyer, 9. 2. 1891, übers. nach GB, S. 117 f.

455 Grieg an Hinrichsen, 12. 1. 1904, ZT, S. 103; Grieg an Hinrichsen, 29. 6. 1906, unveröff. Briefteil.

456 Grieg an Hinrichsen, 26. 9. 1905, ZT, S. 119.

457 Grieg an Hinrichsen, 23. 9. 1904, ZT, S. 107.

458 Grieg an Calvocoressi, 2. 5. 1903, übers. nach B/Schj, S. 305.

459 Griegs Tagebuchnotiz vom 21. 3. 1906, übers. nach B/Schj, S. 310.

460 Siehe Anm. 146.

461 Einflüsse auf die meisten der genannten Komponisten wurden in den vorangegangenen Kapiteln bereits angedeutet. Der Einfluß von Griegs Stil auf Max Reger ist vor allem in dessen Klavierkompositionen op. 53 feststellbar, aber auch in den Klavierstücken op. 13, 18 und 36. Regers 6 Klavierstücke „Grüße an die Jugend" (komp. 1898, gedruckt erst 1943) tragen die Widmung „Meister Grieg verehrungsvoll gewidmet". Diese und weitere Angaben bei Helmut Wirth: Max Reger und Edvard Grieg, in: Mitteilungen des Max-Reger-Instituts Bonn, 1971, Heft 18, S. 38 ff. – Grieg konnte sich dagegen nicht mit Regers Musik anfreunden, dessen Klavierquintett er *Plumpudding* nannte. Grieg an Hinrichsen, 6. 1. 1906, ZT, S. 123. Vgl. auch Grieg an Röntgen, 21. 1. 1906, GR, S. 105. – Zum Einfluß Griegs auf Maurice Ravel siehe B/Schj, S. 340. – Über den Einfluß Griegs auf Jean Sibelius, Frederick Delius, Edvard MacDowell und Percy Grainger finden sich kurze Hinweise bei John Horton: Grieg, London usw. 1974, S. 198. – Hinweise zum Einfluß Griegs auf Sparre Olsen und Øistein Sommerfeldt bei Nils Grinde: Norsk Musikkhistorie, Oslo usw. 1981, S. 317 und 370.

462 Berichtet von Detlef Schulz in seinem Nachruf: Edvard Grieg †, „Signale für die musikalische Welt", 65. Jg. 1907, S. 947.

463 Grieg an Siloti, 12. 2. 1904, zit. nach dem Originalbrief in deutscher Sprache im Staatl. Wiss. Forschungsinstitut für Theater, Musik und Kinematographie in Leningrad.

Zeittafel

1843   15. Juni: Edvard Grieg als zweiter Sohn und viertes der fünf Kinder von Alexander Grieg und Gesine geb. Hagerup in Bergen (Norwegen) geboren.

1849   Erster Klavierunterricht bei der Mutter.
Besuch einer Elementarschule in Bergen.

1853   Übersiedelung der Familie Grieg nach Landås bei Bergen.
Eintritt Edvards in eine Realschule in Bergen (Tanksche Schule).

1858   Sommer: Ole Bulls Besuch bei den Griegs, durch ihn entscheidender Anstoß für Edvards Aufnahme einer musikalischen Berufsausbildung noch vor Abschluß der Realschule.
Oktober: Beginn des Studiums am Konservatorium Leipzig.

1860   ab Mai: Aufenthalt bei den Eltern wegen schwerer Lungenerkrankung.
Herbst: Wiederaufnahme des Studiums in Leipzig.

1861   Griegs erste mit Opusnummern versehene Werke: *Vier Klavierstücke* op. 1, *Vier Lieder* op. 2.

1862   April: Erfolgreicher Abschluß des Studiums in Leipzig.
21. Mai: Griegs erstes öffentliches Konzert in Bergen.

1863   Mai: Übersiedelung nach Kopenhagen (bis 1866).
Begegnungen mit Gade, Hartmann, Nordraak, H. C. Andersen; Liebe zu Nina Hagerup; entscheidende Anregungen zur Liedkomposition.

1864   Sommer: Einwirkung der Persönlichkeit Ole Bulls und seiner Begeisterung für norwegische Volksmusik auf Grieg bei gemeinsamen Wanderungen durch Westnorwegen.
Herbst: Beginn der engen Freundschaft Griegs mit Nordraak, vertiefte Erkenntnis seiner Lebensaufgabe.
Jahresende: Verlobung mit Nina Hagerup; *Melodien des Herzens* op. 5.

1865   Frühjahr: Gründung der Musikgesellschaft „Euterpe" in Kopenhagen durch Grieg, Nordraak und dänische Freunde.
Frühjahr bis Sommer: Humoresken op. 6, *Klaviersonate* op. 7, *1. Violinsonate* op. 8 in Rungstedt (bei Kopenhagen) komponiert.
Dezember: 1. Romreise (bis Mai 1866).

1866   Erste Begegnung mit Ibsen in Rom.
20. März: Tod Nordraaks in Berlin; Grieg komponiert den *Trauermarsch zum Andenken an Rikard Nordraak*.

Mai: Rückkehr nach Dänemark; Bemühungen um eine Anstellung in Kristiania.

Herbst: Übersiedelung nach Kristiania.

15. Oktober: Griegs erstes Konzert in Kristiania.

1867   Dirigent, Konzertgeber und Musikpädagoge in Kristiania; Gründung einer „Musikakademie" (zusammen mit Winter-Hjelm).

11. Juni: Heirat mit Nina Hagerup.

1. Heft der *Lyrischen Stücke* op. 12; *2. Violinsonate* op. 13.

1868   10. April: Geburt der Tochter Alexandra.

Sommer: *Klavierkonzert* op. 16 in Søllerød (Dänemark) komponiert.

1869   Januar: Ermutigender Brief von Franz Liszt aus Rom mit Einladung (Beförderung eines Staatsstipendiums für Griegs 2. Romreise).

3. April: Uraufführung des *Klavierkonzertes* in Kopenhagen durch Edmund Neupert.

21. Mai: Tod der Tochter Alexandra.

Intensive Beschäftigung mit Lindemans Volksmusik-Sammlung und erste eigene Bearbeitung norwegischer Volksmusik: *25 norwegische Volksweisen und Tänze* op. 17.

Dezember: 2. Romreise (bis April 1870).

1870   Begegnungen mit Liszt in Rom.

Beginn der Zusammenarbeit mit Bjørnson.

1871   Melodram *Bergliot* op. 42 (Bjørnson).

Aus dem Volksleben op. 19 vollendet.

Gründung des „Musikvereins" („Musikforeningen") in Kristiania und Leitung seiner Konzerte durch Grieg.

1872   *Sigurd Jorsalfar* op. 22 (Szenenmusik zu Bjørnsons Drama).

Herbst: Beginn der Zusammenarbeit Griegs mit Svendsen in der Leitung des „Musikvereins".

1873   *Szenen aus „Olav Trygvason"* op. 50 (Bjørnson).

1874   Januar: Ibsen schlägt Grieg die Komposition der Musik zu „Peer Gynt" vor.

1. Juni: Bewilligung eines staatlichen Ehrensoldes an Grieg und Svendsen, Grieg kann seine berufliche Arbeit in Kristiania einschränken.

Sommer: Beginn der Komposition der *Peer-Gynt-Musik* in Sandviken bei Bergen.

1875   Juli: Abschluß der *Peer-Gynt-Musik* (1. Fassung) in Fredensburg (Dänemark).

Herbst: Tod der Eltern Griegs; *Ballade* op. 24 (vollendet Anfang 1876).

1876   24. Februar: Uraufführung von „Peer Gynt" im Theater Kristiania.

Frühjahr: *Sechs Lieder* op. 25 (Ibsen).

August: Besuch der ersten Bayreuther Festspiele (R. Wagner „Der Ring des Nibelungen"); Grieg schreibt darüber sechs Artikel in „Bergenposten".

1877   Sommer und Winter in Hardanger, dem häufigen Aufenthalt auch der kommenden Jahre.

Streichquartett op. 27 (vollendet 1878).

Album für Männergesang op. 30 (vollendet 1878).

1878   Bewilligung eines Reisestipendiums: fast zweijährige Konzertreise nach Deutschland und Dänemark.

Uraufführung des *Streichquartetts* in Köln (29. Oktober) und Aufführung im Gewandhaus Leipzig (30. November) durch das Heckmann-Quartett.

1879   Konzerte in Kopenhagen, Bergen und Leipzig.

1880   *Vinje-Lieder* op. 33 abgeschlossen.

Herbst: Leitung der Konzertgesellschaft „Harmonien" in Bergen.

1881   *Norwegische Tänze* op. 35 (für Klavier zu vier Händen).

1882   Beendigung der Dirigententätigkeit in Bergen.

1883   Reise nach Deutschland: Zweimonatiger Aufenthalt in Rudolstadt mit Frank van der Stucken (Erlernen der französischen Sprache), Besuch der Uraufführung des „Parsifal" in Bayreuth; Konzerte in Weimar, Dresden, Leipzig, Meiningen, Breslau, Köln, Frankfurt (Main), Karlsruhe.

Konzerte in Holland, Beginn der Freundschaft mit Julius Röntgen.

1884   Vier Monate Aufenthalt in Italien, Begegnung mit Ibsen in Rom.

Auftragswerk anläßlich des 200. Geburtstages von Ludvig Holberg: Suite *Aus Holbergs Zeit* op. 40.

1885   Frühjahr: Einzug in das neuerbaute Heim Troldhaugen (bei Bergen).

August: Erste der zahlreichen Wanderungen Griegs mit Beyer im Gebirge Jotunheim.

3. November: Uraufführung des Melodrams *Bergliot* in Kristiania.

1886   Frühjahr: Konzerttournee durch Dänemark.

3. Heft der *Lyrischen Stücke* op. 43.

1887   *3. Violinsonate* op. 45.

September: Beginn der längsten Kette erfolgreicher Auslandsgastspiele (bis Frühjahr 1890).

10. Dezember: Uraufführung der *3. Violinsonate* im Gewandhaus Leipzig (Grieg mit Adolf Brodsky).

1888   Neujahrstag: Begegnung Edvard und Nina Griegs mit Tschaikowski und Brahms in Leipzig.

Frühjahr: *1. Peer-Gynt-Suite* op. 46; erste Konzertreise nach London.

Sommer: Mitwirkung an Musikfesten in Birmingham und Kopenhagen.

1. November: Uraufführung der *1. Peer-Gynt-Suite* im Gewandhaus Leipzig.

Sechs Lieder op. 48 (auf deutsche Texte).

1889   21. und 29. Januar: Erste Konzerte mit den Berliner Philharmonikern.

Februar/März: Acht Konzerte in England („Griegfieber").

22. August: Generalkontrakt mit dem Verlag C. F. Peters (finanzielle Sicherung Edvard und Nina Griegs auf Lebenszeit).

28. Oktober: Uraufführung der Musik zu *Olav Trygvason* in Kopenhagen.

November/Dezember: Erste Konzerte in Brüssel und Paris (Colonne-Orchester).

1890   Februar: Konzerte mit der Stuttgarter Hofkapelle und dem Gewandhausorchester Leipzig.

Altnorwegische Romanze mit Variationen op. 51 (für 2 Klaviere).

1891   Korrespondierendes Mitglied der Akademie der Schönen Künste Paris.

Sommer: Tiefe Natureindrücke und Erlebnis des Gesangs der jungen Sennerin Gjendine Slaalien auf der Wanderung mit den Freunden Beyer und Röntgen im Gebirge Jotunheim.

5. Heft der *Lyrischen Stücke* op. 54 abgeschlossen.

Ehrungen zum 25jährigen Jubiläum als Dirigent in Kristiania: Uraufführung der *2. Peer-Gynt-Suite* in Kristiania (15. November).

1892   *2. Peer-Gynt-Suite* op. 55 (endgültige Zusammenstellung).

11. Juni: Fest der Silberhochzeit Edvard und Nina Griegs.

5. November: Uraufführung der Musik zu *Sigurd Jorsalfar* in Kristiania.

1893   April/Mai: Auf Einladung Max Abrahams Erholungsreise mit Christian Sinding nach Menton (französische Riviera).

Sommer: Kuraufenthalt in Grefsen (Dänemark); Begegnung mit Ibsen.

1894   *Fünf Lieder* op. 60 (Vilhelm Krag).

Konzerte in Leipzig, München, Genf, Paris, London; Verleihung der Ehrendoktorwürde der Universität Cambridge.

1895   *Kinderlieder* op. 60 abgeschlossen.

1896   Mehrmaliges Treffen mit Brahms anläßlich von Konzerten in Leipzig und Wien.

8. Heft der *Lyrischen Stücke* op. 65.
Vier erfolgreiche Konzerte in Schweden (Grieg empfand sie als „nationale Mission" während jener Krisenzeit).

1897 2. Januar: In Wien letztes Treffen mit Brahms (der am 3. April starb).
Große Konzerttourneen nach den Niederlanden (Grieg dirigiert das Concertgebouw-Orchester) und nach Großbritannien (10 Konzerte in verschiedenen englischen Städten).
19 norwegische Volksweisen op. 66.
Mitglied der Akademie der Künste Berlin.

1898 Juni/Juli: Organisation des ersten norwegischen Musikfestes in Bergen.
Symphonische Tänze op. 64 und Liederzyklus *Das Kind der Berge* op. 67 (Arne Garborg) abgeschlossen.

1899 4. Februar: Uraufführung der *Symphonischen Tänze* (Orchesterfassung) durch Johan Svendsen in Kopenhagen.
12. September: Grieg weist eine Pariser Einladung aufgrund der ungerechtfertigten Verurteilung des französischen Offiziers Dreyfus zurück.

1900 ab Oktober: Dreimonatiger Aufenthalt im Sanatorium Voksenkollen (bei Kristiania) wegen zunehmender Asthmabeschwerden.
8. Dezember: Tod des Inhabers des Verlages C. F. Peters, Max Abraham.

1901 10. (letztes) Heft der *Lyrischen Stücke* op. 71.
Oktober: Freitod des Bruders John Grieg.

1902 April: Erster Konzertauftritt in Warschau.

1903 Frühjahr: Erste Konzertreise nach Prag, erneutes Auftreten in Warschau.
Erfolgreiche Konzerte in Paris trotz feindlicher Demonstrationen chauvinistischer Kreise.
Norwegische Bauerntänze (Slåtter) op. 72 abgeschlossen.
15. Juni: Feierlichkeiten mit Konzerten zum 60. Geburtstag.

1904 Januar: Erholungsaufenthalt bei Bjørnson auf dessen Landsitz Aulestad bei Kristiania.
März: Trotz schlechtem Gesundheitszustand erfolgreiche Konzerte in Schweden.
Sommer: Grieg wird von Wilhelm II. zum deutschen Konsul und auf die kaiserliche Jacht in Bergen eingeladen.
Bearbeitung der *Lyrischen Stücke* op. 54 für Orchester als *Lyrische Suite*.

1905 7. Juni: Auflösung der Union Norwegens mit Schweden, Bildung eines unabhängigen norwegischen Staates.

1906 April/Mai: Letzte Konzerte in Prag, Amsterdam, London;

359

Verleihung der Würde eines Ehrendoktors der Universität Oxford.

Sommer: *Vier Psalmen* op. 74.

1907 Januar bis März: Letzte Konzerte in Kristiania und Kopenhagen.

April: Letzte Konzerte in München (7. April), Berlin (12. und 14. April) und Kiel (26. April).

Sommer: Besuch der Freunde Julius Röntgen und Percy Grainger in Troldhaugen.

4. September: Grieg stirbt im Krankenhaus Bergen.

Werkverzeichnis

Die Gliederung des Verzeichnisses und die Werkbezeichnungen
entsprechen der neuen Gesamtausgabe der Werke Griegs, C. F. Peters, Frankfurt (Main), 1977 ff., soweit diese zur Zeit der Drucklegung des vorliegenden Buches verfügbar war. Der Aufstellung der
Musiknummern zu Ibsens „Peer Gynt" wurde jedoch die erste ge-
druckte Partitur von 1908, C. F. Peters, Leipzig, zugrunde gelegt,
da diese weite Verbreitung fand und dem Leser am ehesten zugänglich ist.
Die von Grieg nicht mit Opusnummern versehenen Werke sind
nur in Auswahl angeführt. Soweit es sich um Lieder handelt, erhielten sie in der neuen Gesamtausgabe die Kennzeichnung EG
(= Edvard Grieg) mit einer nachgestellten Nummer.

I. INSTRUMENTALMUSIK
Klaviermusik zu zwei Händen

1. Lyrische Stücke / Lyriske stykker, Hefte I–X

op. 12 Heft I, 1865–1867 (?): 1. Arietta; 2. Walzer/Vals, 1866;
3. Wächterlied/Vektersang; 4. Elfentanz/Alfedans; 5. Volks-
weise/Folkevise, 1867; 6. Norwegisch/Norsk, 1865; 7. Album-
blatt/Albumblad

op. 38 Heft II, die meisten 1883 (?): 1. Berceuse; 2. Volksweise/
Folkevise; 3. Melodie/Melodi; 4. Halling; 5. Springdans; 6. Ele-
gie/Elegi; 7. Walzer/Vals, 1866; 8. Kanon, 1877/78

op. 43 Heft III, wahrscheinlich 1886: 1. Schmetterling/Sommer-
fugl, 1886; 2. Einsamer Wanderer/Ensom vandrer; 3. In der Hei-
mat/I hjemmet, 1886; 4. Vöglein/Småfugl; 5. Erotik/Erotikk;
6. An den Frühling/Til våren

op. 47 Heft IV, die meisten 1886–1888: 1. Valse-Impromptu,
1887; 2. Albumblatt/Albumblad, 1887; 3. Melodie/Melodi;
4. Halling; 5. Melancholie/Melankoli; 6. Springdans, spätestens
1888; 7. Elegie/Elegi

op. 54 Heft V, wahrscheinlich 1889–1891: 1. Hirtenknabe/Gje-
tergutt; 2. Gangar, 1891; 3. Zug der Zwerge/Trolltog; 4. Notturno, 1891; 5. Scherzo, 1891; 6. Glockengeläute/Klokkeklang

op. 57 Heft VI, wahrscheinlich 1890–1893: 1. Entschwundene
Tage/Svunne dager; 2. Gade; 3. Illusion/Illusjon; 4. Geheimnis/
Hemmelighet; 5. Sie tanzt/Hun danser; 6. Heimweh/Hjemve,
1893

op. 62 Heft VII, wahrscheinlich 1893–1895: 1. Sylphe/Sylfide;
2. Dank/Takk, 1895; 3. Französische Serenade/Fransk serenade;

4. Bächlein/Bekken;   5. Traumgesicht/Drømmesyn;   6. Heim-
wärts/Hjemad

op. 65   Heft VIII, wahrscheinlich 1896: 1. Aus jungen Tagen/Fra
ungdoms dagene; 2. Lied des Bauern/Bondens sang; 3. Schwer-
mut/Tungsinn; 4. Salon/Salong; 5. Im Balladenton/I ballade-
tone, 1896; 6. Hochzeitstag auf Troldhaugen/Bryllupsdag på
Troldhaugen

op. 68   Heft IX, wahrscheinlich 1897–1899: 1. Matrosenlied/Ma-
trosenes oppsang, 1899; 2. Großmutters Menuett/Bestemors menuett, 1899; 3. Zu deinen Füßen/For dine føtter, 1899; 4. Abend
im Hochgebirge/Aften på høyfjellet, 1898; 5. An der Wiege/
Bådnlåt, 1898; 6. Valse mélancolique, 1899

op. 71   Heft X, wahrscheinlich 1901: 1. Es war einmal/Det var en-
gang, 1901; 2. Sommerabend/Sommeraften; 3. Kobold/Småtroll;
4. Waldesstille/Skogstillhet, 1901; 5. Halling, 1901; 6. Vorüber/
Forbi, 1901; 7. Nachklänge/Efterklang, 1901

2. Übrige Originalkompositionen

op. 1   Vier Klavierstücke/Fire klaverstykker: 1. Allegro con leg-
gerezza, 1861; 2. Non Allegro e molto espressivo, 1861; 3. Mazurka. Con grazia, 1863; 4. Allegretto con moto, 1861

op. 3   Poetische Tonbilder/Poetiske tonebilder, 1863: 1. Allegro
ma non troppo; 2. Allegro cantabile; 3. Con moto; 4. Andante
con sentimento; 5. Allegro moderato; 6. Allegro scherzando

op. 6   Humoresken/Humoresker, 1865: 1. Tempo di Valse;
2. Tempo di Menuetto ed energico; 3. Allegretto con grazia;
4. Allegro alla burla

op. 7   Sonate für Klavier, e-Moll, 1865: I. Allegro moderato;
II. Andante con moto; III. Alla Menuetto, ma poco più lento;
IV. Finale. Molto Allegro

op. 19   Aus dem Volksleben. Humoresken/Folkelivsbilder. Hu-
moresker, 1869–1871: 1. Auf den Bergen/Fjellslått; 2. Norwegischer Brautzug im Vorüberziehen/Brudefølget drar forbi; 3. Aus
dem Karneval/Fra karnevalet

op. 24   Ballade, 1875/76

op. 28   Vier Albumblätter/Fire albumblad, 1864–1878: 1. Allegro
con moto, 1864; 2. Allegretto espressivo, 1874; 3. Vivace, 1876;
4. Andantino serioso, 1878

op. 40   Aus Holbergs Zeit. Suite im alten Stil/Fra Holbergs tid.
Suite i gammel stil, 1884: 1. Präludium/Preludium; 2. Sarabande;
3. Gavotte; 4. Air; 5. Rigaudon

op. 41   Klavierstücke nach eigenen Liedern/Klaverstykker etter
egne sanger, 1884: 1. Wiegenlied/Vuggesang (nach op. 9 Nr. 2);
2. Margaretens Wiegenlied/Lille Haakon (nach op. 15 Nr. 1);
3. Ich liebe dich/Jeg elsker dig (nach op. 5 Nr. 3); 4. Sie ist so

weiß/Hun er så hvid (nach op. 18 Nr. 2); 5. Die Prinzessin/
Prinsessen (nach EG 133); 6. Dem Lenz soll mein Lied erklin-
gen/Til våren (nach op. 21 Nr. 3)

op. 52   Klavierstücke nach eigenen Liedern/Klaverstykker etter
egne sanger, 1890: 1. Mutterschmerz/Modersorg (nach op. 15
Nr. 4); 2. Erstes Begegnen/Det første møte (nach op. 21 Nr. 1);
3. Des Dichters Herz/Du fatter ej bølgernes evige gang (nach
op. 5 Nr. 2); 4. Solveigs Lied/Solveigs sang (nach op. 23 Nr. 18);
5. Liebe/Kjærlighed (nach op. 15 Nr. 2); 6. Die alte Mutter/Du
gamle mor (nach op. 33 Nr. 7)

op. 73   Stimmungen/Stemninger, 1898–1905: 1. Resignation/Re-
signasjon; 2. Scherzo-Impromptu; 3. Nächtlicher Ritt/Nattlig
ritt; 4. Volkston/Folketone, 1898; 5. Studie (Hommage à Chopin); 6. Ständchen der Studenten/Studenternes serenade; 7. Ge-
birgsweise/Lualåt

Ohne Opusnummer
– Trauermarsch zum Andenken an Rikard Nordraak/Sorgemarsj
over Rikard Nordraak, 1866

3. Bearbeitungen norwegischer Volksmusik

op. 17   25 norwegische Volksweisen und Tänze/25 norske folkeviser og danser, wahrscheinlich 1869: 1. Springdans; 2. Der Jüng-
ling/Ungersvennen; 3. Springdans; 4. Nils Tallefjorden; 5. Tanz
aus Jolster/Jølstring; 6. Brautlied/Brurelåt; 7. Halling; 8. Das
Schwein/Grisen; 9. Geistliches Lied/Når mitt øye; 10. Lied des
Freiers/Friervise; 11. Heldenlied/Kjempevise; 12. Solfager und
der Würmerkönig/Solfager og ormekongen; 13. Reiselied/Reise-
låt; 14. Trauergesang/Jeg sjunger med sorrigfuldt hjerte; 15. Die
letzte Sonnabendnacht/Den siste lørdagsvelden; 16. Ich weiß ein
kleines Mädchen/Eg veit ei lita jente; 17. Die Bremse und die
Fliege/Kleggen og fluga; 18. Humoristischer Tanz/Stabbelåten;
19. Hølje Dale; 20. Halling; 21. Das Weib aus Setesdal/Sæbygga;
22. Lockruf/Kulokk; 23. Bauernlied/Såg du nokke kjerringa mi;
24. Brautlied/Brurelåt; 25. Rabenhochzeit/Rabnabryllup

op. 29   Improvisata über zwei norwegische Volksweisen/Improvi-
sata over to norske folkeviser, 1878: 1. Andante; 2. Allegretto con
moto

op. 66   19 norwegische Volksweisen/19 norske folkeviser, 1897:
1. Lockruf/Kulokk; 2. Es ist die größte Torheit/Det er den største dårlighet; 3. Ein König herrschte im Morgenland/En konge
hersket i Østerland; 4. Die Weise von Siri-Dale/Siri Dale-visen;
5. Es war in meiner Jugend/Det var i min ungdom; 6. Lockruf
und Wiegenlied/Lokk og bådnlåt; 7. Wiegenlied/Bådnlåt;
8. Lockruf/Lokk; 9. Klein war der Bursch/Liten va guten;
10. Morgen darfst du sie heimführen/Morgo ska du få gifte deg;

11. Es stehen zwei Mägdlein/Der stander to piger; 12. Ranveig;
13. Ein graues Männlein/En liten grå mann; 14. Im Olatal, im
Olasee/I Ola-dalom, i Ola-tjønn; 15. Wiegenlied/Bådnlåt; 16.
Klein Astrid/Ho vesle Astrid vår; 17. Wiegenlied/Bådnlåt;
18. Gedankenvoll ich wandere/Jeg går i tusen tanker; 19. Gjendi-
nes Wiegenlied/Gjendines bådnlåt

op. 72 Norwegische Bauerntänze/Slåtter, 1902/03: 1. Giboens
Brautmarsch/Gibøens bruremarsj; 2. John Vestafes Springdans/
Jon Vestafes springdans; 3. Brautmarsch aus Telemark/Brure-
marsj fra Telemark; 4. Halling aus dem Hügel/Haugelåt. Halling;
5. Der Prillar aus dem Kirchspiel Os/Prillaren fra Os prestegjeld;
6. Myllargutens Gangar/Gangar (etter Myllarguten); 7. Røtnams-
Knut. Halling; 8. Myllargutens Brautmarsch/Bruremarsj (etter
Myllarguten); 9. Nils Rekve's Halling/Nils Rekves halling;
10. Knut Lurasen's Halling I/Knut Luråsens halling I; 11. Knut
Lurasen's Halling II/Knut Luråsens halling II; 12. Myllargutens
Springdans/Springdans (etter Myllarguten); 13. Havard Giboens
Traum an der Oterholtsbrücke. Springdans/Havard Gibøens
draum ved Oterholtsbrua. Springdans; 14. Die Brautfahrt der Unterirdischen auf Vossevangen. Gangar/Tussebrureferda på Vossevangen. Gangar; 15. Die Skuldalsbraut. Gangar/Skuldalsbrura.
Gangar; 16. Die Mädchen aus dem Kivledal. Springdans/Kivle-
møyane. Springdans; 17. Die Mädchen aus dem Kivledal. Gan-
gar/Kivlemøyane Gangar.

Ohne Opusnummer
– Norwegens Melodien/Norges Melodier, 1875 (154 einfache Bearbeitungen von Tänzen und Liedern für Klavier, von Grieg zu-
  sammengestellt und teilweise von ihm bearbeitet)
– Sechs norwegische Gebirgsmelodien/Seks norske fjellmelodier,
  1886 (sechs revidierte Klavierbearbeitungen Griegs aus *Norwegens Melodien)*

4. Bearbeitungen eigener Werke

op. 22 Sigurd Jorsalfar, 1872 (Klavierbearbeitung von Szenenmusik zu Bjørnsons Schauspiel): 1. Borghilds Traum. Einleitung
und Melodrama/Borghilds drøm. Innledning og melodrama;
2. In der Königshalle. Marsch/Ved mannjevningen. Marsj;
3. Huldigungsmarsch/Hyldningsmarsj

op. 23 Peer Gynt, 1876 (Klavierbearbeitung einiger Stücke der
Szenenmusik zu Ibsens Drama): 1. Vorspiel zum dritten Akt.
Åses Tod/Forspill til 3. akt. Åses Tod; 2. Arabischer Tanz/Ara-
bisk dans; 3. Anitras Tanz/Anitras dans; 4. Solveigs Lied/Sol-
veigs sang

op. 34 Zwei elegische Melodien/To elegiske melodier, wahrscheinlich 1887 (Klavierbearbeitungen von op. 34 für Streichor-

chester; siehe unter Kammermusik, Bearbeitungen eigener Werke für Kammerorchester)

op. 35   Norwegische Tänze/Norske danser, 1887 (Bearbeitungen für Klavier zu zwei Händen von op. 35 für vier Hände)

op. 37   Walzer-Capricen/Valse-kapriser, wahrscheinlich 1887 (Bearbeitungen für Klavier zu zwei Händen von op. 37 für vier Hände)

op. 46   Peer-Gynt-Suite I, 1888 (Klavierbearbeitung der Orchestersuite op. 46)

op. 50   Zwei Stücke aus „Olav Trygvason"/To stykker fra „Olav Trygvason", wahrscheinlich 1893: 1. Gebet/Bønn; 2. Tempeltanz/Tempeldans

op. 53   Zwei Melodien für Streichorchester/To melodier for strykeorkester, wahrscheinlich 1890 (Klavierbearbeitung des gleich betitelten Werkes für Streichorchester op. 53, siehe unter Kammermusik, Bearbeitungen eigener Werke für Kammerorchester)

op. 55   Peer-Gynt-Suite II, 1893 (Klavierbearbeitung der Orchestersuite op. 55)

op. 56   Drei Orchesterstücke aus „Sigurd Jorsalfar"/Tre orkesterstykker fra „Sigurd Jorsalfar", 1892 (neue Klavierbearbeitung der Musik zu „Sigurd Jorsalfar", vgl. oben op. 22)

op. 63   Zwei nordische Weisen/To nordiske melodier, wahrscheinlich 1895 (Klavierbearbeitung des gleich betitelten Werkes für Streichorchester op. 63, siehe unter Kammermusik, Bearbeitungen eigener Werke für Kammerorchester)

Klaviermusik zu vier Händen

1. Originalkompositionen

op. 11   Im Herbst/I høst, 1866

op. 35   Norwegische Tänze/Norske danser, 1881: 1. Allegro marcato; 2. Allegretto tranquillo e grazioso; 3. Allegro moderato alla marcia; 4. Allegro molto – Presto e con brio

op. 37   Walzer-Capricen/Valse-kapriser, 1883: 1. Tempo di Valse moderato; 2. Tempo di Valse

op. 64   Symphonische Tänze/Symfoniske danser, 1896–1898: 1. Allegro moderato e marcato; 2. Allegretto grazioso; 3. Allegretto giocoso; 4. Andante. Allegro risoluto

2. Bearbeitungen eigener Werke

op. 14   Zwei symphonische Stücke/To symfoniske stykker, zwischen 1864 und 1869 (Bearbeitung des 2. und 3. Satzes der Symphonie in c-Moll [ohne Opuszahl] von 1864): 1. Adagio cantabile; 2. Allegro energico

op. 19   Aus dem Volksleben. Humoresken/Folkelivsbilder. Humoresken, um 1871 (Bearbeitung des gleich betitelten zweihändigen Werkes op. 19)

op. 22   Sigurd Jorsalfar, 1874 (?) (Bearbeitung der drei zweihändigen Sätze op. 22)

op. 23   Peer Gynt (9 Stücke aus der Bühnenmusik zu Ibsens Drama: Nr. 1, 4, 7, 8, 12, 13, 15, 16, 19 [siehe unter Dramatische Musik]), 1876

op. 34   Zwei elegische Melodien/To elegiske melodier, 1887 (Bearbeitung des gleich betitelten Werkes für Streichorchester op. 34, siehe unter Kammermusik, Bearbeitungen eigener Werke für Kammerorchester)

op. 46   Peer-Gynt-Suite I, 1888

op. 55   Peer-Gynt-Suite II, 1893

op. 56   Drei Orchesterstücke aus „Sigurd Jorsalfar", 1892 (neue Bearbeitung der drei vierhändigen Stücke op. 22)

op. 63   Zwei nordische Weisen/To nordiske melodier, wahrscheinlich 1896 (Bearbeitung des gleich betitelten Werkes für Streichorchester op. 63, siehe unter Kammermusik, Bearbeitungen eigener Werke für Kammerorchester)

Musik für zwei Klaviere

op. 51   Altnorwegische Romanze mit Variationen/Gammelnorsk romanse med variasjoner, 1890

Ohne Opusnummer

– Klaviersonaten von Mozart mit frei hinzukomponierter Begleitung eines zweiten Klaviers/Klaversonater av Mozart med fritt tilkomponert 2. klaver, 1876/77: 1. Sonate F-Dur (KV 533 und 494); 2. Phantasie und Sonate c-Moll (KV 475 und 457); 3. Sonate C-Dur (KV 545); 4. Sonate G-Dur (KV 189h = 283)

Kammermusik

1. Originalkompositionen

op. 8   1. Sonate für Violine und Klavier in F-Dur, 1865: I. Allegro con brio; II. Allegretto quasi andantino; III. Allegro molto vivace

op. 13   2. Sonate für Violine und Klavier in G-Dur, 1867: I. Lento doloroso – Allegro vivace; II. Allegretto tranquillo; III. Allegro animato

op. 27   Streichquartett in g-Moll, 1877/78: I. Un poco Andante – Allegro molto ed agitato; II. Romanze. Andantino – Allegro agitato; III. Intermezzo. Allegro molto marcato; IV. Finale. Lento – Presto alla Saltarello op. 36   Sonate für Violoncello und Klavier in a-Moll, 1883: I. Allegro agitato; II. Andante molto tranquillo; III. Allegro – Allegro molto e marcato

op. 45   3. Sonate für Violine und Klavier in c-Moll, 1886: I. Allegro molto ed appassionato; II. Allegretto espressivo alla Romanza; III. Allegro animato

Ohne Opusnummer

– Fuge in f-Moll für Streichquartett, 1861 (Erstveröffentlichung in der neuen Gesamtausgabe der Werke Griegs, Band 9, C. F. Peters, Frankfurt [Main] 1979)

– Andante con moto in c-Moll für Klavier, Violine und Violoncello, 1878 (Erstveröffentlichung in der neuen Gesamtausgabe der Werke Griegs, Band 9, C. F. Peters, Frankfurt [Main] 1979)

– Streichquartett in F-Dur (unvollendet), 1891 (Erstveröffentlichung der von Julius Röntgen bearbeiteten, nur in Skizzen vorliegenden Sätze Griegs bei C. F. Peters, Leipzig, 1908): I. Allegro vivace e grazioso; II. Allegro scherzando

2. Bearbeitungen eigener Werke für Kammerorchester

op. 34   Zwei elegische Melodien/To elegiske melodier, 1880 (für Streichorchester): 1. Herzwunden/Hjertesår (Bearbeitung des Liedes op. 33 Nr. 3); 2. Letzter Frühling/Våren (Bearbeitung des Liedes op. 33 Nr. 2)

op. 40   Aus Holbergs Zeit. Suite im alten Stil/Fra Holbergs tid. Suite i gammel stil, instrumentiert für Streichorchester 1885 (erste Fassung siehe unter Klaviermusik zu zwei Händen)

op. 53   Zwei Melodien für Streichorchester/To melodier for strykeorkester, 1890: 1. Norwegisch/Norsk (Bearbeitung des Liedes op. 33 Nr. 12); 2. Erstes Begegnen/Det første møte (Bearbeitung des Liedes op. 21 Nr. 1)

op. 63   Zwei nordische Weisen/To nordiske melodier, 1885 (Bearbeitungen für Streichorchester): 1. Im Volkston/I folketonestil (Melodie von Fredrik Due); 2. Kuhreigen und Bauerntanz/Kulokk og Stabbelåten (Bearbeitung der Klavierstücke Nr. 22 und 18 aus op. 17, vgl. Klaviermusik zu zwei Händen, Bearbeitungen norwegischer Volksmusik)

op. 68   Zwei lyrische Stücke/To lyriske stykker, wahrscheinlich 1899: 1. Abend im Hochgebirge/Aften på høyfjellet (Bearbeitung des Klavierstückes op. 68 für Streicher, Oboe und Horn); 2. An der Wiege/Bådnlåt (Bearbeitung des Klavierstücks op. 68 Nr. 5 für Streichorchester)

op. 11   Im Herbst/I høst, Konzertouvertüre, 1865/66

op. 16   Klavierkonzert in a-Moll, 1868: I. Allegro molto moderato; II. Adagio; III. Allegro moderato molto e marcato

op. 46   Peer-Gynt-Suite I, 1888: 1. Morgenstimmung/Morgenstemning; 2. Åses Tod/Åses dod; 3. Anitras Tanz/Anitras dans; 4. In der Halle des Bergkönigs/I Dovregrubbens hall

op. 51   Altnorwegische Romanze mit Variationen/Gammelnorsk romanse med variasjoner, 1903 (Bearbeitung des Werkes für 2 Klaviere)

op. 54   Lyrische Suite/Lyrisk suite, 1904 (Bearbeitung von 5 Stükken aus den Lyrischen Stücken op. 54): 1. Hirtenknabe/Gjetergutt; 2. Gangar; 3. Notturno; 4. Zug der Zwerge/Trolltog; 5. Glockengeläute/Klokkeklang

op. 55   Peer-Gynt-Suite II, 1892 (in der endgültigen Zusammenstellung): 1. Der Brautraub. Ingrids Klage/Bruderovet. Ingrids klage; 2. Arabischer Tanz/Arabisk dans; 3. Peer Gynts Heimkehr (Stürmischer Abend auf dem Meer*)/Peer Gynts hjemfart (Stormfull aften på havet); 4. Solveigs Lied/Solveigs sang

* So die richtige Übersetzung in der neuen Gesamtausgabe. In der alten Peters-Ausgabe lautet der Untertitel: Stürmischer Abend an der Küste.

op. 56   Drei Orchesterstücke aus „Sigurd Jorsalfar"/Tre orkesterstykker fra „Sigurd Jorsalfar", Neubearbeitung 1892 (Erstfassung 1872, verlorengegangen): 1. Vorspiel. In der Königshalle/Forspill. Ved mannjevningen; 2. Intermezzo. Borghilds Traum/Intermezzo. Borghilds drøm; 3. Huldigungsmarsch/Hyldningsmarsj

op. 64   Symphonische Tänze/Symfoniske danser, 1898: 1. Allegro moderato e marcato; 2. Allegro grazioso; 3. Allegro giocoso; 4. Andante. Allegro risoluto

Ohne Opusnummer

– Symphonie in c-Moll, 1863/64 (Grieg notierte 1867 auf dem Titelblatt: *Darf nie aufgeführt werden.* Die beiden Mittelsätze bearbeitete er jedoch als op. 14 für Klavier zu vier Händen. Erstausgabe der gesamten Symphonie in der neuen Gesamtausgabe der Werke Griegs, Band 11, C. F. Peters, Frankfurt [Main]): I. Allegro molto; II. Adagio molto; III. Intermezzo. Allegro energico; IV. Finale. Allegro molto vivace

– Trauermarsch zum Andenken an Rikard Nordraak/Sørgemarsj over Rikard Nordraak, 1867 (Bearbeitung der Klavierkomposition für Militärorchester)

II. VOKALMUSIK

Lieder mit Klavierbegleitung

op. 2   Vier Lieder/Fire sanger, 1861: 1. Die Müllerin (Chamisso);
2. Eingehüllt in graue Wolken (Heine); 3. Ich stand in dunkeln
Träumen (Heine); 4. Was soll ich sagen? (Chamisso)

op. 4   Sechs Lieder/Seks digte, 1863/64: 1. Die Waise (Chamisso);
2. Morgentau (Chamisso); 3. Abschied (Heine); 4. Jägerlied (Uhland); 5. Das alte Lied (Heine); 6. Wo sind sie hin? (Heine)

op. 5   Melodien des Herzens/Hjertets melodier (H. Chr. Andersen), 1864/65: 1. Zwei braune Augen/To brune øjne; 2. Des
Dichters Herz/Du fatter ei bølgernes evige gang; 3. Ich liebe
dich/Jeg elsker dig; 4. Mein Sinn ist wie der mächt'ge Fels/Min
tanke er et mægtigt fjeld

op. 9   Lieder und Balladen/Romanser og ballader (A. Munch),
1863–1866: 1. Die Harfe/Harpen; 2. Wiegenlied/Vuggesang;
3. Beim Sonnenuntergang/Solnedgang; 4. Ausfahrt/Udfarten

op. 10   Vier Lieder/Fire romanser (Chr. Winther), 1864–66:
1. Dank/Taksigelse; 2. Waldlied/Skovsang; 3. Blumensprache/
Blomsterne tale; 4. Lied am Felsen/Sang på fjeldet

op. 15   Vier Lieder/Romanser, 1864–68: 1. Margretens Wiegen-
lied/Margretens vuggesang (Ibsen); 2. Liebe/Kjærlighed
(H. Chr. Andersen); 3. Volksmelodie aus Langeland/Lange-
landsk folkemelodi (Andersen); 4. Mutterschmerz/Modersorg
(Chr. Richardt)

op. 18   Neun Lieder/Romanser og sanger, 1865–69: 1. Waldwan-
derung/Vandring i skoven (H. Chr. Andersen); 2. Wenn einst
sie lag an meiner Brust/Hun er så hvid (Andersen); 3. Des Dichters letztes Lied/En digters sidste sang (Andersen); 4. Herbst-
sturm/Efterårsstormen (Chr. Richardt); 5. Die Poesie/Poesien
(Andersen); 6. Die junge Birke/Ungbirken (Jørgen Moe); 7. Die
Hütte/Hytten (Andersen); 8. Die Rosenknospe/Rosenknoppen
(Andersen); 9. Serenade für Welhaven/Serenade til Welhaven
(Bjørnson)

op. 21   Vier Lieder aus „Das Fischermädchen"/Fire digte fra „Fis-
kerjenten" (Bjørnson), 1870–72: 1. Erstes Begegnen/Det første
møte; 2. Guten Morgen/God morgen!; 3. Dem Lenz soll mein
Lied erklingen/Jeg giver mitt dikt til våren; 4. Dein Rat ist wohl
gut/Takk for ditt råd

op. 23   Drei Lieder aus „Peer Gynt"/Tre sanger fra „Peer Gynt"
(Ibsen), 1874/75 (vgl. op. 23 unter Dramatische Musik): 1. Peer
Gynts Serenade/Peer Gynts serenade; 2. Solveigs Lied/Solveigs
sang; 3. Solveigs Wiegenlied/Solveigs vuggevise

op. 25   Sechs Lieder/Sex digte (Ibsen), 1876: 1. Spielmannslied/
Spillemænd; 2. Ein Schwan/En svane; 3. Stammbuchsreim/

Stambogsrim; 4. Mit einer Wasserlilie/Med en vandlilje; 5. Geschieden!/Borte!; 6. Ein Vogellied/En fuglevise

op. 26   Fünf Lieder/Fem digte (John Paulsen), 1876: 1. Hoff-
nung/Et håb; 2. Am schönsten Sommerabend war's/Jeg reiste en
deilig sommerkvæld; 3. Ehrgeiz/Den ærgjerrige; 4. Mit einer Primula veris/Med en Primula veris; 5. Herbststimmung/På skogstien

op. 32   Der Einsame (Der Bergentrückte)/Den Bergtekne (Text
aus M. B. Landstad: Norske Folkeviser), 1877/78

op. 33   12 Lieder auf Gedichte von A. O. Vinje/12 Melodier til
digte av A. O. Vinje, 1873–80 1. Der Bursch/Guten; 2. Letzter
Frühling/Våren; 3. Der Verwundete/Den særde; 4. Die Beere/
Tyteberet; 5. Am Strome/Langs ei å; 6. Was ich sah/Eit syn;
7. Die alte Mutter/Gamle mor; 8. Das Erste/Det første; 9. Bei
Rondane (Auf der Reise zur Heimat)/Ved Rondane; 10. Verrat/
Et vennestykke; 11. Glaube/Trudom; 12. Mein Ziel/Fyremål

op. 39   Lieder (ältere und neuere)/Romanser (Ældere og nyere),
1869–84: 1. Vom Monte Pincio/Fra Monte Pincio (Bjørnson);
2. Verborg'ne Liebe/Dulgt kjærlighed (Bjørnson); 3. Nach oben,
grüne Bergweid'/I liden højt deroppe (Jonas Lie); 4. Unter Ro-
sen/Millom rosor (Kristoffer Janson); 5. An der Bahre einer jungen Frau/Ved en ung hustrus båre (O. P. Monrad); 6. Hör' ich
das Liedchen klingen/Hører jeg sangen klinge (Heine)

op. 44   Erinnerungen von Berg und Fjord/Reiseminder fra fjeld
og fjord (Holger Drachmann), 1886: 1. Prolog/Prolog (På Skineg-
gen, ind mod Jotunhejm); 2. Johanne; 3. Ragnhild; 4. Ingebjørg;
5. Ragna; 6. Epilog/Epilog (Farvel til Tvindehougen)

op. 48   Sechs Lieder/Seks Sanger, 1888: 1. Gruß (Heine); 2. Dereinst, Gedanke mein (Geibel); 3. Lauf der Welt (Uhland); 4. Die
verschwiegene Nachtigall (Walther von der Vogelweide); 5. Zur
Rosenzeit (Goethe); 6. Ein Traum (Friedrich Bodenstedt)

op. 49   Sechs Lieder/Seks digte (Holger Drachmann), 1886 und
1889: 1. Sahst vorbei mit dem Glutbild du/Så du knøsen, som
strøg forbi; 2. Wieg', o Welle/Vug, o vove; 3. Gegrüßt seid ihr
Damen/Vær hilset, I damer; 4. Nun der Abend licht und lang/
Nu er æften lys og lang; 5. Weihnachtsschnee/Julesne; 6. Früh-
lingsregen/Forårsregen

op. 58   Norwegen/Norge (John Paulsen), 1893/94: 1. Heimkehr/
Hjemkomst; 2. An das Vaterland/Til Norge; 3. Henrik Wergeland;
4. Die Sennerin/Turisten; 5. Der Auswanderer/Udvandreren

op. 59   Sechs elegische Lieder/Elegiske digte (John Paulsen),
1893/94: 1. Herbststimmung/Når jeg vil dø; 2. Der Fichten-
baum/Pa Norges nøgne fjelle; 3. An Sie. I/Til En. I; 4. An Sie.
II/Til En. II; 5. Abschied/Farvel; 6. Nun ruhest du im Grabe/
Nu hviler du i jorden

op. 60   Fünf Lieder von Wilhelm Krag/Digte av Vilhelm Krag, 1894: 1. Margarethlein/Liden Kirsten; 2. Die Mutter singt/Moderen synger; 3. Im Kahne/Mens jeg venter; 4. Ein Vogel schrie/Der skreg en fugl; 5. Zur Johannisnacht/Og jeg vil ha. mig en hjertenskjær

op. 61   Sieben Kinderlieder/Barnlige sanger, 1894/95: 1. Das Meer/Havet (Nordahl Rolfsen); 2. Der Weihnachtsbaum/Sang til juletræet (Johan Krohn); 3. Lockweise (Lockruf)/Lok (Bjørnson); 4. Fischerweise/Fiskervise (Petter Dass); 5. Abendlied für den Falben/Kveldssang for Blakken (N. Rolfsen); 7. Psalm für das Vaterland (Vaterlandslied)/Fædrelandssalme (Rolfsen nach Runeberg)

op. 67   Das Kind der Berge. Liederzyklus aus Arne Garborgs „Haugtussa"/„Haugtussa". Sang-Gyklus av Arne Garborg, 1895–1898: 1. Lockung/Det syng; 2. Das Kind der Berge/Veslemøy; 3. In den Heidelbeeren/Blåbær-Li; 4. Stelldichein/Møte; 5. Liebe/Elsk; 6. Zickeltanz/Killingdans; 7. Böser Tag/Vond dag; 8. Am Bergbach/Ved gjætle-bekken

op. 69   Fünf Lieder/Fem digte (Otto Benzon), 1900: 1. Es schaukelt ein Kahn im Fjorde/Der gynger en båd på bølge; 2. An meinen Sohn/Til min dreng; 3. Am Grabe der Mutter/Ved moders grav; 4. Schneck', Schneck'!/Snegl, snegl!; 5. Träume/Drømme

op. 70   Fünf Lieder/Fem digte (Otto Benzon), 1900: 1. Eros; 2. Ich lebe ein Leben in Sehnsucht/Jeg lever et liv i længsel; 3. Lichte Nacht/Lys nat; 4. Sieh dich vor/Se dig for; 5. Dichterweise/Digtervise

Lieder ohne Opusnummer

EG 125 Der Soldat/Soldaten (Andersen), 1865

EG 126 Mein kleiner Vogel/Min lille fugl (Andersen), 1865

EG 133 Die Prinzessin/Prinsessen (Bjørnson), 1871

EG 150 Ave, maris stella, 1898

EG 154 Ich liebte/Jeg elsket (Bjørnson), 1891

Vokalwerke mit Orchesterbegleitung

(Originalkompositionen und Bearbeitungen eigener Werke)

op. 20   Vor der Klosterpforte/Foran Sydens kloster (Bjørnson), 1871

op. 22   Zwei Gesänge aus „Sigurd Jorsalfar"/To sanger fra „Sigurd Jorsalfar" (Bjørnson), für Tenor und Bariton solo, Männerchor und Orchester, 1872: 1. Das Nordlandvolk/Norrønafolket; 2. Königslied/Kongekvadet

op. 31   Landerkennung/Landkjenning (Bjørnson) für Bariton, Männerchor, Orgel und 4 Posaunen, 1872, Neubearbeitung für Bariton, Männerchor und großes Orchester, 1881 op. 32   Der Einsame (Der Bergentrückte)/Den Bergtekne (Text aus M. B. Landstad: Norske Folkeviser), 1877/78

Ohne Opusnummer

– 6 Lieder mit Orchester/6 sanger med orkester, 1894/95 (in letzter Revision): 1. Solveigs Lied/Solveigs sang (Ibsen) (op. 23 Nr. 18 [siehe unter Dramatische Musik]); 2. Solveigs Wiegenlied/Solveigs vuggesang (Ibsen) (op. 23 Nr. 23 [desgl.]); 3. Vom Monte Pincio/Fra Monte Pincio (Bjørnson) (op. 39 Nr. 1); 4. Ein Schwan/En svane (Ibsen) (op. 25 Nr. 2); 5. Letzter Frühling/Våren (A. O. Vinje) (op. 33 Nr. 2); 6. Henrik Wergeland (J. Paulsen) (op. 58 Nr. 3)

Chormusik ohne Orchesterbegleitung
(Originalkompositionen und Bearbeitungen eigener Werke)

op. 22   Zwei Gesänge aus „Sigurd Jorsalfar"/To sanger fra „Sigurd Jorsalfar" (Bjørnson) für Tenor und Bariton solo, Männerchor und Klavier, 1872 (vgl. op. 22 unter Vokalwerke mit Orchesterbegleitung)

op. 30   Album für Männergesang/Album for mannssang (frei nach norwegischen Volksweisen) für Männerchor und Soli a cappella, 1877/78: 1. Ich legte mich am Abend/Jeg lagde mig så sildig; 2. Kinderlied/Bådn-Låt; 3. Schön Torö/Torø liti; 4. Kvålins Halling; 5. Das ist gewiß der größte Tor/Dæ æ den største dårleheit; 6. Springdans; 7. Jung Ole/Han Ole; 8. Halling; 9. Marienlied/Dejligste blandt kvinder (H. A. Brorson); 10. Die große weiße Schar/Den store, hvide flok (H. A. Brorson); 11. Der Taugenichts/Fantegutten; 12. Røtnams-Knut

op. 61   Kinderlieder/Barnlige Sanger für dreistimmigen Kinder- oder Frauenchor a cappella (Bearbeitung der Kinderlieder für Gesang und Klavier op. 61 von 1894/95. Entstehungsjahr der Bearbeitungen nicht bekannt)

op. 74   Vier Psalmen/Fire salmer für gemischten Chor mit Bariton solo a cappella, 1906: 1. Wie bist du doch schön/Hvad est du dog skjøn (H. A. Brorson); 2. Mein Jesus macht mich frei/Guds Son har gjort mig fri (H. A. Brorson); 3. Jesus Christ ist aufgefahren/Jesus Kristus er opfaren (H. Thomissøn nach Luther); 4. Im Himmelreich/I himmelen (Laurentius Laurentii)

Ohne Opusnummer

– Holberg-Kantate für Männerchor mit Bariton solo a cappella (Nordahl Rolfsen), 1874: 1. Allegro con brio; 2. Molto andante; 3. Allegro molto vivace; 4. Allegro moderato e maestoso

– Ave, maris stella für gemischten Chor a cappella, 1898

III. DRAMATISCHE MUSIK

op. 22   Sigurd Jorsalfar. Szenenmusik zu Bjørnsons Drama, 1872, revidiert 1892: 1. Borghilds Traum/Borghilds drøm (1. Akt). Für Orchester; 2. In der Königshalle. Marsch/Ved mannjevningen. Marsj (Einleitung zum 2. Akt). Für Orchester; 3. Lied: Das Nordlandvolk/Kvad: Norrønafolket (Schluß des 2. Aktes). Für Tenor solo mit Männerchor und Orchester; 4. Huldigungsmarsch/Hyldningsmarsj (3. Akt). Für Orchester; 5. Königslied/Kongekvadet (3. Akt). Für Tenor solo mit Männerchor und Orchester

op. 23   Peer Gynt. Szenenmusik zu Ibsens Drama, 1874/75, revidiert 1885, 1887/88, 1890–1892, 1901/02. Deutsche Übersetzung des Dramas: Christian Morgenstern. Die vollständige Orchesterpartitur von 1908 umfaßt folgende Nummern: Akt I: 1. Im Hochzeitshof/I bryllupsgården (Vorspiel zum I. Akt); 2. Norwegischer Brautzug im Vorüberziehen / Brudefølget drar forbi (dieses Stück, eine Instrumentierung von op. 19 Nr. 2 durch Johan Halvorsen, wurde erst bei der Aufführung in Kopenhagen 1886 eingefügt); 3. Halling und Springdans. Für Violine solo; – Akt II: 4. Der Brautraub. Ingrids Klage/Bruderovet. Ingrids klage (Vorspiel zum II. Akt); 5. Peer Gynt und die Säterinnen/Peer Gynt og seterjentene; 6. Schluß der Szene mit der Grüngekleideten/Slutningen av scenen med „Den Grønnkledte"; 7. In der Halle des Bergkönigs/I Dovregubbens hall; 8. Tanz der Bergkönigstochter/Dans av Dovregubbens datter; 9a. Peer Gynt von Trollen gejagt/Peer Gynt jages av troll; 9b. Szene mit dem Krummen/Scene med Bøygen; – Akt III: 10. Vorspiel. Tief im Innern des Nadelwaldes/Forspill. Dypt inne i barskogen; 11. Solveigs Lied/Solveigs sang (Orchester); 12. Åses Tod/Åses død; – Akt IV: 13. Vorspiel. Morgenstimmung/Forspill. Morgenstemning; 14. Dieb und Hehler/Tyven og heleren; 15. Arabischer Tanz/Arabisk dans; 16. Anitras Tanz/Anitras dans; 17. Peer Gynts Serenade/Peer Gynts serenade; 18. Solveigs Lied/Solveigs sang (Sopran solo mit Orchester); – Akt V: 19. Vorspiel. Peer Gynts Heimkehr (Stürmischer Abend auf dem Meer*)/Forspill. Peer Gynts hjemfart (Stormfull aften på havet); 20. Solveigs Gesang in der Hütte/Solveigs sang i hytten (Sopran solo); 21. Nachtszene/Nattscene; 22. Gesang der Kirchgänger/Kirkefolk synger på skogstien; 23. Solveigs Wiegenlied/Solveigs vuggesang

* Siehe Anmerkung zu op. 55 unter „Orchesterwerke".

op. 42   Bergliot (Bjørnson). Melodram, für Rezitation mit Klavierbegleitung komponiert 1871, revidiert und orchestriert 1885

op. 50   Szenen aus „Olav Trygvason." Opernfragment nach Bjørnsons unvollendetem Drama, 1873, revidiert und orchestriert 1888. Drei Szenen für Solostimmen, Chor und Orchester

Literaturverzeichnis

(Auswahl)

Abell, Arthur M.: Gespräche mit berühmten Komponisten, Garmisch-Partenkirchen 1962

Abraham, Gerald (Hrsg.): Edvard Grieg. A Symposium, London 1948

Asaf'ev, Boris: Grig, Moskva/Leningrad 1948 (4. Aufl. Leningrad 1986)

Benestad, Finn, og Dag *Schjelderup-Ebbe:* Edvard Grieg – mennesket og kunstneren [E. G. – Mensch und Künstler], Oslo 1980

Benestad, Finn, Dag *Schjelderup-Ebbe* usw.: Norsk Musikk [Norwegische Musik], Oslo 1968

Beyer, Marie (Hrsg.): Breve fra Edvard Grieg til Frants Beyer [Briefe von E. G. an Frants Beyer] 1872–1907, Kristiania 1923

Bien, Horst: Henrik Ibsens Realismus, Berlin 1978

Bien, Horst: Nachwort, in: Henrik Ibsen, Peer Gynt, RUB, Leipzig 1965

Bien, Horst (Leiter des Autorenkollektivs): Nordeuropäische Literaturen (Meyers Taschenlexikon), Leipzig 1978

Bjørkvold, Jon-Roar: Peter Čajkovskij og Edvard Grieg – En kontakt mellom to åndsfrender [Peter Tschaikowski und E. G. – ein Kontakt zwischen zwei Geistesverwandten], in: Studia musicologica norvegica 2, Oslo 1976, S. 37 ff.

Bøe, Finn: Trekk av Edvard Griegs personlighet [Züge von E. G.s Persönlichkeit], Oslo 1949

Cherbuliez, Antoine-Elysée: Edvard Grieg. Leben und Werk, Zürich 1947

Closson, Ernest: Edvard Grieg et la Musique Scandinave [E. G. und die skandinavische Musik], Paris 1892

Dale, Kathleen: Edvard Grieg's Pianoforte Music [E. G.s Klaviermusik], „Music and Letters", Vol. XXIV, 1943

Desmond, Astra: Grieg's Songs [G.s Lieder], „Music and Letters", Vol. XXII, 1941

Fellerer, Karl Gustav: Edvard Grieg, Potsdam 1942

Finck, Henry T.: Edvard Grieg. In deutscher Übersetzung hrsg. von Arthur Laser, Stuttgart 1908

Findejzen, Nikolaj: Edvard Grig, S.-Peterburg/Moskva 1908

Fischer, Kurt von: Griegs Harmonik und die nordländische Folklore, Bern und Leipzig 1938

Gaukstad, Øystein (Hrsg.): Edvard Grieg. Artikler og taler [Artikel und Reden], Oslo 1957

Goldschmidt, Harry: Edvard Grieg. Einige Betrachtungen zu seinem 50. Todestag, „Musik und Gesellschaft", 7. Jg. 1957, Heft 9,

S. 14ff. Derselbe Artikel auch in: H. Goldschmidt: Um die Sache der Musik. Reden und Aufsätze, RUB, Leipzig 1970, ²1976

Grieg, Edvard: Artikler og taler – siehe Gaukstad, Øystein

Grieg, Edvard: Mein erster Erfolg, in: Edvard Grieg: Verzeichnis seiner Werke mit Einleitung: Mein erster Erfolg, Leipzig [1910]

Grieg, Edvard: [Artikel über die 1. Bayreuther Festspiele 1876], „Bergenposten" 1876 (norw.), Nr. 192, 194, 195, 198, 200, 202 und 204

Grieg, Edvard: [Kritik der ersten Gesamtausgabe der Lieder von Halfdan Kjerulf], „Musikalisches Wochenblatt", Leipzig, 10. Jg. 1879, S. 55 f.

Grieg, Edvard: Robert Schumann, „The Century Illustrated Monthly Magazine", New York/London, Vol. 47, No. 3, Januar 1894, S. 440–448

Grieg, Edvard: Mozart, „The Century Illustrated Monthly Magazine", New York/London, Vol. 55, No. 1, November 1897, S. 140–146

Grieg, Edvard: Mozart und seine Bedeutung für die Gegenwart, „Neue Freie Presse", Wien, 21. Januar 1906

Grieg, Edvard: Gedanken über Verdi, „Bühne und Welt", Jg. III, Nr. 15, Berlin 1901

Grieg, Edvard: Briefe an Frants Beyer – siehe Beyer, Marie

Grieg, Edvard: Briefe an Julius Röntgen – siehe Röntgen, Julius

Grieg, Edvard: Briefe an die Verleger der Edition Peters – siehe Zschinsky-Troxler, Elsa von

Grieg, Edvard: Aus Briefen Edvard Griegs an einen Schweizer [Pastor Louis Monastier-Schroeder], „Die Musik", Berlin, 7. Jg. 1907/08, Bd. 25, S. 67–75

Grieg, Edvard: Briefe Edvard Grieg's an Oscar Meyer, „Die Musik", Berlin, 8. Jg. 1908/09, Bd. 30, S. 330–341

Grinde, Nils: Norsk Musikkhistorie [Norwegische Musikgeschichte], Oslo usw. 1981

Horton, John: Grieg, London, Melbourne and Toronto 1974

Hurum, Hans Jørgen: I Edvard Griegs verden [In E. G.s Welt], Oslo 1959

Johansen, David Monrad: Edvard Grieg, Oslo 1934, 1943, 1956. – Englische Übersetzung: Edvard Grieg. Translated from the Norwegian by Madge Robertson, Princeton/New York 1938, 1945

Kretzschmar, Hermann: Vorwort (1902), in: Edvard Grieg: Lyrische Stücke für Pianoforte [Heft I–X in 1 Bd.], C. F. Peters, Leipzig o. J.

La Mara (Marie Lipsius): Edvard Grieg, Leipzig 1898

Levaševa, Ol'ga: Edvard Grig. Očerk žizni i tvorčestva, Moskva 1962

Lindeman, Ludvig Mathias: Ældre og nyere Norske Fjeldmelodier samlede og bearbeidede for Pianoforte [Ältere und neuere norwegische Bergmelodien, gesammelt und für Klavier bearbeitet], 14 Hefte, Kristiania 1853–1907; Reprint in 1 Bd. mit Nachträgen, hrsg. von Øystein Gaukstad, Oslo 1983

Niemann, Walter: Die Musik Skandinaviens, Leipzig 1906

Niemann, Walter: Die nordische Klaviermusik, Leipzig 1918

Niemann, Walter: Edvard Grieg – siehe Schjelderup, Gerhard, und Walter Niemann

Reisaus, Joachim: Grieg und das Leipziger Konservatorium. Untersuchungen zur Persönlichkeit des norwegischen Komponisten Edvard Grieg unter besonderer Berücksichtigung seiner Leipziger Studienjahre, Dissertation Leipzig 1988

Röntgen, Julius: Grieg, 's-Gravenhage [1930] [Briefe Griegs an Röntgen in deutscher Sprache, Zwischentexte Röntgens in niederländischer Sprache]

Sandvik, Ole Mørk: Griegs melodikk, „Norsk musikkgranskning", Årbok 1942, Oslo 1943

Schjelderup, Gerhard, und Walter *Niemann*: Edvard Grieg. Biographie und Würdigung seiner Werke, Leipzig [1908]

Schjelderup-Ebbe, Dag: A Study of Grieg's Harmony. With Special Reference to his Contributions to Musical Impressionism [Eine Untersuchung der Harmonik Griegs. Unter besonderer Berücksichtigung seiner Beiträge zum musikalischen Impressionismus], Oslo 1953

Schjelderup-Ebbe, Dag: Edvard Grieg 1858–1867. With Special Reference to the Evolution of his Harmonic Style [Unter besonderer Berücksichtigung der Entwicklung seines harmonischen Stils], Oslo/London 1964

Schlotel, Brian: Grieg (BBC Music Guides), London 1986

Stein, Richard H.: Grieg. Eine Biographie, Berlin und Leipzig 1921

Tschaikowski, Peter: Erinnerungen und Musikkritiken, RUB, Leipzig 1974

Weismann, Wilhelm: Edvard Grieg als Liederkomponist, „Zeitschrift für Musik", 99. Jg. 1932, S. 765–767

Zschinsky-Troxler, Elsa von (Hrsg.): Edvard Grieg, Briefe an die Verleger der Edition Peters 1866–1907, Leipzig 1932 [Auswahl]

Bildquellennachweis

Personenregister

Kursiv gesetzte Zahlen bezeichnen Stellen, an denen Wesentliches über die betreffende Person ausgesagt wird.

Abell, Arthur M. 69, 331f., 334f., *374*
Abraham, Gerald (geb. 1904): englischer Musikforscher. 345, *374*
Abraham, Max (1831–1900): deutscher Musikverleger, seit 1880 Alleininhaber des Musikverlages C. F. Peters in Leipzig, gründete 1867 die Publikationsreihe Edition Peters, mit deren Erfolg die Firma starken Aufschwung nahm, und 1893 die Musikbibliothek Peters; verlegte fast sämtliche Werke Griegs und war mit ihm freundschaftlich verbunden. 7, 11, 13, 21, 35f., 89, 123, 162, 173, *194*ff., 197, *198*f., 200, 206, 212f., 218, 232, 239, 242, 244, 256, *258*ff., 262, 265, 281, 283, 287, 302, 320, 331, 333, 336f., *340*f., 342–351, 353f., 358f.
Albert, Eugen d' (1864–1932): deutscher Komponist und Pianist, bedeutender Beethoven-Spieler. 139, 211
Andersen, Hans Christian (1805–1875): dänischer Dichter, besonders bekannt durch seine rund 150 Märchen und Geschichten; Grieg vertonte viele seiner Gedichte, darunter „Ich liebe dich", op. 5 Nr. 3. 90ff., *94*, 355, 369, 371
Artôt, Desirée (1835–1907): französische Bühnensängerin; war kurze Zeit mit Tschaikowski verlobt. 269
Asbjørnsen, Peter Christen (1812–1885): norwegischer Folklorist, Dichter und Naturforscher; sammelte Volksmärchen und -sagen, die er mit J. Moe nach dem Vorbild der Brüder Grimm herausgab. 23
Assafjew, Boris (Pseud.: Igor Glebow) (1884–1949): sowjetischer Musikforscher und Komponist. 374
Augundson, Torgeir, auch *Myllarguten* („Müllergeselle") (1801 bis 1872): bedeutender norwegischer Spielmann (Hardingfele). 304

Bach, Johann Sebastian (1685–1750). 11, 97, 208, 239
Backer Grøndahl, Agathe (1847–1907): norwegische Komponistin und Klaviervirtuosin, spielte Griegs Konzert in verschiedenen Städten Europas. 12, 250
Barnett, John Francis (1837–1916): englischer Pianist und Komponist; studierte gleichzeitig mit Grieg am Leipziger Konservatorium. 54, 334
Bartók, Béla (1881–1945): ungarischer Komponist, Volksmusikforscher und Pianist. 304, *308*f., 326f., 352
Bartók junior, Béla (geb. 1910): Sohn des vorigen. 352

Batka, Richard (1868–1922): österreichischer Musikschriftsteller und -kritiker. 338

Beethoven, Ludwig van (1770–1827). 11, 34, 38, 55, 61, 86, 96f., 106, 109, 208, 235, 253, 317, 333

Benestad, Finn (geb. 1929): norwegischer Musikforscher. 8f., 216, 308, 331, 374

Benzon, Otto (1856–1927): dänischer Chemiker und Dichter; Autor der Liedtexte zu Griegs op. 69 und 70. 371

Berg, Mads (1865–1955): norwegischer Musikpädagoge. 332, 339f.

Berlioz, Hector (1803–1869): französischer Komponist; Grieg studierte noch in den letzten Lebensjahren seine „Instrumentationslehre". 147

Bernsdorf, Eduard (1825–1901): langjähriger Kritiker der Zeitschrift „Signale für die musikalische Welt". 32f., 138, 195, 217, 346

Beyer, Frants (1851–1918): norwegischer Finanzbeamter (Jurist) und Amateurmusiker; wurde Griegs engster Freund und nächster Nachbar (seine Villa Næsset lag gegenüber Troldhaugen). 9, 29f., 32, 101, *123–127*, 162, 174, 176, 199ff., 205, 211, 237, *240*f., 243, 245, 252, 254, 261–264, 269, 273, 277f., 280, 296, *300*ff., 304, 315, 318, 320, 324, 331ff., 336–340, 342ff., 346–350, 353f., 357f.

Beyer, Marie (1852–1929): Frau von Frants Beyer. 374

Bien, Horst (geb. 1920): deutscher Literaturwissenschaftler (Nordist). 337, 342f., 345, 374

Bizet, George (1838–1875): französischer Komponist. 282, 350

Bjørkvold, Jon-Roar (geb. 1943): norwegischer Musikwissenschaftler. 348, 374

Bjørnson, Bjørnstjerne (1832–1910): norwegischer Dichter, Theaterleiter und Publizist; bekundete als Volksredner offen seine Sympathie für die Ausgebeuteten; schuf 1859 den Text der norwegischen Nationalhymne (Melodie: R. Nordraak); erhielt als erster Skandinavier den Nobelpreis (1903); Freund von Grieg, der viele seiner Texte vertonte. 15, 18, *19*f., 30, 35, 50, *78*, 79f., 108, *153–168*, 174f., ·177, 200, 205, *251*, 266, 288, 335, 337, 339f., 342f., 347, 356, 359, 364, 369–373

Bodenstedt, Friedrich (1819–1892): deutscher Schriftsteller und Übersetzer; Autor des Liedtextes zu Griegs op. 48 Nr. 6 („Ein Traum"). 370

Bøe, Finn (1906–1970): norwegischer Arzt. 374

Bøhn, Gudbrand: Violinist und Kollege Griegs an der Musikakademie in Kristiania. 131

Brahms, Johannes (1833–1897): mit Grieg befreundet. 32, 34, 101, 130f., 208, 261, 267, *274–282*, 327, 337, 349, 357ff.

Brandes, Georg (1842–1927): dänischer Literaturhistoriker und Essayist, beeinflußte wesentlich die Entwicklung einer gesellschaftskritischen Literatur in Skandinavien. *320*

Breithaupt, Rudolf (1873–1945): deutscher Klavierpädagoge und Musikschriftsteller. 33, 332

Brodsky, Adolf (1851–1929): russischer Violinist (Leiter eines vortrefflichen Streichquartetts) und Dirigent, Lehrer am Moskauer, ab 1883 am Leipziger Konservatorium, seit 1895 Dirigent in Manchester, Freund Griegs. 12, 212, 245, 267, 269, 271, 314, 321, 353

Brorson, Hans Adolph (1694–1764): dänischer Lyriker; erneuerte, beeinflußt vom deutschen Pietismus, das dänische Kirchenlied; Autor von je zwei Liedtexten zu Griegs op. 30 und op. 74. 372

Bruckner, Anton (1824–1896). 34

Bull, Ole Bornemann (1810–1880): in Europa und Amerika gefeierter norwegischer Violinvirtuose und glühender Patriot; verwendete norwegische Volksweisen als Grundlage seiner Violinimprovisationen und gründete in seiner Vaterstadt Bergen ein von der dänischen Theatertradition unabhängiges nationales norwegisches Theater („Den nationale Scene"). 23, 28, 30, 40, 44, *49*ff., 69ff., *75*f., 78, 80, 105, 141, 143, 154, 235, 344, 355

Bull, Sara (1850–1911): Frau von Ole Bull. 344

Bülow, Hans von (1830–1894): deutscher Dirigent und Klaviervirtuose, Schüler Liszts, 1880/85 Leiter der Meininger Hofkapelle, danach der Berliner Philharmoniker. 12, 90, 139, 196, 257, 336, 346 f.

Busoni, Ferruccio (1866–1924): italienischer Klaviervirtuose und Komponist. 12, 140, 280

Calvocoressi, Michel Dimitri (1877–1944): französischer Musikschriftsteller und Kritiker griechischer Herkunft. 354

Cappelen, Christian (1845–1916): norwegischer Komponist, Organist und führender Kirchenmusiker; studierte am Konservatorium Leipzig. 53, 250

Carreño, Teresa (1853–1917): venezolanische Klaviervirtuosin, lebte lange Zeit in Berlin, 1892/95 Gattin d'Alberts; auch ihre Tochter Teresita Carreño war eine bemerkenswerte Pianistin. 12, 140, 349

Casals, Pablo (1876–1973): spanischer Violoncellovirtuose, Dirigent und Komponist. 12

Chamisso, Adalbert von (1781–1838): in Frankreich gebürtiger deutscher Schriftsteller und Naturforscher; Grieg vertonte je zwei seiner Gedichte in op. 2 und op. 4. 63, 91, 94, 369

Chatschaturjan, Aram Iljitsch (1903–1978): armenisch-sowjetischer Komponist. 182

Cherbuliez, Antoine-Elisée (1888–1964): Schweizer Musikforscher. 8, 374

Chopin, Fryderyk (Frédéric) (1810–1849). 62, 73, 97, 139, 147, 338

Christie, Johan A. Budtz: Ortsgeistlicher in Lofthus (Hardanger), Freund Griegs. 231, 312, 346

Clementi, Muzio (1752–1832): italienischer Komponist, Klaviervirtuose und Klavierpädagoge. 54

Cleve, Halfdan (1879–1951): norwegischer Klaviervirtuose. 262

Closson, Ernest (1870–1950): belgischer Musikforscher. 374

Colonne, Edouard (1838–1910): französischer Dirigent und Violinist, gründete 1873 das Pariser Colonne-Orchester. 11, 30, 318, 332, 353

Cui, César Antonowitsch (1835–1918): russischer Komponist und Musikkritiker, ursprünglich Militäringenieur; schloß sich dem Komponistenkreis „Mächtiges Häuflein" an; er lud Grieg wiederholt nach Rußland ein. 273f., 348

Czerny-Stefańska, Halina (geb. 1922): polnische Pianistin. 140, 338

Dahl, Johann Christian Claussen (1788–1857): norwegischer Landschaftsmaler, Schüler und Freund von Caspar David Friedrich. 15f.

Dahle, Knut: norwegischer Volksmusikant (Hardingfele). 297, *304*f.

Dale, Kathleen (geb. 1895): englische Musikwissenschaftlerin, Komponistin und Pianistin. 374

Dass, Petter (1647–1707): norwegischer Lyriker und Psalmendichter; Autor des Liedtextes von Griegs op. 61 Nr. 4. 371

Davidoff (Dawydow), Karl (1838–1889): russischer Violoncellist, studierte und wirkte später als Lehrer am Konservatorium Leipzig. 236

Debussy, Claude Achille (1862–1918): französischer Komponist, Führer des musikalischen Impressionismus. 121, *222*, 282, 320, 325, 327, 338, 345, *349*f.

Delius, Frederick (1862–1934): englischer Komponist, studierte am Konservatorium Leipzig, komponierte im impressionistischen Stil. 258, 309, 327, 346f., 354

Desmond, Astra (1893–1973): englische Sängerin (Alt). 374

Donizetti, Gaëtano (1797–1848): italienischer Komponist, neben Giacomo Rossini und Vincenzo Bellini führender Meister der italienischen Oper vor Verdi. 96

Drachmann, Holger (1846–1908): dänischer Lyriker, Erzähler und Dramatiker sowie Amateurmaler; Autor der Liedtexte zu Griegs op. 44 und 49. 370

Dreier, Per (geb. 1929): norwegischer Dirigent; 1957 Leiter des Symphonie-Orchesters in Arhus; seit 1974 vor allem Gastdirigent in Europa und den USA; 1978 wurde unter seiner Leitung die gesamte Peer-Gynt-Musik auf Schallplatte eingespielt, einschließlich der in der Partitur von 1908 nicht enthaltenen Stücke. 158

durch Freitod. Grieg widmete ihm 1883 seine einzige Violoncellosonate op. 36. *57*, *99*, *236*, *359*

Grieg, Maren Regina, geb. Haslund (1776–1835): Edvard Griegs Großmutter. *43*

Grieg, Nina, geb. Hagerup (1845–1935): norwegische Sängerin, Edvard Griegs Frau und Kusine. *12*, *70f.*, *90ff.*, *104*, *106f.*, *109*, *117*, *123*, *140*, *148*, *173*, *216*, *236*, *244*, *250*, *252*, *254ff.*, *267*, *269*, *277*, *302*, *309f.*, *313*, *333*, *347*, *352*, *355–358*

Grinde, Nils (geb. 1927): norwegischer Musikforscher. *9*, *345*, *354*, *375*

Grove, Sir George (1820–1900): englischer Musikschriftsteller. *347*, *353*

Grützmacher, Friedrich (1832–1903): deutscher Violoncellovirtuose und Komponist von Violoncello-Stücken, Lehrer am Konservatorium Leipzig, ab 1860 Kammervirtuose des Dresdner Hoforchesters. *12*, *236*

Grønvold, Hans Aimar (1846–?): norwegischer Beamter; schrieb die erste norwegische Biographie Griegs in „Norske musikere" („Norwegische Musiker"), Kristiania 1883. *56*, *153*, *334–336*, *338f.*

Gude, Hans (1825–1903): norwegischer Maler, vor allem von Landschaften (Gebirgs- und Seemotive). *16f.*, *28*

Gulbranson, Ellen, geb. Nordgren (1863–1947): norwegische Sängerin (Sopran), bedeutende Wagner-Interpretin (Brünhilde). *12*, *262*, *283*

Gumtau, Helmut. *348*

Gundersen, Laura (1833–1898): norwegische Schauspielerin, Interpretin der Titelgestalt von Griegs „Bergliot". *158*

Hagerup, Adelina, geb. Falck (1814–1907): dänische Schauspielerin, Nina Griegs Mutter und Edvard Griegs Tante, verheiratet mit Herman Hagerup, Sohn von Edvard Hagerup. *336*

Hagerup, Edvard (1781–1853): Edvard und Nina Griegs Großvater, angesehener Stiftsamtmann in Bergen. *44*

Hagerup, Gesine: siehe Grieg, Gesine

Hagerup, Nina: siehe Grieg, Nina

Hallé, Charles, eigentlich Karl Halle (1819–1895): englischer Pianist und Dirigent deutscher Herkunft, gründete 1857 in Manchester „Charles Hallé's Orchester", das älteste englische Sinfonieorchester; seit 1888 verheiratet mit der Violinvirtuosin Wilma Neruda. *12*

Hals, Karl (1822–1898): norwegischer Klavierfabrikant, Leiter der Klavierfirma „Gebrüder Hals" in Kristiania. *109*

Halvorsen, Johan (1864–1935): norwegischer Violinvirtuose, seit 1899 Theaterkapellmeister in Kristiania; Freund Griegs. *37*, *53*, *179*, *250*, *266*, *269*, *297f.*, *305ff.*, *314*

Händel, Georg Friedrich (1685–1759). 234

Hanslick, Eduard (1825–1904): österreichischer Musikwissenschaftler und Musikkritiker. 56, 139f., 218, 334, 338, 345

Harloff, Amalie: norwegische Sängerin; Zeitgenossin Griegs. 250

Hartmann, Johann Peter Emilius (1805–1900): dänischer Komponist, seit 1840 Direktor des Konservatoriums in Kopenhagen. 70ff., 137f., 146, 150, 317, 355

Haslund, Nils (1747–1785): Edvard Griegs Urgroßvater, Vater von Maren Regina Grieg, geb. Haslund; Kaufmann, Violinist und Orchesterleiter der Musikgesellschaft „Harmonien" in Bergen. 43

Hauptmann, Moritz (1792–1868): deutscher Musiktheoretiker und Komponist, 1842 Thomaskantor, 1843 Lehrer am Konservatorium Leipzig. 53, *58–62,* 65, 69, 335

Heckmann, Robert (1848–1891): deutscher Violinvirtuose, Leiter eines vorzüglichen Streichquartetts (Uraufführung von Griegs op. 27). 216f., 357

Heine, Heinrich (1797–1856): der von Grieg am häufigsten vertonte deutsche Dichter (in op. 2, 4, 39 und 48). 63, 91f., 284, 369f.

Hennum, Johan (1836–1894): norwegischer Dirigent, 1866 Theaterkapellmeister in Kristiania; dirigierte die Uraufführung von „Peer Gynt" (1876). 177, 180, 182, 184, 188, 190, 342

Henriques, Robert (1858–1914): dänischer Violoncellist, Dirigent und Kritiker in Kopenhagen; Freund Griegs. 335

Herzogenberg, Elisabeth von, geb. von Stockhausen (1848–1892): deutsche Pianistin, mit Brahms und Grieg befreundet. 275f., 338, 349

Herzogenberg, Heinrich von (1843–1900): deutscher Komponist, Mitbegründer des Bach-Vereins in Leipzig (1874), mit Brahms und Grieg befreundet. 276, 337, 349

Hinrichsen, Henri (1868–1942 [im Konzentrationslager Theresienstadt ermordet]): 1894 Teilhaber, 1900 Alleininhaber der Firma C. F. Peters; entwickelte die Beziehungen zu Max Reger, Hugo Wolf, Arnold Schönberg u. a.; Fortsetzung der engen Verbindung des Verlages zu Grieg; 1901 Vertrag mit der Stadt Leipzig über die Stiftung der Musikbibliothek Peters; als erster deutscher Musikverleger durch die Universität Leipzig mit dem Dr. h. c. geehrt. 7, 212, 259, 315, 321, 324, 331, 333, 342f., 347f., 350–354

Hirsch, Rudolf. 341

Höhne, Horst (1896–1985): deutscher Literaturhistoriker. 339

Holberg, Ludvig (1684–1754): norwegisch-dänischer Dichter und Historiker, Hauptvertreter der skandinavischen Aufklärung; schuf vor allem komödiantische Lustspiele. 37, 40, 169, *237f.,* 257

Holter, Iver (1850–1941): norwegischer Dirigent und Komponist;

385

Studium am Konservatorium Leipzig; seit 1886 Leiter von „Musikforeningen" in Kristiania; Freund Griegs. 53, 74, 206, 216, 250, 263, 331, 335f., 344, 352

Honegger, Arthur (1892–1955): schweizerischer Komponist. 182

Hornbeck, Louis (1840–1906): dänischer Musiker; 1865 Gründungsmitglied der Musikgesellschaft „Euterpe" in Kopenhagen; Freund Griegs. 335

Horneman, Christian Fredrik Emil (1840–1906): dänischer Komponist; studierte gleichzeitig mit Grieg am Konservatorium Leipzig; 1865 Gründungsmitglied der Musikgesellschaft „Euterpe" in Kopenhagen; naher Freund Griegs. 70, 79, 132, 334f.

Horneman, Emil (1809–1870): dänischer Musikverleger und Komponist; Vater von C. F. E. Horneman; leitete zusammen mit E. Erslev den Musikverlag Horneman & Erslev in Kopenhagen. 339

Horton, John (geb. 1905): englischer Musikforscher und -pädagoge. 8, 345, 347, 354, 375

Hurum, Hans Jørgen (geb. 1906): norwegischer Musikschriftsteller. 375

Ibsen, Henrik (1828–1906): norwegischer Dramatiker von weltliterarischem Rang. 15, *17*ff., 50, 95, *97*f., 108, 140, 161, 169, *170–205*, 216, 262, 295, 317, 336f., 341ff., 353, 355–358, 364, 366, 369, 372f.

Janson, Kristofer (1841–1917): norwegischer Dichter, Autor des Liedtextes von Griegs op. 39 Nr. 4. 141, 370

Jarustowski, Boris (1911–1978): sowjetischer Musikforscher. 351

Joachim, Joseph (1831–1907): deutscher Violinvirtuose und Komponist. 12, 149, 274

Johansen, David Monrad (1888–1974): norwegischer Komponist und Musikschriftsteller. 331, 375

Johnson, Rosenkrantz. 335

Kalbeck, Max (1850–1921): deutscher Musikschriftsteller, Hauptwerk Biographie „Johannes Brahms". 281, 338, 349

Kießig, Martin. 351

Kjerulf, Halfdan (1815–1868): bedeutendster norwegischer Komponist vor Grieg; schuf vor allem Lieder, Gesänge für Männerchor und Klavierstücke. *28*f., 46, 77f., 80, 104, 143, 224, 334f.

Klakegg, Arnfinn (geb. 1927): norwegischer Musikpädagoge. 332, 351

Klengel, Julius (1859–1933): deutscher Violoncellovirtuose und Komponist von Musik für Violoncello, Solovioloncellist des Gewandhauses und Lehrer am Konservatorium Leipzig. 12

Kogel, Gustav Friedrich (1849–1921): Kapellmeister des Philharmonischen Orchesters Berlin 1887/91. 257

Koppang, Ole (1842–1932): norwegischer Musikpädagoge und Organist. 351

Krag, Vilhelm (1871–1933): norwegischer Lyriker, Erzähler und Dramatiker; besang in seinen Gedichten die norwegische Natur und Heimat; Grieg vertonte fünf seiner Gedichte in op. 60. 122, 141, *285*ff., 295, 351, 358, 371

Kretzschmar, Hermann (1848–1924): deutscher Musikwissenschaftler, Musikpädagoge und Dirigent, propagierte Griegs Kompositionen (u. a. in seinem „Führer durch den Konzertsaal"). 198, *212*, 251, 305, *343*, 375

Krohn, Johan (1841–1925): dänischer Schriftsteller und Pädagoge, Autor des Liedtextes von Griegs op. 61 Nr. 2. 371

Kropotkin, Pjotr Alexejewitsch, Fürst (1842–1921): russischer Anarchist, lehnte den Marxismus ab, bejahte jedoch später die Oktoberrevolution in Rußland. 320f.

Lalo, Édouard (1823–1892): französischer Komponist spanischer Herkunft; schuf effektvoll-virtuose Violinkonzerte und die „Symphonie espagnole" (1873). 151, 233, 282, 350

La Mara: siehe Lipsius, Marie.

Lammers, Thorwald (1841–1922): norwegischer Sänger (Baßbariton), Chordirigent und Komponist von Liedern und Chorwerken; hervorragender Interpret norwegischer Volkslieder und der Vinje-Lieder op. 33 von Grieg. 12, 250

Landstad, Magnus Brostrup (1802–1880): norwegischer Lyriker, Sammler und Herausgeber von Volksliedern und Balladen; förderte die Norwegisierung der Schriftsprache. 227, 370, 372

Laurentii, Laurentius (1573?–1655?): Autor des Textes von Griegs op. 74 Nr. 4. 372

Lenbach, Franz von (1836–1904): deutscher Maler, vor allem von Bildnissen seiner Zeitgenossen; siehe das im vorliegenden Buch abgebildete Gemälde von Nina Grieg. 244f.

Lenin, Wladimir Iljitsch (1870–1924). 353

Lewaschowa (Levaševa), Olga: sowjetische Musikforscherin. 8, 348, 375

Lie, Jonas (1833–1908): norwegischer Schriftsteller lebensvoller Natur- und Menschenschilderungen, mit Grieg befreundet. 264, 315, 321, 353, 370

Lie-Nissen, Erika (1845–1903): norwegische Klaviervirtuosin, eine der frühesten Interpreten von Griegs Klavierkonzert. 12, 138, 235, 239, 250, 257

Lindeman, Ludvig Mathias (1812–1887): norwegischer Komponist (vor allem von Kirchenmusik), Organist sowie Sammler und Herausgeber von norwegischer Volksmusik; gründete mit seinem Sohn P. Lindeman 1883 das erste Konservatorium in Kristiania. *22–25*, 27 f., 53, 76 f., 80, 82, 105, 109, *141–145*, 185, 207, *223* f., *232* f., *296* f., 299, 309, 342 f., 356, 376

Lindeman, Peter (1858–1930): norwegischer Komponist, Sohn von L. M. Lindeman; Herausgeber eines ergänzenden Heftes der Volksmusiksammlung seines Vaters (1907). 53

Lipsius, Marie (Pseud.: La Mara) (1837–1927): deutsche Musikforscherin und -schriftstellerin. 375

Liszt, Ferenc (Franz) (1811–1886). 55, 83, 95 f., 111, 137, 138, *146–150*, 156, 298, 338, 346, 356

Lunde, Finn (geb. 1936): norwegischer Musikpädagoge. 332, 351

MacDowell, Edward (1861–1908): amerikanischer Komponist von sinfonischen Dichtungen und Klavierwerken spätromantischen Stils. 327, 354

Macpherson, James (1736–1796): schottischer Dichter, schuf meisterhafte Nachahmungen gälischer Volkspoesie, die er unter dem Namen des sagenhaften gälischen Sängers Ossian 1760/63 herausgab. 72

Mahler, Gustav (1860–1911): österreichischer Komponist und Dirigent. 325

Marx, Karl (1818–1883). 331

Masur, Kurt (geb. 1927): deutscher Dirigent, seit 1970 Gewandhauskapellmeister in Leipzig. 173, 342

Matthison-Hansen, Gottfried (1832–1909): dänischer Organist und Komponist; 1865 Gründungsmitglied der Musikgesellschaft „Euterpe" in Kopenhagen; Freund Griegs. 102, 104, 131, 143, 215, 232, 235 f., 335, 337 f., 344, 346, 352 f.

McKinnon, Lise (geb. 1933): norwegische Bibliothekarin, Mitarbeiterin des Grieg-Archivs in Bergen. 9

Mendelssohn Bartholdy, Felix (1809–1847): deutscher Komponist, Gewandhauskapellmeister seit 1835, gründete 1843 mit R. Schumann das Konservatorium Leipzig. 51, 55, 73, 111, 236, 284, 318

Mengelberg, Willem (1871–1951): niederländischer Dirigent, 1895–1945 Dirigent des Concertgebouw-Orchesters Amsterdam. 12, 264

Messchaert, Johannes (1857–1922): niederländischer Sänger (Bariton). 12 f., 101, 275, 278, 287

Methfessel, Albert (1785–1869): deutscher Komponist, vor allem von verbreiteten Liedern („Hinaus in die Ferne", „Stimmt an mit hellem, hohen Klang", „Der Gott, der Eisen wachsen ließ"). 44, 333

Meyer, Oscar (1865–1935): deutscher Pianist, wirkte in England, Freund Griegs. 261, 293, 314, 331, 348, 351 f.

Michelangelo Buonarroti (1475–1564): italienischer Bildhauer, Maler, Architekt und Dichter. 200

Moe, Jørgen (1813–1882): norwegischer Folklorist und Lyriker, gab norwegische Volkslieder und (mit P. C. Asbjørnsen) Volksmärchen und -sagen heraus; schuf den Text zu Griegs op. 18 Nr. 6. 23, 369

Møller, Dagmar (1866–?): norwegisch-schwedische Opern- und Liedersängerin. 289

Monastier-Schroeder, Louis: Schweizer Theologe, dem gegenüber sich Grieg zu seinem Gottesbegriff äußerte. 352

Monrad, Olaf Peder (1849–1920): norwegischer Theologe; Autor des Liedtextes von op. 39 Nr. 5. 370

Morgenstern, Christian (1871–1914): deutscher Dichter, übertrug Gedichte und Versdramen Ibsens ins Deutsche (darunter „Peer Gynt"), bereiste deshalb Norwegen und besuchte Grieg im Sommer 1899. 264, *295*f., 348, 351, 373

Moscheles, Ignaz (1794–1870): deutscher Pianist und Komponist, Lehrer am Konservatorium Leipzig. 54–56, 65, 69, 146

Moser, Hans-Joachim (1889–1967): deutscher Musikforscher. 33, 332

Mozart, Wolfgang Amadeus (1756–1791). 11, 44, 46f., 61, 111, 235, 252, 340, *344*, 366, 375

Munch, Andreas (1811–1884): norwegischer Dichter, den Grieg 1865 in Rom in der „Skandinavischen Gesellschaft" kennenlernte; Autor der Liedtexte von op. 9; schuf ein Gedicht zu Gude und Tidemands „Brautfahrt in Hardanger". 88, 100, 369

Munch, Edvard (1863–1944): norwegischer Maler und Graphiker, einer der bedeutendsten bildenden Künstler der neueren Zeit. 15, 18f., 97

Munch, Peter Andreas (1810–1863): norwegischer Historiker, ein Hauptvertreter der norwegischen Nationalromantik auf mehreren Forschungsgebieten (Geschichte, Sprache, Runen, Mythen, Volkslieder). 28

Mussorgski, Modest (1839–1881): russischer Komponist, Mitglied des Komponistenkreises „Mächtiges Häuflein". 94

Myllarguten: Siehe Augundson, Torgeir

Neruda, Wilma (1839–1911): tschechische Violinvirtuosin, verheiratet 1864/69 mit L. Norman, 1888 mit Ch. Hallé. 12, 104

Neupert, Edmund (1842–1888): norwegischer Klaviervirtuose, spielte das ihm gewidmete Klavierkonzert Griegs bei der Uraufführung 1869. 11, 132, 137f., 338, 356

Niemann, Walter (1876–1953): deutscher Musikwissenschaftler, Musikkritiker und Komponist. 331, 376

Nikisch, Arthur (1855–1922): Dirigent ungarischer Herkunft; seit 1895 Gewandhauskapellmeister in Leipzig und Dirigent des Philharmonischen Orchesters Berlin. 278

Nordgren, Ellen: siehe Gulbranson, Ellen

Nordraak, Rikard (1842–1866): norwegischer Komponist, Schöpfer der norwegischen Nationalhymne (Text: Bjørnson); mit Grieg eng befreundet. 23, 71, *77–81,* 90, 92, 94, *101–103,* 104, 143, 154, 163, 314, 335f., 340, 355, 368

Norman-Neruda, Wilma: siehe Neruda, Wilma

Ollendorff, Paul (1868–1931): seit 1898 Prokurist des Verlages C. F. Peters, Leipzig. 331

Olsen, Ole (1850–1927): norwegischer Komponist; von Grieg, Svendsen und Wagner beeinflußt; studierte am Konservatorium Leipzig. 250

Olsen, Sparre (1903–1984): norwegischer Komponist vorwiegend lyrischer Begabung (Lieder, Chorwerke). 53, 327, 354

Ossian (wahrscheinlich 3. Jahrh.): sagenhafter Dichter und Held gälischer Legenden; siehe Macpherson. 72

Paganini, Niccolò (1782–1840): italienischer Violinvirtuose und Komponist. 50

Papperitz, Benjamin Robert (1826–1903): deutscher Musikpädagoge, Lehrer für Harmonielehre und Kontrapunkt am Konservatorium Leipzig. 54, 58

Paulsen, Johan (1851–1924): norwegischer Schriftsteller, Autor der Liedtexte zu Griegs op. 26, 58, 59; Freund Griegs. 228, 345, 370, 372

Peters, C. F., Musikverlag: siehe Abraham, Max, und Hinrichsen, Henri

Pettersson, Anders (1841–1898): schwedischer Violinist, spielte Griegs 1. Violinsonate op. 8 bei der Uraufführung im Leipziger Gewandhaus 1865. 89

Pinelli, Ettore (1843–1915): italienischer Violinist und Dirigent, Schüler J. Joachims. 97, 149, 199

Plaidy, Louis (1810–1874): deutscher Klavierpädagoge, Lehrer am Konservatorium Leipzig. 53f., 334

Prokofjew, Sergej Sergejewitsch (1891–1953). 327, 337

Pugno, Raoul (1852–1914): französischer Klaviervirtuose. 12, 350

Ravel, Maurice (1875–1937): französischer Komponist. 182, 327, 354

Reger, Max (1873–1916): deutscher Komponist. 327, *354*

Reinecke, Carl (1824–1910): Dirigent, Komponist und Musikpädagoge; 1860/95 Gewandhauskapellmeister, Lehrer für Komposition am Konservatorium Leipzig. 54, *60*f., *65*f., 69, 194, 273

391

Musikschriftsteller; schrieb eine Grieg-Biographie. 227, 234, 250, 323, 331, 336, 338f., 345f., 353, 376

Schjelderup-Ebbe, Dag (geb. 1926): norwegischer Musikforscher. 8f., 216, 308, 331, 334ff., 343, 376

Schjøtt, Ingolf (1851–1922): norwegischer Chordirigent, Organist und Sänger in Bergen; sang bei Griegs Trauerfeier op. 30 Nr. 10. 264

Schlotel, Brian: britischer Musikpädagoge. 376

Schmidt, Annerose (geb. 1936): deutsche Klaviervirtuosin. 140, 338

Schneider, Frank (geb. 1942): deutscher Musikwissenschaftler. 353

Schubert, Franz (1797–1828). 21, 63, 65, 91, 234, 283, 292

Schubring, Adolf: deutscher Musikkritiker und Journalist. 349

Schulz, Detlef. 354

Schumann, Clara, geb. Wieck (1819–1896): deutsche Klaviervirtuosin, Frau von R. Schumann. 55, 68

Schumann, Robert (1810–1856). 21, 46, 55, 62f., 72f., 89, 91, 94, 111ff., 132, 139, 147, 152, 209, 283, 298, 333, 375

Selmer, Johan Peter (1844–1910): norwegischer Komponist und Dirigent von „Musikforeningen" in Kristiania (1883/86). 53, 265

Sgambati, Giovanni (1841–1914): italienischer Komponist und Klaviervirtuose, Schüler von Liszt. 96, 149

Sibelius, Jean (1865–1957): finnischer Komponist. 282, 327, 350, 354

Siegmund-Schultze, Walther (geb. 1916): deutscher Musikforscher. 349

Silcher, Friedrich (1789–1860): deutscher Komponist volkstümlicher Lieder („Ännchen von Tharau", „Loreley" u. a.). 94

Siloti, Alexander Iljitsch (1863–1945): russischer Klaviervirtuose und Dirigent; lud Grieg wiederholt nach Rußland ein. 12, 31, 273, 327, 332, 343, 349, 354

Sinding, Christian (1856–1941): norwegischer Komponist und Violinist. 53, 250, 264f., 269, 358

Sitt, Hans (1850–1922): tschechischer Bratschist und Violinist, Mitglied des Brodsky-Quartetts, 1883/1921 Lehrer am Konservatorium Leipzig. 234

Smetana, Bedřich (1824–1884). 33, 282, 350

Snorri Sturluson (1179–1241): isländischer Dichter und Geschichtsschreiber. 156

Sommerfeldt, Øystein (geb. 1919): norwegischer Komponist, vor allem von Klaviermusik und Liedern mit starkem Einfluß norwegischer Volksmusik. 327, 354

Steenberg, Julius August (1830–1911): dänischer Opernsänger (Tenorbariton) und Komponist. 90

Stein, Richard Heinrich (1882–1942): deutscher Musikschriftsteller und Komponist. 376

392

Zur Autorin der vorliegenden Biographie

Hella Brock (geb. Siegmund-Schultze), geb. 1919 in Schweinitz (Elster), Studium der Musikerziehung, Musikwissenschaft und Anglistik an der Universität Breslau 1940 bis 1942, an der Musikhochschule und Universität Wien 1942 bis 1944, Lehrerin an Oberschulen in Halle (Saale) und Merseburg 1945 bis 1947, an der Arbeiter-und-Bauern-Fakultät Berlin 1947 bis 1952. Anschließend Delegierung in eine wissenschaftliche Aspirantur (Musikerziehung) an der Martin-Luther-Universität in Halle, zugleich Lehrbeauftragte für Geschichte der Schulmusik und Partiturspiel. 1953 Geburt der Tochter, 1955 Geburt des Sohnes. 1955 Promotion („Dramaturgie der Schuloper des 20. Jahrhunderts"), 1960 Habilitation („Inhalt und Funktion des deutschen Schulliederbuches von der Gründung des Deutschen Reiches bis zum Ende des 2. Weltkrieges"). Ab 1959 mit dem Aufbau und der Leitung des neugegründeten Instituts für Musikerziehung der Ernst-Moritz-Arndt-Universität Greifswald beauftragt; Lehrveranstaltungen zur Werkanalyse, Methodik des Musikunterrichts, Musikgeschichte und in musikalisch-praktischen Fächern. Seit 1963 Professor für Theorie und Methodik der Musikerziehung. 1972 Berufung an die Karl-Marx-Universität Leipzig, 1980 Emeritierung. 1985 Studienreise nach Norwegen.

Mit zahlreichen Publikationen, vor allem zur Entwicklung des Kindermusiktheaters („Musiktheater in der Schule", 1960), zum Zusammenwirken des Musikunterrichts mit anderen Fächern („Literatur, Musik, Kunsterziehung – ihr Zusammenwirken im Unterricht", 1978) und zur Führung des musikalischen Rezeptionsprozesses („Musik hören – Musik erleben", 1985), sowie mit Musiklehrbüchern für die Schule und musikmethodischen Schriften förderte sie die Theorie und Praxis der Musikerziehung.

Inhalt

Jean-Jacques Rousseau
MUSIK und SPRACHE

Jean-Jacques Rousseau
MUSIK UND SPRACHE

Ausgewählte Schriften
Mit einem Essay von
P. Gülke: Rousseau und die
Musik oder Von der Zustän-
digkeit des Dilettanten

Aus dem Französischen übertragen von D. und P. Gülke.
Herausgegeben von P. Gülke.
Mit Notenbeispielen. 543 Seiten. Band 1322 (Sonderreihe).
4,– DM

Als „musikalischer Dilettant"
schlug Rousseau (1724–1778)
eine neue Notation vor, ver-
fertigte ein sensationell er-
folgreiches Singspiel, avancierte im Buffonistenstreit

zeitweise zum bestgehaßten
Mann Frankreichs, verfaßte
wichtige Musikartikel der
„Enzyklopädie" und das seinerzeit meistbenutzte „Wörterbuch der Musik", „erfand"
das Melodram. Rousseaus
Schriften zur Musik – hier
200 Jahre nach seinem Tode
überwiegend erstmals in
deutscher Sprache veröffent-
licht – sind allesamt Zeugnisse eines Stilwandels im
Zeichen der realistisch-demo-
kratischen Konzeptionen der
Aufklärung.

Rudolf Wagner-Régeny
AN DEN UFERN DER ZEIT

Schriften · Briefe · Tage-
bücher

Mit 43 Abbildungen, darunter
7 Zeichnungen des Komponisten. Mit Notenbeispielen.
348 Seiten. Band 1299 ·
3,50 DM

Wolfgang Marggraf
JOSEPH HAYDN

Versuch einer Annäherung

Mit 69 Abbildungen sowie
Notenbeispielen. 264 Seiten.
Band 1314. 8,– DM